U0911007

当代美育的重要形态——观赏文明研究

The Important Form of Contemporary Aesthetic Education: Study on the Civilization Appreciation

杨 杰　张 晶　主编

中国社会科学出版社

图书在版编目(CIP)数据

当代美育的重要形态：观赏文明研究／杨杰，张晶主编.—北京：中国社会科学出版社，2017.9

ISBN 978-7-5203-0266-1

Ⅰ.①当…　Ⅱ.①杨…②张…　Ⅲ.①休闲娱乐-社会公德教育-研究-中国　Ⅳ.①D648.3

中国版本图书馆CIP数据核字(2017)第092362号

出 版 人　赵剑英
责任编辑　曲弘梅
责任校对　王　斐
责任印制　李寡寡

出　　版　中国社会科学出版社
社　　址　北京鼓楼西大街甲158号
邮　　编　100720
网　　址　http：//www.csspw.cn
发 行 部　010-84083685
门 市 部　010-84029450
经　　销　新华书店及其他书店

印　　刷　北京君升印刷有限公司
装　　订　廊坊市广阳区广增装订厂
版　　次　2017年9月第1版
印　　次　2017年9月第1次印刷

开　　本　710×1000　1/16
印　　张　21.5
插　　页　2
字　　数　331千字
定　　价　88.00元

国家社科基金后期资助项目

出 版 说 明

后期资助项目是国家社科基金设立的一类重要项目，旨在鼓励广大社科研究者潜心治学，支持基础研究，多出优秀成果。它是经过严格评审，从接近完成的科研成果中遴选立项的。为扩大后期资助项目的影响，更好地推动学术发展，促进成果转化，全国哲学社会科学规划办公室按照“统一设计、统一标识、统一版式、形成系列”的总体要求，组织出版国家社科基金后期资助项目成果。

全国哲学社会科学规划办公室

目　　录

绪　论

观赏活动是人类重要的审美活动方式之一，对观赏活动尤其是艺术观赏活动的研究一直是美学研究的重要内容。随着文化研究的深入和社会发展的需要，观赏活动作为一般的精神活动与美育和社会精神文明建设联系起来，这必然需要我们从文明层面对观赏活动进行理论总结，使其能够为践行和培育社会主义核心价值体系、繁荣社会主义文化和构建社会主义和谐社会提供必要的学理准备和理论支撑。因此，对观赏文明的研究势必成为21世纪以来非常重要和亟待梳理研究的重要课题之一。

观赏文明作为人类文明发展的一种样式，当然并非从今日始；而它作为理论命题的提出与倡导，却是在改革开放以来社会主义文化大发展大繁荣的背景下应运而生的。它和人们的文化生活文明水准关系至为密切，在当今的社会公共文明建设及个人人格修养等方面占有了非常大的比重。这是因为，从中国人的精神生活来看，涉及观赏的活动日益增加，观赏方式也越加多样化，而作为观赏者自身的文明意识和行为方式，是社会精神文明形态的重要组成部分。

观赏活动的对象与内容是多种多样的。如对美术馆、博物馆藏品的观赏、对文艺演出的观赏、对影视剧的观赏、对自然风光的观赏、对体育赛事的观赏等。观赏活动古已有之，如古罗马的角斗场、中国古代的勾栏瓦舍等，都是公共观赏的场所。不同类型的观赏会有不同的行为规范要求，观赏芭蕾舞、交响乐和观赏二人转，在行为规范上是有相当大的差异的。

从中国的情况来看，观赏活动是在改革开放之后得到大面积展开和大幅度提升的。观赏活动也更多地普及到普通民众的生活之中。尽管如看戏、看电影也并非是少数人的专利，但因为物质条件的窘迫和可观赏对象较为匮乏，观赏活动还是在很小的范围内进行的。改革开放之后这数十年间，人们的物质生活水平得到了极大提高，文化生活的质量、样式也得到了前所未有的提升和发展，尤其是电子媒介的普及和电子影像成为人们观赏的主要对象，为观赏活动注入了历史性的变异。西方文明随着改革开放的步伐，为更多的中国人所接受，如芭蕾舞和交响乐这种高雅艺术形式，也得到了更多人的认同。旅游的开发无论在中国大陆还是世界各地，都成为人们观赏的重要内容。可以认为，观赏活动是人们生活中不可或缺的重要组成部分。然而，观赏活动中不文明的因素也是普遍化的。这些因素妨碍着整个社会精神文明的程度。观赏文明的提出源自当代中国社会精神文明的整体提升的要求。

在精神文明领域中，我们以往对于观赏文明没有引起高度重视，也未曾有过系统的理论探讨与建构。而从当下中国的精神文明发展的现状看来，观赏文明已经到了必须关注和提升的时候。中华民族作为有着五千年灿烂文化的民族，在观赏文明方面形成了与西方迥然有异的范式，有着独特的观赏文明传统，即便是在观赏活动的对象已发生很大变化的今天，也仍然有着深刻的体现。这是需要加以总结和理论升华的。

从实践层面来看，观赏活动是覆盖到每个人的，或者说每个人都会成为观赏主体（从美学的角度也就是审美评价主体）。之所以将观赏文明凸显出来，并将之作为当代精神文明建设中的一个重要范畴，是因为观赏文明所涉及的问题具有迫切的现实紧迫性和普遍意义，同时也具有重要的理论价值。观赏文明是从文明观赏而来，但却不止于文明观赏。观赏活动古已有之，即在当下也是无时无刻不在发生着、进行着的，而对于观赏文明的系统研究和理论建构，则处于草创阶段。在我们看来，观赏文明对于市民文明素养的提升、人类文明的学理性建构都有着时代性的意义以及现实的迫切要求，对于人类的整体审美发展，其理论价值是不可低估的。

作为一种文明形态，观赏文明有着颇为丰富的内涵，也有着可以纵深发掘的广大空间。观赏文明的外延也是颇为广泛的，这是因为人类生活越来越具有美的品格。可以观赏的对象可以说是无所不在，除了艺术观赏之外，当然还有如自然美的观赏、社会美的观赏等。大众传媒所呈现的视觉文化的环境，也为我们提供了普泛性的观赏契机，如地铁车厢的电视同样是我们的观赏对象，都市的优美环境，也时刻在为我们提供观赏的机缘。“日常生活审美化”作为时代性的症候，共时性地呈现在我们的生活世界之中，可供我们观赏的东西实在太多，甚至包括反观我们自己。

观赏文明作为精神文明的一种形态，从人学的思维向度来看，正是人的本质力量的提升途径。对象的特殊性和时代性，造就了人的本质力量的特殊性和时代性。观赏文明研究应该是从具体的观赏种类的观赏方式出发来进行建构的。从感觉的意义上来发展人的本质的全部丰富性。马克思对于人的本质力量的论述，是与感觉的能力紧紧联系在一起的：“因此，一方面，随着对象性的现实在社会中对人说来到处成为人的本质力量的现实，成为属人的现实，因而成为人自己的本质力量的现实，一切对象也对他说来成为他自身的对象化，成为确证和实现他的个性的对象，成为他的对象，而这等于说，对象成了他本身。对象如何对他说来成为他的对象，这取决于对象的性质以及与其相适应的本质力量的性质；因为正是这种关系的规定性造成了一种特殊的、现实的肯定方式。眼睛对对象的感受与耳朵不同，而眼睛的对象不同于耳朵的对象。每一种本质力量的独特性，恰恰是这种本质力量的独特的本质，因而也是它的对象化之独特方式，它的对象性的、现实的、活生生的存在的方式。因此，人不仅在思维中，而且以全部感觉在对象世界中肯定自己。”① 在这种情形下，人的感觉能力必须变化与提高，以期形成人的本质力量之当代化。

观赏是一种直接的审美，这是无异议的。观赏之“观”是视觉直观，其对象应该是以视知觉（或视听一体化）来直接观看到的艺术

---

① 马克思：《1844 年经济学哲学手稿》，人民出版社 2000 年版，第 87 页。

形式。观赏之“赏”，则是一种超越了视觉直观的玩味欣赏。有了“赏”，就淡化了直接的视觉印象带来的官能刺激，而建构起一个完整的审美场域。有“观”而无“赏”，还难以进入审美层面；而无“观”，“赏”也就无从谈起，“观”是“赏”的前提和基础；“赏”是“观”的整合与升华。从审美主体而言，观赏者的艺术修养和文明素质成为决定观赏质量的前提。观赏文明研究的意义也在很大程度上与之相关。

同样是艺术观赏，不同的艺术形式决定了不同的观赏方式。比如芭蕾舞、交响乐、歌舞晚会等是在公共的演出场所，绘画观赏则是在展览馆、博物馆里进行，体育比赛的观赏可以在现场感受那扣人心弦的气氛。这就对不同艺术形式、不同场域的观赏提出了不同的行为举止要求。中西方艺术、中华民族与西方民族也有着许多的不同观赏方式的传统，这些都是观赏文明的研究内容。

艺术观赏的对象应该是美的外观或者说是形式，是一种感性的观照。具体来说是以视觉为主的，如造型艺术中的绘画、雕塑，综合艺术中的电影、电视、戏剧、戏曲等，中国艺术中的书法等，都是可以观赏的艺术种类。它们之间由于媒介的不同而有不小的差异，但其共同之处在于从直观的形式中得到审美的愉悦。观赏是通过视觉或视听一体化的途径进行的，观赏者进入到一种文化与审美场景之中。有的艺术样式，如诗歌，是供人们阅读吟味，从而在头脑中引起审美联想，呈现出由文字转换出来的幻象，并形成完整的意境。但因它与直接的视觉观照并非一回事，所以不是我们所说的观赏，而像戏剧戏曲、音乐、舞蹈演出、电影电视、绘画、书法等用眼睛直接观看和欣赏才是我们所说的观赏。

观赏不是小众化的，应该是大众的、普遍的。人们的生活因为有了审美的普遍而有了更高的品位。如果说“日常生活审美化”是值得我们肯定和倡导的价值观和状态，那么，艺术观赏在其中应该占很大的份额。观赏可以使人得到轻松感，得到娱乐，得到生活的幸福感，也可以从中得到做人的尊严。观赏是在人们克服了异化劳动之后才能进行的审美活动，是人性得到提升和丰富的中介环节。因为在人的全面发展过程中，主体自身的感觉能力和审美素养是一个重要指数。培养更多有艺术修养的观赏者，可以大大增加艺术生产数量，并提升其质量，同时，也是市民精神文明提升的一个标志。马克思从人学的高度论述了人的感觉之于人的感性的丰富性的重要意义，他说："即从主体方面来看：只有音乐才能激起人的音乐感；对于没有音乐感的耳朵说来，最美的音乐也毫无意义，不是对象，因为我的对象只能是我的一种本质力量的确证，也就是说，它只能象我的本质力量作为一种主体能力自为地存在着那样对我存在，因为任何一个对象对我的意义（它只是对那个与它相适应的感觉说来才有意义）都以我的感觉所及的程度为限。所以社会的人的感觉不同于非社会的人的感觉。只是由于人的本质的客观地展开的丰富性，主体的、人的感性的丰富性，如有音乐感的耳朵、能感受形式美的眼睛，总之，那些能成为人的享受的感觉，即确证自己是人的本质力量的感觉，才一部分发展起来，一部分产生出来。因为，不仅五官感觉，而且所谓精神感觉、实践感觉（意志、爱等等），一句话，人的感觉、感觉的人类性，都只是由于它的对象的存在，由于人化的自然界，才产生出来的。"① 马克思在《手稿》中的阐述其意义之深刻与普遍，当然远非我们的论题可以限定的，但确实具有重要的启示意义。艺术观赏对于人的感觉能力的提高，对于人性的丰富和完善，都有不可低估的价值。

观赏活动有充分的娱乐因素，同时也使人的审美变得非常能动和自由。在观赏中的娱乐可以最大限度地发挥人的天性，那种排斥娱乐的倾向是不足取的。然而，问题的另一方面，是现在的娱乐类节目过于低俗，粗制滥造，缺少艺术的品位感，缺少应有的审美含量，这当然也带来了观赏中的不文明现象。这类节目的制作者称不上艺术家或艺术生产者，其自身便是庸俗不堪的。他们以自己的低下来揣度观赏者，以为如此便能使收视率走高，这其实是对娱乐的亵渎。苏联著名美学家斯托洛维奇在谈及娱乐的社会功能时认为："充填自由时间的

① 《马克思恩格斯全集》第42卷，人民出版社1979年版，第125—126页。

两种类型的艺术适应它的这种结构：一种是主要用于休息的艺术；另一种是这样的艺术作品，掌握它们是'较高级活动'。所谓'轻松的'艺术体裁——惊险文学、喜剧影片、轻音乐（舞蹈音乐、小歌剧、游艺歌曲）等属于第一种类型。……当人们谈到艺术的娱乐功能时，往往指的就是这类定向于休息的艺术创作。但是，这不正确。娱乐意义为任何一种艺术、其中包括最严肃的和沉重的艺术所固有，因为这样的艺术也具有游戏因素，能够产生审美快感。"① 斯托洛维奇所说的"娱乐"，其实是比我们所说的外延要更为宽泛，而他认为严肃的艺术作品也有娱乐因素的观点，拓展了我们关于娱乐的认识。

艺术观赏的"娱乐"并非仅供一笑，而是往往在轻松快乐中给人留下回味，寓含着某些人生的道理。但这个过程不应该是刻意的，如果刻意地将教化的内容装进娱乐的盒子，会使观赏者"反胃"，从而失去了娱乐的功能。斯托洛维奇辩证地揭示道："专门用于休息的'轻松'艺术同'严肃'艺术的对立也不是绝对的。在'轻松'艺术中，例如在喜剧创作中，可能隐蔽着非同儿戏的深刻，同时又以自己的通俗性、愉悦性和娱乐性吸引人。这样的艺术作品不仅促进休息和精力的恢复，而且是个性精神创造发展的重要因素。另一方面，'严肃'艺术为了吸引广大观众的注意和兴趣，也应该使读者、观众、听众入迷，以意料不到的情节转折避免让人生厌。"② 艺术观赏中的娱乐因素，是应该有这样的效果的。娱乐应该是没有外在的功利目的的，它所满足的是人的内在需要，是身心放松的需要。正是这一点，使之成为观赏文明不可缺少的内涵。但这不能成为低俗趣味的藏身之地和借口，把那些低级的甚至淫靡的东西当作娱乐来推销，这是对观赏者极大的不尊重，对其灵魂的重度污染。娱乐不等于低俗，这是很明显的道理。很多娱乐性强的作品，同样有很高的思想品位。卓别林的喜剧电影不正是这方面的经典吗？我们并不要求娱乐性的节目都有

---

① ［爱沙尼亚］斯托洛维奇：《艺术活动的功能》，凌继尧译，学林出版社 2008 年版，第 160 页。

② 同上书，第 161 页。

很深很高的思想性内涵，但是却绝不能将娱乐和低俗混为一谈。

观赏文明对于美学和美育理论有深刻的理论意义。美学发展到今天，产生了许多新的变化。20 世纪的哲学思想已经和传统的哲学理论有了颇为明显的不同，作为人的世界观的重要部分审美观，深受那些林林总总的新的哲学派别的影响，而提出了很多新的美学理论。后现代主义思潮使传统的美学理论受到了严重的挑战，传统的美学理论被深刻质疑，而碎片化的后现代思潮却无法拿出系统的美学思想。波德里亚、布迪厄、福柯等思想家，从社会学角度提出了一些消费社会的文化结构和审美特征，无疑是非常具有震撼力量的。贝尔和詹姆逊等对于资本主义文化矛盾的分析批判，也无疑是非常深刻的。但这些都代替不了对于美学理论的延续与建构。“观赏文明”这个命题的提出，当然也不可能承担这样的使命，但它的建构性质可以使我们得到美学理论方面的生发。审美的现实与以往的审美颇为不同，如果按着康德的经典美学观念“美是无功利的”，那么，当今时代的大量审美现象都要被排除于审美之外，这实际上是不可能的。后现代主义的文化研究著作，基本上是对当代文化现实的描述，在与传统美学的衔接和发展方面，却是风马牛不相及的。

观赏文明无疑有社会学的意义，但从美学角度来看，价值尤为突出。观赏文明当然不限于艺术观赏，但是艺术观赏却可以最为典型地体现观赏文明的审美本质。可以这样认为，人类的任何一点进步，都与其审美观的变化深切相关，而观赏文明正是人的审美观的直接反映。我们这个课题的研究范围是将观赏限制于艺术观赏之中的，当然，这个“艺术”也还是广义的，如园林艺术、公共艺术、城市设计艺术、数码艺术等，都包含在艺术范围之内。在审美领域，观赏是最具感性直观的性质的，尤其是视觉的直观性质。观赏本身是不可以脱离视觉直观的方式的。图像作为观赏的主要对象，与传统的“图像”含义已有根本的区别，我们不可以混淆认识和考量。图像成为我们这个时代非常突出的文化元素和审美元素，以至于有许多著作和文章谈论图像的问题，使之成为这个时代最耀眼的关键词。而如果将现在的图像与传统的“图像”混为一谈，这种探讨是没有多大意义的。

我在《图像的审美价值考察》一文中为图像作了一个界定："我们所说的'图像'包括视像、影像等指的是凭借当代的大众传媒，通过电子等高科技手段大批复制出来的虚拟性形象。"① 其初衷就是为了使当代的电子图像和传统的视觉形象区别开来。图像在当代的审美现实中已经是最为普遍的对象。它不仅存在于电影电视中，其他的艺术样式中也都以这种电子图像为新的审美要素。如戏剧戏曲的舞台背景，综艺晚会的舞台设计，购物中心的广告，等等，往往都是以高清晰度的电子图像吸引着人们的视觉。它们给人们的视觉带来了强烈的冲击，也使我们似乎置身于这种被波德里亚称为"仿像"的炫惑之中。

与当今时代对图像的消费密切相关，但是观赏活动本身的理想状态是在视觉直观中的升华。这本身便是一个当代性的审美话题。面对图像的视觉直观会给我们带来更为强烈更为明快的审美快感，这一点当然是不同于面对文字的"思而后得"的。但视觉的审美快感，并非是以牺牲理性的内涵为其必然代价的。好的艺术品，必然蕴含着其真理性。相反，当代电子图像构成的艺术品，如若其自身具有很高的艺术性和真善美的意蕴，会以更为直接、更为明快的感官效应作用于审美主体的心灵。面对艺术品的观赏，无疑是一种直接的审美活动。观赏不仅是一种视觉直观，而且是当下的超越，也就是在视知觉生成的同时，得到心灵的净化与提升。这对于观赏主体的品位和能力，都提出了更高的要求。

对观赏文明的研究不能止于表层因素，仅是简单化地归纳概括，如此则会丧失其纵深开掘的空间。观赏文明的研究是一个复杂的系统工程，涉及美学、社会心理学、伦理学等重要的理论领域，既可以从这样一些理论角度进入把握，同时观赏文明研究也可以使这些领域得到学理性的深化。观赏文明研究的现实意义自不待言，带着明确的问题意识，剖析时下大量存在的不文明观赏现象，揭示其历史原因、社会原因和心理原因，明确观赏活动的一些文明规范，为政府决策和公

---

① 张晶：《图像的审美价值考察》，《文学评论》2006 年第 4 期。

共管理提出有效可行的理论支撑，是观赏文明研究的主要现实落脚点。

观赏文明研究的重点，应该在观赏的人也即观赏者上。观赏文明研究必然要落实在对观赏主体的研究中。观赏文明并非是一项纯粹的形而上的理论研究，而恰恰是当前适应党中央提出的“四个全面”、加快建设美丽中国的步伐的迫切需要。观赏文明最能体现一个民族的精神文明程度，是精神文明的外显层面。反之，观赏文明的建构与提升，一定是以一个民族的精神文明为基础、为底色。因而，在观赏文明研究中，观赏主体的研究，才是重中之重。因为观赏对象、观赏类型的不同，观赏主体的角色也并不完全相同。如观赏文艺演出的是观众；观赏旅游风光的，是游客。我们的研究中，称为“场域”。作为观赏主体，在不同的场域，从观赏文明的角度讲，其行为规范也不尽相同——这也正是我们这个课题的重要研究内容。

观赏活动古已有之，而且是人类的文化生活所不可或缺的。观赏文明是一个历史性的范畴，有着颇为深厚的民族文化的积淀。它是与不同民族的政治制度、风俗习惯、审美心理等诸多因素密不可分的。观赏文明到今天被作为一个文化的或审美的范畴得以提出，得以研究，实际上是文化研究和美学研究的一个发展标志。而在现实社会的诸多文化活动中，缺少“文明”的表现实在太多，以至于使中华民族的形象蒙羞。观赏文明这个范畴，既是对人类文化史上的观赏文明的概括提升，也是对现实问题的思考与救治。

在观赏文明的理论话语中，关于观赏主体，名为“文明观众”。对于文明观众的研究，也是以历史与建构相结合的方法进行的。文明观众无论在中国，还是在西方，都有数千年的历史，而且由于场域的区别，而有不同的文明规定性，从而形成了不同的文明观众的历史。这一方面，足以作为人类审美历史的重要部分，惜乎之前的美学研究，很少将眼光放在观赏文明上面。我以为这正是美学研究可以拓展的领域。美学研究中审美是其最为主要的问题，审美所涉及的方面当然是面对各种对象，审美本身也有各种不同的方式。然而，美学家们却罕有将观赏活动作为特殊的审美方式来加以研究的。然而，观赏活动本身确实就是人的审美最为典型、最为直接的审美过程。观赏本身又具有行为的规范性乃至仪式性。对于观赏的审美研究，是观赏文明的题中应有之义，也是观赏文明的深度探察。

观赏主体就是审美主体，同时也是特殊的审美主体。不同民族的观赏主体，形成了不同的观赏行为规范和观赏心理机制，当然，不同民族的观赏文明之间也有颇多相通或相同之处。对于观赏主体的研究，也有不同的角度，从而体现出与一般的美学研究的独特方法与视点。观赏心理机制，就是观赏主体研究的最为重要的方面之一。对于观赏心理机制的分析，为观赏文明研究提供了科学的依据和基础。互动研究也是对观赏主体进行深入考察的一个独特视角。因为在观赏活动中，观众与艺术家、与艺术品的互动，是最为普遍的现象，是直接激发观赏主体特殊的审美体验的直接因素，这种特殊的互动过程，形成了在观赏活动中发生的特殊审美心理状态，这是可以为美学心理学提供新的理论资源的。关于观赏文明的目标性研究，也可以提供可靠的科学依据。

本课题对于观赏主体的研究，与以往对于一般性的审美主体的研究所不同的是，即便是从审美心理的角度考察，以往的美学研究，也基本上是静态的，或者是与主体所处的社会文化背景相脱离的。而本课题的观赏主体研究，却是有着明显的和自觉的动态考察的意识，并采取了动态与静态相结合的分析方法。可以预期，这为会之后的美学研究打开一条不同的道路。课题本身的目标与功能要求是为北京市的精神文明建设提供智囊式的参考，这就使本课题的研究一定要“接地气”，接北京的地气，也接当下中国人的观赏现状的地气。课题成果中有相当大的一部分，是对北京市民公共艺术观赏状况的调研与建议，这里面又包括了相当大规模面向大中学生及市民的调查问卷，以及对艺术观赏现状所作的分析，还有对政府管理部门所提出的建议。这是本课题的目标和功能所要求的。然而，笔者及课题的研究团队，都是从事文艺学和美学理论研究的学者，对于理论探讨有着天然的兴趣与追求。所以，这个观赏文明研究的课题，就不局限于北京市的观赏文明生态环境，而是从中华民族的文明及美学理论的发展角度来进行观照。这两个向度的结合，使本课题的研究呈现出新的格局。

这种方法论的尝试，使我们得到了人文社会科学研究的启示。历史的积淀也好，现状的调研也好，作为研究工作，除了为当前的精神文明建设提供应有的建议，同时，更能为理论的提升与发展注入“源头活水”。理论之树并非不能常青，社会生活能够为之注入使之不断生长的活力。观赏文明研究，也已成为审美理论领域的一个新的论题，开拓了关于审美的崭新视野；同时，也为精神文明建设提供了有力的理论支持。囿于课题的性质，本书还是一个初步的建构，但是可以预见它的广阔理论前景。我们也期待更多的相关讨论，使观赏文明这个论题向纵深展开。

第一章　观赏文明与当代美育

伴随生产力的发展与社会分工的不断专业化，社会物质文明与精神文明得到不断提高，相应地，人类审美意识逐渐觉醒，审美思想逐步提升，审美活动、艺术活动也与社会物质生产逐渐脱离而成为相对独立的人类社会实践方式之一，并且，表现出与社会的发展、人们的生活越来越密切的态势。

第一节　社会文明与“自由王国”

人类社会发展的历程就是由必然王国向自由王国不断迈进的过程。所谓的“必然王国”是指人所处的自然的、感性的、必然的被动状态，那种单一和片面的不自由的依附状态。这是由于人类科学认识水平的有限而不能正确认识客观世界和自然规律，处于这种自然、感性、必然状态中的人，是出于一种粗陋的物质或感官的需要来维持他的现实生活，而不能摆脱盲目的自然力量的统治，实际上仍然同原始的自然界没有脱离，人的活动受制于自然规律支配；“自由王国”是指人类社会实践活动能够在一定程度上正确认识客观事物及其客观规律，并且自觉遵循自然规律、利用自然规律支配主体自身和改造客观世界的一种状态，“是存在和本质、对象化和自我确立、自由和必然、个体和类之间的抗争的真正解决。它是历史之谜的解答，而且它知道它就是这种解答”，“意味着一切属人的感觉和特性的彻底解放”，“人则自由地与自己的产品相对立”。[①] 这就科学地揭示了人类高度的文明，是感性与理性、人与自然的统一，是感觉的被动状态向思维和意志的主动状态的转化，是必然的人成为自由的人。

自由与必然是相对的，黑格尔在对“自由”的哲学探索中深刻地论述了自由与必然二者之间的内在辩证关系，充分肯定了斯宾诺莎揭示的自由与必然的内在联系，提出“世界历史无非是‘自由’意识的进展，这种进展是我们必须在它的必然性中加以认识的”[②] 的观点。马克思则从更高的层次揭示了“自由”的丰富内涵，认为真正的自由是人类对客观必然性的认识和对实际的支配，是人类改造世界实践活动的产物，它不是离开必然性而独立存在的，而是在实践活动中对客观必然性的支配，即掌握和利用客观必然性，使之为人的目的服务；恩格斯曾有深刻的阐释：“自由不在于幻想中摆脱自然规律而独立，而在于认识这些规律，从而能够有计划地使自然规律为一定目的服务。这无论对外部自然的规律，或对支配人本身的肉体存在和精神存在的规律来说，都是一样的。这两类规律，我们最多只能在观念中而不能在现实中把它们互相分开。因此，意志自由只是借助于对事物的认识来作出决定的能力。因此，人对一定问题的判断越是自由，这个判断的内容所具有的必然性就越大；而犹豫不决是以不知为基础的，它看来好像是在许多不同的和相互矛盾的可能的决定中任意进行选择，但恰好由此证明它的不自由，证明它被正好应该由它支配的对象所支配，因此，自由就在于根据对自然界的认识来支配我们自己和外部自然。”[③] 可见，自由是对必然的认识和驾驭，当人类对客观世界与客观规律所揭示的必然性有了正确的认识，并能遵循与支配它，使其为人类自觉的目的性服务的时候，也就从必然王国进入自由王国。

---

① ［德］马克思：《1844年经济学哲学手稿》，刘丕坤译，人民出版社1979年版，第78、50页。

② ［苏］列宁：《哲学笔记》，中央党校出版社1990年版，第354页。

③ 《马克思恩格斯选集》第3卷，人民出版社1995年版（第2版），第455—456页。

在原始社会，由于生产力的极度低下，人们的认识水平极为有限，必然严重地依赖于群体的人和外界自然物，否则难以维系基本生存，“人的依赖关系（最初完全是自然发生的），是最初的社会形态；在这种形态下，人的生产能力只是在狭窄的范围内和孤立的地点上发展着。以物的依赖性为基础的人的独立性，是第二大形态，在这种形态下，才形成普遍的社会物质变换全面的关系、多方面的需求，以及全面的能力体系。建立在个人全面发展和他们共同社会生产能力成为他们的社会财富这一基础上的自由个性，是第三个阶段”①。也就是说，当人类处于第一大形态阶段时，受自然经济低下的制约，作为单个个体的人只能是低水平的全面发展，此时主体的感性与理性、肉体与精神处于混沌的和谐状态，其单个体几乎掌握了生产过程的全部，可以代表当时的其他社会成员的发展水平，但面对强大的外在自然界恶劣的环境时还是难以独立生存，只有依靠某个自然形成群体的集体力量才可能保护自己免受野兽的侵害和获取维持生存的最基本的物质条件，因此，此时的个体人必须依赖他所处的自然形成的群体而生存，主体自身处于不自由的境地。在第二大形态阶段，由于社会生产力相比第一大形态阶段有了大幅度提升，作为整体的人类能力得到空间的发展与提升，但个体人的发展却相对片面、单一，社会生产分工明细，原先属于个体整体性活动的各个方面被肢解分裂开来，大机器生产需要许多人的多方面合作才能完成，于是，这时的个体的人虽然不必再像之前那样依附于自然群体而相对获得较大独立性，然而，对自然群体“人的依赖关系”的摆脱又是以对“物的依赖关系”为替代的，人又被紧紧束缚到高度综合、高度复杂的大机器生产中而成为整个生产流程中的某个环节、某个因素、某个“螺丝钉”，社会生产关系中的人与人之间的关系转化为人与物之间的关系，社会关系异化为商品关系，人变成大机器生产的“部件”，由于高度社会化分工，造成了人的片面发展。只有建立在个人全面发展和他们共同社会生产能力成为他们的社会财富这一基础上的自由个性，才能获得人类真正

---

① 《马克思恩格斯全集》第46卷（上），人民出版社1982年版，第104页。

的解放，使人类社会进入“自由王国”。这时的社会变成了“自由人的联合体”，是个体人自由存在与自由发展的空间，而非异化的力量。身处这种“自由人的联合体”之中的个人，“才能获得全面发展其才能的手段，也就是说，只有在共同体中才可能有个人自由。在过去的种种冒充的共同体中，如在国家等中，个人自由只是对那些在统治阶级范围内发展的个人来说是存在的……在真正的共同体的条件下，各个人在自己的联合中并通过这种联合获得自己的自由”①，也正是由于个体人的自由发展汇集成社会群体人的共同发展，社会才能真正地步入了“自由王国”。

第二节　社会进步与人的全面发展

人类社会由必然王国向自由王国的推进的历程表现为主体方面就是人由“片面的人”向“全面的人”发展的进程。

人类社会发展的历史，从本质的意义上讲就是人类不断“改造客观世界也改造自己的主观世界”②的历史。人类对客观世界和主观世界的改造，是同时产生、同时进行、相互依存、互为表里的。没有对客体世界的改造，就没有对主体自身改造的物质基础；而如果没有对主体自身的改造，那么改造客观世界也就失去了可能。马克思认为，人类改造客观世界的物质成果如机器、铁路等“是由人类的手所创造的人类头脑的器官；都是物化的智力”③，这就极好地揭示了改造客观世界与改造主观世界这二者互为条件、互为目的的关系。正是这两个不可分割的方面，汇成了奔腾不息的人类文明史的长河。由此，我们可以说人类的文明就表现在主体与客体两个方面的协调发展：一方面是人们对客体物质世界的改造，这种改造的结果表现为人类的物质

① 《马克思恩格斯选集》第1卷，人民出版社1995年版，第119页。

② 《毛泽东选集》第1卷，人民出版社1991年版，第28页。

③ ［德］马克思：《政治经济学批判大纲》第三分册，人民出版社1957年版，第358页。

文明；另一方面是人们对自身世界的改造，这种改造的结晶就是人类的精神文明。①

因此，社会的进步与人自身的进步是密不可分的。社会是人的社会，人就存在于社会之中，社会发展进程同时也是人的发展进程。社会发展与个体人的发展如同球之双面，互为表里，难以割裂。社会发展内在地包含作为个体人的发展，是个体人的集合体发展的合集。社会的发展并不是抽象的进程，首先表现为个体人的发展，每个人的自由发展是一切人的自由发展的逻辑前提，离开个体人的发展抽象地谈社会的发展就如同空中楼阁。可见，人类对自身世界的改造，是以个体的形式所进行的对总体的社会人的改造。马克思说："如果说人是一个特殊的个体，并且正是他的特殊性使他成为一个个体和现实的、单个的社会存在物，那么，同样地他也是总体，观念的总体，可以被思考和被感知的社会之主体的、自为的存在。……特定的个人不过是一个特定的类的存在物。"② 这就是说，精神文明是社会的文明，是人的社会活动和社会享受的文明，是在整个人类社会的发展进程中产生和发展的。在这个进程中，人类不断建立与完善着他与现实的对象性关系，将自身从自然的人、感性的人、必然的人改造成社会的人、理性的人、自由的人。恩格斯对这个历史运动的过程做了很好的揭示："最初的、从动物界分离出来的人，在一切本质方面是和动物本身一样不自由的；但是文化上的每一个进步，都是迈向自由的一步。"③社会的、理性的、自由的人，这可以说是人类达到精神文明境界的标志，是人类自身改造所追求的目标。

在今天，当我们谈论社会发展的同时，不能仅仅关注 GDP 的提升，更应看到社会发展的多维性、全面性与人自身的发展的重要性。发展不仅指经济增长，还包括人的文化意识的进步。也就是说，发展

---

① 参见马龙潜、杨杰《知识经济与审美教育》，河南人民出版社 2004 年版，第 90 页，第 171 页。

② ［德］马克思：《1844 年经济学哲学手稿》，刘丕坤译，人民出版社 1979 年版，第 358 页。

③ ［德］恩格斯：《反杜林论》，人民出版社 1961 年版，第 111 页。

既包含物质的、经济的发展，也包含精神、文化、伦理道德等意识层面的发展，当代的发展观应该是保持整个社会各个子系统之间的平衡与协调发展，是整体发展观。

纵观社会历史的发展轨迹，我们会发现人类的发展观也正是随社会的进步发生着根本性的变化。自第二次世界大战结束，各战后国都不约而同地把经济水平的提高作为本国社会发展的首要任务，发展被定义为经济增长，于是，国民生产总值的增长被理所当然地当作衡量社会发展的唯一尺度。然而，经济的增长并不能消除一系列的社会问题，物质生活水平的提高并没有像人们希望的那样带来幸福，反而导致社会发展的危机，于是，一种崭新的发展观便应运产生了。20 世纪 70 年代末，联合国教科文组织在厄瓜多尔召开的“研究综合发展观”会议认为发展是整体的、综合的、内在的；1980 年联合国大会首次使用了“可持续发展”这一概念，随后，“可持续发展观”被世界各国普遍接受；1987 年世界环境与发展委员会在《我们共同的未来》报告中认为“可持续发展”是既能满足当代人的需要，又不对后代人满足其需要的能力构成威胁和危害的发展；1992 年由 183 个国家和 70 个国际组织参加的巴西里约热内卢“联合国环境与发展大会”倡议保持人类与环境的和谐发展。作为新的发展观，可持续发展内含三个要素：一是生态持续性原则，人类的一切活动必须以保持生态环境的平衡为前提；二是经济持续性原则，经济的增长应达到公平与效益的一致；三是社会持续性原则，社会的发展既要追求当前的利益，更要放眼于未来。实质上这些都在强调发展具有整体性的特点，不仅物质生产水平要发展，人们的社会精神文化面貌更要提高，也就是说，应该保持社会的各个子系统之间的协调和平衡发展，否则社会只能是畸形发展，最终导致发展的停滞。

现代社会的发展越来越清晰地表明，知识经济更为关注人的全面、和谐发展，它是一种全新的经济形态，它以知识和信息的生产、分配、传播和使用为基础，以创造性的人力资源为依托，以高科技产业和智力为支柱，知识成为价值创造的核心资源，资本和知识的地位和作用也发生了根本性的角色换位，知识居于非常突出的地位，人力资源的开发以及对人力资源创造能力的开发在经济中具有特殊意义和价值。可见，以知识的生产、分配和使用为标志的知识经济，是一种以精神性的生产方式所进行的物质生产，是社会生产力中以物质因素为主的客体生产力向以精神因素为主的主体生产力的转换，由此，人力资本的重要性凸显。知识经济的根本是知识化了的具有较高素质的人，人的知识化的程度是实现知识经济的关键，知识经济时代所需求的知识，并不是单一的编码型知识（科学知识）或意会型知识（人文知识），而是这两者的统一；并不是单一地对知识的传授、积累、选择和保存，而是知识的创造、更新和转换。历史唯物主义历来都把人作为一切社会进步中起决定作用的要素力量，一切社会活动的最终目的是满足社会历史主体——人的各种生存、享受和发展的需要。因此，社会的现代化必须以人为本，一切现代化首先必须是也必然是人的现代化。

人的现代化不是现代化过程结束后的派生物和副产品，而是经济增长和现代制度取得成功并保持可持续增长的先决条件，是一切现代化过程的核心或灵魂。“那些先进的制度要获得成功，取得预期的效果，必须依赖运用它们的人的现代人格、现代品质。无论哪个国家，只有当它的人民的心理、态度和行为都能与各种现代形式的经济发展同步前进、相互配合，这个国家的现代化才能够真正得以实现。”① 人是社会发展的中心和现代化的灵魂，人的发展是一切社会发展的最终价值、最大效用和最高目标，一切社会发展均必须为人的社会需要服务，与其他方面的需要相比，人的发展应当占据绝对优先的地位，这正如英格尔斯所言：“发展最终所要求的是人的素质全面的改变，这种改变是获得更大发展的先决条件和方式，同时也是发展过程自身的伟大目标之一。”②因此，社会发展必须建构以人为中心的社会发展框架，只有以人为中心才能从根本上启动和推进可持续性社会全面发展的现代化进程。现代化是人类历史由低级到高级依次演化变迁的动

① ［美］阿历克斯·英格尔斯：《人的现代化》，四川人民出版社1985年版，第6页。

② 同上书，第7页。

态过程，是传统社会向现代社会的转型和演进，也是由传统人到现代人的质变和飞跃，是人的思维方式、价值观念、生活质量、行为模式和心理结构等深层文化的异质重构过程，现代人必须具有现代化的科技内涵、制度内核和精神特质，其中精神面貌尤为突出。总之，人的现代化才是真正能够打开现代化宝库的密码和金钥匙，才是到达现代化彼岸航船的现代发动机。

冯友兰将人生境界分作四个层次：自然境界、功利境界、道德境界和天地境界。自然境界中的人处于低层次的“自然”状态，没有什么明确的个人理想与人生目标的追求，日常生活的一切衣、食、住、行都是“从众”，也不去探究行事原因或者思考深层的意义等问题；功利境界中的人是有目标的，那就是一个“利”字，“无利不起早”是其行为的驱动力的最好脚注，一切围绕自身利益活动，当然，客观结果也可能有利于他人或者社会，但其核心还是非常明确的个人利益；道德境界中的人能较好地协调个人与社会之间的关系，在一定程度上超越个人中心主义，能将社会利益置于正确的位置，并以此作为个人行为的目标而献身于社会公共事业；天地境界中的人能将目的性与无目的性、工具性与未来性、功利性与超功利性等辩证统一，是“诗意栖居”的人生。在这里，真善美获得了高度的统一，也就是我们所讲的天地合一的审美人生的状态。这也是我们倡导艺术教育的意义所在。

因此，艺术活动与艺术教育在培养人的和谐的意识体系过程中具有无法替代的作用和地位。

第三节　美育与人的全面发展

社会存在决定社会意识。人的主观世界是一个复杂的意识体系，这个体系的构成是由人对现实的对象性关系体系决定的。马克思在《巴黎手稿》中根据“对待对象的关系就是人的现实界的活动”这一基本原则，以对象世界与主体世界之间所形成的各种对象性关系为依据，将人与客观世界划分为既相互联系又相互区别的三种主客体关系——对象方面的真、善、美与主体方面的科学意识、伦理意识和审美意识相对应的关系体系。

审美关系的客体方面，是真与善统一的美。马克思指出“美的规律”是人类懂得按任何一个种的尺度来进行生产，并且懂得怎样处处都把内在的尺度运用到对象上去，并以此来建造世界。这就深刻揭示了人类的生产劳动是把客观规律性和人的目的性辩证、生动地体现在自己的存在过程中，美的规律也就是客观必然性和人的目的性和谐统一的规律，是人与现实间和谐自由的对象性关系的生成。

真与善统一的美是客观的，它的主观反映形式是理智与意志统一的审美意识、审美情感。理智反映客观真理，意志追求理想的善，审美情感则把握真与善统一的美。作为审美关系的主体方面的审美情感，既不同于理智也不同于意志，同时又不同于一般情感的一种综合的全新的心理结构、心理功能。康德曾把审美判断作为沟通因果必然性的纯粹理性和主体自由性的实践理性的桥梁，以此来把握它的本质特性，正是审美意识这种特殊的心理结构所具有的综合整体性。黑格尔对这个问题的见解也很值得思考，他认为美不是知性认识和意志实践的对象，但却离不开知性认识和意志实践，是这两者内容的融会。他说：“从美对主体心灵的关系上来看，美既不是困在有限里的不自由的知解力的对象，也不是有限意志的对象”，“如果把对象作为美的对象来看待，就要把上述两种观点统一起来，就要把主体和对象两方面的片面性取消掉”。[①] 上面的论述都说明了正是真与善统一的美所具有的特性，决定了它必然成为与之对应的理智与意志统一的审美情感的对象；也正是理智和意志统一的审美情感这一特殊的人的本质力量，决定了它只能在真与善相统一的“美”这个对象上得到肯定和证实。这就是它们之间形成特定的审美关系的必然性。审美关系作为人对现实的对象性关系体系中的中介结构，决定了审美意识在人类主观世界这个意识体系中的地位和作用。审美意识是一种既包含科学

① ［德］黑格尔：《美学》第1卷，朱光潜译，商务印书馆1979年版，第144—145页。

意识的内容又不是科学意识，既包含伦理意识的内容又不是伦理意识，而是介于这两者之间，渗透着这两者内容的一个具有独特本质的意识领域。这就是审美不能为科学和伦理实践所取代的根本原因，是其在人类社会中产生、存在和发展的必然根据。而从另一个方面看，人的主观世界又是一个完整的意识体系，正是科学意识、伦理意识和审美意识相互渗透、缺一不可地统一在一起，才构成了人全面完整的主观世界，形成了人正常有机的心理功能。人的科学意识是客观的，它只是为了掌握客观必然规律，因此它偏重于主体服从客体；人的伦理意识是主观的，它只是为了满足主体的意欲和目的，所以它要求客体为主体服务。这样一来，这两者之间必然要形成一种主观和客观的对立关系，这种对立是感性与理性、受动与能动、特殊与普遍的对立，是意识体系的分裂。而审美意识正是作为沟通科学意识和伦理意识的桥梁而存在的，它消除了理智与意志间的对立，并使它们结合在一个新的统一体中。这个统一体不是对立双方的混合，而是双方不留任何分裂痕迹地融会在一起的第三种状态。在这种状态里，片面的感性被引导到理性，单纯的理性为感性所渗透，被动和主动、有限和无限、主体目的性与客观必然性错综交替而浑然一体。人们既获得了不让客观必然性盲目起作用的认识自由，又获得了对必然规律自由驾驭的意志自由，从而实现了自由地运用客观规律去实现社会目的的美的自由。美的自由是认识自由与意志自由的统一，是认识关系、伦理实践关系通过审美关系而形成的相互渗透和交融，是人完整的主观世界形成的标志。①

由于人们又通过不断的社会实践活动对自身的无机自然进行改造，使人的感性自然中渗透着理性，个体心理中积淀着社会历史内容。人类就是在创造物质文明和精神文明的漫长历史过程中，创造了人丰富的本质内涵、人的文化心理结构。文化心理结构是审美的基础，历史上形成的不同的审美形态，就源于不同的文化心理结构。文

① 参见马龙潜、杨杰《知识经济与审美教育》，河南人民出版社 2004 年版，第 170—176 页。

化心理结构作为一种历史成果，具有相对的稳定性和不可超越性，它制约着人们采取某种特定的方式进行审美和其他创造能力的发挥。

审美活动有助于建构人的和谐的意识体系的作用在于将人的科学意识与伦理意识所表现出的受动性和主动性统一起来。

人的一切对象性关系都是受动性和主动性的统一，但在不同的对象性关系中却采取了不同的方式，从而构成了人的对象性关系主动性和受动性相统一的不同形态。人与对象的认识关系，主动性与受动性的结合偏重于受动，是受动性的主动性；人与对象的价值关系，主动性与受动性的结合偏重于主动，是主动性的受动性；人与对象的审美关系则不同于认识关系和价值关系，它不是受动性的主动性和主动性的受动性，而是达到了二者否定性的统一。

我们强调审美关系与认识关系和价值关系的区别，主张不要把审美关系归结为认识关系和价值关系，但另一方面，也不能否认审美关系与认识关系和价值关系有联系。因为美虽然不就是真，但却以真为基础，与真相对立的假的事物是不能构成美的内在本质因素的；同时从审美的角度说，否认审美中的认识态度，必然导致对审美意识的唯心主义解释，否定审美意识中的现实内容；从美和价值的关系来说，美是有一定价值的，审美关系的客体本身就具有价值性。苏联美学家图加林诺夫说，没有对社会或阶级以及人的需要和利益的关系，价值是不可思议的，而美是离不开对象与人的价值关系的。因而他说："漂亮、美绝不是自然现象的天然属性，也就是说，在脱离人的自然中没有美。"① 没有价值的态度，要把握美是不可能的。审美感知和审美体验本质都具有某种价值评价的性质，审美趣味和审美理想就是价值评价的主观标准。因此从某种意义上说，审美对象作为审美主体和审美客体在客观对象上的统一，实质上就是认识关系和价值关系的否定性统一。认识关系作为主体对客体的反映关系，价值关系作为实践关系，共同构成了审美关系本质的客观规定性。价值作为客体与主

① 转引自［苏］列·斯托洛维奇《审美价值的本质》，中国社会科学出版社 1984 年版，第 20 页。

体需要之间的关系，实际上就是社会实践关系。主体只有在社会实践中才能满足其需要，实践的目的就是创造价值以满足人的需要，所以价值关系表现为一种客观的物质活动。它虽然受动于客体，但突出地表现为主体对客体的改造，人的主观能动性或者说能动性的受动性。所以有人从社会物质实践活动中规定美的本质，有它正确的一面。但美绝不仅仅具有价值性、社会必要性，而且具有必然性、客观真实性、形象性以及表现出受动性的主动性。所以美的客观性既包含有现实形象的、不取决于人而存在的自然性质，也包含不取决于人的意识而存在的社会属性。美的客观性具体说明了审美关系是主动性的受动性和受动性的主动性的统一。

我们从审美对象作为主客体关系在客观对象上的统一的角度揭示了审美关系所具有的认识性和价值性，以及它具有的主动性和受动性。从审美的角度看，它同样具有认识关系和价值关系的性质。审美是对审美关系的反映，作为第一层关系，审美所反映的是审美主体和审美对象所结成的客观关系，也就是对主客体关系的主观反映，它构成审美意识。审美意识作为主观对客观的反映形式，它类似认识关系，主观要受制于客观，它所表现出来的是一种受动性的主动性。第二层关系，审美所反映的是主体审美意识自身，也就是审美意识以自身为对象进行反映，即主体对自己的审美的精神活动加以反映，并以这种反映为中介对审美对象进行感知、体验、评价。这种感知、体验和评价具有一般价值评价的性质，但比一般价值评价更复杂，它以各种意识形式出现，常有极大的综合性。如认知（对对象真假的判断）、情感（对对象的体验）、意志（对对象价值的自觉的保证），正因为审美以多种意识形式呈现出来，它就是既确定又不确定的，既自觉又非自觉的，既清晰而又模糊的，既可表达又不可表达的。审美作为认知判断，它是认识关系在头脑中的反映，它可以用确定的语言方式表达出来。但审美更重要的是以情感体验的方式表现出来，它是一种感性的心理形式，它以内在的爱、憎、亲、疏及外露的喜、怒、哀、乐作为对审美对象价值的肯定和否定，所以它又是可意会而难以言传的。审美中的意志形式作为对对象价值的自觉保证，它表现为主体为了实现价值所进行的自觉努力，对审美价值的肯定，即审美的功利目的性。正是审美的这种多功能的意识活动，表现出审美具有的本质特性。它不单纯是主体反映客体的活动，表现为受动性的主动性，同时体现为人的创造的本性，表现为主动性的受动性。

精神文明建设所追求的目标，是培养和造就全面发展的社会的人、理性的人、自由的人；是通过形成以审美意识为中介的科学意识与伦理意识和谐统一的人的完整的主观世界，来建立和完善人对现实的对象性关系。这就具体规定了精神文明建设的系统整体性，规定了它缺一不可的理智教育、伦理道德教育和审美教育这三个方面的基本内容。那么，审美教育与理智教育、伦理道德教育有着怎样的关系？它在精神文明建设中的地位和作用是怎样的呢？

所谓理智教育，是指引导受教育者建立与完善同现实的认识关系的一种教育方式。它通过不断改造人们的认识能力，提高人们的科学文化水平来逐步增强人对客观必然性的把握。自人类有文明的历史以来，人的思维方式、思维水平、科学文化水平就是一个社会文明程度的重要标志，也是构成一个社会精神文明的基础。但从另一个方面看，人类有文明以来的历史又不断证明了单纯的枯燥的理性主宰状态也造成了人主观世界的分裂，造成了思想与情感、精神与肉体的脱节，以至于破坏了人丰富完整的本质特性。

所谓伦理道德教育，就是引导受教育者建立与完善人对现实的伦理实践关系的一种教育方式。它通过对人们的思想观念和道德品质的陶冶，培养人们坚韧不拔的顽强毅力和献身事业的坚定信念，以不断提高人们移风易俗、改造自然的能力。从人类发展的历史看，人的主观目的性在实践中对客观规律把握的程度，始终是衡量一个社会文明程度的重要尺度。然而，人类社会发展史又不断地证明了单纯的感性主宰状态只能使人陷入一种文明的野蛮状态之中。在这里，人们把自己的意志贪婪地强加于自然对象，使人的丰富的感性片面发展为粗野的感受和冷漠无情的占有。人的这种只知道简单地使用对象，而对对象本身的特性，对对象的独立存在丝毫不感兴趣的被动的感觉状态，只能造成其自身感性和理性、精神和肉体的分裂，造成官能享受与精神的自我节制之间在道德上的巨大冲突。同片面发展的理智教育一样，这也是片面发展的伦理道德教育所必然产生的恶果。对在资本主义生产方式下理智教育和伦理道德教育的两极恶性发展，片面的理智教育使人陷入枯燥的理性主宰状态，片面的伦理道德教育使人陷入粗陋的感性欲求之中，这两者对立和冲突的结果是造成人的感性和理性、肉体和精神的对峙和分裂，是对人的本质全面发展的束缚和摧残。当然，它们的对立不仅是在各自的对象范围内的对立，单一的理性主宰在要求外在现实服从必然规律的时候，并不追求人自身感性基础的消亡；而单一的感性欲求在让自己的目的变成现实的过程中，也不希求人自身理性本质的泯灭。因此，它们在本质上又是可以得到统一的，即人可以在认识自己自由的同时也感觉到自己的存在。他既不单纯是物质的，也不单纯是精神的，而是这两者的和谐统一，这种统一才是精神文明建设所追求的目标。而这个目标的实现，则是社会主义制度下的理智教育与伦理道德教育通过审美教育这个中介环节得到统一并综合发挥作用的结果，这就要求我们应进一步对审美教育的本质加以说明。

在建立和完善人对现实的对象性关系的活动中，以强化认识关系为目的的理智教育是以外来知识的身份加于受教育者，使受教育者屈从于客观必然性，结果用对象的自由换来了主体的被动。而以强化伦理实践关系为目的的伦理道德教育，则用人主体的自由换来了对象的被动，使客体变成了被主体改造和消灭的对象、为主体服务的工具，对于前者来说，片面的理智教育造成的理性主宰状态排斥意志目的的内容，在一定的意义上使自己超脱于善恶范围之外。高度发展的科学技术是人类智力发达的表征，但它导致的自然资源的破坏和污染，则又是对单纯发达的智力的报复。正如恩格斯所说："我们不要过分陶醉于我们对自然界的胜利，对于每一次这样的胜利，自然界都报复了我们。"① 这就明确地告诉了我们，只有当高度发达的智力与造福人类的目的统一在一起的时候，人类才能迈入真正文明的境界。同时，

① 《马克思恩格斯选集》第3卷，人民出版社1972年版，第561页。

片面的伦理道德教育使人沉溺的意志欲求排斥客观规律的制约，把主体的意志目的强加给对象，以满足目光短浅的自发欲望对抗普遍的社会理性。因此，只有把个人的官能享受与自我节制间的心理冲突统一在社会理性的基础之上，才能使人的性格潜力沿着健康的方向发展，达到个体与社会的统一。单一的理智教育的局限，在于它离开了伦理道德教育的制约；单一的伦理道德教育的局限，是在于它脱离了理智教育的基础。而只有通过它们二者的统一，才能将其各自的局限消除掉。审美教育的本质就在于通过自己的中介地位，使理智教育和伦理道德教育得到协调和统一，把这两者的作用综合起来，从而克服它们各自的局限和片面性，使人在与现实的和谐自由的对象性关系中自由地运用客观规律，去实现造福社会的目的。审美教育一方面包含理智教育的内容，启发受教育者对客观现实作本质的揭示，使他们对社会生活的客观规律有正确的了解和认识；另一方面又包含伦理道德教育的内容，培养人们对意志目的的追求，鼓舞他们去参加变革现实的伟大斗争。正是审美教育包括的这两个基本方面，才使它与理智教育和伦理道德教育表现了本质的不同。审美教育把理智教育灌输给受教育者的认识内容渗透于伦理道德教育过程中意志活动的想象、情感等心理形式之中。通过个别和一般、本质和现象、偶然和必然、理想和现实的直接统一，使人在情感得到陶冶和愉悦、意志实践得到肯定的同时，了解到事物的本质和概念。审美教育就是这样在由感知、理解、想象、情感等认识、心理因素自由结合在一起的综合心理结构中，实现了理智教育与伦理道德教育的协调统一，从而成为一种既联结着理智教育又联结着伦理道德教育，把真与善、理智与情感意志、主体与客体、普遍性与个别性统一在一起的具有自己质的规定性的独特教育方式。

审美教育的自由本质不仅在于它内容的特殊性上，而且还表现在它用独特的形式所建立起来的教育者与被教育者之间的和谐自由的关系上。理智教育通过对受教育者的知识的灌输，让人们屈从于客观规律之下；伦理道德教育通过对受教育者的意志目的的强化，让人们凌驾于客观必然性之上。其主要弊端都在于教育者与被教育者的关系不是自由的关系，而是必然的关系。审美教育正是要在理智教育和伦理道德教育的统一和协调中建立起教育者与被教育者之间的和谐自由的关系，把受教育者的依赖性变成自觉性，被动性变成主动性。这种既定的目的是通过无目的的特殊形式实现的，是目的性的高级表现形式。它使受教育者把对客观必然的理性把握内在地作为自己灵魂的一部分，把客观必然性与人类利益和需要的统一化作自己的“第二天性”，化作普遍的社会习惯；把直接的外在实用目的升华为以自身为目的。把理智教育、伦理道德教育所追求的外在目的升华为以发展人的各种能力本身为目的，这就是审美教育的无目的，即以自身为目的。这种外在实用目的向以自身为目的的转化，是必然王国向自由王国的转化，是教育者与受教育者之间和谐自由的关系的建构，它让人们能够主动、自觉地进行自我教育，把普遍的社会理性，把为人类造福的创造意志真正地深入我们的血肉里面去，真正地、完全地成为生活的组成部分。① 我们所培养和造就的，是以共产主义思想为核心，把个体和社会、自身发展的目的和社会发展的目的统一为一体的人。这种统一性才是人真正的自由性，才是人类精神文明的真正实现。②

艺术教育是审美教育的典型形态，其突出的自由本质特性，它在社会主义精神文明建设中的独特地位和作用的必然根据就在于此。因此，大力开展艺术活动，通过艺术教育这一途径可以有效促进社会建设精神文明建设。

第四节　当代审美教育的新形态

康德曾把审美判断视作沟通因果必然性的纯粹理性和主体自由性的实践理性的桥梁。审美意识可以沟通科学意识与伦理意识，审美活

① 《列宁全集》第 33 卷，人民出版社 1957 年版，第 442—443 页。

② 参见马龙潜、杨杰《知识经济与审美教育》，河南人民出版社 2004 年版，第 181—193 页。

动能够使感性内含理性规范，使理性充满鲜活色彩，不再枯燥、乏味，从而塑造和谐自由的人的意识体系，这正是“美的规律”所讲的“合规律性”与“合目的性”的统一。然而，当下的社会文化风气，尤其是包括新媒体在内的传媒界的过度娱乐化倾向比较明显，由宣扬对以往的理性造成的人主体的严重束缚的“解放”走向极力张扬个性的感性正当性，并无限膨胀而失去应有的理性约束，其实质是由一种偏颇反击另一种偏颇，由一个极端走向另一种极端，同样导致人的意识体系的畸形、不均衡。因此，在“娱乐化”之风盛行的今天，艺术教育的历史使命依然任重而道远。

20 世纪 90 年代以来，大众文化的勃兴使得文艺创作走向文化工业。西方后现代主义思潮由精英文化向大众文化、从严肃艺术向娱乐文化蔓延的态势越来越明显，这股思潮迅速向世界各地——包括中国在内的发展中国家扩散、发酵，激起轩然大波；同时在我国，随着市场经济的进一步深化发展，追求商业利益的最大化——以最少的付出获取最大的利益回报也成为文艺的价值追求。在此经济利益驱动的特定社会背景下，我国当代文艺展现出审美的生活化、传播的多样化、阅读的浅显化、艺术的平民化、文字的读图化的特点，人们过去所熟知的那种“纯审美”“无功利”式的“纯文艺”日渐沉寂和凋零，文艺已经失去昔日的“高雅艺术”的光环而飞进寻常平民化的凡俗生活，文艺演化为现代工业经济大潮下的大众文化、经济文化，成为一种商业化的消费品，成为浅尝辄止的“文化快餐”。于是，以往我们倡导的“政治标准与艺术标准”出局了，艺术陶冶情操、净化心灵的社会功能被放逐了，代之以“发行量”“票房”等纯粹的商业指标成为衡量艺术水平高低的唯一标准，“挣钱”理直气壮地成为考量文艺水平高低的“硬道理”。

那么，如何才能攫取如此的高效益呢？博取人们的“眼球”。于是，一些文艺创作逐渐走向歧途：从严肃剧走向娱乐化，再迈向过度娱乐化，而且表现出越行越偏的发展态势。主张者强调抒写自我的个体感受与体验，强化主体意识并且极力宣扬、表现主体创造精神，具体到文艺创作活动方面，则是竭尽全力地抒写个体自身的主观感受和敏锐地描绘个体的情感神经。对政治，嗤之以鼻不屑一顾；对社会，他们表现出藐视、嘲笑固有的伦理道德价值体系；对历史，则是“戏说”、解构现有的各种定论，这些观念貌似富有“创新精神”，足以引起社会舆论的“哗然一片”。一些文艺作品较为突出的倾向是，将创作的视角转向琐碎的日常社会生活，强调作家“从情感的零度开始写作”和“还原生活的原生态”，否定对主体思想意识、精神世界的表现。他们对历史的认识是模糊的、无力的，缺乏深刻而辩证的思想和历史意识，仅靠体验、领悟来感知世界。其认识只能停留在表面的、肤浅的层次上，无法在深度、广度上表现当代历史的进程，从而使得当今社会现实变成一个平面的，没有历史感、厚重感的存在。他们由现代主义强烈的心理化的倾向转向对外在客观世界的关注，由现代主义强烈的哲理化倾向转向对现实社会生活、生存空间的关注，他们的基本原则是高度强调艺术再现的客观真实性，但描绘的却是鸡零狗碎式的庸俗生活，认为生活的“原生态”就是文艺反映的本质。他们否认现象与本质的差异，放逐公共价值，在公共空间之外谋求私人生存并努力实现私人生存的价值和意义，否认文艺应该表现人的丰富的精神世界。在历史题材方面，对现有的一切进行主观的、个性化的“大胆”改造，甚至是彻底的消解、颠覆，无论是对传统的、已有的社会道德价值中心体系，还是对经典文本或者历史事实，都进行全面的颠覆，置历史事实于不顾，有意消解中心话语，凸显非主流意识、非宏大历史事件等边缘化、零散化视点，将历史随意解构；他们抒写现实的或历史的事件时，淡化历史概念，甚至为刻画、重树自己心目中的“英雄”形象而不惜歪曲历史、颠倒黑白。①

这种思潮表现在电视节目中，则是标举“关注民生、走进生活”的旗帜而对社会某些消极甚至是对丑恶、迷信等“藏污纳垢”角落的“深度”挖掘，金钱、美色和性话题充斥在各个传播媒介中，在一定程度上折射出“庸俗、低俗、媚俗”之风的蔓延。于是，拜金女、富二代等“明星嘉宾”在相亲类节目中层出不穷，各种情感类

① 参见杨杰《对当前文艺创作现状的反思》，《江淮论坛》2006 年第 5 期。

节目的猎奇、炒作边缘题材等“审丑”行为堂而皇之占据电视黄金时段，为博得观众“眼球”，各种因亲情矛盾、家庭纠纷而导致的极端行为、过激言论成为噱头，“揭伤疤”或恶性案件更是令人“拍案惊奇”；悲情、阴暗、颓废心态被过分渲染，“每天打开电视都是吵架的、打架的，离婚的，找小三儿的”成为观众对当下电视栏目的最好总结。表面上看，的确是将新闻、娱乐的镜头聚焦到社会生活，“贴近”百姓的日常生活，也的确博得了某些受众的关注与青睐，收视率一度陡然提升，广告收入耀人眼目，甚至成为同行羡慕与效仿的摹本。

上述文艺创作界的“繁荣”景象与以电视媒体为典型代表的媒体的推波助澜，一方面为我们带来喧嚣、带来希望，另一方面又令人们感到焦虑：这些文艺创作与电视节目向民众传递了什么样的“能量”？其观念究竟是进步了，还是倒退了？如此的娱乐化倾向带给我们的精神慰藉是什么？

总览近年文艺创作与影视传媒的各种倾向，其中一个突出的倾向是，在试图矫正以往理性对人的极度束缚的同时，对人的感性欲望进行了过度的张扬，其实质变成了用一种偏颇去纠正另一种偏颇，用一种极端否定另一种极端。固然，以往单一枯燥的理性对个性存在严重的压抑，将人正常感性生活紧紧束缚于狭窄的范围而无法得到应有的地位和待遇的做法是压抑人性的，它将本应丰富多彩的社会生活变得乏味而单调，使人丧失了生活的乐趣，成为理性工具下的牺牲品，因此，将人从理性桎梏下解放出来是历史发展的必然要求；但是，如果走向问题的另一端，否定人之为人的理性存在的重要性与必要性而将人之感性无限放大，甚至恶性膨胀为人的全部本质的观念与做法也是不可取的。要知道，失去理性规范的感性很容易迷失航行的方向，就像理性主宰的缺失感性绚丽色彩的人一样，使本应全面发展的人成为“单向度”的片面的人，这种感性与理性对立、科学精神与人文精神分裂的现状正是当下艺术教育亟待解决的问题。

人的主观世界应该是一个完整、统一、和谐的意识体系。纵观人类的发展历史，就是改造客观世界与改造主观世界的过程，是对人类实践中建立起来的人与自然的对象性关系的逐渐完善与不断丰富的过程。在这个进程中，改造客观物质世界与改造主体世界是人类社会实践不可分割的两个方面，就如同车之双轮、鸟之双翼一般，它们互为前提、互为表里、共同提升，我们今天所讲的物质文明与精神文明建设恰恰就是人对客体对象世界改造和对主体自身改造的结果，二者必须协调发展，任何一方都不可偏废。社会历史的进步表现在主体方面则是作为类的存在物的人的整体进步，而人类的整体进步又以具体的个体的人的全面发展为特征，离开人的个体发展讲人类的整体进步只能是抽象空谈。从社会实践主体改造的方面看，人类自身的发展历程就表现为主体的“灵与肉”的统一——感性世界与理性世界趋向协调发展，从而建构起和谐的意识体系的过程，这也正是审美教育应有的内涵和责无旁贷承担的历史使命所在。

实践是人类现实存在的方式。在社会实践过程中，人与外在客体世界形成了物质实践关系，这是人类自身维系生命存在的基础性、物质性前提。改造世界就必须以把握自然规律为前提，于是形成了人与自然之间的最基本的对象性关系——认识关系，即要求主体的认识与客体规律之间的统一性，伴随着人类改造客观物质世界进程的不断提高，以“求真”为核心的人的科学意识与科学精神的水平也相应地不断得到提升；人进行物质生产的目的是为自身的存在服务的，“趋利避害”是人的本能，于是形成了人与客体对象之间的以“求善”为核心的价值关系，形成人的伦理意识，表现在社会实践中就是人文精神。如果说，科学精神要求主体的科学意识遵从客体规律的话，那么，人文精神要求客体世界为主体的目的服务；前者要求主体服从客体、受制于客体规律，后者则要求客体服务于主体，主体驾驭客体，客体服从主体，如此一来，客体受制于主体与主体受制于客体之间就形成了对立的矛盾关系。因此，若要实现人的存在与发展的和谐一致，势必将人的科学意识与伦理意识相沟通，把科学精神与人文精神协调一致，这就是合规律性与合目的性的统一——也就是马克思所讲的“美的规律”所追求的境界，即主体与客体之间形成的特殊的对象性关系——审美关系，反映到主体方面则是人的审美意识。

客观地说，近年来文艺创作实践与电视等媒介关注社会现实问题和人的日常生活有其值得肯定的一面。“文化大革命”时期造成的人们精神生活的极度贫乏与人们日益增长的文化需求之间形成了巨大的差距，文艺作品中塑造的人物与媒体宣传的形象多是“样板戏”所歌颂的“高大全”式的“时代传声筒”型的扁平面孔，其存在状态既没有平常人的七情六欲，也不食寻常百姓的“人间烟火”，成为脱离具体历史现实生活的空洞的政治符号。因此，新时期以来关注、反映现实社会民生，以扎根于社会底层芸芸众生的“小人物”为作品和节目表现的主人公，具有积极的纠偏意义，值得肯定。

但是，由此带来的问题也是不容忽视的，那就是过分宣扬私人生活和个体人的感性欲望，完全沉溺于私人化的生存空间，置理性于不屑一顾的倾向。此类文艺和电视栏目以博取大众“眼球”为噱头，以刺激人的感官生理欲望为“法宝”，秉举“现实主义”大旗，却是抽空现实主义精神的“自然主义”内质。这种思潮、倾向，将肉体感官视作超然的人的本质而推崇有加，情欲、肤觉登堂入室地公然成为打字话题。在此观念驱动下，社会风气由尊奉感性到膜拜肉体，终于沦落为生理的快感享受，而这时的人的“身体”已经是没有精神支撑的生物体——人的理性被彻底摒弃了。固然弗洛伊德笃信“力比多”理论，但他的理论中的“身体”是蕴含着深度模式的——本我、自我和超我的不同层次的，但是，如今的现实却是将深度模式解构成为“平面化”，“身体”成为没有理性且超然于任何理性束缚的只有感官欲望的存在体，就像曾经风行一时的“身体写作”“下半身写作”，不过是“写作身体”“写作下半身”的一帘遮羞布而已，而“身体”“下半身”更是人之原始本能的动物性、生物性与生理欲望体验的等义词。因为有些人坚信“真正”人的生存的真实写照就表现为感性、感觉、肤觉乃至情欲，唯此描绘才是“写人”，唯此写照才是鲜活的对“真实生活”的再现，才是“直录”社会与人生，唯有“个体”的私人感性生活空间才是“本真”现实社会生活，于是，琐碎、世俗、偶然性、碎片式的日常的甚至是庸俗的“场景”被“原生态”地搬上了银幕和屏幕，堂而皇之地成为不分老幼男女大众的“盛筵”，进而成为街头巷尾热议的谈资。

面对世风日下，许多学者一针见血地指出，此种社会风气必然陷入种种悖论：为了“真实”展现“感性的人”生存的“原生态”而极力渲染支离破碎的“一地鸡毛”，无视现实生活细节与社会历史进程“总画面”之间内在的、必然的逻辑关系；强调对个体生命体验的书写，但又仅仅局限于那些个人的、情欲化的感受和体验之中，将生物性的“身体”视为创作的“源泉”；强调个性解放，为人的各种欲望正名，但仅仅局限于人的原始的、本能的情欲一面，全然不顾那些作为类存在的人之为人的理性的、精神的家园的存在，将社会的人“还原”为生物的人；陶醉于对那些弥漫着世俗快乐的狂欢欲望的体味，但忘却了福柯的忠告——纯粹的完全的快乐是同死亡联系在一起的；强调人的个性独立，但却逾越了意识形态文化和精英文化所划定的伦理与道德底线；而恰恰就在这所谓的“客观真实”追逐中，丧失了积极健康的人生精神和创作主体应有的价值取向和社会责任感，使文艺滑入了自然主义的泥坑，其边缘化、世俗化、反理性、反崇高以及精神萎缩、价值迷失等不足却带有强烈的颓废主义色彩。

人的感性与理性是难以分割的。将人从理性的桎梏中解放出来固然重要，但若片面地张扬人的感性而在某种程度上又将感性与理性相对立，实质走向与片面宣扬理性相反的另一个极端，由于导致人性的分化而最终使其理论自身走向衰败。今天，当我们大谈“以人为本”、人文精神的时候，切莫忘记理性的必要性和重要性。自古以来，与对“真与美”的重视程度相比，我们更关注“善与美”的统一，在这方面是与西方的历史有着鲜明差异的，欧洲从古希腊时代就高举理性大旗，文艺复兴时代的人文主义将理性提升到与神性分庭抗礼的高度，一直到德国古典美学时期理性都占据社会主流，“人是理性的动物”“知识就是力量”等标志性命题便是极好的印证，理性已经深入人心，科学精神成为人的全面素质中的重要组成部分，理性规范成为社会管理、运行的机制。中国的历史自古代就以伦理学见长，重视人文精神的张扬，自然科学的进步相对滞后，科学精神相比人文精神的发展不够均衡，此外，中国长期处于封建、半封建的社会形态，封建专制、宗法制、家长制一言堂等封建意识更是根深蒂固，严谨的科学精神既没有在社会上蔚然成风，也没能在个体意识中扎根，而人文精神中“民主”意识又是欠缺的，对此状况，20世纪初的许多中国学者已清醒地认识到“近代欧洲之所以优越他族者，科学之兴，其功不在人权说下，若舟车之有两轮焉。今且日新月异，举凡一事之兴，一物之细，罔不诉之科学法规，以定得失从违，其效将使人间思想云为一尊理性”①，今天，科学精神与理性意识的培养依然任重而道远，中国的现代化是以人的现代化为基础和核心，人的现代化又由和谐人格的培养、科学素质与人文素质相协调的综合素质教育、科学精神与人文精神的相统一的完善的意识体系的形成等诸多方面组成，因此，任何将人的感性与理性、肉体与精神、情感与意志、个体与社会等因素予以割裂，乃至对立的观念与做法都是违背人类自身和谐发展与人类社会科学发展规律的。作为一个完整的人，感性与理性的任何一方不仅不可缺失，而且还需要密切配合，只有理性潜在规范下的感性与充满鲜活感性色彩的理性的和谐统一才能够真正使个体的人构建起完整的意识体系，才能成为和谐全面发展的人，才能够真正担当起中国社会主义现代化进程的历史重任，才能够在创造丰富的物质财富以满足人类自身生存物质条件的同时从事多彩的精神创造活动。没有理性制约的感性极易滑向危险的边缘，其结果必然因其片面性、局限性而导致式微，最终走向穷途末路而宣告退出历史舞台。

黑格尔认为，审美具有令人解放、赋予主体自由意义上的作用。审美所特有的救赎意义，是人格完美的提升，是人生追求的最高理想境界。面对今天的人生游戏化、私欲膨胀化、文艺娱乐化、文化商品化和道义喜剧化的倾向，审美的精神超越性与救赎意义担负着比以往任何时候都重要的社会责任。只有当“科学意识与人的价值意识完全结合起来时，现状压迫人类的最大二元论，即物质的、机械的、科学的和道德的与理想的东西所存在的裂缝，就化为乌有”②。审美教育

---

① 陈独秀：《敬告青年》，《青年杂志》1915年第1期。

② ［美］杜威：《哲学的改造》，许崇清译，商务印书馆1958年版，第93页。

的责任在于为当下的感性化、情欲化、物欲化的感官刺激赋予理性规范，使娱乐脱离“低俗、媚俗、庸俗”的感官欲望刺激的旋涡，启迪人们思考社会、反思自身，构建健康活泼的人生观、价值观，担当起陶冶人的情操、净化人的心灵的历史责任。

正如有学者指出的，在一个价值多元化的时代，一个社会转型的时代，一个市场运作的时代，一个“眼球关注”的时代，如何在多元价值的包容中弘扬社会主义核心价值，如何在文化的多元化中坚守主流文化，如何在文化产业与文化事业的协调中守望民族精神，如何在市场化经济运行模式下肩负社会责任，如何在敬重人的感性欲望合理性的同时对理性规律心怀敬畏之心，都是当下艺术教育值得研究的问题。

第二章　比较文化视野中的东西方观赏文明的建构

艺术观赏文明是人类文明的发展进程的重要标志和尺度之一，它根植于人类精神文明与物质文明的土壤之中，同时更是其文明类型与特质的重要体现。可以说，在迄今为止的人类文明史上，形成了东西方艺术观赏文明的两大传统。在西方，与“两希文明”的精神传统分不开，塑造出一种人神合一、注重精神引领的艺术观赏文明；在中国，则是与礼乐文明分不开，造就了一种以礼节乐、以乐人为尚的艺术观赏的文明样态。而随着全球范围内的现代化进程的展开，东西方文明传统之间不断的碰撞、交流与融合，传统到现代的艺术观赏文明的历史转换也就是势所必然的了。从而，在比较文化的视野中来审视艺术观赏文明的历史与现状，也就成为本章所着重讨论的内容。

第一节　西方艺术观赏文明之精神传承

考察西方艺术观赏文明的进程，离不开对于“两希文明”传统的追根溯源。可以说，正是在“两希文明”长期的历史融合当中形成了西方艺术观赏文明的精神传统。故而，也就需要我们从历史的回溯中来把握这一文明传统的精髓。

一　古希腊：人神同一中的理性精神的辉煌

早在公元前 7 世纪至前 5 世纪，在爱琴海诸多岛屿和海岸上，古希腊人就开启了西方文明的觉醒，艺术的生命之花也在这里开始绽放。贫瘠的土地、恶劣的气候使他们深知生命的无常与死亡的切近；生活之苦涩与甘甜的交织令他们一次又一次去探索现实世界难以言状的美。如果说，古埃及艺术昭示的是对冥府世界的无尽向往，那么古希腊艺术所体现的则是一种前所未有的对现世生活的珍视。在古希腊，艺术观赏已不是生活中零星琐碎的点缀，不是逃避现实、寄托心灵的避风港湾，它自然而然地渗入人们的日常生活，是处理事务的本领，是把握当下、思考生命与享受生活的有效途径，是一种信仰的体现——一种对自成体系的非教义性质的“艺术宗教”的信仰体现。

在古希腊人眼中，不论是以日神阿波罗为主神的“缪斯艺术”（酒神颂、悲喜剧、史诗等），还是以赫菲斯托斯为主神的“应用艺术”（建筑、雕塑、绘画等）都是他们用来感知世界、掌握世界的重要方式：或以神话的形式揭示特定的社会历史，或通过完美的比例和稳定的造型来表现他们所崇尚的“高贵的单纯与静穆的伟大”（温克尔曼语），又或者用和谐的旋律与狂想的音调，来感召那股神赐的、来自内心深处的力量。公元前 5 世纪，酒神祭祀从农村迁往城市，来自雅典城周围十个部落的男子合唱演变为具有故事情节与爱恨冲突的戏剧表演，原有的巫术仪式转化为城市酒神节日。为了这场一年一度的全民盛典，执政官员负责提供活动资金，并广泛召集诗人、剧作者与戏剧演员，具体剧目与演员的挑选由富裕的市民共同承担，戏剧的规则由戏剧赞助者制定，比赛评选则交给从各族选出的十名评判人员，评选的最佳剧目被授予丰厚奖励，而观赏戏剧的人，也能从政府手中拿到相应的奖赏。

雅典民主制是在公元前 508 年至 507 年建立起来的，这促使了希腊古典艺术理想的形成，也为古希腊的艺术观赏文明营造了更为广阔的发展空间。公民之间独立平等，每个人都具有自由参与公共事务管理的权利和义务。公民的自我意识不断发展，他们认识到自身的有限，从而迸发出一股超越有限束缚的内在诉求。普罗泰哥拉认为“人是万物的尺度”，柏拉图将“人”这个基本参照点作为自己宇宙观的前提，毕达哥拉斯也同样以“人”为纯数理和谐形式的核心所在。

因此，在古希腊的神像雕塑中，人们看到的是矫健而富有生命张力的人的形象；在作为神之庙宇的古希腊建筑中，人们见到的是来自人类本身的完美比例；而古希腊的神话、史诗与戏剧，无一不彰显着人类理性精神的无限光辉。观赏者也就是参与者，在这样的艺术世界中，抑或是古希腊人独有的生活世界中，听到他们所熟知的人的歌声，看到他们所关心的人的故事，感受到他们所认同的价值追求，借此开启他们全新的思想境界与思维方式。他们的艺术观赏活动不再是原始巫术文化中对人与自然平衡的想象性追求，也不是古埃及王权与神权同一的社会体制下，对神、王国与彼岸世界的崇拜与向往，而是通过频繁的互动参与，通过艺术为其轻轻掀起的帷幕一角，洞悉到整个人生的价值与意义。

二　中世纪：神人之别与精神的升腾

古罗马继承了古希腊的艺术传统，它从农耕文明走向城市文明，以其强势的帝国扩张与大量的文化传播，使古希腊艺术走向世界成为可能。这种“世界性”精神同样被希伯来文明所采纳，当地中海西岸的犹太民族创造了基督教时，他们认为自己超越了佛教和回教而成为“公教”，具有了审判全世界的先定合法性。[①] 于是，基督教蓄意挑战了既存的一切宗教理念，将非己的宗教排斥为异教。公元前476年，日耳曼民族入侵，西罗马帝国灭亡，中世纪开始了它漫长而黑暗的千年历程，人性与欲望被基督教的强权势力压得无法喘息，艺术自此沦为宗教的奴仆，艺术观赏也从原有的自由情境中被抽离出来，成为一种宗教的神圣性体验。在这种体验中，作为观赏主体的人没有批判性的反思，没有独立自主的思考，他们不再去怀疑或者验证自己的所见所闻，他们的精神世界鸦雀无声，一片死寂，只留下被禁锢的思想与忏悔的灵魂。

在希伯来文学艺术当中人们可以看到，从《圣经》的《旧约》到戏剧体史诗《约伯记》，从奥古斯丁的《忏悔录》到修道院的书

---

① 王岳川：《西方艺术精神》，高等教育出版社2005年版，第3页。

信，无一不阐释着上帝意志的难以捉摸，无一不否定着个体、肉身与现世人生。信教徒们怀着满心的虔诚，去阅读和学习上帝不容置疑的神圣与教义，在狭隘的宗教信仰而非自由的人生信仰中，去沐浴一种来自上天的神性光辉。在建筑艺术上，哥特式建筑从早期的罗马式建筑与拜占庭建筑发展而来，以教堂与修道院作为其主要表现形式。直入云霄的尖拱，交错的飞扶壁，透入氤氲光线的玫瑰花窗，以及悠扬而肃穆的钟声，营造出一股无形的力量，它召唤人们去祷告，去悔悟。在这个空旷的封闭空间中，广大的基督教信徒与尘世相隔绝开来，他们收敛了心神，超越了现世的纷繁，就像黑格尔所说的那样，“把自己提升到神那里，才得到安息”。音乐方面，由于各地宗教活动频繁，人们将源自古希腊与希伯来音乐的圣咏（一种无伴奏齐唱乐）运用到有组织的礼拜仪式中来。最初，圣咏的曲调由教皇格里高利一世精选，到了公元7世纪，一些僧侣音乐家创作了复音音乐，形成一种名为“奥干努姆”的唱法，象征着天国的音响。一千多年以来，音乐的创作与研究机构、合唱队以及学校，都由教会的神职人员掌管。基督音乐的传播逐渐形成广泛而普遍的音乐教育体制，在这个教育体制中，人们学会以超脱的心境去控制自身的感性和欲念，以最为单纯的心灵去达到与上帝沟通的目的；戏剧方面，民间剧本与剧场不断遭到焚烧与损毁，民间演员也受尽教会的欺凌。然而，礼拜中的唱诗艺术与合唱艺术有问有答，从而衍生出中世纪的戏剧主流——宗教戏剧。尽管在其发展过程中，宗教戏剧加入了批判社会矛盾与道德问题的现实生活因素，它始终未能逃出教义宣传的框架。值得一提的是，受到封建教会严厉打压的民间戏剧从未停止过反抗与斗争，这为后来文艺复兴的戏剧艺术奠定了基础，为艺术观赏活动的重获自由埋下了希望。

三　文艺复兴：“两希文明”的精神汇通

源自古希腊文明的艺术观赏以“人”为主导，参与者在与艺术的对话和交流中反复挖掘与创造，从而看到现实生活的本真。而从希伯来文明走来的艺术观赏则通过建立一个虚无缥缈的世界，引导人们永远地折服于上帝。两种文明相互抵抗、冲突，却在更大程度上达到了融合。文艺复兴时期“人文主义”兴起，人们重新将目光投向自我价值体现与自由平等之上。一些东罗马的学者与新兴的资产阶级知识分子将古希腊与古罗马的艺术精髓引回到世人的视野当中。这一次运动，与其说是借着反对神性的契机复兴了古典艺术，不如说是在带领艺术脱离教义桎梏的进程中，吸收了基督文化内在的一些精神意义与价值，为艺术的发展注入了蓬勃的活力。而艺术观赏，也开始有了崭新的面貌。

为纪念行会与贵族斗争所取得的凯旋，意大利文艺复兴的先驱布鲁内莱斯吸取古罗马万神庙与哥特式建筑的养分，创造出八角肋骨拱的穹隆顶，完成了佛罗伦萨主教堂。而布拉曼特与米开朗基罗在重建罗马圣彼得大教堂时，调整了教堂内部空间结构，摒弃了光线晦暗的室内风格。当人们进入教堂，他们的思想不再被引向遥不可及的天国世界，他们对自身本然存在的意识，也不再需要通过膜拜与朝圣来获得。观者作为建筑空间的中心存在，以一个平等、自由而具体的个体身份，来对自己的心灵进行叩问。在绘画上，清明的理性与人性的光辉大多从宗教题材中得到显现。画作的神性悄然褪去，画中的故事似乎就发生在人们周围，画中人物与现实生活中的人同样有着喜怒哀乐，同样有血有肉，同样有着爱与温情。达·芬奇的《最后的晚餐》、米开朗基罗的《创造亚当》、拉斐尔的《西斯廷圣母》等皆是如此。而观赏者与绘画渗透出的这种强烈的人文主义思想的接触似乎是轻而易举的，他们“对于绘画不是只在一二小时之内，在生活中一个孤立的场合欣赏，而是在整个生活中，在宗教仪式，全民庆祝，招待贵宾的盛会，大小事务与寻欢作乐中欣赏的”①。戏剧方面，文艺复兴的发源地意大利建起了带拱形镜框舞台的新式剧院，并因袭绘画艺术发展了戏剧的彩画布景。同时，其源自民间的即兴喜剧也广泛获得人们的喜爱。在英国，伟大剧作家莎士比亚突破了严格的古典戏剧藩篱，通过离奇的组合与奇妙的构想，谱写出现世人生的交响乐章。

① ［法］丹纳：《艺术哲学》，傅雷译，人民文学出版社 1997 年版，第 132 页。

在戏剧上同样取得辉煌成就的西班牙，维伽通过包括戏剧在内的多样的文学创作，表现出自己对政治的一种态度与主张。而卡尔隆德则利用宗教戏剧的形式反映尘世的生活百态，这为后基督时代创造了新的可能。对于这些作品，人们的观演活动主要发生于学院、宫廷与民间三种场所。从精英、贵族到民间大众，戏剧观众遍布社会各个阶层；在音乐领域，沉睡千年的旋律与音符冲出了教堂的束缚，开始流行于世俗场合，供人娱乐。像尼德兰乐派、威尼斯乐派、罗马乐派这样的音乐创作派别多以宗教为素材，其作品却无不充斥着世俗的气息。随着音乐演出的日趋频繁与业余爱好者的增加，传授演唱与演奏方法的书籍也相继出版，音乐渐渐被人视为一种素养，一种不可或缺的生活情调。

横览文艺复兴时期的艺术活动，西方人的艺术观赏在两希文明此起彼伏的交汇中开始呈现别样的特征。人们的艺术观赏诉求不再仅仅是期待从有限走向无限，也不再因膜拜与朝圣去对彼岸世界进行冥想，而是通过主动的体验，将自己的整个生命与灵魂浸入到永恒流变的艺术情境当中。这种艺术情境，使“文化意识的指向性和精神意志得以表达，神圣未来与理想模型得以显明”①。观者跟随一种符号，产生种种臆想，达到对这种引导性媒介的超越，从而去寻求生命的方向，通过自我与艺术之间的一种意义丰满的构建，在顿悟与发现中把握真正的自己，隐去陈旧的思想与事物，在理想中尽情遨游。

四　从古典到启蒙：现代精神的缘起

文艺复兴之后，西方社会的宗教改革、启蒙运动以及法国大革命令艺术的创作题材逐渐转为宫廷生活、普通人的世界以及大自然。

在17世纪的法国，中央集权的君主专制与笛卡尔的唯理主义理论为古典主义的萌芽、传播与繁荣埋下了根基，宗教的神圣性被政治的理性取代。这股艺术思潮以古希腊、古罗马的艺术作为自身典范，以“第一流”“最优秀”或“经典”自居。艺术开始运用宫廷贵族阶

① 丁亚平：《艺术文化学》，文化艺术出版社1997年版，第247页。

层的语言、崇高典雅的叙事、端庄肃穆的形式，提倡理性至上，强调一般性而非个人情感色彩，要求得体，追求完美，并倾向于一种道德上的劝善与说教，服务于王权与贵族。戏剧艺术对亚里士多德“三一律”的采纳，绘画艺术对古希腊、古罗马英雄主义精神的继承，古典芭蕾艺术对神祇、英雄、王公贵族气质的展现，音乐艺术对高雅风格的追求，建筑艺术对至高无上的王权与理性秩序的阐释，古典主义艺术都承载着一种较为固定的标准与审美取向。轮廓分明的结构安排，单纯又庄重的表现色彩，它们取悦着王室，迎合着皇亲国戚，又以这种摒弃了平民语言与市民趣味的“高贵的”形式，来达到统治者的目的。同时，许多王侯贵族自身具有的优秀艺术修养，也为艺术的发展做出了不可小觑的贡献。

与贵族化的古典艺术相对，要求个性解放与情感自由的浪漫主义艺术于18世纪末至19世纪初的欧洲盛行。随着法国大革命、欧洲民主运动与民族解放运动的高涨，一股向往自然、迷恋中世纪传奇色彩的风气得以形成，人们渴望冲破枷锁，在个性的表现与激情的释放中，回归到自然与自由理想当中去。法国“自由、平等、博爱”的口号，德国康德、黑格尔等人的哲学以及英法的空想社会主义使西方的静默变得嘹亮。诗人将审美对象从宫廷转向民间；画家用夸张与想象让人在对前途的迷茫之中寻到信念与希望；戏剧家以美与丑、善与恶、黑暗与光明的对照，给予观赏者以关注世界的崭新视角；音乐家则以普通市民的眼光，诉说对社会的愤慨，对国家的眷恋，对生活的热情，让音乐与观众内心的旋律同入于一首曲中。在这样的艺术里，平凡人的个人天地得到深切关注。可以说，浪漫主义将希伯来文明的神秘性抹去，并使得古希腊那种外在的信仰转向了人类的内心。人们从对自我心灵的探索走向对人类整体的把握，进而将目光延伸向整个宇宙。

法国大革命之后，西方第一座博物馆对公众实施开放，这成为平民大众与艺术对话的又一途径。一些博物馆从起初的需要参观证明逐步走向完全开放模式。届时，除了安置私人捐赠藏品，保存考古发掘成就和为民众提供艺术展示之外，博物馆也开始成为一种国民身份认同的象征，国家文化力量的体现，或者在某种意义上，实现一种类似“教化”的企图，比如资产阶级对工人阶级的教化，地方政府对外来移民的教化，以及实业大亨效仿慈善家改造大众等。另外，18 世纪末以来，西方印刷业日趋成熟，通俗读本发行量剧增，这使得文学艺术深入大众，成为人们娱乐消遣的重要组成部分。

随着法国启蒙运动、英国经验主义哲学与德国狂飙突进运动的热潮，随着工业革命对人性的压抑日渐趋强以及自然科学、唯物主义和实证哲学等方面成就的凸显，随着众学者与艺术家对浪漫主义的反思，19 世纪 30 年代后，以批判眼光审视社会的现实主义艺术将充满奇幻想象的浪漫主义取代。画家库尔贝于 1885 年在巴黎的一座棚屋内开展名为《现实主义——G. 库尔贝》的画展，从此掀起了西方现实主义之风。“他要的不是好看，而是真实。”[①] 贡布里希对库尔贝如是评价。而约翰·康斯太博在伦敦皇家学院演讲中则言，“单凭想象从来就没有，也绝不可能创作出可以与现实相比的东西”[②]。可以说，这也是现实主义艺术思潮中一个共通性的价值取向。文学通过对自然与人类生活的直观描写，向社会道德与政治提出质疑，细化到日常每一个关键细节，每一个特殊场景；绘画以典型而深入的刻画，揭露现实社会的龌龊与肮脏，触碰到最为质朴，最为平常，甚至丝毫不引起人们注意的人物、环境与事件。戏剧揭示出深藏于生活底层的面容，捕捉到令人难以喘息的瞬间。“社会问题剧”应运而生，“小剧场运动”也因此开始席卷世界各地。戏剧家莱辛与艺术理论家卢卡契都认为，现实主义艺术能够增强人们的民族意识。也就是说，通过现实主义艺术的观赏，观者能够培养自身的教养、内在禀赋与洞悉世间百态的能力，从中把握到万象的根本。他们内心深处的民族精神与文化信仰得以显现，那种关乎每一个人的民族价值观念便在观赏进程中，无

① ［英］贡布里希：《艺术的故事》，范景中译，生活·读书·新知三联书店 1999 年版，第 508 页。

② ［英］迈克尔·列维：《西方艺术史》，孙津、王宁、顾明栋译，江苏美术出版社 1987 年版，第 173 页。

知无觉地被勾勒出来。

五 走向当下：现代艺术观赏的人文情怀

迅猛发展的资本主义经济促使了利己主义、功利主义以及拜金主义的大规模入侵，两次世界大战的冲击又令西方人的内在心灵流离失所、飘忽不定。两希文明融会中的传统艺术精神日益晦暗了起来，“理性”开始沦为众人批判的对象，艺术对上帝的依赖也彻底土崩瓦解，重新在人类精神领域找到一席栖息之地。自现代主义至后现代主义时期，人们眼中所关注的艺术拒绝了那个长期独占鳌头的模仿理论，逃出了来自天国光晕的笼罩。20 世纪黎明的前夕，佩特、马拉美和王尔德掀起的唯美主义浪潮推动了艺术同古典传统的剥离，尼采目睹了神话在科学发展中的解体并宣告了上帝的死亡。“非理性”“反叛”“解构”成为人们在艺术中寻找的必然因子，而“丑”与“荒诞”也从之前的一种边缘化的尴尬身份走向了西方的审美中心。人们从波德莱尔的《恶之花》中窥见了社会的病态与自身的惊恐，又因艾略特的《荒原》意识到虽然活着却分秒逼近死亡的“存在”；“包豪斯”的“机器美学”以及密斯·凡德·罗的“少即是多”原则令人在日常生活中抛弃繁文缛节而以实用与简单为美，文丘里对多元化与不确定的主张又填补了现代人空虚而又孤寂的情感世界。再从爱德华·蒙克的《呐喊》到尤奈斯库的《椅子》，从卡夫卡的《变形记》到布努埃尔的《一条安达鲁狗》，艺术各个门类都呈现出一片“先锋景象”。这种“先锋”戳破了糊在人生冠冕堂皇表面的那层薄薄的纸张，观者不仅看到了现世千端的无尽荒谬与虚妄，也看到了艺术扩展的无限可能。当后现代的商业文化将艺术世界渐染，物欲横流的商业气息使许多艺术成为一种生财之道，一种身份的符号化象征以及一种供大众消费娱乐的产品。而作为对艺术走向商业化与机械复制的反抗，淋漓尽致的自我表现也成为另一类艺术延续自己生命的筹码。此外，艺术与非艺术之间界限的模糊，艺术活动仪式感的消失以及公共艺术的崛起，让观者感受到艺术与他们从未有过的临近。剧场、画廊、电影院与音乐厅将生活背景、个人信仰与价值观迥异的人群汇集到同一时空中，却提供给每一个人创造独立审美空间的自由与权利。而当博物馆纳入了语言导览、录像展示以及纪念品店铺之后，观赏者被拉进一个亲身临近的、戏剧性的、富有情调的语境中，找到一个似乎从一开始就是为自己而生、为自己而设的乐园。

时光推移至当下，随着科技的飞跃与大众传媒的发展，电脑特技、电子音乐、3D技术和数字影像等不分昼夜地充斥人们的视听神经。从多变的观赏形式到快餐式的观赏习惯，从触手可及的观赏途径到广无边际的观赏范围，观者与其恣意挑选的艺术，在任意时间、任何地点的对话成为一种平常。除了亲临向公众开放的各大艺术场所，人们通过报纸杂志、收音机、电视、光盘、电脑、手机和网络等获取各类艺术资源。在数字化传播的时代，绘画的展览，戏剧或音乐会的演出，唱片和书刊的发行，电影的上映等相关信息都能在第一时间呈现。而越来越多的观赏者也参与到艺术创作中来，通过现如今多样化的展示平台，如电视真人秀、博客、网络视频等，将自己的作品与众人分享。同样，观者对一切艺术经历的看法与评论也通过同样丰富的渠道被世人看到，被艺术家、理论家所吸收或借鉴。

需要注意的是，尽管这是一个艺术自律的时代，一个表现自我的时代，一个全民狂欢的时代，本雅明所言说的那种艺术的灵韵并没有彻底淡出人们的视野，观赏者也并没有将艺术的传统价值体系全然不顾。依然有人怀揣着崇敬和朝圣般的心理走进卢浮宫去观赏断臂的维纳斯，或亲临教堂去触摸阳光从彩色玻璃透入人心的那种美；通过电脑屏幕看到的《蒙娜丽莎》的数字化特写，仍旧将人的灵魂提升到一种几近宗教境界的高度，而在MP3格式的《命运》交响曲中，人们穿越时空，触碰到贝多芬内心澎湃而激昂的生命情怀。

无论如何，从古希腊到现当代，在西方两希文明的此消彼长、相互交融间，已然凝聚起一股强大的精神力量，构建起一个从神人同一到“人”的不断觉醒的精神传统。这种传统的力量不仅促使西方的艺术观赏成为一种文明形式，在其萌生、成长与反叛中形成了有别于东方的独有特征，并因其内在生命的张力以及“现代性”的生成而随着殖民运动的兴起向世界扩散。或者说，整个西方文明以其强势的

“文化霸权”将全球的观赏者引进同一种观赏情境之中，并通过这个情境的衍生产物，如语言、节日、习俗、信仰等，来影响和挑战甚至重塑各国观众原有艺术观赏的文明体系与样式，其是非得失也就不免聚讼不休。

第二节　礼乐文化传统影响下的中国古代观赏文明样态

礼乐文化是贯穿于中国文化的中国艺术文化的精神内核与轴心，它形成了我国古代艺术文明独特的精神气质，从艺术家到接受者的艺术观赏取向都不同程度地渗透着礼乐文化的影响。

“礼”，原是有着严格规程的宗教祭祀仪式，在西周时由统治者演化成规范着政治与社会的典章制度，对人的社会等级身份有严格的区分的社会生活规范，以便统治与稳定社会。“乐”的原意是祭祀时一种辅助性的手段，借以更好地传送人对天的意愿与敬意，发展到后世变成了在天地之间、在朝堂之上、在邻里之间人们进行情感沟通与人际关系调和的理想方式。“乐”是用来弥合“礼”的差异所带来的疏离与矛盾，构建融洽和谐的社会关系的最好的样式。“礼”与“乐”之间相互协同，共同作用，构建了中国几千年封建社会的精神内核；而两者之间的相互区别，不同的价值取向，又在不同的历史时期有着不同的表现样态，贯穿中国文化历史的始终。

一　礼乐观赏文化的实质

（一）儒家文化对于礼乐的定义

自周朝“礼崩乐坏”之后，后世的儒家学者们往往重拾礼乐传统，将之进行了继承和发展，构建了我国的礼乐文化。孔子将“礼”放诸“仁”的笼罩下，即在普遍的人类同情和人间关怀的“大爱”之下建构礼的秩序。艺术欣赏也是教化的一种形式，“兴于诗，立于礼，成于乐”（《论语·泰伯》），要依靠诗来兴发感情，要通过礼来养成做人的规范，而人格的最终完成是靠艺术。而他又提出了好的诗

（艺术）是“乐而不淫，哀而不伤”（《论语·八佾》）的中正雅致之艺术，并非情感无节制的宣泄。他的理想是“浴乎沂，风乎舞雩，咏而归”（《论语·先进》）的和谐之景，而又极力维护统治者的秩序，不可逾越礼制。孟子也认为，“君臣有义，父子有亲，夫妇有别，长幼有序，朋友有信”（《孟子·滕文公》），社会的安定统治离不开秩序，但也说过，“说大人，则藐之”（《孟子·尽心》），即向位高者进言的时候，要藐视他们的身份和地位，尊礼乐文化并非尊位高权重者，而因为“我善养吾浩然之气”，更是个人对礼乐的遵循与完善。

中国古典文献《礼记·乐记》指出礼乐的关系。“礼者为异，乐者为同”（《乐记·乐论篇》），礼是用来区分人与人之间差别的，例如贵贱、君臣、男女、长幼、尊卑等，而乐主要用来沟通与协调，利用人与人所有的共同的感情基础，达到和谐共生的状态，所以“同则相亲，异则相敬”（《乐记·乐论篇》）是社会统治阶层想要达到的效果。“礼”和“乐”二者不能偏废其一，因为“乐胜则流，礼胜则离”（《乐记·乐论篇》），社会的维系只偏重“乐”，那么人与人的情感与欲望就会放任自流，秩序尽失，无尊卑长幼，于统治阶级的利益来说当然是全无裨益；若只有“礼”的制约，那么社会上有差异的各方就会离心背德，矛盾日盛，不可能凝聚成一个和谐的整体。古人尚“以乐助礼，以礼节乐”，以达到社会秩序分明、和而不同、仁爱和谐的境界，所以“礼乐偵天地之情”“大人举礼乐，则天地将为昭焉”。

经过后世汉儒、宋儒的大力宣扬与不断完善，中华民族形成的作用力辐射到了整个民族的礼乐文化传统，它成为整个民族的政治理想、伦理准绳和道德规范。

（二）艺术观赏之于礼乐的关系

中国人的观赏文明深深根植于礼乐文明的传统之中，艺术观赏相对于艺术创作而言，是一个相对被动的过程，艺术观赏的主体乃至观赏文明的建构者从狭义上来讲应是作为艺术接受的群体，但“艺术观赏”这个概念发生的行为主体从广义上来讲，则是处在中国礼乐文明辐射下的所有个体，无论是艺术创作者还是接受者，他们都处在艺术传播的作用下，进行着多向度的影响与交流，而非狭义理解下的传与授的关系。

早在春秋末期，音乐总集《诗经》就已经收集了西周初年到春秋的各类音乐作品。在现在看来最有艺术价值的《国风》，就是当时北方诸国的民歌。统治者收集下层接受者的艺术作品以观乐，乃是观风俗之作为社会镜鉴。更如汉王朝设立乐府机构，收集编纂各地的民间音乐，进行改编整理与创作，在文化艺术中心位于宫廷的汉代，并非一味推行统治者的艺术样式。

在中国礼乐文化影响下的艺术观赏文明的样态中，往往表现出两种倾向，即对观赏者教化因素的“礼”的呈现和对“乐”之艺术化的感性的完满的表达。“穷本知变，乐之情也；著诚去伪，礼之经也。”（《乐记·乐情篇》）对率性真情的追求又暗合克己复礼的德行需要，对自身文化身份的探索又记挂着固有的礼仪之序的维系，让中国的观赏文明呈现出复杂多变而又含有深层味旨的面貌。

二　礼乐文化浸染下的艺术观赏文明的发展历程

中国人的艺术观赏文明根植于礼乐文化的传统，这个传统伴随着不同的历史时期的演进，有着不同的变化。从整体脉络来看，则是呈现出“礼”的等级束缚越来越弱化和隐藏化、“乐”的和同作用越来越强化和开放化的趋势。这也是由于在中国古代经历了贵族文化—文人文化—民间文化三者所主导的历史文化的融合与演进。与之相应，艺术观赏文明也呈现出特征各异的三种主要样式：以宫廷王府为代表的贵族式的观赏，以文人士子为代表的文士化的观赏及以勾栏瓦肆为代表的民间大众化的观赏。三者之间虽然各自有别，但也相互制约，且即便是到了世俗文化的鼎盛时期，礼乐的影响也从未偏废其一，一直贯穿于中国古代艺术观赏文明演进的始终。下文将对这三种主要的艺术观赏文明的表现形式进行简要概述。

（一）贵族文化与高台教化

中国古代艺术的发端与推行都与宫廷文化有关，在奴隶制社会，就出现了成为统治阶层歌颂功德的乐舞，如夏代的《大夏》和商代的《大濩》，都成为昭显统治者功德的工具。在我国古代以宫廷文化为代表的贵族文化中，形成了独特的“施乐以扶礼”的观赏文化形态，在这个范畴中，乐服从于礼，礼的传播与稳定才是推行艺术观赏的目的。“乐礼相济”是理想的观赏文化形态，“礼之所至，乐亦至焉”（《礼记·孔子燕居》），“知乐则几于礼矣”（《乐记·乐本》）。即乐在不同的等级秩序之间保持一定的联系，维持一种和谐的秩序，在贵族文化的观赏传播形态中，始终都是一种自上而下的教化式的观赏样式。

在贵族文化的观赏内容中，礼即是一种严格而稳定的等级秩序，呈现出恢宏的气象。周代乐舞的等级制度严格，舞蹈队每行八人，为一情。“天子用八情六十四人排成方阵，诸侯用六情四十八人排成方阵，大夫用四情三十二人排成方阵，士在家里行乐，只能用二情一十六人排成方阵。”礼的渗透：已经渗透到中国人的文化观念中，乃至艺术的表现形式都必须依据礼的要求划分等级和层次。汉代董仲舒说，“五声莫贵于宫，五味莫美于甘，五色莫胜于黄”（董仲舒：《春秋繁露·五行对》）。皇帝的用色是黄色，取义至尊之颜色，更是以此来与下层被统治者区分开来。在一般百姓看来，“黄色”就是天子尊严的象征，加之森严的社会机器的震慑，当然将它视为一种象征尊贵的符号，并不敢用到日常的生活中。

由此，礼的观赏秩序可见一斑。

早在西周时期确立的礼乐制度，是一种乐为礼所用的社会政治制度，是一种自上而下的艺术传播形式。然而就在这个时期，礼乐关系的基本样式被固定下来，对中国民族的文化基因打上深深烙印。礼乐制度最初的话语权是贵族的，即所谓“礼不下庶人”。孔子论雅乐与郑声的时候说过韶乐是“尽美矣，又尽善也”，又主张“放郑声”，因为“郑声淫”（《论语·卫灵公》），从而“恶郑声之乱雅乐也”（《论语·阳货》）。其主要观点就是提倡雅乐、反对郑声。要求艺术作品“尽善尽美”“雅正中和”，即提倡一种中和之美，从思想内容到语言，都不应当过分激烈、尽量做到委婉曲折。这种克制情感、追求道德的崇高感而适度平和的艺术审美标准，正体现了我国文化中礼乐因素交相制约、以礼节乐的审美传统，这种典型的文化信条成为内化于中华民族观赏文明精神内涵的构成因子，成为上千年来艺术接受过程所呈现的美感判断的先决条件。

（二）文人艺术观赏的个体意趣

自魏晋以来，士大夫及文人阶层开始兴起，相应的诗歌、散文以及艺术创作进入到历史文化视野中。相对于贵族阶层自上而下严格有序的文化统治观念，他们更加注重个体文化精神的格调化与完善。面对王权的更迭，他们追求道统，保持相对独立的人格与操守，在艺术审美和日常生活当中更鲜明地体现出一些个人化的趣味。相对于朝廷文化相对单一而刻板的样式，文人文化在审美传达上表现出了更深远的意趣。艺术语言更加典雅，作品渗透着艺术家个人的艺术理想、营造了更加深远的意境、渗透着人生感、历史感、宇宙感，它们个别而又具体，品相高下有所不同，寻求着更加明确化的受众。

中国古代文人最重气节，气节乃一种生命格调，君子知礼，重义重气，孟子言说："我善养吾浩然之气"（《孟子·公孙丑上》），君子须学礼，"富贵不能淫，贫贱不能移，威武不能屈，此之谓大丈夫"（《孟子·滕文公下》）。文人追求高洁的意趣，更是一种立于天地之间的格调，可以藐富贵，但必保自性之洁，即"仰天大笑出门去，我辈岂是蓬蒿人"（李白：《南陵别儿童入京》）的旷达与遗世独立之感。在文人文化中，很少有人使用艺术语言直白地描述自己的高洁志趣与人生境界，更多的可见借物喻格、花鸟比德的现象。

譬如，竹子作为郑板桥赋诗作画的核心意象之一，就明显承担了这样的功用。郑板桥所作著名的《竹石》一诗，"咬定青山不放松，立根原在破岩中。千磨万击还坚劲，任尔东西南北风。"看似描绘竹子的坚韧状态，实则隐忍抒发了艺术家孤寂的胸臆。同样的题材，元朝大书画家赵孟頫在《题李仲宾野竹图》中这样写道："偃蹇高人意，萧疏旷士风。无心上宵汉，混迹向蒿蓬。"野竹的屈曲之态，给人以萧瑟之感，而赵孟頫则从野竹的拳曲情状中读出了其"不夭于斧斤"的避祸之幸，将艺术家的个体生命情感移植给它，赋予了竹子新的意义。当然，这样个体化的艺术传达，并不是面向大众的样式，艺术家但求知音来通心意。龚自珍就这样写陶渊明："陶潜酷似卧龙豪，万古浔阳松菊高。"（龚自珍：《舟中读陶诗》）陶渊明送后世一菊，后世观者又敬他一菊，这两朵菊花来往于古今对照的观赏中，实在是中国文人文化美不胜收的一景。

文人化的观赏文化中，并不求观者之众，以完成礼的教化与乐的同化，更将礼乐精神与道统融入到个体经验中，将观赏趣味雅化，以求观赏受众感兴的共同完满。受众的广泛已没有了实现基础，但具有相应欣赏能力、感悟艺术家的艺术传达的受众却是文人文化所追求的目标。

而在人们所熟知的"知音"的故事中，俞伯牙的《高山流水》雅则雅，但曲高和寡，唯有钟子期听懂俞伯牙的琴声所指，俞伯牙就将钟子期作为自己的唯一受众，于是"子期死，伯牙谓世间再无知音，乃破琴绝弦，终身不复鼓"（冯梦龙：《警世通言》）。艺术家挑选受众的标准到如此苛刻的地步，也正说明了文人文化中要求的观赏者的观赏行为是一种领悟境界旗鼓相当的互动。木心在《文学回忆录》中写了这样一个逸事："《红楼梦》有许多名字：一，石头记。二，情僧录。三，风月宝鉴（以现代讲法，就是爱情百科全书，或爱情忏悔录）。四，金陵十二钗（'南京优秀女性传记'）。……曹雪芹很调皮的，喜欢捉弄读者……《红楼梦》书名，放得宽，不着边际，有艺术性。……《水浒传》写成时还有十来个读者，《红楼梦》当时的读者只有二三人，其中有敦诚、郭敏兄弟，也好诗，大雪天与曹雪芹饮酒。"①曹雪芹给《红楼梦》起名字，偏不叫一个大众化的、有市场的名字，他"看得起"读者，愿意让书自己说话。《红楼梦》的最初读者，也是与曹雪芹把酒论书的文人受众，这样的传播样式是小众的，更是实践了和合而尚情的乐之精髓。

尽管文人化的艺术观赏追求精神境界的自胜、求与受众的沟通与调和。但文人文化基因中尚且带有封建礼教的烙印，礼义尊卑一直贯

---

① 木心讲述，陈丹青笔录：《文学回忆录》（上册），广西师范大学出版社2013年版，第497页。

彻到思想中。东晋顾恺之所创女史箴图，意在对妇女进行规劝与训导，使之遵从道德礼仪。内容主要有冯媛挡熊、班姬辞辇、世事盛衰、修容饰性、同衾以疑、一夫多妻、专宠渎欢、静恭自思、女史司箴等。“礼辨异”“以礼节乐”的礼乐观念仍然深入文人之心。就连《红楼梦》这样的惊世骇俗之书，都要让那些诸如贾母、贾政等代言了封建礼教观念的人物占据叙事主线，不得不说封建社会文人观念中人逃不开礼乐文化的藩篱。

（三）民间文化与大众化艺术观赏之和同天下

不同于贵族文化立于礼的教化性的观赏文化、文人文化指向自身精神境界的精英化观赏文化，还有一条富于生命力的民间文化样态的主线存在于观赏文明之中。相较于前两种观赏文化的样式，民间文化更为包容、具有开放性的草根姿态。“礼”的制约相对弱化，更显示出一种合同天下的活力之感。在形式上，它的样子更像是“俗乐”，与之相应的艺术表达方式与文化语言也更加多元化，但在精神实质上，却离不开“礼乐”传统的内核辐射。

民间艺术作为一种大众文化在我国有着悠久的文明历史，以歌舞百戏、绘画、雕刻、手工艺、杂耍等方式长期存在，特别是自宋元时代市民文化兴起之后，戏曲、杂剧、小说等通俗艺术大盛于市。它们通俗而适俗，具有鲜明的口语化特点和故事性结构，气质质朴自然，有着极为广泛的群众接受基础。优秀的民间文化是通俗而不低俗，或言“俗不伤雅”①，王国维曾评价：“元曲之佳处何在？一言以蔽之，曰自然而已矣。”②

民间艺术深深根植于大众审美需求之中，迎合于接受者的需求。相较于其他两个阶层的文化观赏形式对受众心理定式的作用，它深谙适应之道，而不是大举改造。

在戏曲中，昆曲虽然发源于民间文化，但它在其历史发展进程中

① 朱自清：《论雅俗共赏》，北京出版社2005年版，第21页。

② 王国维：《宋元戏曲考》，转引自柏红秀《中国古典戏曲鉴赏》，南京大学出版社2011年版，第18页。

终究归属于文人的参与及雅化。其曲辞及腔调经过不止一代的文人的改造与打磨，而呈现出清新与雅致的倾向，从而使得昆曲在传承过程中其编曲、配乐、演唱乃至受众都离不开文人的圈子。它有特定的规范、曲调、程式，甚至连填词的格律都有严格的规定。它在文人的圈子里一度盛行，后因为接受群体过于狭窄、繁文缛节的束缚使得其丧失了新意，一度衰落，发展维艰。

而京剧则不同，它不仅发源于民间文化中，连创作与生长的过程都处于民间艺术的孕育之中，因而其体现了群众的审美观点，所以它受到下层群众的欢迎。清代的焦循说："花部原本于元剧，其事多忠孝节义，足以动人：其词直质，虽妇孺亦能解；其音慷慨，血气为之动荡。郭外各村，于二八月间，递相演唱，农夫渔父，聚以为欢，由来久矣。"忠孝节义，乃中国传统礼教的一部分，早已渗入普通大众的文化血脉，成为判定艺术作品是否符合价值观的一个重要准则，这作为接受的前提更是尤为重要。词的直质，更是符合各文化层次接受者的直观要求，直率的艺术语言成为民间艺术适俗的重要砝码。鲜明而生动的艺术形象的塑造、对受众生活情感的调动，更是从最大程度上召唤接受者进入文本的既定结构，从而与作品情感相交、产生共鸣。

民间的通俗艺术中，"礼"的秩序的构建从某种程度上说并不占据绝对地位，相反，"乐"的成分倒是彰显了自己的光彩。这表现在，通俗艺术的目标旨在沟通情感、跨越差异而娱乐大众，甚至某些民间艺术发生的场域是一个有着去社会等级倾向的场所。所以，进戏园子的都是"看官""听客"，都是艺人们的衣食父母；同时，由于受文士化观赏的影响，更形成"听戏听音"的传统，以内行的鉴赏态度而获取精深的艺术享受。杨懋建的《梦华琐薄》中曾描述清代的北京戏园子："茶话人海杂沓，诸伶登场，各奏尔能，征鼓喧阂，叫好之声，往往如万鸦竞噪矣"，台上演戏，台下喧腾，观众针对当下所观演的内容进行实时互动，好不热闹，如此观演关系中，台上与台下究竟谁是主角儿那可是见仁见智。那时的观众们，打扮体面妥当，如出入社交场合般重视，但在看戏的过程中，无拘无束、大笑大哭，任凭情感宣泄，即“屏车骑，易冠裳，轻裘缓带，笑傲自得。放浪形骸之外，不复有拘束矣”①。如此不拘的观赏场所，是有着和同天下的味旨的，更是去秩序化的、使人暂得脱离礼教的束缚、得以愉悦的艺术观赏之精髓所在。

这样的一段描述更能体现这种观赏文化的趣味导向。“皮黄盛于京剧，故京师之调为尤至。贩夫竖子，短衣束发，每入园聆剧，一腔一板，均能判别其是非。善则喝彩以报之，不善则扬声以辱之，满坐千人，不约而同。或偶有显著登楼，投其所好，座客群然指目，必至哗然。故优人在京，不以贵宦巨商为荣，反以短衣座客之誉论为辱。”② 戏曲演员并不在意观众的身份地位，而更在意观众对其表演的评价，那些内行的观赏者更是在观赏的当下通过“喝彩”或“扬声以辱”与演员进行意见的反馈，这是一种双向的观赏信息的交换与传达。贵族文化中自上而下的传播模式在这里被一举打破，使得观赏场域成为一个和合共生的接受世界，社会身份低贱的戏子也有话语，草根的看客更掌握了接受的主动权。相形之下，民间文化本质上属于“俗乐”文化，看起来更像是对于礼乐文化的颠覆，似乎是一种宋元之后才兴盛起来的新型样态，但其实却是渊源有致，属于古老的乐文化的一部分，如先秦之有“国风”、两汉之有“百戏”。然而，追根究底，俗乐仍离不开礼乐，或者说，民间文化仍然处于礼乐文化的影响之中，可以说是“俗乐”其表，“礼乐”其中。

清朝政府眼见京剧发展势头红火，也便召京剧艺人进宫演戏，不仅宫廷里有升平署那样的专门官办机构来进行剧目管理，而且有大学士等高官为之撰写剧本。以至于清末民初戏曲改良当中更有一些文人为借京剧之口来传播教化，编写剧本，请梨园演之，不仅劝诫民众思想，巩固社会秩序，更有唤醒民众，进而改良社会之意。试想：为什

---

① 杨懋建：《梦华琐薄》，转引自张次溪《清代燕都梨园史料》（上册），中国戏剧出版社 1988 年版，第 349 页。

② 徐珂：《清稗类抄》，转引自张庚、郭汉城主编《中国戏曲通论》，上海文艺出版社 1989 年版，第 632 页。

么这样的目的可以达成？为什么戏曲曾发展繁盛，而伟大的戏剧思想家却越来越稀有和罕见？正如有论者所指出的："中国剧作家的创作观念是伦理的、寓教于戏，其感化教育作用……作家没有多大的宇宙观、世界观，不过是忠孝仁义，在人伦关系上转圈圈。"[①] 学术界上曾有"中国无悲剧"的说法，虽有片面之处，但它从侧面说明中国传统礼教文化思想中"中正平和"的观念深入人心，要求艺术作品"乐而不淫，哀而不伤"，喜悦或悲哀不可过分激烈，要保持思想的克制与驯顺。中国观众向来喜欢大团圆的结局，这与礼乐文化的中庸之道是不可分割的。

总而言之，中国的观赏文明深深根植于礼乐文化之中，"礼"作为秩序、教化的因素，"乐"呈现出情感、沟通、合同的样式，二者共同作用于中国人内在的精神情感与价值观念，在不同的历史时期呈现出不同的艺术观赏文明形态。所以本节不仅简要分析了自周代产生到汉代基本确立的礼乐文化的过程，而且总结了自乐府机构设立以来，艺术观赏行为就体现为一个双向交流的过程。其中，本节特别分析了中国古代三种主要观赏文化的表现形式及每阶段礼乐关系的变化。如贵族化的观赏文化具有高台教化的倾向，乐助礼行，并在该阶段基本确立礼乐制度在政治、社会生活中的重要影响；文人化的艺术观赏样式的形成当属于魏晋以来"士"的阶层的兴起有关，他们追求道统，保持相对独立的人格与操守，在艺术审美和日常生活当中更鲜明地体现出一些个人化的趣味；民间艺术具有娱乐大众的"俗乐"传统，体现了"礼"的淡化与"乐"的和同天下，但礼乐文化作为深层文化因素仍然起着重要的制约作用。以上三个方面各自有别，而又相互关联、相互制约，构建了源远流长的中国文化中的艺术观赏文明的独特传统。

---

① 木心讲述，陈丹青笔录：《文学回忆录》（上册），广西师范大学出版社2013年版，第339页。

第三节 从传统到现代：艺术观赏文明的历史转换

从传统到现代，艺术观赏文明发生了一系列的重大历史转换。无论是观赏的对象（即艺术本身），还是观赏的主体（即观众），以及观赏的方式（包括观赏空间、观赏媒介、观赏途径）等，都有着突出的变化。就传统艺术的现代观赏而言，尽管观赏的对象是某种前现代的艺术类型，但是随着时代的变迁、技术的进步，不仅观赏主体及其观赏方式在不断地发生变化，就是其自身也在现代化的语境下发生着不可避免的转变。当然，相对于各种现代新兴艺术来说，传统艺术的现代观赏是在原有艺术观赏文明基础之上的一种改造式建构，因此，在对象、主体和方式三个方面中，艺术自身的变化也许是最为艰难的。因为既要保持本色，又要适应新的观赏群体，而且，在变革策略上来说并不是一蹴而就的事情。而主体的变化是整个社会变化的结果，它也是对象即艺术自身变化的根本动力；主体变了，对象必然要随之而动，否则将面临无人问津乃至消亡的严重危机，因此，艺术主体之变是现代艺术观赏文明得以建构的首要因素。或者说，正是有了主体之变，才有可能刺激并引发对象之变。一方面，传统艺术为了适应现代的观赏群体，以确保艺术自身的可持续发展，最直接也是最基本的途径，就是首先在观赏方式上做出变革，尽可能在保持艺术本色的情形下以现代观众乐于接受的方式来展示或演出，以确保一定数量和水准的观赏群体的存在，进而使传统艺术积极融入现代生活，成为现代文明不可或缺的组成部分；另一方面，现代文化更是造就了现代的观众；现代观众的艺术观赏不仅受到社会风尚、传播媒体乃至消费观念的影响，造就出各种现代艺术文化样式，而且其行为本身更多地带来时尚的风潮，进而形成艺术文化的市场，成为艺术观赏文明的新的质素。

一　现代观众的审美取向与传统艺术的现代处境

从一般的艺术发展规律上说，与观赏群体最为适应且受到最大欢迎的艺术往往是最接近他们物质和精神文明生活的艺术形式。当人类进入现代社会，人性解放、工业文明、科技理性的发展一步步地颠覆着传统生活，现代人拥有了更加独立的自我意识、更加丰富的物质生活、更为有力的创造手段。尤其是数字化时代的来临，人类文明开始步入全球化的消费时代。在这个时代的审美文化场域中，尤其是生活在都市中的艺术观赏群体，他们的审美价值取向与政治、经济、技术等当代权力话语的关系十分密切。主流意识形态的全面渗透、市场运作的无孔不入、高科技对完美的虚拟实现，这些无不直接左右着现代都市艺术观赏群体的审美取向。于是，当代最具号召力的观赏艺术不再是传统艺术中的音乐舞蹈、戏曲或戏剧，而是拥有最多技术含量、与市场最为和谐、最善于表达主流意识形态的现代影视艺术、流行音乐乃至日常化的艺术设计等。

众所周知，一个时代自有一个时代的艺术。在中国，汉有赋、唐有诗、宋有词、元有曲、明清有小说有传奇；在西方，古典时代有史诗有悲剧、文艺复兴有诗歌有小说，因此无论中西，传统艺术都曾有过辉煌的时代。就中国的观赏艺术来说，各时代也都有它最具代表性的形态，基本来说，在前现代是戏曲，在现代是戏剧，而在当代（后现代）则是影视。但这并不意味着在戏剧时代，戏曲就消亡了，在影视时代，戏剧就消亡了，事实是，戏曲、戏剧、影视等多种观赏艺术往往是并存的，而艺术形态的多元化正是现代尤其是当代观赏文明的一个重要特征。

但是，随着消费市场的演变、意识形态的变迁，相对于当代影视艺术来说，现代性戏剧和前现代性戏曲都要面临一个严重的处境变化，即由曾经的所占主导地位退居到第二、第三，甚至更为边缘的位置上。这种文化处境的深刻变化，从根本上说是不可逆转的，因此，就传统戏曲、戏剧而言，可持续发展的策略就不能以重新占领第一位置为目标，而是要以守住阵地进而稳固阵营为首要目标。其文化价值和社会价值的实现也主要不是以接受群体的数量或市场占有率等为标志，而是更加集中在艺术自身的审美价值和作为民族文化符号的象征价值的表现上。因此，在观赏群体的发掘方面，主要不是在扩大观众数量上做文章，而是要在提高观众层次上下功夫。面对观赏艺术形态的多元化，观众自由选择的范围越来越大，而影视艺术的优势又是显而易见的不争事实，只有正确认识到这种处境，传统艺术才能获得健康发展。

实际上，当代观赏主体本身就是一个存在着多元审美取向和多层审美需求的群体，其艺术观赏行为受制于大众文化的消费心理。这一点上，大众化的影视艺术往往满足的是他们作为普通社会成员的文化认同心理，而真正富有生命色彩的个性化审美心理却并没有得到充分的实现。传统艺术，比如戏剧或戏曲，却不失为实现这一审美需求的方式之一。因此，传统观赏艺术正在都市观赏文明中拓展一条小众化的道路。小众化不是放弃观众，恰恰相反，它不仅抓住了一定数量的观众，同时也抓住了拥有一定艺术鉴赏水准的观众，从而稳定了艺术的家园、坚守了艺术的本色。小众化也并不意味着拒绝市场，而是更加积极地寻求市场与艺术之间的和谐发展，在坚持艺术品位的基础上，合理适度地寻求经济运作的支持。小众化更不是与主流意识形态的隔绝与对立，它更加关注那些深藏于人性之中的超越时代的价值观念，在更高的层面上提升观众的精神境界，同时也在更高的水准上引领观众的审美享受。而在这个意义上说，小众化其实就是高雅化。在现代都市消费主义大行其道时，传统艺术的确可以起到提升市民精神文明的重要作用。传统艺术的高雅化最终要将一种民族的文明精神传承下来，在这个意义上说，小众化并不与大众的利益相矛盾。而现代观赏群体也并不只是追随时尚的大众，随着社会整体文明的进步，大众对高雅艺术的渴求和对小众艺术的包容，都将是新型艺术观赏文明的特征。

但同时我们也应该看到，传统艺术尤其是前现代的戏曲艺术，在当代的确处在一个比现代戏剧更为尴尬的境地。传统戏曲在经过现代性洗礼之后，它还要继续面临后现代的冲击。作为生于中国本土的综合性舞台艺术，戏曲需要进行的变革是格外艰难的。观赏群体的萎缩、艺术水准的降低、经典作品的锐减、市场运营的乏力等，都是不可回避的现状。在现代性戏剧与当代影视艺术的竞争中，小众化、高雅化的策略已经发挥明显作用，而对于传统戏曲艺术来说，情况却并没有发生根本性的好转。小众化、高雅化是一种对观众的艺术鉴赏力有着很高要求的策略，而戏曲艺术目前还只是处于拓展更大的观赏群体这个层面上。然而，若长期缺乏对艺术本色的坚持和鉴赏水准的要求，一味追求大众化，不仅不能加速戏曲的现代化，却很可能加速它的消亡。

应该说，在小众和大众之间选择表现为一种辩证应对的关系。戏曲等传统艺术的现代性存在并不仅仅依靠那种抢占文化地盘的运营，而应该以它作为文化象征符号的独特美学价值来发挥影响力，从而成为现代文明中满足人们高雅化审美需求的艺术形式之一。正如有的学者所言，以牺牲本色获得的一时繁荣，很可能是引发“浮华背后的危殆”并最终导致戏曲艺术的“隐性消亡”①。因此，建构戏曲艺术的现代观赏文明更有必要建立起一种正确的转换策略以及更大力度的变革与创新。

二　观赏方式的现代转换与观赏文明的现代建构

艺术观赏行为方式的变化是随着观赏群体生活方式的转变而转变的。相对于传统生活，现代生活具有更多的公共性和更大的选择性，因此在艺术观赏文明方式方面也呈现出多元化多层次的复杂特征。

一般来说，艺术观赏文明现代建构主要有以下几种：一种是公共观赏，一种是私人观赏。公共观赏又分为现场型公共观赏（比如在剧场、展览馆、美术馆中的观赏）和影像型公共观赏（比如在影剧院中的观赏）；私人观赏则可分为家庭型私人观赏（比如家人聚集于客厅的集体观赏或家庭式观赏）和独立型私人观赏（比如私人空间中

① 王宁：《浮华背后的危殆：论当代昆剧的隐性消亡》，《戏曲研究》第八十六辑，文化艺术出版社2012年版。

的独自观赏、网络浏览等)。然而，随着现代科技的不断发展，电视的广泛普及、网络的异常强大，虚拟空间以势不可当的力量将影像型观赏弥漫于所有观赏方式中，无论在公共空间还是私人空间中，数字化、虚拟化的影像型观赏都是更加主流的观赏方式，而前现代的主流方式即现场型公共观赏却越来越退居次位。

于是，传统艺术的现代转换策略中，观赏方式的影像化便成为最径直想到的建设手段。一种影像化是将舞台上的现场表演传达为影像，再通过电视、网络的展示以满足更大范围观赏群体的审美需求；另一种就是打破舞台表演形式，与影视艺术相结合，成为以传统戏曲为题材及表演形式的特殊影视类型，这可以吸引更多的现代观众。然而，从实际情况来看，这两方面的建设似乎并没有从根本上改变传统戏曲的颓势。事实上，前一种影像化方式不过是现场观赏的复制，它对观赏群体的影响力要受到现场表演成功与否的制约，因此，在某种程度上说，这种影像化并不具有根本的变革意义。而后一种影像化方式尽管使传统戏曲彻底抛弃了它的原有观赏方式，然而现场的消失，也意味着一切只存于那个时间、那个空间的独特审美经验的消失，戏曲艺术成为无关当下观演的剪辑与拼接，这很可能导致丧失本色的危机。因此，在传统戏曲艺术和影像观赏方式之间始终存在着一种化不开的尴尬。

我们认为现代艺术观赏文明不仅表现在艺术形态、艺术场域的多元化，同时也表现在观赏方式的多重性。一种艺术形式不一定只采用一种观赏方式，而是可以在多重观赏方式并行的情况下，搭建全方位的观赏平台，从而最大限度地保持这种艺术的影响力，营造现代艺术的公共空间。但是，在多重方式并行中，每种艺术都应该找到一个最适合自身本色的核心方式，而不应该是盲目趋同于主流或者时尚，造成形态上的不伦不类和发展上的尴尬局面。对戏曲、歌剧、舞剧等传统艺术来说，依然应该保持它作为舞台艺术的本色，以现场式公共观赏为核心观赏方式，充分发挥影像观赏方式无法替代的由当下观演所带来的审美效应，从而巩固其作为小众艺术高雅艺术的文化定位。而数字化、影像化在作为辅助方式上，也要努力寻找更加有力的转换手段，真正起到扩大文化传播以及深化审美教育的社会作用。

当然，以现场式公共观赏为核心观赏方式，并不是简单的沿袭传统。恰恰相反，在传统艺术的现代转换过程中，观赏方式应该是首先进行改革的方面，只有观赏方式现代化了，整个艺术形态才可能呈现出新鲜的样态，现代艺术观赏文明才足以建构起来。现场式的公共观赏，是一种对审美公共空间有着较高要求的观赏方式。所谓审美公共空间，既是指观众观赏和演员表演的物理空间即实在空间，也是指由当下性的观演关系所构筑的心理空间即虚拟空间。传统观赏非常推崇虚拟空间的经营，因而在观演关系中，演员的表演和观众的观赏是同等重要的构建因素，演员的虚拟动作，观众的准确领悟，是审美虚拟空间的呈现基础，而演员技艺的高超和观众鉴赏力的高水准则是维持虚拟空间饱满、持久的重要力量。传统观赏中的实在空间也是相当虚化的，布景砌末力求简洁，力避写实，“中国戏曲舞台是以人为核心的，最忌讳‘物累’。常常是舞台上除一桌二椅以外，别无长物。骑马而无马，行舟而无舟，登山而无山，上楼而无楼。但是，有了演员的表演，就可以生出任何事物来。”[①] 可见，传统戏曲其实并不注重实在空间的构建，所以，在视觉观赏性上，便与现代人格外注重视觉美感的观赏习惯产生了比较大的距离。因此，舞台建设就成为传统戏曲观赏进行现代转换的一个重要切入点。在此基础上，营构现代艺术观赏文明就不仅需要虚拟空间的传承，也需要实在空间的构建。

从审美经验上说，现代艺术观赏群体对呈现出惊异感的艺术作品格外青睐。所谓惊异感，乃是一种由作品形式的陌生化、奇特化而引发的审美情感。在戏曲、歌剧、舞剧等传统艺术的现代观赏中，舞台改革最能达到这种审美效果，也最能直接体现传统艺术现代转换的精神风貌。如今的戏曲或歌剧舞剧的舞台已经不再只是一桌二椅、门帘台账或虚化的传统布景，写实化、机关化、装饰化的布景及灯光造型也时有出现。但是，过分强调舞台视觉惊异感的策略，有时也会破坏到戏曲及歌剧舞剧等自身的艺术传统和审美精神，而使戏曲、歌剧、

① 周育德：《中国戏曲文化》，中国友谊出版公司 1995 年版，第 4 页。

舞剧等综合艺术走向单纯的视觉媚俗。实际上，坚持中性化的布景同样可以达到惊艳观众的效果，借助现代声光技术完全可以设计出既富有美妙意境又充满灵动气息的现代舞台，这样的舞台不仅能够激发演员的二度创作，而且也能激发观众群体的三度创作，从而营造出饱满持久的审美空间。不过，我们也应该看到，现代观赏方式中审美空间的多样性是对不同观赏群体的满足。中性化舞台虽说最能保持戏曲本色，但对演员和观众都提出了较高的要求。

舞台是一个综合性的审美空间，它的核心依然是现场的人，而不是现场的物。物理空间的惊艳的确可以吸引更多的现代观赏群体，但现代意义的现场式公共观赏与传统意义的现场式公共观赏的根本区别，并不是由虚拟空间向实在空间的单向流转，而是要在虚实之间建构起更为多重的双向流转，拓展审美空间的层次，开掘更为丰富的审美经验。所以，当观赏群体由于视觉刺激的短暂效应而渐渐失去审美兴趣时，戏曲艺术的辉煌便无异于消费古典主义的文化快餐。综合艺术的观赏方式必须也是综合性的，唱念做打、诗书画乐舞等所有元素都要参与到现代化的过程中。现代观赏文明不是以观众走进剧场为表征，而是以观众在剧场里积极参与审美空间的营造为标志。

总之，就传统艺术的现代观赏而言，现代艺术观赏文明的建构中的高雅化小众化策略，既是对现代观众审美趣味的适应，也是对他们的引领和提升。观赏方式、公共空间的现代化应该是对这一策略的具体实践。作为文化场域中的象征符号，传统艺术的生命力更应该体现在艺术自身的审美精神上，它将在这种本色坚持中超越时代，始终绽放辉煌。

三　时尚的风潮：市场、风尚与艺术观赏文明的建构

（一）时尚与艺术：共享的逻辑

艺术历史的演进与艺术观赏文明的进步是一致的。与艺术传统相对应，在大众传媒日益发达、消费化浪潮鼓荡之下，引领艺术观赏文明的另一个重要因素就是“时尚”（fashion）。

“时尚”在日常语言中是一个常见的词汇。按照词典最简单的解

释：时尚就是当时的风尚。[①] 在西方，“时尚”一语有着狭义和广义之分。从狭义上说，它的最为基本的含义是时装，这也是它最为明确与狭窄的界定。然而，它又有着自己最为广泛的含义。对于“时尚”，我们可以找到太多的不同界定：如李博夫斯基（Gilles Liprovertsky）把“时尚”看作是一曲“短暂变化的永恒戏剧”[②]。一方面，它是短暂的，在时光长河中短得如同一次眼波流转；另一方面，它这种一直在变化的特质又是永恒的，长得如同一出流唱到今的古希腊戏剧。而本雅明则认为“时尚确定了人爱恋的商品希望的崇拜方式”[③]。他的界定解释了时尚与商品社会的生产、流通与消费的关联，突出了消费者与艺术商品之间的拜物教关系。美国社会学家凡勃伦在1899年写下的著名的《有闲阶级论》中指出：时尚是构建社会身份和地位的标记；他认为“时尚”乃是以人群为分野，进而他还提出了“炫耀性消费”的概念来表现、确定社会身份与地位。[④] 德国社会学家齐美尔则认为：时尚是一个复杂的现代社会文化现象，既是一种区分阶级的文化实践，又是一种对社会有着普遍影响的价值观念，从其功能看，它在心理上可以减轻人们的美学和伦理责任观，带有不断产生的可能性。[⑤] 而法国符号学者巴尔特，基于其对于“时尚”的考察，认为时尚是一种视觉文化中的独特景象：时尚有意义，却“永远是落空的意义”；它是不断变化的，却又总是标准化的，“呈现为一般表意行为的范例形式”[⑥]。法国哲学家波德里亚，更是切入消费社会中的“时尚”现象，强调时尚本身的循环特性，认为时尚本身是一个非常复杂的循环系统，“时尚的循环，每个人同样都应该做到跟

---

① 《现代汉语词典》，商务印书馆1997年版，第1144页。

② *Encyclopedia Of Aesthetics* Vol. 2（Oxford：Oxford University Press，1998），p. 154.

③ ［德］本雅明：《发达资本主义时代的抒情诗人》，三联书店1989年版，第185页。

④ 罗刚：《消费文化读本：炫耀性消费》，中国社会科学出版社2003年版，第7—8页。

⑤ ［德］格奥尔格·齐美尔：《时尚的哲学》，费勇、吴燕译，文化艺术出版社2001年版，第92—93页。

⑥ Mark Poster，*The Mode of Information*，University of Chicago Press，1990，p. 59.

上潮流"[1]。

总之，在对"时尚"概念进行必要的厘清的基础上，我们不妨对其做如下理解：相对于传统而言，"时尚"是现代性的，是随着工业化、都市化等现代化进程而出现的一种社会现象；在现代社会中承担了复杂的区分和整合功能，通常以流行方式进行、在不同阶层与不同趣味的群体间流动；是用新潮代替旧习的一个有着生产、传播和接受过程的流变循环的动态范畴。

"时尚"和现代艺术存在着难以割断的孪生关系。从历史上看，现代艺术的全面出场是在19世纪末和20世纪初，该时期也是现代时尚开始崭露头角的重要时刻。时尚艺术化和艺术时尚化在这一时期已经出现。一方面，现代时尚设计在这一时期紧紧跟随着现代主义艺术，从中汲取促进自身变迁的各种创新要素。一些时尚设计师比如夏奈尔在1910年创立的时尚品牌就以"简约、高雅、精美"为其设计理念，并与塞尚、毕加索等现代主义艺术家过从甚密；另一方面现代艺术本身具有的强烈的形式主义实验性使得其本身难以摆脱浓厚的装饰意味，比如马蒂斯的画作，其肆意妄为的颜色运用使得他成为"野兽派"的代表人物，而"野兽派"一般被认为是第一个现代主义艺术流派。因为这种颜色运用成功实现了无深度空间的画面，从而在根本上逆转了西方绘画艺术的客观写实传统。但同时，野兽派画作的夸张色彩和平面化构图本身成为一个时尚元素，并被时尚领域广泛借鉴；而有些现代主义艺术大师更是从艺术活动直接介入时尚领域，比如达利以玛丽莲·梦露为题材灵感的《大房间》和"红唇沙发"等超现实主义设计；时尚艺术化和艺术时尚化的双向运动的同时出现归根到底是因为它们共享着同样的一种逻辑："变化"和"多样性"的逻辑，甚至可以说，现代时尚比现代艺术更为集中也更为极端地推崇着"变化多样性"。

本雅明、齐美尔、巴尔特、波德里亚等学人运用叔本华世纪伤感

① ［法］让·波德里亚：《消费社会》，刘成富、全志刚译，南京大学出版社2000年版，第101页。

的心情，在现代社会的喧哗喧嚣中，将感官流入沉默的冥想，对时尚与艺术的关系进行了最深层声音的聆听。时尚与艺术都在追觅现代社会的逻辑构建，同时在艺术与时尚间很多界限也已然愈来愈模糊，这让我们在艺术观赏文明的建构中很难对二者的关系加以漠视。

（二）时尚与趣味：艺术观赏的选择指向

“艺术是社会的晴雨表，它比股市，比议会更加敏感地反映大千世界。”[①]艺术观赏文明建构中的时尚，当首先与人们的观赏趣味紧密相关。“趣味是同样社会情境下的个别人们的具体的审美感。”[②]“趣味是属于社会科学的范围，不只是属于生理学，因为趣味在实际上是受社会情境决定的。”[③]

何以如此？因为，“这些美丽的、程式化的生活形式服务生活，使严酷的现实上升到壮观的和谐的领域，这样的生活形式对狭义的艺术不产生直接的影响，但它们是伟大的生活艺术不可分割的一部分……把这些社会现实联系起来的表现手段不是艺术，而是时尚。实际上，时尚接近艺术的程度一般超过了学院派美学愿意承认的程度。”[④]如果说，艺术是同其他日常生活形式的美化联系在一起的，那么，事实上在对于艺术作品欣赏的同时，也出现了对于饮食、服饰、家具等各个方面的精细高雅的艺术形式的追求。“时尚”作为一种社会形式，具体地表达了人们的审美趣味，并且在趣味的社会传播的过程中，不同阶层之间的趣味会相互影响和作用，如同在前文中所提到的，它在现代社会中承担了复杂的区分和整合功能，在不同阶层与不同趣味的群体间流动；时尚同时支撑着两种截然对立的现代心理倾向——求同和趋异。同时，从观赏的功用上来谈，借用韦伯现代性

① ［美］亨德里克·威廉·房龙：《艺术》，赵茜、赵栩译，北京出版社2004年版，第487页。

② ［美］路易·哈拉普：《艺术的社会根源》，朱光潜译，新文艺出版社1951年版，第87页。

③ 同上书，第89页。

④ ［荷兰］约翰·赫伊津哈：《中世纪的秋天》，何道宽译，广西师范大学出版社2008年版，第54页。

研究的一个著名论断，就是断言现代日常生活是一个“铁笼”，不论怎么来解释，艺术都承担了一种世俗救赎功能。它提供了一种从日常生活的千篇一律中解脱出来的救赎。①

齐美尔曾经将大都市类比成一个巨大的“迷宫”。瞬间性和易逝性主宰着现代生活，把它分裂成偶然的碎片，构成一个缤纷的不枯竭的“印象之流”，从某一个地方到另一个地方，呈现在我们面前的城市是一幅浮生百态的画作。现代性的碎片散落在大都市的每一个角落。就在当下，时尚的大潮在北京不断弥漫与奔涌，跨文化、跨国界的时尚符号在每片地域有着鲜明的体现，成为一种普遍的文化景观，地铁、橱窗、广告牌——时尚塑造了新的生活方式和价值观念，不断地推动艺术与文化的翻新，培育了大批赶时髦追潮流的现代大众，同时大众对时尚复杂的心理动因和社会需求也在艺术观赏上形成了不同的观赏群体。

“时尚”是一种生活形态，生活在社会中的人都会寻找一种群体的归属感，时尚恰恰扮演了划分社会阶级的角色。精英阶级的“趋异”和较低阶层的“求同”，使时尚在社会历史的状态中对人们起着分化与同化的作用。不同阶级的人有着审美的共通性，但有很多在追逐时尚的道路中被同化。

首先，以戏剧艺术为例。当下北京艺术市场的热点观赏样式与时尚风潮之一，便是属于先锋戏剧的。物象心象纷纭与多姿多彩的都市景观给年轻时尚的白领阶层和知识阶层的年轻人都带来了焦虑和压力，中国先锋戏剧以其特异的表述方式满足了他们日趋复杂的感受、经验及审美需求。作为一种真实的艺术样貌，先锋戏剧的作品多在一种流行、时尚、亲切、叛逆、开心、狂欢中尽情演绎着青春的骚动与愤懑，热切进行着粗朴而真挚的剧场探索，既拿现实任意开涮、针砭时弊，却又嬉皮笑脸地与现实保持一定的距离。从某种意义上说，先锋戏剧这种建构与消解并存、严肃与游戏同在的戏剧结构营造了一种色调平衡的氛围，为都市白领庸常的世俗生活提供了一种夸张的镜

① Max Weber, *Essays in Sociology*, Oxford University Press, 1946, p. 342.

像；在迎合大众的审美口味的同时，也为厌倦世俗繁杂的都市小资提供了一个假定的狂欢仪式，这种艺术观赏的方式带给观众参与社会情绪的纾解方式，纾解着闭锁感、孤独感、焦虑感——成为打破孤独、净化心灵、寻找精神默契的有效方式。

其次，以参观艺术展览为例。北京的国家博物馆扩建改造工程于2010年底竣工，可以参观的总建筑面积近20万平方米，2011年3月1日陆续向观众开放，之后，诸多博物馆、美术馆也陆续开始了免费参观的样式吸引不同艺术趣味的大众前去参观。同样，对于风格旨趣迥异公共场馆的艺术欣赏，在有的观赏者心中唤起的是丰富的印象和视觉感受，在有的观赏者眼里是沉重的心理负担感到厌倦与肤浅。是怀有圣殿还是集市的心态，将会是对于参差不齐观众的群体素质迎来的一场文化大考。

再次，以摇滚音乐艺术演唱会为例。北京的糖果等演出场地不时有着不同的地下摇滚乐队和重金属先锋乐队进行演出，受到大量的狂男热女的追捧，但是在另外一些人眼里，却是妖狐鬼怪，整个现场都是乌烟瘴气群魔乱舞。

对于以上几个个案的分析可知，“时尚”的艺术样式多能够准确地表现出社会艺术观赏心理的变化，具有更加直接的当下性、现实性；作为艺术观赏主体的受众对于时尚艺术样式的感受总是十分敏感的，他们十分注意搜寻、捕捉、审视、判断，对一种时尚艺术的观赏与追逐。是不是有着一种盎然趣味，依然在不同的受众的分野里，明暗两端，各有怀属。

同时，也应当承认，都市趣味总是一种会如风变更的选择。正如社会学家罗格瑙（Jukka Gronow）所言，现代消费社会主要特征是其中时尚的范围和社会影响力已经大大增加了，这个社会中新的大众趣味产生和消失的速度越来越快。趣味总是在被另一个新的趣味所取代，这样在一个又一个不断个性化和审美化的现代社会中形成秩序。具有魅力的时尚中的新潮，时尚流转越快，它就越发具有活力和魅力。[①]

---

① ［芬兰］尤卡·格罗瑙：《趣味社会学》，向建华译，南京大学出版社2002年版，第95—96页。

时尚的趣味，不仅是一种流行消费文化的符号，也是一个时代文化景观的象征，更是当下大众通向自己选择的文化生活方式之一。由于教育和文化的普及，现代社会的个体获得了更多的发展可能性，为时尚作为一种现代生活方式和典范效应提供了广阔的空间。

当下，时尚与趣味都异化为与资本纠缠调控的消费符号，如同浓密的光线，抛洒在艺术与观赏之上。因此，艺术观赏文明的建构显然不可能完全无视都市时尚趣味的演变。

（三）时尚与市场：艺术观赏的“美杜莎”凝视

美杜莎，是希腊神话中的一个女妖，经受她凝视的人都会变成石头。在现代社会中，时尚与市场的感召力和诱惑力，如同美杜莎的凝视，将消费社会中的艺术化作它的仆从。如同齐美尔所言，“时尚是既定模式的模仿，它满足了社会调适的需要；它把个人引向每个人都在行进的道路。它提供一种把个人行为变成样板的普遍性则”①。当下时尚的艺术市场繁华所呈现出的光辉具有梦幻的景象，而处于时尚与市场超强的诱惑力和驱动性笼罩中的艺术观赏，如同面对“美杜莎”的凝视。

“艺术品就是情感生活在时间、空间、或诗中的投影，因此，艺术品也就是情感的形式或是能够将内在的情感系统地呈现出来供我们认识的形式。”②但是，在消费社会的大语境中，所有的艺术形式或许都已经有着消费的蕴含，“时尚”一词的出现频率不断地创出新高，俨然已是引领大众艺术市场的风向标。各种类型的艺术商品在消费定位上都会加上“时尚”的标签，“时尚”俨然是市场艺术的附属物。

“时尚”，在一般人的眼里是标新立异的代名词，充斥着“炫”和“酷”的时尚如同转瞬即逝的烟花，往往是突然而至，没有什么迹象，且迅速蔓延。用法兰克福学派代表人物本雅明的话来概括，时

---

① ［德］格奥尔格·齐美尔：《时尚的哲学》，费勇、吴燕译，文化艺术出版社 2001 年版，第 70—90 页。

② ［美］苏珊·朗格：《艺术问题》，滕守尧等译，中国社会科学出版社 1983 年版，第 24—25 页。

尚是“永恒重生的新”。如今，能耐得恒久体验的艺术与不断变化的时尚，都被贴上了文化的标签，在文化工业当中被牢牢捆绑。都市里，各种时尚休闲会所早已将肖邦与咖啡馆结合起来，最负盛名的艺术博物馆中也陈列了许多待售的艺术复制品。艺术已经变成消费领域中的东西，或者说艺术已经彻底地成为一种商品类型，它的展示价值早已超过它的膜拜价值，变成供人消遣的文化符号，拥堵在各种时尚的场合。

或许，在任何阶段，艺术从来都没有获得完全的独立，相反，特别是在近代以来，艺术更多的时候都依附于体制或市场，独立的艺术只是从康德的“审美无功利性”之后一直存在于现代人心头的一种乌托邦的幻想。古典时期，艺术家必须依附于各种类型的赞助人，现代和后现代艺术时期，艺术也必须求助于艺术市场，纵使市场常会削平传统艺术精神高度、模糊现代艺术家的个性创造力、淡化由艺术家主体意识创造的个性鲜明的艺术形式。

商品的流动为“时尚”提供了坚实的物质基础，观念和价值的流动也为时尚形成提供了精神资源；时尚也使人们的生活空间得以更加开放，多元化的价值取向不断改善着人们的生活方式和生活品质，同时，中国人的生活方式发生了巨大的变化，越来越多的人进入剧院、博物馆、美术馆、艺术节、博览会、电影院等，去进行自己趣味选择的艺术观赏，艺术市场在合适的时机站在了个人与大众的中间，形成一种艺术的磁场。

虽然中国当代艺术市场最终由经济杠杆、市场规律来驱动，但对其具有直接影响的还有精神领域的其他因素：受众的精神需求、艺术自身规律以及艺术家人文精神等，都应综合为中国当代艺术市场运作机制的构成因素。其中，作为观赏主体的受众的时尚趣味也许应该受到更多的重视。特别是随着时尚在艺术体现中的外延不断扩大，使每个艺术家都不可避免地身处其中，或是生产者，或是受众，或是批评者。它形成了一种社会文化现象，同时也加快了艺术品商业化的进程且促进了艺术市场的更活跃发展。

当代艺术已近狂欢，消费热潮艳光四射款款而来。“艺术—商业”

之间并无一定意义上的二元对立，商业成功并不就是艺术的原罪，坚持艺术创作也并不意味着对观众的远离。当代艺术不再是艺术家关起门来孤独呓语，艺术家自我价值的体现不仅仅是聊以自娱。时尚它影响、调节了艺术发展的方向，它全方位地渗透进艺术的方方面面。

在康德那里，人类文化艺术“所应允的和所能为人类带来的，并不是一般意义上的幸福，而是一些与人类的尊严相匹配的福祉”[①]。在本雅明笔下浪迹天涯的水手和守着家园的农夫这两位最会讲故事的人都已经消失的时代，时尚在当下已经变成一种崇拜和狂欢，成为新一代的文化范式，只有正确看待艺术市场的问题，才能够更正确地对待市场条件下的艺术观赏文明的建构。

总而言之，“现代性就是过渡、短暂、偶然，就是艺术的一半；另一半是永恒和不变”[②]。波德莱尔在19世纪的巴黎，察觉到了现代性的时尚风潮所带来的特殊体验后如是说。于是，这句话在其身后，总是被人们不断地加以引用。“时尚”之于艺术观赏、艺术市场，蕴含了多重多层的意义，它如同被唤醒的一头处于一种渴醉状态的利维坦，张望着走进了现代艺术的走廊，流连于勾引消费者欲望的时尚的橱窗前。橱窗里面，布满了艺术多元化、形式兼容化、时空互动化、交流信息化、观赏的大众化。特别是在时尚的风潮肆意奔涌的当下，在时尚的美杜莎之眼的凝视下，时尚与艺术的共享逻辑、市民的观赏时尚趣味和艺术市场的良性发展等问题，都是建构当下的艺术观赏文明所必须加以关注的。

---

① ［德］卡西尔：《人文科学的逻辑》，关之尹译，上海译文出版社2004年版，第165页。

② ［法］夏尔·皮埃尔·波德莱尔：《1846年的沙龙》，郭宏安译，广西师范大学出版社2002年版，第424页。

第三章　从“文明观赏”到“观赏文明”

观赏文明是指人们在社会公共空间从事某种观赏活动时所表现出的贴合观赏对象规律和特定场域的较高素养和行为举止，是社会文明的重要组成部分。因此，观赏文明既是个体自身文明素养的外化形式，也是社会文明发展的整体面貌的表现。观赏文明问题的研究具有较高的理论价值和社会现实意义。

第一节　“观赏文明”范畴提出的语境

不言而喻，如果没有观赏行为的发生，就无从谈起观赏是否“文明”或者“不文明”；同样，只有个体的人不断从自身做起，努力做到“文明观赏”才有可能逐渐成为群体性的“社会集体无意识”，从而实现“观赏文明”水平的不断提升，进而以此带动社会整体文明的全面提升，并且，随着社会整体文明程度的提升，反之又促进了个体人的文明素养的改善，表现为“文明观赏”水准的又上一层楼。以此往复，社会文明就是这样永无休止地汇集成奔流不息的滚滚历史。

一　作为美育现代途径的观赏文明

前文已经较为详细地从学理层面论述了美育在今天社会主义精神文明建设中的重要作用和地位。具体到当下社会现实，伴随着社会的飞速发展，美育的实施领域与途径已经远远超出了过去，扩展到了社会不同的时空：就美育实施客体而言，既有针对个体进行的美育，也有面向社会某一阶层、群体展开的美育活动；从教育场所看，既有学校美育，也有社会美育。前者是狭义的教育，后者是教育哲学意义上的广义的教育；从美育的对象讲，有自然美的美育、社会美育、艺术美育等；从受教育的时间段看，有学前阶段美育、基础教育阶段美育和高等教育阶段美育和继续教育阶段美育，继续教育阶段美育可以视作终身教育。观赏文明虽然由来已久，但在今天已经凸显了有别于以往各个历史阶段的作为美育重要阵地和途径的独特地位和特殊价值，值得我们给予应有的研究探讨。

观赏作为人类社会“实践—精神”活动方式日益呈现出常态化、广泛化和社会化的发展趋势，这为美育的实施提供了有力的平台。观赏活动是一种审美化的社会实践，必然随着人类社会实践对象的不断扩展和实践方式的丰富多样而展现出空间的弥漫性和时间的延展性的特点，通过观赏文明的教育可以有效地实施美育。

观赏文明成为现代美育的重要平台和途径有其历史与逻辑的必然性。这表现为三个方面：从主体方面讲，社会生产力的发展“解放”了主体，使观赏主体有更为充足的时间和精力从事观赏实践活动；从客体方面讲，人类社会实践活动有力地拓展了对象化的“观赏客体”，为人们的观赏活动提供了更为丰富多彩的观赏对象；从实践方式看，物质文明的提升为人们的观赏活动提供了多维的、现代化的、便捷的方式。当然，还必须说明的是，上述三个方面的划分仅仅是为了理论阐释的明晰和方便，从思维逻辑运动的过程看，这不过是静态的、部分的、孤立的分解环节，然而实质却是观赏主体、观赏客体以及主体见之于客体的方式三者的辩证统一性，因为它们之间有着极为密切的依存联系。因此，我们的阐述如果只是停留于这个阶段而得到的结论必然是片面的，还必须过渡到由静态到动态、由孤立到联系、由局部到全局、由分解到综合的环节，只有这样我们才可能真正实现对“观赏文明”问题的科学把握和准确阐释。

首先，从观赏主体方面讲，社会生产力的飞速发展使得观赏主体自身具备了观赏的潜在可能。这表现为三个方面，一是观赏主体具备了进行观赏的精神需求和素质，二是拥有了进行观赏活动的更为充足的闲暇时间，三是具备一定的观赏消费实力。

其一，观赏主体的精神需求和素养方面。被誉为“第三思潮”的当代美国著名心理学家亚伯拉罕·马斯洛的需求心理学认为，人的心理需求是呈金字塔式逐层呈上升趋势排列的，越是接近金字塔的底座，越是呈现为人的最基本的生理层面的需求；越是接近金字塔的塔尖，越是表现为人的高层次的心理的、精神的需求，越是能体现人之为人的本质所在。前者是指人类作为生物体存在维系生命及其延续而必需的最基本的需求，如饮食、性需求，“民以食为天”说明饮食是生存必要前提，“性需求”就是马克思所讲的人类两种生产方式之一的与物质生产相对应的“种的生产”，也就是人类自身维持自身“种”的生命体存在和繁衍的最基本的需求，虽说需求层次低下，但却是其他所有的相对较为高级需求的“逻辑起点”，其原因不言自喻——皮之不存，毛将焉附。人的较高层次的需求则是精神层面的，它必然是建立于社会物质文明进步的基础之上；另一方面，观赏主体自身素养的不断提高也为人们参与以往被视作“艰涩”的诸如交响乐音乐会、现代绘画展等高雅艺术活动，使得原来潜在的观赏对象逐渐显现而成为现实的观赏对象。

其二，社会生产力的不断提升逐渐将人从繁重的体力和脑力劳动中解放出来，拥有了更多的闲暇观赏时间，为更多地从事观赏活动提供了潜在的可能。在原始社会，社会生产力水平极度低下，物质生产极其匮乏，人们为了维持生命体的存在，不得不将所有的时间和精力用于物质生产，即使如此，朝不保夕的饥饿等威胁时时刻刻缠绕于周围，阴霾挥之不去，那时人类最大的“幸福”莫过于解决“温饱”问题，从何谈起较高层次的心理需求；奴隶社会阶段的大多数人——奴隶——人身依附于奴隶主，没有任何人身自由，奢谈较高层次的心理精神需求的满足，只有极少数人的奴隶主才可能有极少的私人化的观赏娱乐活动；封建社会时期，社会生产力较之奴隶社会有了明显提高，农民对地主的依附程度较之奴隶社会有所减少，但是被紧紧地束缚在土地上，“日出而作日落而息”便是那时生动的写照，人们可供自由支配的时间非常有限，中国古代“瓦肆”的娱乐成为可能；资本主义时期，生产力实现了历史性的飞跃，科学、民主大旗指引人类走向近现代文明，不仅物质文明得到极大发展，人类的精神文明也得到长足提高，各种观赏娱乐成为现实；从闲暇时间维度看，同样随着社会生产力水平的提高，人们可以自由支配的闲暇时间相对越来越多，这就为阐释观赏活动提供了时间的保障。丹麦的未来学家沃尔夫·伦森将人类社会分作了这样几个阶段：狩猎社会、农业社会、工业社会、信息社会和未来充满绚丽多彩的梦幻社会。在狩猎社会阶段，人们几乎都需要花全部时间去解决生存问题；农业社会阶段，占据90%以上的社会人口为获取基本的物质生存条件而需要辛勤从事劳作；工业化社会，劳动力由农村转向了城市，在经济发达国家，农业生产只需2%的人口便可以满足全社会的需求，其余的人有机会从事信息、服务等第三产业方面的工作，人们获得更为宽松的生活空间；今天，科技革命使得智能化技术渗透到各行各业，劳动生产率获得大幅度提升，这使得越来越多的人从为生存进行的直接生产中解放出来，同时，只要人们拿出一部分时间从事工作就可以满足自己的物质需求，如此一来，人们的社会闲暇时间就较为充足。在我国，1994年3月1日结束了沿袭了几十年的每周48小时的工作制，代之以每周44小时，1995年5月1日起施行了每周工作40小时的新工作制，自由支配时间得到明显改善；各种家庭电器的智能化也将人们从繁杂的家务劳动中解脱出来，仅以洗衣机为例，1981年时城镇居民每百户拥有量为6.31台，至1996年时达到90.06台，增长了近14倍，今天早已经成为大众化的普及物品，工作、家务的减负为人们赢得了参与观赏活动的时间；此外，诸如五一、十一、春节等长假以及端午节等传统民俗节日，以及国家推行的带薪休假制度，都成为参与观赏活动等休闲度假的好时光。

其次，从观赏活动的客体角度讲，社会提供的可资观赏的对象越来越丰富，极大地满足了社会日益增长的观赏需求。譬如，包括中国在内的世界各地都在大力发展旅游业，各种自然景观和人文景观得以不断开发，不仅有原生态的山水自然景观可供人们观赏，还有展现不同地域传统文化、风俗、民俗的非物质文化遗产保护区；从人文景观上看，各地打造的博览会、园博会、世博会等样式令人流连忘返；社会公共资源的开放度的不断加大，尤其是国家加强社会文化建设，丰富人们文化生活方面的重要举措的免费开放博物馆、图书馆和文化馆的决定，使得观赏活动飞入寻常百姓的日常生活中；各种制作精美的3D 电影以其震撼视听的立体效果吸引大批观众涌入影院以饱享这种视听盛宴；随着文化演出团体的市场化改革的不断深化，不仅有诸如黄梅戏、越剧、国粹京剧和各种地方剧种等传统经典戏剧样式、经典剧目的演出，还有摇滚乐、流行音乐等现代娱乐演出使人发狂，两岸三地的歌星、影星、电视明星如走马灯似的穿梭、奔走于全国各地的大小城市的演出场馆；各种高水平乃至顶级的体育赛事更是为体育爱好者奉献了不容错过的精神享受；文化交流的日益扩大和频繁，不仅使中国艺术走向世界，向世人展示了中华艺术瑰宝的魅力，同时，世界各国的各种画展、雕塑展等艺术展以及各种交响乐演奏、音歌剧、舞剧、芭蕾剧以及类似于杰克逊的摇滚乐等精彩演出也向国人打开了如万花筒般的奇异世界的窗口，使人们无须跨出国门就能欣赏到异国他乡的文化盛宴。

再次，从观赏活动的方式讲，人们参与观赏活动的方式更加经济、便捷和多元化。社会文明进步为大众观赏活动提供了既便利也日渐经济的途径和方式，而且呈现出观赏活动的多元化趋势。首先是日常生活的审美化趋势，各种生活居住小区的美化使得居民走出家门既可以欣赏到环境怡人的美景，在放松漫步之时也可以亲密接触鸟语花香的美景；社区文化馆、图书馆、艺术馆的逐步完善丰富了人们的业余文化生活；交通工具的快速、便捷使得距离不是问题，满怀追星情结的各式“粉丝”的异地观赏愿望梦想成真；各种多媒体、新媒体的先进技术令现代艺术的震撼效果渲染得淋漓尽致，人们不再拘泥于传统的观赏方式，而是走向了更为丰富的、多元化的视觉、听觉、嗅觉、肤觉等立体多维的综合享受。

作为极大地推动了现代社会观赏活动普及的上述三个方面的有利因素并非静止、孤立地发挥作用，而是相辅相成、不可分割的，它们的动态、联系构成了复杂的结构。没有客体观赏对象的存在，一切观赏行为无从谈起，如果只有观赏客体的存在，只能说是存在着潜在的观赏行为发生的可能，但绝不可以说就是观赏活动——实现观赏行为的另一个前提是观赏主体的存在，在这里，即使有了一般意义上的观赏活动主体仍然是不够的，因为“对象化”的实现必须有适宜观赏的客体以及与客体属性相对应的主体的本质力量以及由此形成的特定关系。这里的“主体特殊的本质力量”包含两个方面：一是主体的生理素质，一是主体与客体属性相对应的素养。譬如说，音乐观赏要求主体听力功能正常，这是生理前提，但这是不够的，还必须要求有“懂得音乐的耳朵”，否则就成了“对牛弹琴”，正是从这个意义上讲，马克思说艺术不仅生产对象，还生产欣赏艺术的主体。主体见之于客体的观赏活动还需要对象化的途径和方式，如特定的时空场所，有的还需要特殊的工具做媒介，如 3D 电影的观赏必须借助于特殊的眼镜，若没有对象化的途径和方式，即使存在观赏的客体与主体也是无法完成观赏活动的。

纵观人类发展的各个阶段，如果说以往历史阶段的观赏活动仅仅局限于少数上层社会和较少频率的话，那么，今天则明显地走向寻常大众生活，而且这种发展态势日趋明朗。然而，随之而来的却是观赏活动中的各种不文明现象的频频发生，不仅反映社会个体文明素养和文明举止的亟待提高，也折射出社会文明程度的不尽如人意之处。因此，由“文明观赏”到“观赏文明”的进步就成为当下美育不可推卸的历史责任。

二 “文明的观赏”与“观赏的文明”

观赏作为人类的“实践—精神”的活动方式，是主体见之于客体的对象化活动，其构成必然有两个方面组成：一是观赏对象的属性，一是观赏主体与之相对应的本质力量。所谓“观赏对象的属性”是指每种客体对象有其自身的属性，甚至是较为专业的规律，譬如，音乐有别于舞蹈，艺术不同于体育，摇滚乐的观赏与交响乐明显不同，前者渴望观赏者的参与互动，可以伴随音乐节律而尽情摆动，营造热烈而欢快的气氛，后者则要求观赏者“冷静”的欣赏；同样是体育比赛，球类截然不同于游泳和跳水，像是体操、跳水又有其自身极强的专业知识——“游戏规则”，这就要求观赏参与主体有着与客体属性相一致的主体素质——懂得观赏，这里表现为两个层次：一是观赏时的基本观赏规范，包括衣着打扮和行为举止；二是主客体之间心灵、情感等方面的交互运动，如果是前者侧重于外在形式的话，那么，后者可能更从内在心理的交流层面谈，前者是显层，后者相比较为深层，当然，二者的区分只是相对而言的，实质如球皮的两面，互为表里难以割裂，文明的观赏仪表与举止来源于主体内在的素养，可能涵盖道德、礼仪、宗教、风俗、民俗、文化等众多因素在内，是主体综合文明素质的外化，没有内在素养是难以外化为文明形式的。

然而，伴随着观赏活动的社会化、平民化、日常化的发展态势，与文明观赏相抵牾的各种不文明的现象却是频频发生，在值得引起我们关注的同时，“观赏的文明”摆在了我们的面前，成为当今美育研究与实施的重要问题之一，随之而来的是“观赏文明”问题的呼之欲出。

2012 年 12 月，著名歌唱家李光曦有感于《北京晚报》11 月 14 日“五色土”栏目刊载的一篇关于剧场观剧的文章而撰写了《感动后的遗憾》，由此引发了剧场文明问题的思考，由此我们联想到了观赏文明这一更为宽泛的命题。

正如《北京晚报》所言，作为已经 83 岁高龄、有着近 60 年舞台表演生涯的老艺术家李光曦老先生，足迹踏遍世界各地，遍访无数著名剧院，他对剧场文明和观演文化有着深刻的理解。他的来信引发社会广泛的共鸣与思考。的确，仅就一个方面而言，如今的文艺演出市场蓬勃发展，走进剧场观看演出，走进影院看电影的观众每年都在递增，但不可否认的是，无论是在剧场还是影院，各种不文明现象仍然随处可见。仔细回想，各种不文明的观赏行为随时发生在我们的身边，网友们“尽情地”信手拈来：迟到了还按亮手机屏幕昂首挺胸地走过前方过道、震天响的手机铃声、大声接打电话、乱鼓掌、嗑瓜子、吃火腿肠、爆米花等食物，有的情不自禁地跟着男高音一起唱咏叹调，有的则表现出极端的“冷静”—— 不论你的表演是多么的精彩，就是无动于衷，绝不鼓掌，有的观众不等演员谢幕就急切地起身离场，等等。其实，诸如此类的不文明观赏绝不仅仅发生在剧场，已经遍及观赏的各个角落，当我们徜徉于湖光山色，陶醉于旖旎风光时，有人点燃了烟卷，有人潇洒地将纸屑、瓜子皮、果皮扔出了漂亮的抛物线；有的名胜古迹竟然铭刻了“某某到此一游”的耻辱；在古典音乐会场，有的观赏者全然不顾正在进行的演奏和周边如痴如醉的观众，“咔、咔、咔”地不停地按动相机快门，一道又一道的闪光灯滚滚耀眼地射向舞台上的歌唱者和演奏者，令人侧目；在美术馆内高声喧哗有之，边看边吃零食者有之，将美术馆用作会客厅者有之，漠视展厅“禁止触摸”的昭示而不时“爱抚”展品者有之，漠视珍贵物品的“请勿拍照”的劝诫而频频举起相机拍照者有之，甚至有报道说，竟然发生了上海美术馆成为大妈免费洗菜的“加工车间”的极品事件；有的观赏体育赛事，置运动员比赛时集中精力的需求于不顾，在观众席上又蹦又跳，大声喊叫，严重妨碍了运动员的正常心态，著名网球运动员李娜就曾怒斥这些不文明的做法，有的甚至向赛场乱扔物品，起哄、口出不逊，既缺乏对裁判、运动员最起码的尊重，又干扰了比赛的顺利进行。

面对观赏中存在的种种不文明现象，有的是由于缺乏必要的专业知识或者不了解特定的文化风俗习性导致，有的则是人文道德水平的欠缺造成，因此，如何由“文明观赏”提升到“观赏文明”就成为社会主义文明建设亟待解决的问题之一。

“文明观赏”是通向“观赏文明”必由之路，“观赏文明”既是“文明观赏”倡导的初衷，又是其追求的目的，并且，随着“文明观赏”水平的不断提升，“观赏文明”的程度必然相应地上升到一个新的高度，从而带动了社会文明的向前发展。如果说“文明观赏”更多地着眼于社会个体的人的自身的文明素养提高的话，那么，“观赏文明”则倾向于社会整体文明程度的全面提升；如果说“文明观赏”侧重于主体精神以及其外化的仪表、举止形式层面，那么，“观赏文明”则涵盖整个社会文明的不同层次，既有个体人的精神层次，也包括群体的“社会集体无意识”和各种文明公约、礼仪规范与相应的规章制度；如果说“文明观赏”更多地停留于自发的、自觉的道德范围，那么，“观赏文明”不仅包括前面的内容，还包含着法规制度的层次；如果说“文明观赏”更多地依靠“自律”规范个体的言谈话语、行为举止等，那么，“观赏文明”在“自律”的基础上还可以上升为“他律”的高度，若超出某种文明规范的“底线”，可能就会受到相应的法规制约甚至制裁；“文明观赏”的“软性”色彩更重些，而“观赏文明”不仅隐含“软性”成分，还蕴含“硬性”的因素。

由“文明观赏”到“观赏文明”的周而复始的螺旋上升构成了人类社会文明不断向前推进的一个又一个里程碑。

三　“观赏文明”范畴提出的理论价值与现实意义

在今天，“观赏文明”已经成为首都精神文明建设的一个重要的方面，成为展现首都精神文明的一个重要窗口。然而，尽管我们历来以“礼仪之邦”自称，但真正意义上的观赏与观赏文明却又是当代的一个新命题，无论是理论层次，还是社会实践层面，都有待于我们进行更为深入而细致的理论探讨。

众所周知，礼乐文化传统构成我国文明历史。孔子就提出“不学诗，无以言”，“不学礼，无以立”的观点，倡导以礼乐的协调作用来规范社会秩序，“礼辨异，乐同和”，两者相得益彰。“礼”可以规范人们的行为，成为社会政治的典章制度，将社会不同等级、身份的人进行划分，如君臣、父子、夫妻、长幼、尊卑等人与人之间的区分，便于维持社会的统治和稳定；“乐”与“礼”互补，“同则相亲，异则相敬”（《乐记·乐论篇》），“乐”用于沟通和协调人与人之间的关系，使之形成和谐相处的稳定状态。礼乐两者不可偏废，否则“乐胜则流，礼胜则离”（《乐记·乐论篇》），也就是说，如果社会的不同阶层之间过于亲近，那么也就失去了应有的等级差异，变得“君不君，臣不臣”，社会统治秩序就会混乱不堪，毫无疑问，这种状态是有害于国家稳定的；反之，如果“礼”的制约过于苛刻，那么人与人之间的关系就会差异越来越明显，极易造成不同阶层之间的对立，当矛盾激化时同样会危及统治，因此，就需要“乐”予以弥合。由此，礼仪文化逐渐成为儒家思想统治中国社会的核心思想，不仅融入政治统治的指导原则，也融入伦理、道德等各个领域。

因此，不同时代的包括观赏在内的艺术活动都遵循着“礼”的规范，但随着历史的推移，“礼”的色彩在减弱，而“乐”的成分不断得到强化。中国艺术大体呈现为“言志—缘情—写趣”的演变脉络。先秦时代强调的是“诗言志”，因此，人们的观赏更多的是汲取精忠报国的志向；“缘情”阶段侧重主体情感的抒发，当“达则兼济天下”之时，就倾向于积极的进取精神的表现；但当“穷则独善其身”之时，彷徨之情油然而生，难免慨叹于消极、抱怨的愤懑之惆怅，这时的观赏就可能同命相连的成分更多些；“写趣”则明显偏于对主体内在情感精神的表白，这是与当时社会现实的污浊相格格不入的境遇密切相关的，于是，主体的个人的性灵、童心便成为主要抒发、表现的重点。由此可见，由于我国艺术发展的由重“礼”向重“乐”的嬗变轨迹，“礼”的成分相对在弱化。近代一直到“五四”的“打倒孔家店”使儒学思想面临着各种新潮观念的冲击和洗礼。

新中国成立后，尤其是新时期的到来，大众文化的勃兴使得各种观赏活动空前活跃起来，无论是观赏客体对象还是观赏的方式、途径都较之前有了质的变化，面对西方文化思潮与我国传统文化的激烈碰撞，人们的文明内涵在悄悄地发生着变化，面对如此的局面，文明应该以怎样的思想内核为支撑构建观赏文明就成为当代社会文明问题的理论研究所不能，也无法回避的问题。十八大报告中明确提出，建设社会主义文化强国必须走中国特色的社会主义文化发展道路，坚持为人民服务的方向，坚持百花齐放、百家争鸣的方针，坚持贴近实际、贴近生活、贴近群众的原则，推动社会主义精神文明和物质文明的全面发展，建设面向现代化、面向世界、面向未来的民族的科学的大众的社会主义文化，这就要求我们所倡导建设的观赏文明是扎根于当代中国现实社会的既区别于中国传统文明，也与西方文明有着本质区别的当代形态的文明样式，一方面，它与中国传统文明一脉相承，但与时俱进地融入了鲜明的时代色彩；另一方面，它借鉴了包括西方文明在内的世界先进文化，但同时又是扎根于中国现实的具有本土化的带有中国特色、契合中国国情现实的观赏文明。况且，观赏文明是一个极其复杂的范畴，涉及众多领域，如政治学、经济学、伦理学、心理学、人类学、民俗学、美学、艺术学、建筑学等众多专业学科。问题自身的复杂性必然决定了对此进行理论研究的艰巨性。因此，对“观赏文明”问题的研究工作具有较高的理论价值。

同时，我国社会现实社会的观赏活动的长足发展所带来的实践问题也亟待理论的指引。据文化部不完全统计，2009 年，全国各级美术馆 70 余家，县级以上公共图书馆 2850 个，文化馆 3223 个，38736 个乡镇（街道）文化站，[①] 如此规模的公共文化场所逐步向公众免费开放，无疑极大地丰富了人民文化生活，具有划时代意义，这是近现代文化史上的第一次，各类观赏活动的日渐频繁、常态化成为历史的必然，但是，在令人欢欣鼓舞的同时，伴随而来的却是出现的种种“不文明”现象和由此折射出来的深层的诸如道德、文化，乃至规章制度、施政方针等方面的现实问题也迫切需要我们建构既符合学理性规范，又能借以应答现实社会中出现的各种新问题、新情况的关于“观赏文明”问题的理论体系，这具有重要的现实意义。

“观赏文明”问题的提出与探讨有利于扎实地推进社会主义文化强国建设。党的十七届六中全会提出了应把今天的文化大国提升为文化强国的要求，在十八大报告中再次明确强调文化建设的重要性，将文化建设上升到国家战略的高度，认为，文化是民族的血脉，是人民的精神家园，推动社会主义文化大发展大繁荣，提高国家文化软实力，发挥文化引领风尚、教育人服务社会、推动文化发展的作用是全面建成小康社会，实现中华民族伟大复兴的重要方面。观赏文明的推进将有助于推动文化，尤其是社会公共文化体系的建设。

社会主义文明由物质文明与精神文明两个方面构成，缺一不可。即使社会文化建设的物质层面的硬件上去了，如果软件弱后同样失衡，只有观赏没有文明也是非文明的，诚如著名歌唱家李光曦在接受

---

① 杨桂青：《三馆免费开放，让精神高贵起来》，《中国教育报》2011 年 3 月 5 日。

记者采访时所发表的见解，他认为，国家大剧院的建立，把我国剧场艺术的标准条件提升到国际高端水准，与我们国家的国际地位、首都形象相配。然而长久以来，受那个礼崩乐败时期的负面影响，我们的文化受到很深的破坏。从进剧场看节目角度考虑，提高观众的素养，培养礼貌、懂得体面是最现实的切入点。应该说，我们的硬件和待遇已经吸引着全世界顶级的艺术家来华表演，而且总体上说，剧场秩序已有较大的提高，进入大剧院的观众都会受到那个宏大辉煌艺术殿堂的气氛影响，调整了自我感觉，不会去吐痰、乱扔杂物了，然而长期习惯了大声讲话、一边看演出一边交谈评论等现象，难以短时间内便一蹴而成地获得彻底消除。

弘扬社会主义核心价值体系也急切需要建立“观赏文明”。当代文化发展呈现出多元化的态势，这是思想解放、哲学思潮与价值认同的多元化的表现，然而，文化的多元化、价值观的多元化是否就意味着它们之间是平行的，可以等量齐观，没有优劣高低之分呢？显然不是，这里有一个一元与多元的关系。社会主义核心价值体系是兴国之魂，决定着中国特色社会主义的发展方向，这是由社会主义社会的基本性质所决定的。我国的基本国情以及改革开放以来的社会现实性质决定了我国的意识形态的性质，必然是以马克思主义中国化、现代化为思想指导核心，这就决定了以马克思主义为思想指引的社会主义核心价值体系必然是诸多意识形态中的主导，以社会主义核心价值体系为指引的社会主义文化在众多文化并存的格局中具有统领与主流的地位，“观赏文明”的核心基础必然是社会主义核心价值体系，而不是其他的西方价值体系等。

首都文化与文明建设迫切呼吁新的观赏文明的建设，这是现实的需求。近年来，国家的系列政策都在着力打造文化强国，2011 年，温家宝同志的《政府工作报告》明确提出了“推进美术馆、图书馆、文化馆、博物馆免费开放，丰富人民群众的精神文化生活”的要求，为此中央财政补助专项经费 18 亿元，公共文化体制的建设逐步走上正轨，人们获得了以往任何时代所无法比拟的文化享受带来的愉悦的周到服务，这无疑极大地推动了社会文化建设，为市民提供了更多观赏的便利机会，据统计，国家图书馆自2008年实现了基本服务的全部免费后，2008年以来，到馆的读者人数增加62.5%，文献流通册次增加79%，各类咨询增加78%，公益性讲座的场次增加了49%，人数增加了100%，观众结构也发生了明显的变化：从观众职业和群体构成看，原来以机关、部队、学校、旅游团队为主，现在以社区居民、散客为主，其中低收入群体、老人、外来务工人员和残疾人等观众群体明显增加；从地域构成看，多数博物馆的本地观众比例大幅增长；从年龄构成看，正在逐渐向高龄和低龄两个方向延伸。[①] 对于这项举措，文化部社会文化司司长于群说：“美术馆、公共图书馆、文化馆（站）免费开放是实施民生工程的重要内容，是保障广大人民群众基本文化权益、提高公民鉴赏能力的重要举措。”[②] 这里所讲的“民生工程”是指公共文化建设与现实社会中的每一个人的日常生活，乃至生命质量休戚相关，从战略的眼光看，它关系到一个国家、一个民族的文化品格是否具有竞争力，是否能够屹立于世界民族之林而不败，以此观之，一个民族与国家的盛衰某种意义上就取决于其自身的文化品格。

首都北京在这方面更是具有得天独厚的有利条件，并且取得了显著的成绩，在国内公共文化建设中起到了表率作用，成为向世界展示当代中国文化精神风貌的窗口。诸如中国美术馆一类的曾远离大众的被称作高雅艺术的“象牙塔”，开始走入社会平民百姓寻常生活，越来越多的市民可以轻松地步入艺术殿堂，放松心情、愉悦身心，然而，接踵而至的却是观赏文明的缺失，这些行为举止与“高雅殿堂”的氛围呈现了鲜明的反差，当文化硬件建设成为展示首都文明的“正能量”时，观赏的不文明却变为首都精神面貌的“负能量”。

可以预见，随着公共文化体系的逐步健全，各种公益性文化设施的免费开放规模不断扩大，全国美术馆、公共图书馆、文化馆站的全

---

① 新华网，http：//news. xinhuanet. com/2011 －02/21/c_ 121104085. htm，2011年2月21日。

② 杨桂青：《三馆免费开放，让精神高贵起来》，《中国教育报》2011年3月5日。

面免费开放，文化宫、青少年宫、儿童活动中心等免费开放的政策和措施的进一步出台，社会公益性文化设施的免费开放将成为更多民众学习知识、欣赏艺术、参与创作、提高综合素质的社会大课堂，成为建设中华民族我们精神家园的必不可少的阵地。观赏文明问题不仅会得到理论界的重视，更会成为社会主义文明建设的一扇独特的窗口。

第二节 观赏文明的基本规定

所谓“观赏文明”，就是指以民众性的艺术观赏作为基本内容而构成的一种生活方式与生活形态所表现出的文化形态。这种表现形态的重要载体就是“懂得艺术和能够欣赏美的大众”，这些社会大众的审美观念、审美情趣、审美理想、审美感受和审美能力，相应地决定了观赏文明的高度。

观赏文明构成了审美观念与文化现象相结合的社会景观，体现了较高层次的社会文明的进步状态，也使得审美成为测量社会进步的尺度。该文明形态不仅造就了拥有一定程度的文明修养的个体、群体与社会，而且是所有参与其中的社会民众共同种植生活幸福的结果。

一 观赏文明的内涵

“观赏文明”无疑是个新词，将观赏与文明组合起来，这也恰恰是中国文化的新构。要解决何谓观赏文明的问题，我们还需要对于“文明”与“观赏”分别加以考察。

所谓“文明”是指人类所创造的财富的总和，也指社会发展到较高阶段表现出来的状态。人类要借助科学、技术等手段来改造客观世界，要通过法律、道德等制度来协调群体关系，同时，也要借助宗教、艺术等形式来调节自身情感，从而最大限度地满足人类的基本需要，从而实现人类全面发展所达到的程度。

人作为一种“类存在”，至少具有使用和制造工具（包括一切科技手段）、依赖和凭借社会关系（包括一切社会制度）、渴望和追求情感慰藉（包括一切精神享受）这三个基本特征。[1] 唯其如此，人类才可能在社会实践中形成对真的探索、对善的追求、对美的创作，也就是康德所讲的知情意的统一。这三个方面，求真、向善、趋美，在人类物质与精神文明的进步过程当中，同样都发挥了重要的作用，缺一不可而相互推动。

如果按照真、善、美的哲学基本原则，对于人类文明进行区分的话，那么可以说，“科学文明”“道德文明”与“审美文明”构成了最基础的三种文明形态。其中，观赏文明理应属于审美文明的有机组成部分，也就以大众性的观照欣赏作为核心那类的审美文明形态，但它又会对于道德文明有一定的直接推动作用，与此同时，对于科学文明也有间接的推动作用。

“观赏文明”这个新词当中的“观赏”无疑是个中国化的词汇，但在美学研究中，它往往是对英文的 Appreciation 的汉语翻译，同时也可以翻译为“鉴赏”“欣赏”之类。然而，“观赏”的意蕴却更为丰富与全面，它是“观照”与“欣赏”的合体。

一方面，观赏之“观”，乃观照之“观”，它不仅仅是诉之于视觉的，抑或单单诉之于听觉的，反而强调的是身心全方位的参与，也就是对某一文化与审美场景与场域的全方位的参与。另一方面，观赏之“赏”，乃鉴赏之“赏”，它不仅是静观式的被动参与，而且是一种积极的审美品位；“赏”不仅指向了一种“欣赏”的审美，而且指向了一种“赏析”的审美理解。如此看来，“观赏文明”对于观赏者就提出很高的要求。

所谓“观赏文明”，就是审美观念与文化现象相结合的社会景观。作为一种生活方式与生活形态的总称，过上这种生活的主体就是“懂得艺术和能够欣赏美的大众”，他们的审美标准决定了观赏文明的等级，而这种生活就是以民众性的艺术观赏作为基本内容的。这种观赏文明要求“按照美的规律”来建造，拥有一定程度的文明修养的个

---

① 陈炎：《文明与文化》，“中国文明网”，http：//www. wenming. cn/book/pdjj/201212/t20121224_ 997458. shtml。

体、群体与社会由此被塑造了出来，并指向了生活幸福的最终目标，从而使得审美成为了社会进步的尺度。

观赏的核心就是审美，文明的内层关乎教育，所以，考察观赏文明的基本内涵，就需要回归到美育的基本规定。中国社会始终强调，美育的建构同“文明建设”是内在紧密关联的。

观赏文明对于社会文明的发展，所具有的重要推动作用，在五四运动时期就被彰显了出来，特别在著名美育家蔡元培先生那里就被表达了出来。在1919年的《文化运动不要忘了美育》一文里表达得更为明确：“文化进步的国民，既然实施科学教育，尤要普及美术教育”①，在呼唤科学与民主的德赛两位先生成为思想主导的同时，美育与科学教育在启蒙思想家那里占据了同等的地位。西方世界无论是犹太教还是基督教传统，尽管使用艺术作为手段传播，但从未将美育置于如此高的地位。

观赏文明同样具有美育所承担的启蒙性的功能，这就意味着，正像美育一样具有非常重要的社会功能，而这种功能是无可替代甚至站到了宗教的社会功能的反面，“美育代宗教”由此被给定了社会变革的合法性：

> 首先，美育是“自由的”，而宗教则是“强制的”。
> 其次，美育是“进步的”，而宗教则是“保守的”。
> 再次，美育是“普及的”，而宗教则是“有界的”。②

美育是“自由的”“进步的”与“普及的”，决定了美育可以积极地推动社会文明进程，我国儒家文明的基本结构的影响而使得“人文化成”的教育占据了社会的主导。但无论怎样说，这种理解都提升了以审美为核心的观赏文明的社会功能。观赏文明对于整个社会来说都是至关重要的，它帮助民众获得发展全部人性的可能，它也是人类

---

① 聂振斌：《中国现代美学名家文丛·蔡元培卷》，浙江大学出版社2009年版，第97页。
② 同上书，第109页。

认识发展中的关键，是人类理解力的基本构成。以美育视野审视观赏文明，我们就会发现，美育发源于创生感情的感性动力，逐渐感知而后形成了对实践活动和文化创新都非常必要的象征系统。因此，一种综合的系统纲领要求发展艺术实践和审美经验，以促进欣赏和理解的能力。

所以说，以审美与教育作为内核的观赏文明，可以成为推动人类发展与社会进步的有机动力，这无论对于中国还是西方社会而言，都是如此。观赏文明是人类的一种基本的“文明素养”，因为审美作为人类基本智能的泛化性的成分，可以成为推动人类文明发展的重要因素，而且是其中的感性化而非理性化的因素。

二　观赏文明的基本特征

观赏文明作为“审美文明”的构成部分，拥有一系列与众不同的基本特征，需要逐一加以考察：

第一，观赏文明具有“公共性”，而且必定是面对民众的公共文化形态。

马克思曾指出，“艺术对象创造出懂得艺术和能够欣赏美的大众，——其他产品也都是这样”[①]。这就已经指明，社会文明与大众修养之间所形成的互动关联。过去的审美往往是针对个体而言的，所谓“趣味无争辩”的西方名谚，就试图说明审美的个体性差异，然而，人类的审美就是建立在一个又一个“文化共同体”的基础上的，这些共同体可能有大有小，大到某个民族的文化，小到某个街道的社区。这些“文化共同体”既以普遍的审美判断作为宏观预设，又以个体的审美判断作为微观根基，但是主要指向了公共性的维度。由此可见，观赏文明是在一定的社会共同体之内所形成的某种共同审美趋向所构成的，因而，观赏文明本身就是一种群体性的社会公共现象。

然而，必须指出，恰恰由于这种“公共性”的存在，观赏文明本

---

① 《马克思恩格斯选集》第2卷，人民出版社1972年版，第95页。

身也是具有不同的层次与层级的，从低俗到高雅的艺术表达，从下里巴人到阳春白雪的审美欣赏构成了不同的级别，民众也需要采取分层观赏的方式融入其中。从政府职能的实施角度来看，要把社会上的审美供给作为一种“公共文化服务”。从接受的角度来看，那些文化艺术产品要被视为一种“审美福利”，在这种审美福利的提供者那里，政府就应该充当重要的调控角色。过去我们的社会美育建设，采取了“大政府、小社会”的基本模式，现在应该反过来，采取“大社会、小政府”的崭新模式，社会各个群体与机构理应更多地积极参与美育活动，这也意味着，政府在公共艺术建设中，以在管理方面走向宏观调控，在服务方面走向微观提供。

第二，观赏文明具有“全面性”，而且是健全人格的综合性的文明形态。

实际上，观赏文明的全面性，就在于对于其能够对于民众进行综合性的生活美育，这从中国古典思想那里就可以得到证明。美育大家蔡元培先生在《美育》一文当中极有洞见地说道：“吾国古代教育，用礼、乐、射、御、书、数之六艺。乐为纯粹美育；书以记实，亦尚美观，射御在技术之熟练，而亦态度之娴雅；礼之本义在守规则，而其作用又在远鄙俗；盖自数之外，无不含有美育成分者。”[①]这意味着，在以儒家为主导的“六艺之教”里面，的的确确皆包含“美育成分”，其中“数”的规律之教其实也与审美间接相关。在这“六艺”的完整谱系里面，大概只有“乐教”相当于西方的艺术教育，而其余各项教育其实都是关乎生活经验本身的，都是从生活出发并包孕美化的“人文化成”。

如果从儒家文化的“六艺”来观之，所谓“礼”的人际关系的智能、“乐”的音乐智能，“射”和“御”的运动智能、“书”的语言智能和“数”的数学逻辑智能，皆有赖于对审美能力的开发，儒家的生活美育恰恰是通过美化教育而激发出更高级的审美经验，与此

---

① 聂振斌：《中国现代美学名家文丛·蔡元培卷》，浙江大学出版社 2009 年版，第 104 页。

同时，在获得“六艺之技”的过程当中对“度”的把握本身也包孕审美品质。这充分说明，中国古典文明很早就意识到了，美育在文明发展当中所扮演的重要角色。

第三，观赏文明具有“福利性”，而且理应为民众所共同分享的公共文明形态。

观赏文明也可以成为一种“社会福利”。将其中的文化艺术当作一种社会福利，这无疑是非常正确的选择，而且也是一种崭新的观点。由此出发，还需要进一步进行更细化的分析。文化与艺术尽管都是社会福利，但却不是一样的社会福利。比如说，公共艺术所提供给大众的福利，不是一般的“文化福利”，而更具体地说，它应该是“审美福利”（aesthetic welfare），“在某个处于特定时期的社会当中，审美福利是由特定时期的社会成员所拥有的全部审美经验水平来构成的”①。

所以从这个新的角度来看，审美产品作为一种“审美福利”，就要一方面取决于公众的“审美体验”的水平，另一方面则取决于公共艺术品本身的“审美价值”，通过审美产品与公众之间的良性循环，才能逐渐累积成为当代社会的“审美财富”，从而为广大的公众所共享与分享，这就是“社会美育”所达到的主要目标。《世界人权宣言》第二十七条第一款就明确指出，“人人有权自由参加社会的文化生活，享受艺术，并分享科学进步及其产生的福利”，而观赏文明恰恰能够提供的就是这种软性而非硬性的社会福利。

第四，观赏文明具有“生活性”，而且理应为民众的生活幸福提供公共服务。

观赏文明致力于提高民众的“生活质量”与“生活品质”，它的目标并不是将每个人都培养成艺术家（事实上由于天分的差异这也是不可能的），而是将每个人都塑造成自己的“生活艺术家”。“生活艺

① Monroe C. Beardsley, “Aesthetic Welfare, Aesthetic Justice, and Educational Policy,” in Ralph A. Smith and Ronald Berman, eds., *Public Policy and the Aesthetic Interest* (Urbana: University of Illinois Press, 1992), p. 42.

术家”是针对专业艺术家而言的，就像艺术家创造艺术品一样去创造自己的生活，如此一来，社会上的每个人都有权利和能力成为这种生活艺术家。对于中国的普通民众而言，谁不想生活得更美好呢？所谓更好的生活，起码应该包括两个维度，一个就是“好的生活”，另一个则是“美的生活”。“好的生活”是“美的生活”的现实基础，“美的生活”则是“好的生活”的高度升华。“好的生活”，毫无疑问得有有“质量”的社会，所谓衣、食、住、行的各个方面都需要达到一定水平，能够满足民众的基本物质需求；而“美的生活”，则有更高的标准，因为它是有“品质”生活，民众在这种生活方式当中要获得更多的精神愉悦。

无论是有质量的还是有品质的社会，它们最终都指向了“幸福”的生活。民众既可以从物质满足中获得满足感，更可以从精神文明的满足里获得幸福感。在这个意义上，具有生活性的观赏文明的功用就被凸显了出来。美好的生活应当“以人为本”，或者更确切地说，“以民为本”。因为“以人为本”似乎更强调人本主义的个体方面，而“以民为本”才凸显出了社群的力量。这才是中国式的“美好生活”的应有之义，而审美的生活方式恰恰也是达到美好生活的重要途径。

第五，观赏文明是具有的“文化性”的，社会理应为民众提供更为广阔的文化服务。

观赏文化的实施，不仅是艺术教育为主，而且是一种以文化为核心的“大美育”，当然，这并不否定艺术教育在观赏文明当中已占据的低地位，“美育之道，不达到市乡悉为美化，则虽学校、家庭尽力推行，而其所受环境之恶影响，终为阻力，故不可不以美化市乡为最重要之工作也。”①这其实也就是看到了，美育得以实施最重要的场所，也是最容易塑造人的环境之域，那就是城市乡村而非学校家庭。

早在20世纪初，人们就已经认识到，除了专设美术馆、音乐会、

① 聂振斌：《中国现代美学名家文丛·蔡元培卷》，浙江大学出版社2009年版，第107页。

影戏院、博物馆的机关之外，还要有道路、建筑、公园、名胜等所谓“地方的美化”[1]，但这些空间的美化还是远远不够的，关键就在于，需要倡导一种杜威意义上的“日常生活的环境主义”[2]。审美的人通过身心投入与周遭生活环境之间形成一种互动的关联，而这种互动的中介已不囿于传统的美术馆内的画作与音乐厅内的音乐了，而是植入了每个人日常生活当中的“审美文化”。当今的审美泛化的时代，恰恰为这种指向生活的“文化教育”提供了最为广阔的时空，从影视媒体到互联网络上的审美文化品，都可以成为“文化美育”的重要对象。

第六，观赏文明是具有的“终生性”的，是为民众提供终生的社会美育服务。

观赏文明对于民众而言，也不是短期教育，而是要经历“终生学习”的漫长过程的“大美育”。“学校美育”固然很重要，但也有其自身的缺陷：“学生不是常在学校的，又有许多已离学校的人，不能不给他们一种美育的机会。”[3]于是，“社会美育”的必要性就凸显出来了。不过，这种考量现在看来太过于“空间化”了，其实更为重要的还有“时间性”的考量。

生活当中的每个人，究竟如何才能使观赏文明贯彻终生呢？的确，每个学生都要离开学校，有的人还可能失去家庭，但是，每个人都是“社会的人”与“文化的人”，人不可能脱离社会而存在，文化也几乎是相伴于人的一生而存在的。所以说，观赏文明之所以强调它是“终生教育”，就是因为，生活对于每个人而言都是自始至终的，审美作为生活的构成要素在其中扮演了重要的角色，而观赏文明由此必定是一种毕生的教育。

---

① 聂振斌：《中国现代美学名家文丛·蔡元培卷》，浙江大学出版社 2009 年版，第 102 页。

② Herbert Reid and Betsy Taylor, “John Dewey's Aesthetic Ecology of Public Intelligence and the Grounding of Civic Environmentalism”, in *Ethics & Environment*, 2003 (1).

③ 聂振斌：《中国现代美学名家文丛·蔡元培卷》，浙江大学出版社 2009 年版，第 101 页。

总之，根据文明的考察，观赏文明具有了六种基本特征，亦即“公共性”“全面性”“福利性”“生活性”“文化性”“终生性”。

三 观赏文明的分类

从最基本的区分来看，观赏文明可以大致分为三种基本类型，那就是“他律型”的观赏文明、“众律型”的观赏文明与“自律型”的观赏文明，但从未来的理想形态而论，我们应该走向“泛律性”的观赏文明形态。

从逻辑上来讲，从“他律型”“众律型”再到“自律型”的观赏文明，这构成了由高向低的文明进步等级。从历史来看，随着文明的逐渐进步，观赏文明本身的进步，也大致经历了这三种类型的转型，都最终的理想仍要归于“泛律性”的观赏文明形态。

第一种形态是“他律型”的观赏文明。

“他律型”的观赏文明，作为最低级的文明类型，它主要是指观赏文明是需要社会法规与礼仪制度之类来保障的那种文明类型。在公共文化与艺术场所里面，这种“他律型”的观赏文明形态相当常见，它是依靠标识、主办方、人力来人为地制止各种文明越界的行为，从而来试图保持观赏环境的稳定和谐，使得参与观赏的每个人都能遵守相关的文明规范与规矩。

“他律型”的观赏文明，需要民众遵守起码的“文明观赏”的规则，也就是遵照在观赏时不能越界的那种文明礼仪。“文明观赏”就是最低层次上的文明程度。“观赏文明”绝不仅仅简单地等同于“文明观赏”，而是更高层级的“文明建构”。我们可以浅显地看到，前一个文明的层次较高，后一个文明的层次较低。“文明观赏”主要言说的是，在进行文化与艺术的欣赏时，所需要遵守的基本的“文明礼仪”，而这只能构成走向更高的观赏文明的基础。

这类不遵守“文明观赏”规则的事例屡见不鲜。在国内的美术馆免费开放的最初时段，中国大众的种种非文明习惯往往与美术馆的文化空间格格不入。在中国美术馆，将美术馆当作“菜市场”的情况屡屡出现。根据美术馆的内部工作人员的描述，这些“也许对于艺术还有些兴趣的”观众，却缺乏“对于艺术的起码尊重”。面对美术馆、音乐厅与体育场贴出的诸多明显的禁止标识，中国民众一般还是视而不见这些条款。本来这些规则理应化为观赏者们的某种“自律行为”，但是，在国内通常都是以“他律的禁止”的面目出场的，这说明，当代中国的观赏文明建设仍处于起步的历史阶段。

第二种形态是“众律型”的观赏文明。

所谓“众律型”的观赏文明，其实就是那种既是“半自律”又是“半他律”的文明类型。实际上，这种文明是以“从众”作为基本特征的，也就是说，观赏者看到他人的文明行为与态度之后，也主动地去实施文明的行为并表露出相应的文明态度，这就是所谓的“众律型”。

这种“众律型”的观赏文明形态，时常在音乐厅的交响乐演出当中出现。在所有的倾听者落座之后，他们一般都会按照观众群体的规则去行事，即使第一次看音乐会的人士一般也会看他人如何观赏而行事。观赏者的谈论，一般都应是在整段音乐演奏之后的掌声之后，或者是音乐演出的某些间隙时刻，这也是一种观赏的基本规则。“众律型”的观赏文明的现场，现场的审美情境的营造是至关重要的。在这种“审美场域”当中，观赏者、艺术品、艺术家之间形成了交流与互动的关系，这种互动的成功依赖于每个参与者的积极配合。

在如今的观赏现场，随着音乐演奏的整个过程都在喋喋不休的情况尽管时有发生，但是“从众”的心态使得多数人改变了原本的观赏习惯。因为，这些观赏者们通过学习他人如何观赏，也逐渐意识到，这类行为不仅是严重影响其他观众的非文明习惯，而且也会降低每个参与观赏者的欣赏质量。随着音乐观赏文明的培养，更多的观赏者就逐渐习得了这些“观赏习惯”或者“审美惯例”。当文明观赏成为某种习惯或者惯例的时候，“众律型”的观赏文明就开始向“自律型”的观赏文明得以过渡。

第三种形态是“自律型”的观赏文明。

“自律型”的观赏文明则是较高的文明类型，在这种文明类型当中的民众，都具有较高的自觉意识，他们拥有相当程度的文明习惯，能够将自律作为观赏文明的基本原则。

所谓“自律”，是指在个体拥有一定受教育水平之后，在欣赏艺术作品中所能自觉保持的颇合时宜的欣赏姿态，这是观赏文明的较高形态。如果用孔子的话老说，那就是——“从心所欲不逾矩”的状态，这种状态既是遵从规范的，又是自由自适的。这种自律可以最大限度地使人与人之间得到相互的尊重，我这样做了，你也这样做了，大家都是平等与自由的。如果说，“他律型”的观赏文明是需要“制度约束”的话，“众律型”的观赏文明需要的是“集体约束”，那么，“自律型”的观赏文明则需要“自我约束”。

所以说，“制度约束”“集体约束”与“自我约束”恰恰构成了三种观赏文明形态的内在规则。“制度约束”基本上是外部的硬性的法规与原则对于观赏者的管理，其内在的潜台词是“你不准做什么”；“集体约束”则是根据“从众心理原则”来遵从文明惯例的，其内在的潜台词是“既然别人这么做了，你也应该这样去做”；“自我约束”则干脆无须外部各种原则的规约与各种心理暗示，而是观赏者从自己内心出发来主动地遵守，其内在的潜台词是“无论你如何做，也无论其他人如何做，我都会这样去做”。

按照逻辑与历史的统一原则，从“他律型”“众律型”再到“自律型”的观赏文明的发展，并不是平衡与匀速的，其中也有交叉与反复，从自律退回到众律、从众律退回到他律的现象也时常发生。比如，“自律型”的观赏者看到消极的民众观赏习惯的时候，也可能不遵从内心而得以从众，“众律型”的观赏者可能看到禁止的标志而心生反感而故意犯规。这意味着，当代观赏文明的形态是呈现为错综复杂的情况，特别是地区发展不平衡与文化积淀深厚不同，使得各地的观赏文明处于不同的形态当中。但整体的进步目标还是一致的，那就是从整体上要摆脱那种“强制性”的观赏文明的限制，使得观赏文明成为从民众到个体的真正的自律遵守，从而能获得更高的文明享受。

第四种形态则是“泛律型”的观赏文明。

无论怎样说，最理想的观赏文明形态，即是所谓“泛律型”的观赏文明。最终要达到的目的，则是依靠千千万万个“自律”的个体，形成一个“自律的”文化集成，以优厚的素养来感染其中跨界的个体。在这种理想状态当中，外在的规范早已化为内在的文化，这就是一种真正意义上的“文化自觉”。

所谓“泛律”这个新概念的提出，是有其美学依据的。在审美的“主观的普遍性”的诉求里面，应该被区分出不同的层级，也就是从“个体性”“公共性”到“普遍性”的不同层次，这才是更符合道理的。如果说，个体性判断是对“一”的单称判断、“公共性”判断则是对“一些”的特称判断，那么，普遍性判断则是对于“一切”的全称判断。审美的活动看似是单称判断，但其实更是期待“普遍赞同”的特称判断，但是，审美在一定普遍性的基础上却具有沟通文化与打通文明的优势，这是毋庸置疑的。

总而言之，“泛律型”的观赏文明一种“普遍自觉”意义上的观赏文明形态。人类的观赏文明，正在实现着从“他律”到“众律”再到“自律”的跨越。这就好似一个横放的沙漏，从“众律”再到“自律”，是从集体到个人，从“自律”到“泛律”，又是从个人到集体，最终我们还是要依靠大众本身，来实现观赏文明的理想，从使得观赏文明最终成为一种“集体无意识”，这才是蔡元培先生所说的——“陶养性灵，使之日进于高尚”！

第三节 观赏文明体系

作为社会主义文明体系的具体形态之一，观赏文明是一种新型的文明体系。仅以艺术观赏为典型做分析，它由观赏者、艺术家、艺术作品、观赏空间以及社会环境五大要素构成。从词源上看，体系是若干有关事物互相联系、互相制约而构成的一个整体。其中观赏者、艺术家、艺术作品要素是观赏活动中或显或隐的主体，共同构成了观赏活动中多重复杂的主体间性的对话和交往行为。所谓主体间性就是指主体与主体之间的内在相关性，是主体与主体在对话和交往活动中所表现出来的以“交互主体”为中心的和谐一致性，它强调的是各主体之间的相互理解与沟通，以实现认同与达成共识。观赏文明体系的本质要求正是体现这种主体间性的对话与交往，并在对话与交往的过程中，实现其构建和谐健康的审美价值观的根本目标。观赏空间要素是主体间性的对话与交往的媒介、手段和平台，只有在和谐的观赏空间中所有主体间性的互动才能真正有效地发生，并且超越物理空间限制而不断延续至心理空间。社会环境要素为观赏文明其他各要素提供一个开放流动的环境，从物质环境到精神环境，同时更重要的是它为观赏文明体系的发展起到引领和指导作用，也为观赏文明体系中各主体的健康独立发展奠定了有利基础。因此，五大要素之间不是彼此分离的，而是辩证联系的统一整体。

观赏文明体系也是一个动态的体系。观赏文明体系的形成与发展，是社会主义新时期精神文明高度发展的结果，其实质上就是一个向丰富多彩的实践开放、向日新月异的生活开放、向深刻变化的世界开放的动态过程。在这一过程中，观赏文明体系的平等性和开放性是基础保障，没有开放平等的前提，体系中各个要素不可能独立存在，发展不平衡会导致无法实现真正的对话与交往。原则性是指导方向，随着对话的内容不断展开，交往的形式不断多元化，需要社会主义核心价值体系的引领和规范，这样才能保证主体思想的正向发展。新理性是核心动力，观赏文明体系的建立离不开各要素的联系，各要素的互动离不开主体性的完善，只有在观赏活动中充分使各主体的主体性在主体间性中得到发挥和深化，观赏文明体系才能得到发展。因此，从未来发展来看，观赏文明体系还将在今后中国特色社会主义精神文明建设的实践中继续丰富、完善和拓展，并且随着观赏实践的发展，观赏文明体系会不断找到其发展的机遇和空间，为中国特色社会主义文明的进步开辟更为宽广的前进道路。

一　观赏文明体系的构成

观赏文明体系由观赏者、艺术家、艺术作品、观赏空间以及社会环境五大要素构成。其中观赏者、艺术家、艺术作品要素是观赏活动中或显或隐的主体；观赏空间要素是主体间性的对话与交往的媒介、手段和平台；社会环境要素为其他各要素提供一个开放流动的环境，五大元素共同在体系中密切联系，相互影响。

（一）观赏者

对美的追求是整个人类的共同行为，是人类的一种社会本能。来源于人类具有爱美之心的天然生理基础，是人类特有的一种需要。审美是人类特有的高级精神活动，审美活动不仅能够传递和更新文化的知识，以及调节不同意见或社会行为，而且能够促使社会整合，增强人们的归属感。同时，审美作为人类主体性的事实，是主体把客体视为“为我之物”进行审美观照。审美活动是一个对象化的过程，对象化涉及主客体之间的主客体性、主体间性的投射和交流。审美活动与人类其他的“本质力量对象化”实践相比，投射了更多的主体情感和想象，并使主客体之间的情感进行交流和互动。人们的这种交流与互动行为促成个体自我观的建构，充分发挥个体的主体性。因此，主体性最集中地体现着人的本质。

在审美活动中，人与他人、世界的交往是人把世界系统作为对象进行对话的过程，在这种对话中，一方面是人向他人、物、世界敞开自己的感觉、情感、灵魂表达自己，向这些对象言说自己；另一方面，是他人、物、世界对人言说，言说他们的表象和本质，言说他们的结构与形式，言说他们的混沌与秩序。这样互为主体的对话与交往，是主体之间的心灵交流与撞击。

观赏活动中的观赏者，作为一个独立的审美主体，必然和审美对象进行对话与交往，体现了从审美主客体性到主体间性的双重转换。在对话过程中，观赏者的主体性得以彰显。审美关系中的主客体之间不是一般的认识关系，非科学思维的认识论所能把握。审美主体具有更多的情感倾向性，将感性形象通过感知变成内心的表象，进行感受、体验、欣赏和评价，并直达人的内心精神世界。因此，在审美关系中相应产生的美感是审美主客体进行相互的影响和作用的结果，“我们的美感活动转过来把人的主观感情赋予客观世界，使客观世界从沉睡中惊醒起来，充满了生命，变成了人化的世界……这种‘心物感应’主要是通过知觉和表象对于客观世界的‘感应’，来达到心物之间的交流”①。

除了审美对象的感性形象作用于主体的知觉表象层外，还受到审美主体的审美心理结构的影响。随着审美意向性活动的深入，审美对象超越了客体性，具备了“准主体”的性质，此时的审美主客体对话，已经超越了主客体性，审美对象同审美主体一样也具备主体性的地位，形成了新的主体间性。审美活动中所潜在的角色——艺术家，成为了和观赏者进行对话的主体。这时，观赏者由审美活动的主体性走向了审美活动的主体间性，审美活动由单个主体的对话走向了多个主体之间交流。在审美感知、理解、评价等一系列的审美活动中，各个主体各自敞开精神世界，用相互的语言对话来挑战、建构自己的精神世界，在这个过程中，不同的视界不断相遇、交融和沟通，观赏者的审美心理图式不断补充丰富，促进鉴赏的深入展开，出现一种向更高的视界融合提升的可能。主体性的体验和主体间性的交流构成了和谐辩证的转化和统一，每一个个体的主体性在和其他主体交流的过程中得到彰显和完善，主体间性的交流因为每一主体性的独特而更加深入和有效。

没有对话，就没有交流；没有交流，也就没有真正的主体间性。只有在审美的对话和交流中，观赏者与作品、观赏者与艺术家、观赏者之间、观赏者与自我才能融为一体。观赏者就不再仅仅是他们自身了，他们变成了无限，他们与数不清的生命缠绕在一起，成为了无限多的个人。

（二）艺术家

审美活动中的主体性是人自由本质的显现，主体性是人性之精华，最集中地体现着人的本质。无论是哲学还是美学，都强调人的主动性，强调人作为活动主体所具有的创造能力。从实践的角度看，人的利益和需要是人的每一种有意识活动的动因，而且能唤起人强烈的意志和情感，使人们在实践活动中有着极大的主动性、积极性和创造

① 《蒋孔阳全集》第 3 卷，安徽教育出版社 2000 年版，第 303—304 页。

性。人的主体性按照合规律性来发现真，按照合目的性来实现善，按照合规律性与合目的性来创造美。主体的活动创造出了真、善、美，使“自在之物”变为了“为我之物”，使作为主体的人的本质力量得到了最充分的发挥，人本身也由“自在”到“自为”，从而获得自由。

艺术家是审美活动过程中不可忽视的主体之一，他将自己的个性、品位、创造性等主体性的元素在审美创造的艺术作品中表现出来，从而实现了人的主体性，创作对象也因此具有了审美价值。尤其是作为艺术作品的潜含着的深层话语结构——观念结构，决定着艺术存在的内在本质，它就是任何一个艺术作品无法忽略的价值观念。因此，价值观念作为艺术家的潜意识存在，它决定了艺术家理解和期待的视野，往往以一种意识或者无意识存在，影响着艺术家的创作。这种影响体现在艺术家创作的动机、艺术家在作品中流露出的或者隐藏着的价值观念，可以说，作为审美主体的艺术家具有的价值观念的高度，决定了其审美感受、审美体验和审美创造能力的高度。

通过观赏活动，艺术家将通过注入自己价值观念的艺术作品对观赏者产生一定的影响。“艺术创作和意义知觉的规律使艺术进入人类交往的范围，把它同信息传递的任何方式原则上区分开来。这一点只有在艺术家把自己的活动成果诉诸作为主体、而不是客体的其他人时才能做到，这样的主体是能动的、意志自由的，能够独立地选择所知觉的作品，具有解释作品的内在决定性。同这种读者、这种观念的联系就成为特殊的交往形式，它类似于现实生活中产生的那样一种交往，即一个人同亲朋挚友的交往，这时，他是把他们当作主体，而不是当作达到目的，甚至是最崇高的目的的客体。”① 审美创作和观赏活动是艺术家和观赏者之间的交流方式，是人类交往的一种特殊形式。观赏行为实际上成了观众与艺术家之间的意识交流，但这个艺术家不是来自观众对其实际生活的了解，而是从艺术作品中直接重构出

---

① ［苏联］卡冈：《美学与系统方法》，凌继尧译，中国文联出版公司1985年版，第253页。

来的。“如果我们可以与艺术家和哲学家融为一体，如果我们可以分享他们的思想、情感、希望、恐惧、美的意识，分享他们的遗憾、勇气，甚至分享他们最狂野的想象，那么我们就不再仅仅是我们自身。”[①] 观赏者通过审美活动，在自我的内心深处重新开始思考艺术家的思想行动，发现他的感觉和思维方式，构建自我心目中的艺术家形象，即通过自我感知、想象、体验他者的意识的意向性。

（三）艺术作品

在没有意向性活动之前，艺术作品只是审美经验的意识相关物，是潜在的审美对象，具有潜在的审美价值，在一定程度上是一个实在之物；而审美对象则是构成之物，是审美主体和审美客体发生审美关系的产物，是意向性对象。“一座雕像作为一堆真正的石头从审美的角度来看并没有什么意味，但是，它作为提供给观赏者观赏的东西，作为对一种有生命的事物的再现，在审美的方面却是有意味的。”[②] 美产生于自我与他者的积极对话、交流和主体间的互动、冲突、互补，因为这一切构成了生命存在的生动活泼的进程，形成了人的全面和整体的存在。艺术作品是连接艺术家与观赏者的意识的媒介，艺术作品的审美价值产生于各个主体间的审美需要、审美趣味、审美理想、审美评价等多重意向性活动作用的最终结果。

艺术作品的对话性是由它的内容和结构这两个要素的对话性所决定的。艺术作品的内容是创作主体与世界对话的结果，艺术作品与艺术家的关系不是像创世者上帝与其创造物之间的关系，而是平等的相互依存关系。艺术作品的意义不在艺术家也不在作品，而在于两者之间的对话。艺术家把自己放在与作品平等的地位上，在与他们进行的真诚情感交流中，体现自己的观点。艺术家赋予作品中的主人公以独立的地位和价值，使主人公在意识形态上成为一个独立的人物，被作为他所持有的一种具有充分价值和充分权利的载体。

---

① ［美］理查德·加纳罗、特尔玛·阿特休勒：《艺术：让人成为人》，舒予译，北京大学出版社2007年版，第10页。

② ［德］莫里茨·盖格尔：《艺术的意味》，艾彦译，华夏出版社1999年版，第6页。

艺术作品中的未定性所形成的召唤力量也在渴望观赏主体的对话。观赏者与艺术作品的关系不是一种主客体之间的认知性关系，而是一种主体与主体之间的对话关系。观赏者与艺术作品较之于他与艺术家的对话更为显性。观赏者对作品的理解不是要寻求艺术家的原意，而是处于一定视域中的观赏者与作品之间的问和答的关系。作品与接受从不同角度以不同释放所做出的发问是连续不断并逐层深入的，它们互相关联、互相催生。一连串的发问由开始诉诸观赏者的感官到力图唤起他的精神，最终抵达了他的灵魂，这是一场细致深刻的感悟和体验并在此基础上进行对话和交流的过程，这个过程的动力是欣赏主体强健的理想精神以及对高贵灵魂的渴望。艺术作品的审美价值实现“有赖于读者的自由，有赖于读者自由中最纯美的成分”①。

（四）观赏空间

观赏空间（剧场、剧院、音乐厅、博物馆、展览馆等）是艺术作品从概念—行为—效应，即从观念形态变为现实的时空形态的展示平台。观赏空间也是艺术表演者的表演行为公之于众的社会通道。观赏空间是一个最重要的艺术传播媒介，它平行地连接于艺术作品与观赏者之间，为两者之间的交流和对话提供了具有多功能的物理空间、艺术空间和思维空间。

首先，作为利于表演的物理空间，为了让艺术表演更加令观赏者集中注意力，达到醒目突出的效果，人们把表演者所活动的表演区间进行升高。一方面，艺术表演的“醒目突出”和“吸引注意力”有了物质条件的支撑；另一方面，由于特定区间地面的升高，艺术表演也就有更多数量的观赏者。除了升高舞台的方法，还可以让观众的座席居高临下，这明显是将表演者置于受众群体的众目睽睽中，更凸显出艺术表演，为艺术传播起到更大的效果。例如戏剧舞台艺术的独特体征就是观演双方在戏剧进程中，能获得同步的、双向的、最为直接、最及时的感情交流与反馈。尤其是小剧场戏剧增强了艺术的感知

---

① ［法］萨特：《为何写作》，载自乐黛云、伍蠡甫主编《现代西方文论选》，译文出版社1983年版，第198页。

效应功能，观演双方被拉近，甚至观众参与到艺术表演之中。演员的一个眼神、一声叹息都被观众感知得真真切切；而观众的一句赞美，一声哭泣，都能最直接、最准确、最及时地反馈给演员，这种交流与反馈更加得心应手，演员在自己角色情感变化的感知化过程中，也唤起观众对角色情感变化历程的体验与思索。

其次，作为超越真实的艺术空间，观赏空间将观众和艺术品与日常生活实现有效疏离。面对一个装置好的舞台表演空间，你看到的是一个介于真实与非真实之间的或理想化或程式化了的创造性空间。作为艺术表演的一部分，创造性的空间是一种“假定的真实空间”，所有艺术表现都在其中展开，这个空间是为表演者提供表演“场所”。我们可以把演员看作观赏空间的一部分。在预先规定的表演“场所”中，演员以其受到限制的表演揭示出观赏空间这一假定“场所”的具体性，使之成为一个“真实空间”，赋予舞台艺术以不同于现实空间的观赏性。作为观赏空间的博物馆，使得艺术品由私人空间转入公共空间，将艺术品与日常生活用品彻底分离，改变了艺术与非艺术的性质与界限，历代社会人们的日常用品被重新放置在博物馆的全新空间中，它们已经脱离了其原先的真实空间，成为具有全新功能与形式的观赏艺术品。同时这种空间的转化，将观赏者由日常生活的外部时空带入特定艺术鉴赏的内部时空，势必带来观众对艺术神圣感、肃穆感的体验与感受，因之也带来对艺术的全新认知。

最后，作为表达叙事的思维空间，观赏者被观赏空间内在的叙事逻辑所支配。舞台作为艺术表演的场地，不仅具有空间性，更具有时间性。随着表演的行进过程而不断“时光流转”。一场演出往往要迁换数次场景，通过场景布置的迁换、舞台机械的运动、道具的上下调度和灯光的照明烘托而具有时间性。舞台艺术通常要随剧情的发展和演出的推进而变化，因此观众能够在同一舞台情境中观赏到不同的景致、不同的场合和不同的造型，觉察到四季的变化，领略到不同景色的转移。当然，这一过程要与表演者的表演紧密地结合，并把这种结合明确地展示给观众，使观众能够感受到叙事的推进和发展，从意识上被纳入艺术作品的叙事逻辑。

（五）社会环境

社会环境由文化氛围、社会风尚和舆论环境三部分构成。文化氛围为社会环境提供了具有现实意义的实体环境，离开演出设施、艺术团体或管理制度等这些具体构成文化氛围的人为要素，观赏活动是无法实现的；一座城市的文化氛围需要保持健康的精神和活力，就离不开先进和谐的社会风尚对人们的侵染，这种潜移默化的影响正是通过各种观赏活动得到了艺术性的传播；舆论环境对于观赏活动有一定的引导作用，舆论环境影响观众对艺术作品的审美取向和接受程度，影响艺术家在创作艺术活动时的心理状态。良好的观赏效果的实现与良好的舆论环境是不无关系的。三个部分从不同角度营造了一个全面立体的社会环境，三个部分通过自身所具有的不同功能，使社会环境更好地为观赏文明体系中其他各要素之间的互动奠定了有利基础。

1. 文化氛围

美国人类学家赫斯科维茨曾对文化做过一个简明而深刻的阐释。他认为文化是“环境的人为部分”。即是说，文化就是人类社会把属于他们那部分地域承载的诸条件加以组合和加工而成。文化氛围，就是指在特定的社会文化的各要素所构成的一种文化效应场。人们置身于这一文化效应场时，会与它发生感应关系，不自觉地获得特殊的体认、熏染和感受，进而感悟该城市文化的精神、情调、气质和状态。

观赏文化氛围由组织要素、群体要素、制度要素、行为要素和设施要素共同作用并长期积淀形成。五大要素密切联系、相辅相成，是一个有机整体，五大要素在构成观赏文化氛围时，都有其自身的意义和一定的功能。

组织要素包括政府管理部门、剧院联盟、演出团体、经纪公司及民间组织等。组织必须通过组织成员产生行为、发挥作用；群体要素包括政策制定及执行人员、院线经营管理人员、演出团体经营管理人员、投资者、艺术家、经纪人、观众等；行为要素即艺术文化讲座，艺术演出，艺术展览、民间艺术活动等，行为要素是五大要素中最外显的部分，任何一种行为的发生都离不开行为主体；制度要素包含职责部门举办观赏活动的理念及特色、具体的观赏活动管理制度、观赏者自发的观赏行为习惯等，制度要素是观赏活动的组织管理形态构成的显性要素与人们自发形成的公约构成的隐性要素的结合，是五大要素的根本；设施要素属于物质文化，包括社会物质环境的设计、建造以及赋予的人文思想。它是一个城市精神文化建设的基础，具有外显性和感观性，是城市艺术文化的象征和载体。

由此可见，组织、群体、行为、设施、制度五大要素密切联系、相辅相成，是一个有机整体。行为是五大要素中最外显的部分，其任何一种要素发生作用都离不开组织和群体的主体作用。制度是根本，来源于群体的创造，又反过来影响群体的行为，制度对行为的完成能起到保障和推动作用。环境是城市文化艺术的载体，其顺利实施的关键依赖于严谨规范的制度、合理公正的组织，以及多元优化的群体。文化氛围五大要素密切联系、相辅相成，共同对观赏文明的审美文化语境产生影响。

2. 社会风尚

社会风尚是成熟的和理性化的社会心理，是先进文化在社会心理层面的内化和凝聚。社会风尚是社会风气的主流，是社会行为习惯的主导因素，是被大多数社会成员所追求和崇尚的价值观念、行为习惯、潮流时尚，是人们判断真伪、荣辱、善恶所遵循的基本标准依据。

进步的社会风尚是由进步的社会核心价值体系所决定的。社会风尚是渗透到社会文化深层结构的社会心理，影响人的日常生活方式、交往方式和消费方式，渗透和演变成为人们的日常生活习惯和习俗。进步的社会风尚提倡人们所崇尚和追求的生活目标和行为方式健康高雅；对美丑、荣辱、真伪、善恶、是非的分辨和判断有基本明确的价值标准；对自身行为和形象有基本的自知、自觉、自律和自省；人际关系诚信友爱，融洽和睦；等等。

当代中国审美文化给受众带来选择的自由和享受的自主，同时也冲击和消解了精神主体，尤其是随着大众审美文化和后现代主义审美文化物欲化、享乐化、浅表化日益凸显，大众的价值心理、审美行为出现了审美趣味庸俗化、审美理想空虚化、审美追求迷惘化的倾向。

因此，观赏活动并不意味着对一切艺术作品毫无思考地认可、毫无保留地汲取、毫无批判地接受。观赏文明以开放的视野和胸襟与开放的审美文化产品为基础，随着各种形式的审美对话的深入，每种审美文化产品、每种审美价值观的高低、精粗、正误会逐渐明朗起来。这就需要一个最基本的价值观标准来进行甄别和判断，这就是在我国当前语境中，无论怎样的多元价值观都必须不违背社会主义核心价值体系的基本思想。核心价值体系，具有特定的时间性，是一个不断变化调整的体系，为多元价值观的差异性和主导性提供了最基础的保障。核心价值体系和非核心价值观之间可以通过各种对话来沟通和补充，并使社会文化保持健康的精神和活力。

因此，进步的社会风尚从根本上要求，观赏活动中主体不能背离社会主义核心价值体系的原则和精神，必须坚持马克思主义在意识形态领域的指导地位，牢牢把握社会主义先进文化的前进方向，大力弘扬民族优秀文化传统，积极借鉴人类有益文明成果，充分调动积极因素，凝聚力量、激发活力，为建设社会主义精神文明提供重要保证。这样才能在多元文化社会，审美主体既拥有规范的基础的价值系统的指导，又能在具体的观赏实践中发挥个体的不同价值。在保持人与自然、人与社会、人们之间的和谐观赏行为中，进一步推动社会风尚的延伸与发展。

3. 舆论环境

舆论环境是指在一定场域内形成的人关于某一事物的舆论氛围，体现了人、事物和场域之间的互动关系。当三者互动呈积极状态时，人的心态平和，发展充分。健康的环境推动人与事物的发展，不健康的环境则抑制人与事物的发展。舆论环境决定着人对艺术作品的审美取向和接受程度，决定着观赏者在参与审美活动时的心理状态。

要正确运用和发挥观赏舆论的宣传和引导功能，观赏舆论的正面引导是观赏文明得以正向发展的关键因素。社会的主流意识形态和价值观念可以直接灌输到社会成员中去，但更多是要通过艺术形象，在人的心灵深处发挥潜移默化的作用。正确的舆论要形成环境，对参与其中的主体的思想和观念发挥积极作用。

首先，规范和教化审美主体的思想和行为。心理学认为，任何生活于社会群体中的个人，当其言论和行为顺应社会舆论和群体规范，得到群体的赞赏时，就能产生轻松和愉悦的心理感觉。相反，当其言论和行为与群体舆论的指向不一致时，则不仅需要承受抉择时的巨大心理压力，还需要忍受因群体敌视和制裁所带来的孤独感和挫折心理。观赏者和艺术家长期生活在其中，受到各种舆论内容熏染和刺激，接受着某种启示和约束，久而久之，舆论环境就在不知不觉中规范和教化了他们的思想和行为。

其次，评价定位审美主体的思想水平和业务能力。“是非曲直，自有公论。”这种公论就是舆论，舆论是一面镜子。由于观赏舆论表达的是群体中大多数人对某个艺术作品或艺术家较为一致的看法，因而，观赏舆论能够为生活其间的艺术创作主体提供一个比较稳定而较为客观的评价参照系。一方面，他人或组织通过舆论这个评价参照系，可以较为客观地评价定位艺术家的思想道德水平和业务能力；另一方面，艺术家自身也可以通过舆论了解自己的作品在别人心目中的地位，加深对自我艺术修养的认识，及时反思自我，以便坚持或调整自我的艺术创作方向和能力。

最后，监督制裁观赏活动中的失范思想和行为。观赏舆论既然是大多数人对艺术作品或艺术家较为一致的意见，代表了公众的评判和裁决，而不是哪一个人或少数人的意见，就必然在观赏群体中形成一种公共意志，产生一定的控制力量，监督约束审美主体的思想和行为。舆论的监督制裁不同于法律和行政手段，而是依靠观念和道德的力量实行控制。例如，对个别作品的艺术水平低俗，审美意识薄弱，缺乏高尚优美的形式，甚至有反面思想的传播，这时正面积极的观赏舆论都会对其进行抵制、讽喻和鞭挞，体现出了舆论的监督制裁力量。

二　观赏文明体系的特征

观赏文明体系是一个动态发展的体系，这是因为它天然地具备了四大特征：平等性、开放性、原则性和新理性。平等性和开放性是基础保障，没有开放平等的前提，体系中各个要素不可能展开真正的对话与交往。原则性是指导方向，随着对话的不断展开和深入，需要社会主义核心价值体系的引领和规范。新理性是核心动力，只有在观赏活动中充分使主体性在主体间性中得到发挥和深化，观赏文明体系才能得到发展。四大特征共同决定了观赏文明体系必然会在社会主义新时期精神文明建设中不断丰富、完善和发展。

（一）平等性

对话和交往最早由德国美学家马丁·布伯在20世纪初提出，他将人所面临的关系归结为两种基本的关系模式，这就是“我—你”关系和“我—他”关系。在“我—你”关系的相遇中，你的形象面对我，我整体地观照你。“我”与“你”的关系是平等的、并列的，同时又是互利的、相互依赖的。这种依赖关系可以理解为：“我—你”关系并不是经验与被经验、利用与被利用、分析与被分析的关系，而是相互提问又相互应答，互为依据又互相作用。①

作为观赏活动中直接对话和交往的艺术作品和观众、观众和观众之间，具有平等而独立的关系，无论是他们彼此的地位、审美诉说的权利，还是他们各自的审美价值观，他们之间是完全平等的。但是平等性不等于封闭和隔离，无论是平等性的主体还是平等性的审美价值观，他们之间存在着不可斩断的依赖关系。正是因为有了相互交流和相互碰撞，才有了相互汲取和共同完善。

观赏活动中首先至少涉及两个以上的声音、两个以上的独立的主体。不是艺术家或作品单方的“灌输”，而是艺术家和作为群体的观众之间、艺术作品和多个作为个体的观众之间、个体的观众之间，是两个以上的主体之间的互动。多种声音的交流基于每个独特而唯一的交流个体之上，是一个鲜活的个体表演和绽放的过程。具体的个人都是唯一而统一的存在，每一个体都有其独特性：我就是我，我不是他人。任何人都处在唯一而不可重复的位置上，任何存在都是唯一的。无论是欣赏优雅高贵的古典美，还是喜欢狂放张扬的前卫美，观众的

① ［德］马丁·布伯：《我与你》，陈维钢译，三联书店1986年版，第17—33页。

行为都是主体的自由选择，他们对美的感受和体悟都是独一无二的，要尊重他们每个人的真实体悟和多元选择。

美的本质是不同价值体系和生命主体间的对话与交流，只有在互动、冲突、融合式的共生共存中才会形成全面的整体，形成作为个体存在的“我”的审美价值观。单个审美个体的审美活动的任何视角都不是全知全能的，必须借助外部力量的互补才可达至整体上的认知。因此，观赏文明体系要力争使其中的个体的审美对话和交往的活动，走向与其他主体共同参与的对话和交往活动，继而形成在观赏体验中“不同的个体感性存在之间的互相对话、交流、回应，最终达到互相补充和交融的完整、超在的理想境界”①。

（二）开放性

在现实生活中，人们常常由于缺乏了解而拒绝对话，甚至陷于审美对立之中，对一种新的文化或相异的审美文化产品产生偏见、误解甚至积怨。往往不能以宽容、公正的态度去审视和接受异质文明和丰富的文化艺术，因此不能够获得正确的审美价值观。在现代观赏活动中，需要人们开放地与开放性的艺术进行对话和交往，需要彼此之间不断地交流和对话，从而不断有意识地扩大和丰富主体的文化和审美心理结构，为建构多元的审美价值观奠定基础。

对话的过程是每个主体的主体性建构的过程，同时也是主体自身处于永远无法完成的发展过程。人类生活的本质是对话性的，而生活是无限的，不可能终结的，对话总处在不断运作的过程之中。对话和交往具有开放性，是因为它总是处于一个生生不息的未完成状态。对话不由对话者的个人意志决定，而是对话双方围绕共同话题进行对话，双方都为对话的共同论题所决定，只是共同论题的交流，对话双方的相互依赖只是在共同论题下检查双方的得失，补充对方的论点，从而推动对话不断向前。

当然，这并不是说无条件地做他人所想让做的事情。对他人的开

---

① 刘康：《对话的喧声：巴赫金的文化转型理论》，中国人民大学出版社 1995 年版，第 11 页。

放性包含这样一种承认，即我必须接受某些反对我自己的东西，即便没有任何他人要求我这样做。面对形形色色的艺术展览，我们认识到我们确实生活在一个需要交流的环境中，艺术作品创作出来就是让不一样的人来感受，来交流和对话。尽管艺术的形式会有多么奇怪，与已有的欣赏习惯不符，但一个好的心态——开放宽容的心态，即“以一种平静的心情，以一种对待文化、对待艺术的态度，发生一种很真诚的交流”①。

构建开放的、具有生成性的、充满生命力的观赏文明体系，需要有一种负责任的观赏态度，主体直接亲临在场，面对审美对象，以完整的人在交谈、相遇，那么，观赏活动中的每一个主体的情感和理性、直觉与感觉、思想与行动、经验与知识等都时时展现在对方面前。艺术家和观众之间、观众和作品之间、观众之间的欣赏和评价，不是流于表面的热闹，而是一种相互倾听、相互反馈、相互汲取的深层对话和交往。

（三）原则性

开放性推动了在观赏活动中多元审美价值观的建构，它犹如自由飘扬的风筝，扩充着审美视野，同时，为了避免审美价值观的错误和低俗，需要有原则性的理念指导，这就是当前我国所提出的社会主义核心价值体系，它好比自由放飞的风筝手中的一根紧固的绳索，随时帮助我们找回心灵家园的归途。

任何社会都有自己的核心价值体系。核心价值体系是社会意识的本质体现，决定着社会意识的性质和方向。核心价值体系是一个民族在一定时代、一定社会中形成和发展起来的，是一定社会、民族在一定时代社会意识的一种反映，是一个国家、民族的思维、精神的核心内容和精华部分。当前中国社会主义核心价值体系，是中国的现代性长远策略和指导纲领。它唤起并培育一种新的时代精神，是现代人性的建构和现代社会建设的保障。社会主义核心价值体系深层次地影响

① 翁菱、张黎：《“留注中国当代艺术”——关于当代艺术市场的对话》，《艺术·生活》2006 年第 5 期。

着现代人树立中国特色社会主义共同理想以及他们的思想和生活方式。

观赏文明活动将社会主义核心价值体系内化到人的深层心理图式中，有助于建构正确的价值观念，将个人和社会群体的价值观念和体系，通过内化到人的深层心理结构中，潜在地决定了审美活动和审美教育的效果。

其一，马克思主义核心的指导思想就是实现每个人的公正、平等和自由，每个人的发展是所有人的发展的前提，并最终使全人类得到真正意义上的全面解放。观赏文明的终极目标也是使受教育者实现自由，达到自由的心灵和思想状态；其二，理想作为人们对未来的构想，是人们要求超越现实和超越自身、达到理性自觉的一种观念形态。审美理想是个体与社会的统一，是主体和客体的统一，是感性和理性的统一，是合规律性与合目的性的统一。观赏活动体验的理想状态和社会的总体性蓝图是紧密联系在一起的；其三，以爱国主义为核心的民族精神，就是对国家的无功利的最原始的激情。很多表现爱国主义题材的艺术作品，通过生动鲜明的艺术形象，普遍的社会意义，使人在认识上得到开拓，精神气质上得到陶冶，心灵上得到净化。观赏活动是主体的主动参与和全身心的投入，让人们体验国家的尊严和伟大，激发人们的爱国审美情感；其四，荣辱观是人们对荣誉和耻辱的根本看法和基本态度，是一个民族思想道德的基点，一个国家精神文化的基石，是个体知情意的基础。是非、善恶、美丑、荣辱的界限不能混淆，立场态度必须旗帜鲜明。

因此，以构建正确的审美价值观、培养健康的审美情趣、树立高尚的审美理想为任务的观赏文明活动，应该将真善美和谐地结合在一起，为建构社会主义核心价值体系做出应有的贡献。

（四）新理性

理性一词，本身就蕴含了对事物做出客观、公正而全面的理解。但随着现代西方科学技术理性主义文化信念的恶性膨胀和人类精神的严重危机，人们并没有更多地感受到技术理性所给予的全面自由和解放，反而使主体与其他关系态陷于对抗和矛盾。人类主体性的全面发挥是建立在人类和外界世界之间、人类群体之间、人类与自我的对话与交往的基础上。现代理性正是让人们通过对话与交往活动所达到的一种共识，这种共识的获得过程就是理性化过程，即“新理性”。艺术实际上成为现代理性的一种体现和表征，它以审美激发人潜在的交往理性以对抗工具理性的负面冲击。因此，艺术为挽救人类的精神危机重新实现人与人平等交往的关系提供了可能。

艺术在接受过程中通过作品将艺术家与观众、个体与公众连接起来，具有促进人类交往对话的重要媒介作用。随着交流与对话的不断深入，形象的全面、完整和丰富以及潜在的精神逐渐敞亮起来，进入形而上的境界，只有这个境界才能解释生命和存在的更深的意义，当代波兰现象学哲学家和美学家罗曼·英伽登在其著作《文学的艺术作品》中曾说，“我们经常视而不见的，在日常生活中，几乎感受不到的存在的深度和本原就向我们心灵的眼睛开启了”。艺术的存在是主体与主体交互理解，是真理显现的过程。艺术真理的集成和归宿构成我们共同生活的思想基础。因此，“新理性”就必须关注主体间产生理解和意义的交往过程和互动过程，以恢复主体之间的信任和理解。

在观赏活动中，对话不能被简单地理解为仅仅止于艺术信息的双向交流，对话的过程是思想、真理、意义、情感潜移默化的过程，是主体间的精神发生变革的过程。艺术把人的意识重新整合起来，实际上艺术所发挥的是宗教曾经发挥的凝聚力。现代观赏文明体系应该确立一种宗教信仰，一种人生观。观赏文明建设应该立足于精神世界，而这是科学所无法解决的。审美要引领精神，使人的心灵在艺术的世界中获得自由。在艺术的世界里，所有主体的灵魂是平等的，精神是自由的。每个人都可以在艺术中找到自己的精神家园，找到心灵停泊的港湾。

当代中国审美文化性质复杂形态多样，艺术形式可以是游戏的、通俗的、娱乐的，但在思想上仍需充盈着批判的理性精神，灌注着高尚的价值追求，承载着深厚的历史民族感。现代观赏文明所要建构的是一种体现了新理性的审美价值观，这种审美价值观无论是对于个人的全面发展，还是对于社会的健康发展，都是相对完善的、美满的。

审美活动的超功利性，能够培养胸襟开阔、目光长远的现代性人格；审美对话中的移情和想象的活动，能够帮助鉴赏者用推己及人的角度对待事物，并且形成仁慈和宽广的胸怀；审美活动中主体间对审美对象的共同占有、交流和馈赠，能够形成无私的胸襟和合作的精神；审美对话和交往揭示了审美对象对人的世界的深刻描绘和展示，能够培养对人性最深刻的洞察和包容的心态……一言以蔽之，在既与自我，又与世界展开的双重对话与交往中，人重新获得自我确证的方式，作为主体在主体间性中得到完善、丰富和显现。

第四节　观赏文明的存在形态

观赏文明作为社会文化组成的重要方面与现代社会文明的展现"窗口"存在于文化的不同层面，并以不同的形式蕴含于社会的诸多领域中，构成了错综复杂的立体结构的有机整体，是社会精神文明的重要表现方面之一。

观赏文明作为当代社会文明的主要组成部分和重要展现方面，其存在形态表现为多元化、多层次性，其诸多因素之间存在多维度的密切转换关系，通过不断的双向互返式建构，形成纷杂的立体结构。

一　观赏文明存在的主体维度

马克思说："如果说人是一个特殊的个体，并且正是他的特殊性使他成为一个个体和现实、单个的社会存在物，那么，同样地他也是总体，观念的总体，可以被思考和被感知的社会之主体的、自为的存在。……特定的个人不过是一个特定的类的存在物。"[①] 又说，"人是最名副其实的政治动物，不仅是一种合群的动物，而且是只有在社会中才能独立的动物。孤立的个人在社会之外进行生产——这是罕见的

① ［德］马克思：《1844 年经济学哲学手稿》，刘丕坤译，人民出版社 1979 年版，第 358 页。

事，在已经内在地具有社会力量的文明人偶然落到荒野时，可能会发生这种事情——就像许多人不在一起生活和彼此交谈而竟有语言发展一样，是不可思议的”①，由此可见，社会是以诸多个体组成的群体而构成的，社会的文明就是通过一个个的个体的人表现出来的群体的、社会的文明。如果说社会文明标志着不同历史时期人类进步的水平，衡量特定区域、民族、群体摆脱野蛮、愚昧的程度的话，那么，观赏文明则更多地以个体人的方式展现的文明素养、文明礼仪、文明行为等诸多方面和不同层次的集合体，当一定数量的个体所形成的具有某些共同性、相似性的群体就代表了某个社会行业、阶层、区域、民族的观赏文明水平，不同群体的观赏文明水平的整体就是一个国家社会文明的展现“窗口”，可以这样说，从更为广义视角上讲，观赏文明也是某个历史时期社会文明发展水平的标尺。

从个体人的视角讲，观赏文明的存在形态也是多样的，既包括由知识层面、意识层面等组成的主体素质，也包含主体的仪表服饰、行为举止等外在的层面，其内在运行中介则是主体的心理机制。

1. 观赏文明在个体性主体中的存在形态

首先，从主体与外在客体的关系看，观赏文明以不同的形态方式存在于“客体—主体—客体”的双向逆反的建构过程，也就是说，存在于客体的主体化与主体的客体化之间不断地互动建构中。从客体的主体化过程审视，已有的观赏文明存在于社会文化之中，并作为环绕主体的人存在与活动的“环境”作用于主体，并通过知识的内化成为主体化的素质。作为文化重要组成部分和展现形式的观赏文明存在形态可能是物化的形式，如以社会文明公约、观众须知（剧院、音乐厅等）、观赏礼仪、文明规范、权力话语、治安处罚条例、刑法等条文形式出现，同时，这种物化的形式又在潜移默化中通过影响个体人的行为举止实现推动社会观赏文明提升的作用。

从客体主体化的过程看，就是“行为—意识”的转化过程。已有的观赏文明作为先在的“视域”与个体的人固有的文明素养发生碰

① 《马克思恩格斯选集》第2卷，人民出版社1995年版，第2页。

撞，当客体视域大于（高于）主体已有素质视域时，主体的接受行为外在的客体就可能部分（或者全部）转化为主体自身的素质，这就是客体的主体化进程。主体的人总是生活于现实的“环境”之中，而“环境”除了自然环境，还包括人文环境，文化与“人化”的双向建构构成了人类文明的发展历史，并且对人的进步过程起到永恒的推动作用——这是以教育哲学的视角而言的“教育”范畴。人的出生只是作为生物体的生命的诞生，这时的人不过是自然的、感性的、动物性的存在物而已，还不能称作完整意义上的人，由自然的、感性的、生物的人嬗变为社会的、理性的、文化的人必须通过教育。我们这里所说的教育就是指教育哲学意义范畴，而非狭义的“学校教育”概念。以教育的实施范围看，后者指学校教育，而前者则是指广义的概念，不仅包含我们日常说的狭义的学校教育，还包含社会教育；从教育实施的持续时间长短看，学校教育是有限的，通常指幼儿教育、义务教育、中等教育和高等教育等常规教育的几个阶段，学生一旦结束教育走向社会便结束了学校教育，而广义教育则指终身教育，也就是我们平时说的“活到老学到老”的含义；从教育实施的方式看，学校教育主要以认知教育的形式进行，传授的是相关知识，广义教育不仅包括认知教育，还包括体验式教育等形式。观赏文明的客体主体化就是广义教育实施的一个缩影。

观赏文明作为文化中的高层次部分或者存在于不同阶段相应的学科的教科书中，以艺术教育、德育的面目出现于学校课堂教学中，或者以艺术观赏场所的“观赏须知”等形式告知观赏者，或者以公约、规定、法律条文等强制形式予以规范制约，这些不同的存在形态都会成为学校教育的内容而对学生施加影响。作为个体的人生活于现实社会，一方面通过学校的教育，学习有关的社会文明礼仪、行为规范，即广义的道德教育（思想品德课程），孔子提出的“不学诗，无以言；不学礼，无以立”，强调礼仪的重要性，体现了中国传统文化对做人方面培养的重视。新中国成立后的教育方针始终将“德育”置于培养社会主义新人之首的重要地位，通过德育课程的教学，学生逐渐知晓包括观赏文明在内的行为规范的相关知识；同时，学校开设的诸如美术、音乐、舞蹈等艺术教育门类的课程在普及有关艺术门类专业知识的基础上有助于提升学生的艺术鉴赏能力和艺术审美水平，这样，不仅做到观赏活动的“有礼”，还逐步成为“懂行”的鉴赏者。另一方面，无论是在学校教育阶段，还是将来走向社会工作岗位之后，在日常生活日趋经常化的观赏活动实践中，人们的审美体验活动不仅能够通过审美感知提升“感知美”的能力，还可以强化对美、美的艺术的理性认知，从而实现感性与理性相和谐统一的审美教育的目的与功能。上述知识的接受与身心的体验都会不同程度地得以内化，就是由外在客体属性（艺术规律）走向内在的主体素质的客体主体化的进程。不过，这仅仅是观赏文明在个体人的层面的逻辑运动的一个必要环节，具有前提性、基础性的意义，观赏文明的实现还必须通过下一个互动环节——那就是主体的客体化。

其次，从主体自身情况看，观赏文明处于主体自身“意识—行为”的不断转化过程中。这个过程表现为主体的客体化结果，其实质就是由观赏文明的素质外化为观赏文明的行动而展现为观赏的文明面貌。前文讲过，知识不等于素质，只有知识内化为主体内在有机组成部分时才能成为其素质；同样，素质是内在的、隐性的，单纯的素质本身是无法显现文明或者不文明，只有素质的外化，也就是我们所讲的“对象化”——素质必然要借助一定的物质手段才能显示其自身。如果说，客体的主体化是主体“行为—意识”的转化活动过程，那么，文明素质的对象化则是“意识—行为”的转化过程，只有经过这个转化才能将主体自身文明的素质通过外在的衣着服饰、言谈话语、行为举止表现出来。一个文明素养较高的个体的人，总会在经意与不经意之间显露出文明，哪怕是极其微小的细节都会展现自身的文明素养。一个人的观赏文明素养（文明意识）会在观赏活动中通过合体的穿着打扮、恰当的观赏行为表现出来。

由此可见，作为个体的人的观赏文明的形成与发展的进程就表现为在不断的“行为—意识—行为”转化中所形成的诸多复合关系结构，并且，形成这种复合关系的诸要素之间也是处于双向逆反的动态建构过程之中。就第一个“行为—意识”过程讲，前面分析了由

“行为”到“意识”方向的内化建构，反之，人的社会“行为”是在“意识”的指引与规范下进行的主体见之于客体的活动，具有人类的社会实践活动的“合目的性”的特点，这种“目的性”既可以保证活动指向的明确性、集中性，从“质”的方面提高效率，又可以使“行为”具有一定的意志力、持续性，从“量”的方面予以保证。可见，“意识”的参与指引能够使“行为”获得的有关观赏文明的知识更加明显，使观赏活动中的体验更加集中、明确，这样，内化为观赏文明意识（素质）的效果就更佳。就主体的“意识—行为”的外化过程看，观赏文明意识使得主体在参加观赏活动时由自觉到自发地遵守观赏礼仪，呈现出较高的观赏文明素养水平；同时，主体观赏活动“行为”本身的过程也就是主体亲身进行审美体验的历程，并在观赏的体验中潜移默化地获得知识、拓宽视野、增长阅历、陶冶情操、净化心灵和提升审美鉴赏水平，这个过程本身又会对主体意识体系进行再建构，实现由观赏文明的“行为”走向观赏主体“意识”的反向运动，这样，观赏文明“意识”到观赏文明“行为”的外化与观赏文明“行为”到观赏文明“意识”的内化之间就形成了双重的逆反互动性建构过程。

2. 观赏文明在群体性主体中的存在形态

上文从社会个体的视角探讨了观赏文明在作为个体的主体的层面是如何存在与相互转化的形态问题，下面从社会群体性主体的角度分析观赏文明的存在与转化形态。

群体的人构成了现实的、具体的社会，在这个社会中，作为个体的人与作为群体存在的人（们）形成了辩证统一，因此，审视个体人与群体人之间的关系就是辨析人与社会的关系，“应当避免重新把‘社会’当作抽象的东西同个人对立起来。个人是社会存在物。因此，他的生命表现，即使不采取共同的、同其他人一起完成的生命表现这种直接形式，也是社会生活的表现和确证”①。

观赏文明作为一种特定历史时期“约定俗成”的习约而存在于社

① 《马克思恩格斯全集》第42卷，人民出版社1979年版，第122—123页。

会“集体无意识”中，以个体方式表现而集合为群体的总体面貌得以全面展现，社会群体的观赏文明又对个体的观赏文明形成制约与提升，由此，个体的观赏文明与社会群体的观赏文明之间的相互影响、相互促进、共同提高的辩证关系又构成了观赏文明存在复合结构的一个逻辑环节。①

这种个体与社会群体之间的互动性同样也表现为双向建构的过程。一方面，个体的人的观赏文明的形成与社会群体的文明程度密切相关，在整体关照层面和总的发展趋势上看，二者间呈正相关性。具体来说有两个层次：一是个体的文明素养的形成离不开群体而与世隔绝地产生与发展，也就是说，群体构成了社会人文环境而作用于个体，这时的群体既在日常生活中身体力行地成为个体成长的“模仿”对象，又以社会集体意识的方式进入社会文化体系，成为知识话语而“教育”个体，进而内化为个体的文明素养，支配着个体的文明行为；二是群体的观赏文明水平决定了个体文明的大体水平，这里我们说“大体”是指个体的文明程度总是与特定历史阶段群体的水平相当，通常难以截然相异；另外个体的观赏习惯、行为举止影响到他人乃至某个社会群体的文明观赏水平，甚至可以成为他人“模仿”的对象。另一方面，他人（群体）之间形成的共同的约定俗成的观赏文明标准、行为准则等作为“他律”以无形的压力对个体施加影响，当个体的“自律”与群体的“他律”相一致时，个体会从容地参与观赏活动并与群体的表现“合拍”；当个体的文明素养低于社会群体的水平时，或者意识到自己行为的“另类”而加以改正，或者被人“侧目而视”，受到藐视；当个体的观赏行为表现出较为严重的“低俗”“粗俗”“庸俗”倾向时，或者遭人非议，或者被他人（包括观赏者、观赏场所的工作人员等）出面制止，这时不文明的观赏个体通常可能会面红耳赤地感到不好意思、羞耻，进而反思自身的不足，改

① 当然，这里我们预设的是理想的社会状态与历史发展趋势，实际上，若我们不重视社会文明发展与精神文明建设，那必将呈现为“负增长”——社会文明的滑坡与精神文明的倒退态势。本书仅从积极意义上阐述。

进个人的行为举止，由此“赶上”社会群体的文明水平；若是个体的文明程度高于所处的群体的文明水平，就可能成为他人效仿、学习的“榜样”，这时的个体观赏文明表现就是“正能量”，它会带动一部分人文明观赏水平的提升，逐渐推动社会文明向前发展。当然，这个过程必将十分漫长，但其演变态势却是令人欣慰、鼓舞的。

二　观赏文明存在的客体维度

观赏文明存在于主体层面的形态是比较容易理解的，它更多地表现为主体的行为文化。但它还存在于社会客体物态文化和制度文化之中，情况就比较复杂了，譬如知识体系、权力话语、社会文明公约、观赏须知、规章制度等。

人是社会性的存在，又是文化性的存在，主体的包括文明意识在内的一切意识都是来源于现实的社会、现实的文化和现实的历史，“我们之所以是我们，乃是由于我们有历史……构成我们现在的，那个有共同性和永久性的成分，与我们的历史性也是不可分离地结合着的。我们在现实世界所具有的自觉的理性，并不是一下子得来的，也不只是从现在的基础上生长起来的，而是本质上原来就具有的一种遗产，确切点说，乃是一种工作的成果——人类所有过去各时代工作的成果”①。人的社会性存在决定了人的文明素质与文明程度来源于社会文化。据相关研究②，“文化”这一范畴原意是“土壤耕作和加工成果”的意思，它来源于拉丁文的“Colere”。作为哲学范畴的“文化”一词，包含广义、狭义两层含义。广义的“文化”着眼于人类历史进程的社会实践成果，是指人类在一定的目的性指导下从事社会实践活动所取得的一切成果，既包含狭义的社会实践活动（生产劳动）改造物质世界的成果，即物质文明，也包含对主体自身改造的成

---

① ［德］黑格尔：《哲学史讲演录》第1卷，贺麟、王太庆译，商务印书馆1959年版，第78页。

② 参见李秀林等主编《辩证唯物主义和历史唯物主义原理》第五版，中国人民大学出版社2004年版，第114页。

果，即精神文明。也就是说，广义的“文化”囊括人类社会实践的一切成果，既包括物质文化，也包括精神文化；狭义的“文化”特指主体的精神领域，意识形态或观念形态，从这层逻辑上讲，“一定的文化是一定社会的政治和经济在观念形态上的反映”①。通常，学界将文化分作物化文化、行为文化、观念文化和制度文化几类存在形态。

文化是人创造的，同时，它又会作为先在的“环境”影响到人的存在与生存质量。这种人与文化（社会）的互动性以“同构”的方式进入观赏文明的复合结构。构成人的本质的人类的基本维度——社会性——是作为实践主体的人的现实规定性，这种现实规定性同时又是具体的，具有历史性特点，因为特定的现实的社会存在必然是某一历史时期、历史阶段的客观存在。因此，人的文明素养必然印有历史痕迹，人的观赏文明素质是在人的观赏活动中历史地形成的，观赏文明的积淀始终处于历史的嬗变长河之中。由此可见，处于不同历史时期和不同历史条件下的人的观赏文明呈现水平不同，不属于任何历史时期，不依赖任何历史条件的先验的、抽象的、永恒的人的文明素质是不存在的。同时，人的观赏文明存在形态及其水平的发展是一个历史演进过程，我们一方面不断延承着人类历史积淀下来的文明成果；另一方面，我们又在此基础上创造着、改写着新的历史文明，并将这种文明作为优秀文化重新写入历史而成为后人可资承袭的宝贵资源。毫无疑问，只要有人类的存在，有人类社会实践的继续，这个行程就不会终结。从这个意义上说，人类在创造和发展提升了自身的物质文明（客体存在的观赏文明）水平的同时，也创造和发展了自身的精神文明（主体存在的观赏文明），两种文明的相辅相成、相得益彰、相互促进汇集成人类川流不息的社会文明。正是社会文明的不断发展，彰显了人类有别于且高于其他动物的价值和意义。

那么，包括观赏文明在内的人类文明又是如何对人施加影响的呢？伴随历史的发展，文明作为社会进步的成果总会以各种方式积淀

① 《毛泽东选集》第2卷，人民出版社1991年版，第694页。

到人类知识库中，并以固有的知识进入社会教育体系，成为学校教育、社会教育的内容而一代又一代地传承下去。其存在的客体就是物态文化。在这个永无休止的过程中，新的文明（包括观赏文明）又不断进入知识库，将过去已有的逐渐显露出不合时代的知识过滤掉，这就是知识的更新。具体来说，作为知识存在的观赏文明是由三个方面的内容组成：科学知识、道德伦理知识和审美知识。

观赏活动发生的前提是观赏客体的存在。任何艺术门类的产生与发展都有其内在的逻辑性，其特有的内涵、表现形式、传播方式都是随着社会历史的脚步逐渐由雏形趋向成熟、完善的，这个过程就会以知识的形式保存到人类历史文库中。不同时代的人们通过相关知识获得对艺术的认识。这时的有关艺术、艺术门类、艺术欣赏的知识是作为科学知识的形态存在和传播的。任何文明都离不开特定文化、民俗、地域等传统“色彩”、符号，观赏文明同样也具有这个特点。中国历代重视人文精神，包括人与人、人与社会、人与自然等关系的行为准则，等等，都会在伦理道德知识体系中存照，这是观赏文明应有内涵所不可或缺的组成部分。审美知识可以有效提升观赏者的审美水平与审美能力，实现由“自发”到“自觉”的升华。

当然，从审美活动的视角分析，观赏活动也需要科学知识、伦理道德知识和审美知识三个方面作为基础。观赏活动首先是审美娱乐行为，与人的审美体验、审美经验、审美心理、审美情趣等因素有关，审美活动本身就关涉人的意识体系中的知、情、意三个方面，与此三个方面相对应的恰恰是科学知识、审美知识和道德伦理知识。“爱美之心人皆有之”是说对美的向往与追求出于人的天性本能，这是一种自发的、天然的、原始的状态，也是初级的，与人类较高层次的审美观赏，尤其是艺术欣赏之间存在一定差距，更不用说是文明的观赏，因此，若要提升观赏水平就要提高审美力。审美力的产生与提高的过程就是审美客体见之于主体与审美主体见之于客体的双向互反的建构运动。审美客体见之于主体是指客体属性、规律进入主体意识，内化为主体的基本素质，而客体的属性对于主体来讲首先表现为知识。因为观赏活动的对象作为客体存在有其自身的基本规定性和规律，观众成为真正的观赏者需要是“行家里手”，要“懂行”，否则只能是“外行看热闹”般地走马观花，“懂行”必须知晓观赏对象，这就需要一定的有关观赏客体的知识，譬如观赏某种艺术门类，我们应该知晓该艺术的基本情况，它的主要组成部分，表演方式与表演手段，甚至其产生、发展的基本线脉，对该场演出所要反映、表现的大体内容等信息都有一定程度的了解。同样是戏剧艺术，作为中国国粹的京剧与源于西方的芭蕾剧虽然同属舞台表演艺术，但其内涵差距较大，自身的表演形式与规律也不尽相同，其中一个很重要的原因是两者来源于不同的文化背景，京剧爱好者熟知京剧艺术的“门道”，这时的观赏者具备了京剧艺术的知识，是“内行”，但可能对芭蕾剧就比较陌生，观赏芭蕾剧就是“外行”，若想成为芭蕾剧的真正观众先要从学习相关知识入手，结合实际的观赏活动逐步“入门”；反之，熟知西方芭蕾剧的外国朋友若想成为能够欣赏中国艺术的“京剧迷”，也必须从学习京剧艺术的基本知识着手。

仅仅知晓观赏对象的内在规律是做到“观赏文明”的一个基本方面，是必要条件而非充分条件，还需要了解其他因素，譬如社会道德礼仪、文化风俗等。中华民族自古崇尚文明礼仪，凡事均有“礼数”，参加观赏活动亦有相应的礼节，此外，还有自己民族的文化、风俗等，这就要求观赏活动应该遵循相应的礼节；同样，西方艺术的产生与发展也是深深植根于其社会文化之中，有其明显的历史印记，是特定文化背景下的产物，交响乐与摇滚乐的观赏有着明显的差距，至少它们演出的场域就不同，观赏者的衣着打扮、观赏心态等都相应各异。

文明，作为社会文化中较高层次的部分，通常会进入社会话语体系，而且以权力话语的方式存在并对社会公众施加影响。观赏文明符合一定社会的风俗礼仪、社会公德和价值认同而得到社会主流意识形态肯定，因此，会以权力话语的身份通过强有力的传播方式向社会公众传达信息，影响人们的文明观念和观赏行为方式。

由于观赏文明能够获得社会普遍认可，成为社会的“集体无意识”，在潜移默化中制约着社会风气和个人的行为，作为道德准则和行为规范存在于社会意识形态中；同时，还可能作为统治者意志的体现进入相关的文明公约、行为准则、治安条例、刑法等条文，以物化的形态存在于历史文本之中，不仅对其时代形成规范，还成为之后历代借鉴的文献依据，并作为文化积淀成为历史文明的有机构成篇章。

虽然说，观赏文明表现于客体层面的存在形态是多样的，具体到学科分类又是横跨科学、伦理道德和审美诸领域，但这三个领域却不是平面的并行排列，而是具有逻辑层次的。审美维度是其基础层面，它一方面连接着科学维度，另一方面又与伦理道德维度相接，科学维度与伦理道德维度之间的沟通纽带就是审美维度。观赏活动是娱乐行为，是类似于游戏的审美活动，它既克服了来自游戏对象自身的“游戏规则”（客观必然性）的束缚，也使游戏者的主观能动性的发挥避免了随意性、无序性，最终实现了暗合游戏规则的自由能动的创造。

三　观赏文明存在的多维复合关系结构

观赏文明的存在形态是多方面、多样化的，涉及观赏主体的意识层面，也与社会意识形态相关，还存在于物质载体层面，是一个复杂逻辑的复合关系结构。在这个由多元因素构成的新结构中，先前的诸要素作为新的因素进入观赏文明这个立体结构中并转化成为其有机组成部分，并在不同的逻辑层次上表现为不同的存在形态和特征。具体来说，在这个复合关系结构中，其核心的基础层面是审美维度，这一维度作为逻辑运动的主轴统领贯穿于观赏文明复合结构的不同逻辑层次。观赏文明的最基本特征归根到底是由观赏活动的特征所决定。观赏活动从本质上说是人的审美实践，是观赏文明体现的载体，具有逻辑前提的优先地位，其他方面，无论是科学维度还是伦理道德维度，都必须内化为观赏活动的审美性的组成要素并通过审美性而获得展现。以审美性为逻辑基础与核心的观赏文明在不同的层次展现为不同的存在形态，然而，不同的存在形态之间并非孤立的、静止的，而是处于相互联系、不断互动的建构过程中，并在多维度的往返互动中逐渐推进发展，由一种文明形态走向更高一级的文明形态。

观赏文明存在的形态的复合关系结构作为有机整体的“生命力”

在于其“运动性”，虽然说其存在形态是丰富多样的，不仅以意识形态的方式显现，还蕴含于一定的物质形式之中，不仅存在于主体之中，还存在于客体，并在运动中不断呈现出不同形态，由此形成观赏文明发展的一个又一个环节。那么，这运动过程的“原动力”又是什么呢？是主体人的“合目的性”，是人向真、向善与向美的驱动力。无论是作为物态文化存在的观赏文明转化为主体意识，还是在科学与文明的意识支配下主体的观赏活动将内在的观赏文明素质外化为文明行为举止，都是自由自觉的主体意识在积极地反映世界与改造世界的能动作用的发挥，体现与印证了人之为人的本质特征所在。

在观赏文明的“运行”建构过程中，主体意识的能动性首先表现为目的性和计划性。意识能动性使我们能够做到，“劳动结束时得到的结果，在这个过程开始时就已经在劳动者的表象中存在着，即已经观念地存在着”①。就客体见之于主体而言，主体文明素养的形成虽然有润物细无声般的潜移默化的成分，但更多地表现为主体对科学知识、伦理道德知识和审美知识的主动的学习、吸收和转化，而在这个环节中，主体对知识的吸收是有所选择、有所指向的，是依据“观念的存在”的目标为导向，并为之设计实施的途径、方式和方法，以及凭借的工具、手段等，使之不仅感觉、知觉对象，还可以运用概念、判断、演绎等抽象逻辑思维将相关对象梳理、辨析、分类、归纳，上升为知识体系，进而内化为主体自身的文明素质；就主体见之于客体而言，其实质是将“观念地存在”的构想成为现实性的存在。具体来说，主体的观赏行为——观赏什么、什么时间观赏、在哪里观赏、以哪种方式观赏等，都是在有意识地选择下进行的，至于观赏时的衣着打扮、行为举止是否文明，文明的程度如何更是主体意识的外化表现。由此可见，主体意识的能动性“驱动”着观赏文明的不断建构运行。

在观赏文明的复合关系结构中，从主体的角度审视，观赏文明以个体人的体现方式构成社会群体的社会集体文明，进而代表某一历史

① 《马克思恩格斯全集》第44卷，人民出版社2001年版，第208页。

阶段社会主体文明的发展程度；从客体的视角讲，观赏文明以社会文明公约、规章制度、法律条文等形式存在。观赏文明在个体、群体、社会的相互影响、相互作用下不断运动而提升到相对更高层次的文明水平，带动了社会文化的进步；从客体的视角审视，个体、群体、社会的整体的观赏文明水平的提高又使得相关的观赏文明公约、规章制度、法律条文等发生相应调整，此类的更新又以新的规范形式制约着人们的观赏活动，并逐渐内化为个体素质与外化为行为举止，从而以众多单个人的方式汇集形成了“社会集体无意识”，推动全社会文明水平的前进。由此可见，人类社会的文明历史是人的社会实践活动不断生产和再生产所创造成果的历史，这种文明的历史不是哪个人或者哪些人所能独断的，而是祖祖辈辈、世世代代的不懈辛勤劳作共同铸就的。正如黑格尔所言：“我们之所以是我们，乃是由于我们有历史……构成我们现在的，那个有共同性和永久性的成分，与我们的历史性也是不可分离地结合着的。我们在现世界所具有的自觉的理性，并不是一下子得来的，也不只是从现在的基础上生长起来的，而是本质上原来就具有的一种遗产，确切点说，乃是一种工作的成果——人类所有过去各时代工作的成果。”① 同样，观赏文明就是这样在诸多逻辑层次中循环运行而得以不断上升，构成了社会精神文明的一道独特的风景线。

从观赏文明存在形态的主客体互动性看，文化制约人的文明意识和文明行为，表现出社会的“他律性”特征和功能，于是，人们调整自身的观念与行为，以期符合社会规范，这也是“从众性”心理的表现，是主体的“自律性”；若主体的观赏行为礼仪符合社会文明规范，便会得到社会群体的认可，或者得到积极的肯定，公共行为会转化成为公共意识，又融化为社会集体意识，这时的自律性与他律性吻合，若一个又一个的个体的人的观赏文明水平都得到提高，那么公共观赏文明水平整体就会普遍提升。此种状态促使观赏文明公约、规

① 黑格尔：《哲学史讲演录》第1卷，贺麟、王太庆译，商务印书馆1959年版，第78页。

定、法律做出相应的修订，以推动社会观赏文明向更高层次发展；若作为个体人的观赏文明表现与社会文化的“集体无意识”的大体水平存在小的差距，则会受到人们的“侧目而视”，甚至遭受他人的言语阻止；若是观赏行为举止的不文明程度比较严重，观赏场域的工作人员以宣布观赏规定、敬告、警告、阻止、强行制止等方式达到对此类不文明行为的否定；社会主流意识也会通过报刊、广播电视媒体以及网络等媒介舆论予以褒扬或者鞭挞，以此影响社会的“集体无意识”，制造良好的社会文化氛围，为主体人的观赏文明素质、行为准则水平的提高奠定较为坚实的基础。

第四章　多维视野中的观赏文明辨析

第一节　观赏文明的审美维度

一　观赏文明反映人与现实的审美关系

文明是人类一切物质活动和精神活动的总和。人在这个世界上的生存是由一系列活动构成的，观赏活动是人类活动中的一个重要分支，它既能够缓解生产实践活动造成的劳累，获得身体和精神两方面的暂时休歇，也是艺术实践活动的有效延续。如果这种活动以一种稳定的方式存在，并且能够通过其自身展示出一定的精神意义，那么我们可以将这种活动称为文明。在观赏的过程中，人通过与世界进行情感交流并体验其形式背后的价值意义。因此，观赏活动及其代表的观赏文明就反映出人与现实的诗意审美关系。南朝宋宗炳在《画山水序》中提出："圣人含道映物，贤者澄怀味象。至于山水，质有而趣灵，是以轩辕、尧、孔、广成、大隗、许由、孤竹之流，必有崆峒、具茨、藐姑、箕首、大蒙之游焉。又称仁智之乐焉。夫圣人以神法道而贤者通，山水以形媚道而仁者乐，不亦几乎？"①这虽然是在较高的层次探讨人与自然的审美关系，但是这与人的观赏活动在本质上具有一致性，主要表现在人从对象身上发现"质"与"趣"，并获得

① 顾恺之等撰：《画品》，孟兆臣校释，北方文艺出版社2005年版，第19页。

“仁智之乐”。

人在观赏活动中处于一种特殊的状态，在这个过程中主体摆脱了现实功利关系的束缚，以极其休闲的心理状态进入一种特殊的精神境界。胡经之先生认为：“如果一个具有审美感受能力的人去欣赏大好河山、良辰美景，那欣赏的对象如云南石林、长江三峡、江上夕照等就是审美客体；而欣赏美景的人，不管是我还是别人，都是审美主体。”① 因此，无论是面对自然风光、社会风俗还是艺术品，如果我们与对象建立起审美关系，就会以极强的情感投射去感受和把握其独特的形式及其背后强大的精神内涵。

自然风景是从人类基本生存背景脱离出来而进入审美观赏领域的。因此，我们所面对的自然对象就会从一般的视觉形式跃迁到能够激发想象、情感和理解的立体综合视像。自然景物由此也沾染了观赏者的情怀和价值判断，从而具有非一般自然物所承载的独特审美功能。正如面对泰山的巍峨与雄壮，在我们内心产生的对这种涵盖着自然的形式的力量的巨大质量载体产生一种压迫感，也就是康德在讨论崇高时所提到的“力学的崇高”，由于其质量过大，不是我们普通人能够抗拒及战胜的，因此，它自身就形成了一种与阳刚之力相关的壮美形象。然而，当我们面对西湖的时候，我们的内心会被那熏得游人醉的南风和水气萦绕的湖面所感染，由此净化掉在世俗生活中所积累的功利羁绊。而这种柔和的抚慰是由于我们所面对的物象的色彩、声音及形式都倾向于激发我们内心的快感而不是痛感。

社会风俗作为一种审美观照的对象，源于其生活方式的与众不同及其自身独特的历史文化内涵。因此，我们面对的对象能够激发我们对自身生活方式的思考，复现历史场面及反思现有观念的文化因子。正因为如此，当我们进入一个民俗村时，我们可以从对其日常的衣、食、住、行等极普通的方面去感受其对生活的独特理解及其产生的独特环境。而我们面对长城、山海关等古建筑时，我们脑海里构建的是特殊时代的特殊需要，以及这些建筑的独特功能及我们民族的古老智

---

① 胡经之：《文艺美学》，北京大学出版社 1999 年版，第 22 页。

慧。而社会事件中特殊的人也会因其与美学相通而具有审美意义，我们也会用“美”这一概念来评价他们。而当下美学理论界关注的“日常生活审美化”问题更是对美学从理论领域进入现实生活的现象进行的深刻观照。日常生活审美化问题也从一个侧面展现了马克思提出的“人的本质力量”与“异化”之间的矛盾关系，这通过人的价值追求和对自身的确证而获得最终的平衡。因此，面对金字塔，我们一方面感叹这人类建筑史上的奇迹，另一方面思索古人对于死亡与灵魂的独特认识。这些埃及法老的墓穴矗立在沙漠之中，而又以稳定的锥体形式出现，这代表着当时人的审美趣味和最高的美学标准。而中国故宫的层层楼阁，一方面将古代的城池观念以形象的方式呈现出来，另一方面又将封建社会独特的阶级系统和价值观念暗暗赋予其中。

艺术品是人类审美活动最集中的表现形式，它以极精粹的形式传递艺术家对自然、社会和人生的思考，在引起人的想象和情感的基础上激发人们对生命的直觉感悟。艺术作品以其独特的形式凝结艺术家对于时代、情感和价值的判断，从本质上展现他们对于人的认识。卡西尔认为“人是符号”，而这种符号背后呈现的是人的文化特质。艺术作品是人认识和掌握这个世界的一种方式，古希腊的史诗以神话和英雄主义精神向我们讲述出那个时代的人对世界的理解及其他们的内心情感世界。而文艺复兴时期的绘画作品则以新的角度提出人在这个世界中的位置，尤其是他们通过绘画作品将人从宗教的束缚中解放出来，改变人对于自我的认识，这为后来浪漫主义对于主体性的张扬及“自由、平等、博爱”等文化精神的提出开辟了道路。中国古代的诗歌以天人合一的文化精神为底蕴，将“诗言志”的原则贯穿在古代诗歌的整个演进过程。而艺术的进步以体裁的拓展为革新的途径，宋词、元曲、明清小说和新时代的新体裁的出现背后都暗含着一条对人的认识的丰富和深化的线索。由于艺术作品所蕴含和传达的意义丰富且深刻，这就要求我们在欣赏的过程中要调整好自身的状态，做好与其进行精神和情感交流的准备。

由此可见，在观赏活动中人与对象之间进行的是精神和情感的交流，观赏主体在面对观赏对象时所关注的是对象的形式，并调动自身的知识和文化储备。这样，观赏主体就将对象符号化并进行诗意的诠释，并将其作为自身的情感储备以面对未来生活中的遭遇。观赏对象由其独特的形式能够激发主体的审美能力，引领主体进入一个与现实生活不同的精神空间，并通过自身具有的审美意义引导观赏主体提升自身，实现对自身的超越。观赏活动的精神价值及其内在超越特征使观赏活动不同于一般的人类活动，它是人的本质力量确证的一个重要维度，更是人有意识地去认识和解决“人为何生存”这一本质问题的重要角度。

观赏活动反映出来的是人与现实的审美关系，这是人的全面发展的重要一环，它既可以实现人的内心情感和平衡，又可以向其提供进一步发展的空间和途径。然而，这种关系的最终达成一方面要求审美主体具有摆脱现实功利生活的审美需要和判断美和欣赏美的能力，主体应该理性地面对现实生活并对自身的发展具有明确的判断，审美活动可以净化主体的内心、坚定主体的精神并对主体的精神世界带来超越，主体应该通过不断地与观赏客体进行审美接触而有意识地养成这种能力；另一方面要求主体所面对的客体能够在形式上吸引人的感官，为主体带来精神和情感的满足，并且在内容层面能够深入主体的内心，使其能从中获得生命意义的启示，并在情感层面获得提升。因此，主体的审美能力和客体的审美质素对观赏活动的达成具有决定性的意义。

二　观赏主体的审美需要和审美能力

观赏主体的自我超越和实现离不开审美需要，因为它是人对自我进行提升的原动力。主体的审美需要是一种特殊的精神要求，它期待将人从世俗生活中跃迁，并获得审美满足。因为我们的生活可以宏观地二分为物质和精神两个方面，在进行对外在世界的改造过程中，我们势必要付出艰辛的劳作，而审美活动可以缓解劳动所带来的体力和脑力的疲惫，在精神层面让主体得到暂时的休歇。

审美需要不同于人在现实生活中一般的物质需要和精神需要，包括衣、食、住、行在内的一般物质需要使人必须通过实践的手段获取自身生存的基本生活资料，它能够提供身体发展所必需的一切，这种需要的最终实现只能解决人的基本生存问题。而生存问题只是人的生命活动的一个方面，人不仅需要生存，更需要知道为何生存。这就使人的精神需要成为人的发展的一个重要课题。而一般的精神需要可以使人获得知识和必要的生存手段，人可以通过各个学科的学习认识世界与自身，但这只能解决人如何更好地生存的问题，而不能解决人为何而生存的终极问题。人的本质需要从更高的层面解决精神流浪，获得精神安顿。这就需要人从自身角度对这个世界进行合理解释，从而使自身生存的暂时性获得意义与价值。审美需要有助于这个问题的解决，海德格尔认为，人应该诗意地栖居在大地之上。而“诗意”的本质，也就是人应该以审美的方式生活在这个世界上，审美可以达成人对这个世界的最终认同而不是质疑。

审美主体所面对的现实生活挤压了人的精神情感生命，极大地压迫了人的自由要求。这是对人的本质力量的压制，马克思认为人在生活中会被异化。这势必导致人在现实的挤压过程中寻找精神的灵魂的突破，而审美活动是这种突破的一种重要形式。而审美需要的最终实现需要主体具有审美能力，也就是能够在对象化的行动中进行审美理解、创造美的意象并进行审美表达。这也是我们进行观赏活动的一般过程。

审美主体的感官具有感受审美客体形式的能力。感受审美客体需要人的感官的参与，审美客体是由色彩、线条、形状、声音等构成的，这就需要我们的感官具有相应的能力，从而能够将相应的信息传递到神经中枢。而审美效果则需要我们大量直接经验和间接经验的参与，直接经验包括我们与对象发生的现实关系，从横向的现实角度顺利地将我们内在的感情转移到对象中去。间接经验则包括我们从历史中获得的一系列对于对象的认知，从纵向的人类发展历史的角度将我们与对象的遭遇通过与古人进行精神交流以期达到共鸣。

审美对象的形式具有多元的精神和情感内涵，由此，不同的形式都具有一定的象征意义。颜色就具有这种能力，红色象征热情、喜庆、革命和烦躁，白色象征纯洁、悲伤和恐怖，黑色象征大地、沉静和死亡。当形式的多元内涵同时呈现在一个对象身上就会造成对象的多元解释，这既营造了一种特殊的诗意空间，也模糊了对象的确定性。审美主体需要丰富的审美经验才能全面而深刻地认识审美对象。这就要求审美主体在平时的生活中注意积累，有意识获得审美滋养，训练出可以欣赏艺术的官能，不然即便美景在前，也只能收到对牛弹琴的效果。因此，人既要和大自然进行亲密接触，真正地认识它们并将自己内心的情感向自然物投射，又要熟悉人类的历史以及艺术的进程，从内到外将自己与对象世界建立完满的联系。从形式要素积累的角度为审美主体对对象进行立体认识和把握奠定坚实的基础。主体所面对的对象不是形式的简单相加，而是对象的有机结合而传递出来的真理性价值。

审美主体的心理结构使主体能够感受审美客体背后的真理性价值。审美主体的心理结构与审美客体是同形同构的关系，审美主体内心的丰富程度决定他对审美对象的认识层次。审美主体应该提升自身对自然、社会和生活的判断，从更高的角度对人生进行勾勒，以俯视性的姿态对其进行判断和界定。审美对象因其形式背后所附着的情感和精神，使其背后都凝结着一定的真理性价值，这就需要我们在提升自身的审美素质的同时对对象进行深刻把握。这也涉及人如何面对并诠释自身为何生存的问题，主体对于这一问题的回答可以表现出他对生命的观照程度，以及他对现实生活的超越程度。

审美客体背后承载着一定的真理性价值，自然景物背后所体现出来的事物本真样态可以反映出人在现实生活中所被迫获得的改变，并由此形成一面反观现实的镜子。从古到今许多文人雅士通过自己的文学作品展示一种山水田园风貌表达自己对一种本真生活的眷恋。社会风俗继承的是先人对于生活的认识以及对理想生活的期盼，这种通过一种形式传达出来的对人的可能性和必然性的认知，与今人的内心契合则会在情感上对人自身的塑造具有引领作用。艺术品所展示出来的是人对自然、社会和人生的深刻判断，它能够引领一个时代朝着一种特殊的观念和价值努力。这种价值由于具有真理性而不同于一般精神活动对于世界的认识和判断。它的本质是与审美主体进行生命终极价值的交流，这就需要审美主体由对对象单纯的感性认识或理性认识进入“感性—理性”综合认识。

审美主体的情感生命能够使主客体进行生命意义的交流。审美客体向审美主体传达的是生命的启示，而这与主体对生命的认知关系密切。这就超越了在心理结构层面对于对象进行“仁”“智”等价值判断，而进入审美主体与对象一体的生命意义的交流。人的生存原因问题是人类史的终极问题，任何回答都是对其发展过程中的暂时性的回答。而追求身心平衡，获得内心巨大的情感满足是人的生命过程中的最高需要，它以幸福的形式体现在每一个人的日常生活中。因此，美学上的任何问题本质上都是生命意义的问题。

审美客体通过审美形式和审美价值向审美主体揭示生命的意义。自然景物背后所体现出来的道家学说的“道”“虚”“无为”精神在某种程度上也是人的存在的一种特殊的状态，而人类由于自身的发展及多元文化价值的进入，使人从一种单纯的精神状态转到多元存在状态。从无功利的自然状态进入功利化的社会世俗状态。社会风俗所体现出来的文化精神则与历史和现实人们的生活追求密切相关，中国人的生活及人际关系主要受儒家文化的影响，中国人的性格及人生追求也与这种文化相适配，“修身、齐家、治国、平天下”成为历代知识分子恪守的精神信条。这种现实的生命状态与自然的生命状态必然会产生矛盾，因为其明确的价值系统束缚了人的本质性需要，由此形成了中国人特有的性格。艺术品则从诠释和反思的角度对现实生活进行评价，它使人认识到自身的境遇及其存在样态，从而使人更为清醒地分析生命的意义，稳定人的内心及社会关系。

三　观赏客体的审美特征

观赏客体自身必然需要具有一定的形式条件，才能够激发主体的审美能力而形成不同的美感经验。审美客体的形式特征是不同美感类型的基础，江南和塞外的风光在形式上就有质的差异，江南的山水以其柔和妩媚的姿态吸引文人墨客对其进行诗意描绘，西湖、苏堤、杨柳、杏花、烟雨，这些江南的风物都点缀了一层淡淡的愁怨，由此，南方的艺术具有重情的特色。而塞外的风雪以其阳刚凛冽的特质张扬出一番别样的情调，长城、关隘、冰雪、风沙、大河，这些北方特有的景色背后显示出来的是一种雄壮和豪迈，由此，北方的艺术因深思而重理。这在某种程度上会形成审美范式，有利于主体对客体进行审美理解。

观赏客体形式质素背后蕴含着丰富的内容，这是审美主客体进行情感交流的重要基础。审美主体是通过对客体的深刻理解实现对自身情感的净化。自然景物张扬的是生命的力量，审美主体是通过对于自然景物的细致观察，并寻找与自身契合的外部特征，使异己的自然景物变成与自身合一的主观物象，从而高山流水都具有深刻的精神意义。社会风俗将生命的现实持续地传承，通过对现实生活的模拟将先人对生命的理解呈现出来。当我们从人类发展的角度回视这些带有浓重历史感的一幕幕独具韵味的景象，我们会加深对于自我生命的理解。艺术作品将历史、情感与价值等庞大的精神体系凝聚在一个精巧的形式之中，艺术家匠心独运，将生命的意味内蕴到艺术作品的形式中，由于形式对于人的感官的征服，使作品成为贯穿历史经久不衰的珍品。

观赏客体的文化质素是其存在的最高样态，中国艺术所体现出来的天人合一精神是东方文化的典型特质，这与这一区域人的生产生活及其对生命的理解密不可分，也是农业文明高度发展的典型特征。而以古希腊为代表的西方艺术则体现出明显的主客二分的特点，艺术作品一方面张扬主体的精神力量，另一方面呈现客体永远不可征服的特点，这种纠葛成为西方艺术的独特样貌。

客体的形式质素是构成审美客体的基础，而且主体对客体的审美观照集中在对象的形式层面。观赏客体的形式特征能够激发观赏主体的情志，是观赏主体对观赏客体进行审美观照的重要途径。形式的审美力量直接来源于感官对其产生的反应，水平的线条所具有的稳定的感觉让我们体会到一种安全，而其延展的感觉解放了我们对世界的有限性的认识；竖直的线条所具有的支撑的感觉给我们带来力量，其上升的特征又会引发我们对极限的思考。倾斜的线条会给我们带来动感，但是由于这种动感也会产生一种不安全感。弯曲的线条则会给人一种柔美的感觉，弯而不断会呈现一种韧性。圆形的圆融和方形的棱角都会给主体带来特殊的感觉。而艺术家则会在自然景物中发现这种形式的特征并将其传达出来。王维的诗句就有极强的形式感，“大漠孤烟直，长河落日圆”就有明确的形式质素的加入，大漠是平直的线条，稳定中又包含苍茫；孤烟是竖直的线条，其升腾的感觉与没有生气的大漠形成尖锐的对比；长河是弯曲的线条，给人带来一种柔和和韧性的感觉，落日是圆形，其曲线的特征与长河形成交融的特点。这句诗通过对一种垂直关系的刻画使诗句具有动感，孤烟的向上和落日的向下相互映衬使傍晚的景象被细致地传达出来。审美客体离不开形式的质素，观察并理解作品的形式是审美活动的初级阶段，这会将主体带到一个特别的空间，使主体情感得到激发，感官对于形式的把握为心理层面对于情感和志向的理解铺平了道路，也是艺术的符号化的一个必然。

客体的内容质素是审美主体进行情感沟通的平台。任何审美活动都离不开现实生活，观赏客体的内容意义使人的内心情感净化。如果形式质素激发审美主体的感知和想象，那么内容质素则启动审美主体的情感和理解功能。任何一部作品都具有丰富的内涵，这源于人与世界的接触，而这种接触在不同时代又表现出不同的样貌。我们试图以今人的视野去理解古人的人生，从而进行精神情感的交流，既使自身的情感得到丰富，又使情感得到净化。诗歌总是以感悟的方式将诗人对宇宙人生的认识呈现出来，这既需要我们有理解诗歌的能力，还需要我们将现实人生的真实体会拿出来与之进行交流。还是王维的“大漠孤烟直，长河落日圆”，如果从内容角度分析，不同的审美主体可能得出不同的结论。王维作为山水田园诗人却刻画了一个边塞的场面，这种陌生化的异质表达在某种程度上揭示出这种风物的本质特点，也将王维对于宇宙人生的理解内蕴在这仅有的十个字中。大漠孤烟，一种粗豪的气势溢出于笔端，而这两种景象共有的“直”的特色又将硬朗的审美风格呈现出来。长河落日，既有对于时间的描绘，也有对于历史情绪的抒发，这两句诗歌凝聚在一起表现出来的是这种生活的旷日持久，揭示了诗人内心的感慨。而审美主体在品读这两句诗歌的时候，一定要将自身对于一种特殊的生活方式的存在的理解调动起来，尤其是那些与自身现实生活存在明显差异的方式，需要我们去设身处地地感受并承认，从而对其进行个性化的判断。这样，审美主体就可以超越时空的限制从艺术的层面与人类的历史进行精神情感上的沟通与交流。

客体的文化质素是审美主体自我提升的重要通道。审美主体的生命与其周围的文化符号关系密切，观赏客体的文化价值使人的精神得到提升。人与外在世界接触的过程是自然化人和人化自然的过程，人的实践使自然物身上具有了人的特征，而在实践的过程中人自身也被改造了。而这种改造并不单单是人被异己化了，而在更高的层面是主体的自我提升。当主体的审美视野被打开，他对宇宙人生的观照将彻底地改变。这也涉及主体对“人为何而生”这一问题的思考与尝试性地回答。人作为宇宙中一种特殊的存在，其存在的价值指向涉及物质与时间两个维度，并最终导向对二者在精神层面的超越，从而凝结出来不同文化圈层对生命的文化判断。人类的艺术史记录着人类的成长史，我们对于世界的观照和理解需要突破现实的暂时性的限制，而进入永恒的层面。这是艺术所要追求的最终目的，也是人对自身存在的必然回答。每个时代都会产生时人集体认同的命题，由它来引领人类的发展。同样是王维的“大漠孤烟直，长河落日圆”，如果我们从文化的角度去分析可以得到许多解释，如果从儒家思想来理解，这句诗通过对时间的绵延的表达展示出与孔子叹川一样的表达，激发的是审美主体建功立业的欲望。如果从道家思想来理解，这句诗歌自然地描绘出一种独特的生存样态，这种样态与宇宙自身的发展息息相通，是由人类难以抗拒的力量所引导，从而使审美主体淡化内心的功利目的而进入与自然合一的状态。如果从禅宗的角度来理解，这句诗则将“性空”的观念呈现出来，禅宗最高境界就是“万古长空，一朝风月”，这是摆脱了一切限制的自然的存在，而这两句诗与之在内在精神层面完美地契合了。

四 观赏文明的审美功能

观赏活动是主客体认识、反思并超越自身的一种特殊状态，其本质功能是使审美主体的感官得到审美锻炼，主体可以通过观赏活动获得美的形式的熏陶，尤其是当其领会到这些形式与现实生活及人类情感和生命的关系时，主体会对这些形式进行彻底的完形，并将个人的生命经验与其相结合。这就会在审美主体内心构建出一幅对于客体的立体图景，并内化到审美主体的精神情感中，这对其今后的生活具有特殊的意义。

主体内在心理的趋美倾向被客体所激发。人作为一种复杂的生命存在具有知、情、意三个认识和理解世界的方式。知所调动的是人类的理性思维，这使人能够运用抽象的概念去理解和解释这个世界。情所调动的是人类的感性精神，它让人能够以形象的方式去感知和诠释这个世界。意所调动的是人类的心理趋向，它让主体能够更为坚定地去认识并改造这个世界。而这三种心理结构所面对是人类社会一直追求的真、善、美三种重要的价值。观赏活动激发的审美主体的审美趋向，这决定审美主体在观赏活动中将以感性的精神面对审美对象。

主体的情感世界在客体的审美价值的影响下获得净化。审美客体的审美价值以形象的方式作用于主体的情感，这既能使审美主体在现实生活的劳累中得到消歇，又能清除人的功利欲望所带来的负向情感。古希腊的政府特别重视人的身心发展，一方面它为后世留下奥林匹克精神，另一方面它为后世留下璀璨的艺术成就。古希腊的悲剧《俄狄浦斯王》就是以特殊的形式批判群婚的社会恶俗，其惨烈的结局能够深入人心，在激发人的怜悯和恐惧的过程中实现对于人心的净化。而中国古代诗歌美学则强调“乐而不淫，哀而不伤”，这是中国早期士人对于社会的理想设计。它要求诗歌艺术要“发乎情，止乎礼义”，这些行为和情感上的规范是中国早期艺术的审美价值作用于主体的情感世界，并以一种特殊的方式达到人的情感共通，形成一致化的人生追求。

主体的精神觉悟在客体生命力量的熏陶下获得提升。审美主体在欣赏活动中不单单是为了恢复生产活动所带来的身体和精神疲惫，还要在与审美客体的接触过程中感悟客体的生命力量，从而实现对主体精神觉悟的提升。中国古代艺术追求的就是通过对于生命的理解提高主体的精神觉悟，李白在“抽刀断水水更流，举杯浇愁愁更愁”的诗句中慨叹时间的飞逝和怀才不遇而难以建功立业的愁怨；王之涣在“欲穷千里目，更上一层楼”的诗句中表达了人应该不断努力、持续进步才能够站得高看得远，这是对人生拼搏的激励；白居易在“野火烧不尽，春风吹又生”的诗句中通过赞叹小草的生命力量来激励人淡定地面对人生的挫折和坎坷，并能够韬光养晦，等待时机实现自己的抱负。

观赏活动可以使审美主体认识自己。观赏活动是一种对象化的活动，这种活动所具有的异己性可以使审美主体从另外一种维度认识自身。当我们欣赏自然景物的时候，无论是名山大川还是一草一木，它们背后都具有深刻的精神命题，这与人在俗世生活中所必然遭遇到的功利束缚迥然有别。名山大川威严的样貌和澎湃的气势在情感维度上冲刷主体的心灵，而一草一木的持续而永不放弃的生命感则会激发主体的生命热情。而社会生活中的励志事件和内容崇高的故事则会以特殊的维度规范和引导人在现实生活中实践，我们心中的英雄人物和模范具有引领的作用，他们会激励我们以更高的标准要求我们自身的言行并与之具有同样的价值观念。艺术作品则从更高的维度将生命意识和在特殊时空的遭遇以命题的形式呈现出来，从而引发主体对自身生命的认识。

观赏活动可以使审美主体反思自己。宗炳认为“圣人含道映物，贤者澄怀味象”①，而这里面的“道”是主体对自身的反思达成的，主体只有意识到人的有限性才可能反思自身。生命是一种非常复杂的现象，它自身具有物质和精神两种需要，而这两种需要的实现存在许多途径，我们的生命过程就是在寻找这种理想化的实现方式。由于人为了完成需要而采取的许多行为产生了许多后果，才会出现善与恶的

---

① 顾恺之等撰：《画品》，孟兆臣校释，北方文艺出版社 2005 年版，第 19 页。

命题，才会有利义之辩，才会有“有所为有所不为”的经典命题。这些论述都是源自对人的自我实现及其方式的反思。王羲之在《兰亭集序》中描绘了兰亭集会的盛况，但是文章的后半部分则表达了对于“生命终期于尽”的感慨。这种乐极生悲的艺术表述在中国古代文学作品中比比皆是。主体通过对于自身的反思寻找对于生存困境的解脱之道，这就需要对自身进行审美超越。

观赏活动可以使审美主体超越自己。审美对象身上的情感价值内涵及其所表现出来的对人的生命的启示是人以更高的维度评价和引导自身的生存方向。审美对象背后的精神命题与人的生命追求是一致的。自然景物所体现出来的“道”、社会生活中所强调的“义”和艺术活动中突出的各种人文价值，这些都能在不断丰富和完善个体生命的基础上，引导审美主体对人的生命有更高追求。当审美主体从基本的生存欲求中解脱出来，可以将自身的人生与生命的价值指向合一，审美主体就会在现实生活中更为通达地处理生命中所遭遇的一切，并以人类特有的智慧和悲悯去解决人生所面对的一切。这是人类其他活动没有办法实现的。

总之，观赏活动一个重要的维度就是反映人与现实的审美关系，主体在进行观赏活动时调动的是人对对象的感知、想象、情感和理解，从而使对象以形象化的方式呈现在主体的精神世界中，主体在观赏活动中获得精神和情感的满足。观赏活动的实现需要审美主体具有审美需要和审美能力，审美需要是人从积极的角度改变人与现实的关系，获得人的精神和情感平衡。审美能力则使审美主体能够和对象建立起审美关系并进行心理、精神和情感交流。观赏活动也需要审美客体具有必要的审美质素能够激发审美主体的审美活动，从而使审美主体可以从形式、内容和文化等层面对人与现实的关系进行多元立体的解释。最终，观赏活动的审美功能使审美主体在审美活动的基础上实现了对自身的认识、反思和超越。

第二节 观赏文明的认识维度

一 观赏文明的认识功能以审美为基础，不同于科学或哲学认识

观赏活动虽然本质上是一种审美活动，但是作为一种特殊的精神活动，它不仅能调动主体的感知、想象、情感，还可以调动主体的理解能力，这就为观赏活动进入认识活动留下了一个入口。然而，观赏活动毕竟不是认识活动，因为观赏活动是以形象和情感为核心的，而认识活动是以概念和逻辑为核心的。观赏活动对于宇宙人生的认识仍然从客体的形式出发，然而它追求的终点是人内心的丰富。

观赏活动着眼于对生命的本质及其规律性的认识，它所关注的核心就是人的心理、情感和精神世界。这就需要审美主体通过对审美客体的形式上的感知，在心理上构建审美客体的心理影像，再通过联想的方式将眼前的审美客体与审美经验中的美感形式相对应，从而达成主客体的情感交流，并在生命意义的层面完成审美主体对自身的超越。观赏活动的最终走向是对于人的本质的理解，而人的本质与“人生何为”这一问题密切相关。而对于这一问题的思考和理解必然需要主体的理性的加入，由于人生是不能实验也难以得到一个放之四海而皆准的生活方式，因此对于人生本质的问题只能探讨而没有办法下一最终结论。这种理解首先要建立在主体对于世界以及人与世界的关系的正确理解之上，而这种理解不同于科学对世界进行实验分析或哲学以概念系统和逻辑对世界进行认知的方式。

观赏活动不同于科学认识和哲学认识。观赏活动以形象的方式把握宇宙人生，它调动的是主体的想象和理解，最终回答的是生命意义的问题。而生命的意义与真实的现实人生又有着本质的区别，我们在感受生命的同时实践着现实人生。这就出现一个从人类整体的大写的人的角度去认识生命和以个体的我为角度的对现实人生的感知问题，人在现实生活中追求的是物质富足和精神满足，如果这两者达到有机

的平衡，则人会产生极大的幸福感。而当人改变思路去思考生命的意义时，就会碰到许多难以解决的问题。莎士比亚在其四部著名的悲剧中就集中表达了它对人的性格问题的分析，他认为人的本性具有犹豫、轻信、嫉妒、野心等问题。这就让人急于寻找一种理想化的存在样态和生存方式。

科学认识主要在于分析客观世界的要素、特征、本质和规律。科学认识要明确学科的对象、研究的范围及方法，它主要通过实验的方式对对象进行具体的分析。对象的本质是客观存在的，而我们的认识水平和认识能力却有时代的差异。由此我们构建出来的理论具有时代性，但是我们可以通过时代的进步、认识方法的改变对我们曾经的认识进行修正。这不像观赏活动面对人生问题时所采取的适应的方式，它是将新的方法纳入研究的轨道，对以往的积累进行修正和整合，使之成为时代认知的最高水平。科学认识的最终目的是为人的生存提供方便，这一方面满足了人的求真需要，另一方面从理论的层面提升了人的功利化的需要。

哲学认识是通过逻辑的方式将科学对于世界的认识进行再抽象。哲学的本质是智慧，它是对人的认识方式的总结。对于人的活动的界定与理论化的表述，标志着人对宇宙人生理解的水平。哲学是以思辨的方式对人的生存状态和人的理想化生存方式进行描述，这在本质上是可以实践的。因此，它不同于欣赏活动只是以形象的方式对这一世界进行理解，在欣赏的过程中感知自身的存在。欣赏活动同时面对的是人的已然和可能，而哲学认识主要面对人的必然。

观赏活动既不执着于对于对象的要素构成、特征、本质和规律的认识，也不强求于对于科学认识的再抽象，它的认识模式是通过对于生活的诗性情感把握，以人生智慧揭示出外在对象附着的情感内涵。审美活动的终极目标是对生命的超越，是对人的自由本质的不断追求。

自然景物以其独特的姿态展示出自由的特质。审美主体对于自然物的认识不同于科学和哲学认识，他试图将眼前的自然精神转化为诗意的图片，并积极地与对象建立诗意情感关系。人的官能在反映对象的过程中经受了审美的锤炼，这时主体才真正用审美的眼睛和耳朵观看和聆听这个世界。“仁者乐山，智者乐水”，在审美主体的眼睛里，自然的山脉突然具有了人的品格，它岿然不动的身姿、压倒一切的魄力使审美主体在精神世界寻找与其相适应的人格形象。仁德的人坚守内心的信仰而从不变迁与山的形式相适应，因此山与仁者在精神本质上具有一致性。自然的流水以其迂回向前的形式摄取审美者的魂魄，它绕过一切阻碍而永远向前的姿态与智慧的人总能寻找到解决问题的办法相似，因此古人将水与智慧者联系在一起。这是中国古代士人比德传统的一个典型案例，也是中国古典音乐为何以高山流水遇知音为典故的深层文化内涵。审美主体在面对审美客体时应该调动自身的知识储备，将传统的诗学精神和历史故事融合在对自然的审美观照中。

社会风俗以独特的形式表现人对自由的追求，中国古代就有极强的名士思想，这是魏晋时代的士人为了避祸而形成的新的生活样态。他们追求的是对生命的认同以及对人生的执着坚守。这为后代士人面对坎坷现实以寻找精神安顿提供了样板，表现得最突出的是元代汉族士人的悲惨境遇与独特的人生选择。元代的艺术多表现隐逸的思想，这一方面是汉族士人不甘于异族的统治，另一方面是士人面对科举无路的现实寻找安顿现实人生的一种重要的精神取向。元代士人对宗教的热诚也表现出在进退失据的现实中无奈的选择。元末的名士之风和文人雅集的出现则是这种思潮的重要表现。而在政治稳定，人生的前途没有那么不测的时代，人生的目标不再成为干扰士人的日常生活，人的行动才会达到解牛的庖丁一样的状态，以艺术化的方式实践自身对于生活的判断。孔子在论述人的一生的发展过程时将人的最高发展阶段称为“随心所欲而不逾矩”，这是我们在社会生活中所能达到的最为理想的状态，但这需要我们对于人生以及人际关系有着更为深刻的理解。

艺术品则在形式和内容二元平衡的基础上展示最高层次对于自由的追求。艺术作品是艺术家精神生命的重要体现，在艺术作品中飞扬的是人的想象力，是人的自由状态的暂时表现。艺术家在进行艺术创作的过程中完全从外界的束缚中解脱出来，他的整个身心状态在艺术层面与对象相契合。在专心面对审美对象的过程中，审美主体的心灵趋于宁静，在创造审美对象时，他摆脱了外在功利的束缚，达到了随心所欲的境界。艺术家能够在自我的世界里飞扬，艺术欣赏者如果在精神层面也能够与其共鸣，他也会进入与日常生活不同的另外一个境界。悲观哲学的代表人物叔本华认为人生的本质是欲望，而欲望使人的生命徘徊于痛苦与无聊之间。他提出三种解决这种惨状的办法：自杀、出家和欣赏艺术，这从哲学层面将艺术欣赏的价值呈现出来。艺术欣赏就是使人从不自由的现实生活中解脱出来，激发人的想象力和创造力，使欣赏者能够通过对对象的理解和感悟获得对宇宙人生的真理性认识，从而引导欣赏者进入更高的生命状态。

二　观赏主体的认识需要与认识能力

审美客体身上所附着的历史文化内涵及形式特征激发主体的认识需要并要求主体具有一定的认识能力。人类通过不同的方式掌握他们所面对的世界，他们从来不会对生命现实无动于衷。他们可能会对对象产生错误的反应方式，比如早期的神话就是在生产力不发达的时期人对外在世界的感知和理解。我们的先人在精神层面创造的神灵是他们对自然的属性的反应。观赏主体的认识需要来源于他们渴望对对象进行解释，而这种解释的一个重要分支就是审美理解。而要对对象进行解释需要主体有充足的生命经验和文化素养，这就是古人所说的“师”与“资”的问题。我们既需要从自然、师友和书本等方面理解和掌握宇宙人生，还要依赖我们先天的禀赋，这样才能实现我们对于世界的审美把握。这是审美主体赖以与审美客体进行精神情感沟通的重要平台，他能借此深入思考人的本质问题。

审美主体认识需要的满足依赖其认识能力的提升，这种认识能力是基于审美主体自觉的审美训练。这是在审美领域对于主体的客观要求，否则，在观赏的过程中很难建立其审美关系。

首先，要求主体具有对于艺术形式的判断能力，因为并不是所有的形式都是审美形式。一般的自然环境和社会事件并不能够成为审美对象，审美对象的形成依赖于审美对象自身的审美质素：形式、内容和生命意义。审美形式是审美对象的表层特征，我们之所以去欣赏山水盛景，就是因为这些景色具有独特的审美形式，能够激发审美主体的审美想象和理解。审美主体对客体的形式观照也是审美主客体形成审美关系的主要层面。这就要求主体能够辨别出不同的形式特征，从而更深地发掘对象的内涵和生命意义。除此之外，主体的移情能力也是审美关系形成的重要条件，同样的形式在不同人的眼里具有不同的意义。一般人对农民菜园里的白菜难以产生审美的感觉，这是因为他没有办法将自身的感情转移到对象身上。而农民也很难对大海产生强烈的想象，他可能对这白茫茫的存在产生恐惧，却难以将这种对象作为审美的形式。欣赏主体应该能够随时转换身份，才能从心理的深层体会对象形式背后的美学内涵。最后，主体在面对对象时要能够建构一种心理距离，烹饪和烹饪艺术的区别就是我们以何种心态面对食物。食客在面对美食的时候要解决的是饥饿问题，所以他难以与对象建立一个能够进行审美欣赏的心理距离；而厨师在做菜的时候是要把菜做得色鲜味美，他与对象不是物质需要与满足的关系，而是形式与创造的关系。主体只有认识到自身在面对对象时的状态，并能够以合适的心理状态体味对象，并对客体进行审美观照，才能够与客体建立审美关系。这是主体认识自己的一个重要方面，这是从思维逻辑的角度对审美客体进行观照，也是主体通过对审美关系的认识向审美主体过渡的必要阶段。

其次，要求主体具有理解客体价值和意义的能力。客体的内容具有精神性，需要主体通过对其深入理解进行把握。自然景物通过感性的形式呈现生命的价值与意义，中国文化的比德传统使自然的物象与人的精神连在一起。被称为“四君子”的梅竹兰菊就是中国感物文化的重要体现。兰花的幽、竹子的节、菊花的隐和梅花的洁是历代艺术作品共同呈现的，作为一种稳定的艺术表达成为中国艺术上标志性的存在。审美主体需要熟悉这些背景，理解客体背后的价值和意义，才能与对象进行精神和情感的交流。文艺复兴时期的艺术大师达·芬奇的名作《蒙娜丽莎》被称为杰作，但是其艺术成就背后的价值和意义就不单单是审美欣赏所能解释得了的，它还需要主体提升自身的理解能力才能揭开蒙娜丽莎的微笑的神秘面纱。这需要从这幅巨作产生的时代背景谈起，文艺复兴产生在中世纪末期，是为了打破西方宗教钳制人的精神世界的黑暗时代。当时西方世界的艺术题材以宗教为主，绘画作品可以做一些静物写生。因此，如果一个艺术家要刻画微笑这样一种简单的表情，也要以圣母的形象为背景。而达·芬奇却将原来艺术模式下神的微笑转移到一个凡人的脸上，这个佛罗伦萨的少妇成为文艺复兴时期艺术作品的代表。文艺复兴整体上强调人的价值，认为人是世界的中心，英国剧作家莎士比亚提出“人是宇宙的精华，万物的灵长”的著名论断。这成为文艺复兴时代的核心命题。因此，如果我们要理解艺术作品背后的深刻内涵，就需要熟悉这些作品所承载的社会内容和文化精神。由此出发，我们才能得到对象的合理解释，而不同文化的演进过程也能从艺术作品中看出端倪。不同时期的艺术作品保存的是当时重要的历史信息，既有艺术家对于社会生活的真诚把握，也有时代文化特点对艺术家理解宇宙人生的固有限制。而对艺术史做内容层面的梳理，会相对客观地恢复历史的真实，让欣赏者能够从人类发展的历史链条中找到自己的坐标。由此，让主体对自身的特点有着更为深刻的把握。

最后，要求主体具有感悟客体的文化精神的能力。主体对对象的认识的最高层面就是对其文化精神内涵的把握，只有从文化角度对人的现实存在的理解，才能实现人对自身的真实把握。中国传统文化以儒释道三家为主，它们对中国艺术发展起到了至关重要的作用。儒家文化追求的是入世价值，中国古代士人以天下为己任的情怀使他们的艺术作品展示出独特性。因为儒家思想是中国古代政治的核心学说，而由此产生的政教诗学成为中国诗歌创作的主要范式。中国古代诗歌的基本类型是展现士人建功立业，慨叹年华不再、怀才不遇的精神，这与中国传统经学相适应，是“诗言志”的传统诗学在艺术实践中的具体表现。然而，由于人的经历与性情不同，所以对艺术类型的选择也具有差异。尤其是当士人在仕途中遭受重大挫折的时候，他们开始将视角从儒学为主体的经学转向道家和禅宗思想。中国的道家思想的本质是对“道”的认知，而道虚的特质又使人对“无为”的实践观点有了新的体认，尤其是士人在现实生活中无法实现理想时，道家精神带来的“隐逸”思想则占领了士人的精神世界。徐复观先生在《中国艺术精神》中提出，道家思想提出的观念与艺术的本质相近。这也引发了我们对道家提出的“心斋”“坐忘”等主体独特的心理状态认真思索，道家思想对生命的超越缓解了人在现实生活中遭遇挫折时所产生的痛苦。尤其是道家对于“真”这一价值的追求与人追求自由的本质相一致，从而使中国艺术的发展从儒家一脉变成为儒道二元。中国古代文化的哲学转向在于佛教的进入，佛教典籍的译述使中国的学术精神发生了转变，更为重要的是中国传统的元气论的阴阳五行思想和董仲舒建立起来的神学目的论的政治学说被佛家的“性空”理论所影响。宋代以后的文艺作品带有明显的禅宗印记，这从本质上改变了中国士人的精神特质。由于这一新元素的加入，中国士人的内心境界变得更为复杂，当其再次面对仕途遭遇时，他们可能不会再像传统的知识分子那样进退无据，而能淡然地面对人生所遭遇的一切。随着这种新样貌的出现，我们对艺术作品背后的文化价值进行分析的困难程度增加了。审美主体应该在文化层面对中国及西方的基本艺术精神有所了解，并能结合不同时代的历史和文化特征，将人的现实境遇和经过修辞的艺术表述融合在一起。这样，才能对艺术作品进行全方位的观照，才能从更为深刻的角度对其进行细致而深入的理解。审美主体在艺术形式、艺术内容和文化精神等方面提升自己的认知水平，使其能够更全面地接受审美对象所传达出来的信息，从而为自身的提升和超越创造条件。

三 观赏客体的认识特征

要把握审美客体主要依赖主体对客体的形式、内容和文化质素所传达出来的信息的掌握和整合，而客体身上的这些特征就是审美要素构成的信息集合。主体需要对其进行基本的梳理和把握，才能与客体建立起诗意情感关系。客体身上的认识特征主要体现在三个方面：客体的形式质素是主体进行感知的物质媒介，主体只有对其形式进行充分把握，才会将一些暗示性的信息揭示出来；客体的内容质素是主体进行理解的主要对象，任何一个客体都需要依附于一定的时代历史和思想情感，这就需要主体深入地理解形式背后的复杂内容，理性地分析以求对其充分地把握；客体的文化质素是主体进行体悟的重要渠道，主体对客体的认识最终目的是把握自身的生命状态，通过对自我的认识、反思和理解寻找超越自身的途径。

客体的形式质素是主体进行感知的物质媒介。客体的形式质素能引发欣赏者的好奇心，他们能凭借自身的经验对其进行揣测，但是其背后的意义还需要主体的理性精神的参与。观赏活动的第一阶段就是对对象的形式观照，当我们面对金字塔、大教堂、图书馆，首先映入我们眼帘的是对象的形式，我们直观地感受对象的特性，金字塔作为人类早期的建筑艺术作品令今人叹为观止，而其作为法老的陵墓所采取的形式是人类现今研究的几何图形中最为稳定的一种，古埃及人到底出于怎样的认识和目的才采取了这样的形式来安顿他们政治领袖的灵魂；大教堂高耸的尖顶将人的视线引向了苍穹，其高大的门廊将人的渺小地位突出出来，投入暗光的彩色玻璃增强了宗教的神秘氛围；图书馆前多级的台阶暗示向上之路的艰难，使我们注意足下的稳定，与教堂一致的大门昭示我们面对的是人类智慧的宝库，高低错落的书架让我们既要甘于俯首又要有向上求索的精神。而许多现在仍未被合理解释的形式则激发了主体的热情，人类早期的巨石阵和麦田怪圈现象都是迄今为止仍无法解释的独特形式。

客体的内容质素是主体进行理解的主要对象。客体的内容质素能够调动欣赏者的知识储备，这既要求我们复现当时的社会现实和人的独特心理，又要求我们找到对这一对象的合理的解释。山顶洞人佩戴的骨牙项链，是人类早期将外在于人的物质运用到美化自己形象上来。这与早期一些原始人进行文身、穿鼻和豁唇等改变肉体的形式迥异。这一特殊的形式到底意味着什么，这不能不引发我们的思考。希腊人在解释人为何佩戴耳坠的时候从神话中寻找依据。他们认为这是对盗火的普罗米修斯的纪念，当初普罗米修斯被锁链绑在高加索山上，他所遭受到惩罚是鹰来啄食他的内脏，当内脏长好后鹰再来啄食。后来众神和人间的百姓共同向主神宙斯祈求，宙斯才赦免普罗米修斯，但保留对他的惩罚。这就要从曾经绑缚普罗米修斯的锁链中截取一段，在高加索山上取来一块碎石，挂在普罗米修斯的耳朵上，后来就成为耳坠的来源。而山顶洞人的项链则难以用神话来解释，因为当时人类已经过渡到新石器时代。石器和骨器得到了大范围的运用，这种将兽齿和兽骨做成项链必然具有特殊的社会意义。我们从早期的英雄崇拜角度分析可以得出这样的结论：佩戴这种项链的人一定是当时部落中的英雄，或者是在获取猎物时立下大功的人。他们佩戴项链不仅记录自己的功勋，同时也是对其他人的激励。对于人类社会出现的一系列形式，我们都要仔细地加以分析，理解其形式背后的重要内涵。这样做可以相对真实地复现人类社会早期的社会生产现实，为主体进行复杂的艺术理解提供基本的思路。

客体的文化质素是主体进行体悟的重要渠道。审美客体是人类活动的结晶，它包含着人类的智慧与情感。当它作为历史的遗留物存在时，它所承载的文化价值使其从一般的物质存在中脱离出来。主体在欣赏客体的过程中，一方面要将客体作为美的对象，从形式到内容加以审美的观照；另一方面则要将自己拉回到当时的社会现实中，体会当时人的思想感情。中国道家的主要符号就是阴阳鱼，这是道家文化精神的形式化表现。中国的许多艺术也体现出这种二元对立的特征。围棋可以成为黑白子，水墨画使用造型留白的方式渲染一种意境，象棋棋盘体现汉楚两国的对立。而道家认为世界的本源是“无”，但是“无”是没有办法解释社会现实的，由此他们又形象化地寻找到“气”这一概念来阐释“无”的特征。由此老子提出“道生一，一生二，二生三，三生万物”的世界演化系统，其中的一就是指“气”，而“二”就是指阴阳二气，三则指阴阳二气之外的“冲气”，在冲气中产生万物。这就构成了中国对于自然的基本认识，并从思维的层面影响中国的精神世界。而另外一种影响中国人对社会理解的哲学著作就是《易经》，《易经》的整个体系能够系统地说明人的成长过程和社会发展的各阶段所面对的问题。它的爻辞可以说明先人已经非常智慧地发现人生可能遭遇的一些偶然性不可控的事件。对于道家思想和《易经》的深刻研读，可以让人更清楚地认识到自我的存在状况以寻找超越自我的途径。

观赏活动的目的是缓解现实生活的疲惫，其实现的途径是审美主体通过对审美对象的充分把握。这既要求审美主体根据自身的审美趣味选择审美客体，还要求审美主体通过审美活动追求更高的审美理想。这是审美主体对自身最为清醒的把握，他既可以通过审美活动真实而全面地认识自我，又可以依靠审美活动所获得的审美经验设计今后的人生。这都充分地表明审美活动不仅仅作用于人的情感世界，让人去感受和理解生命的本质何为，还可以通过审美活动的认知维度，获得今后个人发展和未来人生的重要指向。

四　观赏文明的认识功能

观赏活动是人与外部世界进行直接接触的重要形式，在这个接触的过程中，人的主观体验与对象的形式相契合，从而获得精神和情感上的愉悦和满足。然而，这种接触并非只需要人的情感领域参与，还需要人的思维逻辑及认识功能对感性的判断进行理性的整合，从而实现外部世界和内部世界的密切交流。观赏活动追求审美主体和客体的情感共鸣，其实现首要依托主体对于对象的认识。观赏活动是人把握世界的重要形式之一。在观赏的过程中人在外在对象的内部寻找自身的审美理想，观赏活动的认识功能是通过将主体带到一个特殊时空实现主体对自身的认识。人在与对象的接触中内在趋真精神被客体所激发，欣赏活动所获得的审美经验带来生命的启示。审美活动会为实践活动提供精神的指引，从而潜移默化地形成向善的人格取向。

观赏活动通过将主体带入一种特殊的时空，让主体暂时摆脱俗世生活中的功利关系，并以其自然本真的生命状态与客体进行交流，从而实现主体自身的生命超越。德拉克罗瓦为纪念 1830 年法国七月革命而创作的名画《自由引导人民》把西方的自由女神放到画作的中心，在她的身后是社会上的各个阶层为了自由和反动的政府抗争。当我们凝视这幅画作时，萦绕在我们脑海的是 19 世纪中叶的社会现实，而画作采用顶天立地的创作形式，前面高举法国三色旗的自由女神与她身后的倒在地上的身体和战斗的勇士构成一个稳定而又有动感的三角形，间接地把一批为了自由不惜付出生命代价的人的人格精神表现出来。观赏活动使主体自身转化为对象，这既可以是自然化的对象，也可以是社会化和艺术化的对象，当我们欣赏艺术的时候，我们会不自觉地将自己带入到艺术作品中，从而获得精神愉悦和情感的满足。这是通过“移情”的作用实现的，当我们阅读《红楼梦》时，我们会不时地体会一个重情的贵族公子的内心世界和一个寄人篱下的名门小姐的悲惨境遇。我们会徜徉在木石前盟的神话氛围中，与作品中的人物同喜同悲。要达到这种状态就需要将主体的情感与对象的形式和内容进行融合，从而实现主体内在生命的充实和提升。

主体内在的趋真倾向被客体所激发。观赏客体的生命附着和其对生命启示的能力使对象可以启示人的生命。而且这种启示可以作为一种精神贯彻在人的生命始终，这可以从一花一草的生命中得到启示。人的生命是在和自然进行不断调试的过程中得到提升和改变的。这一方面来自自然对生命活动的固有限制，另一方面来自自然的法则和人的生命原则的协调。这更可以通过欣赏艺术作品来达到，唐传奇中有一部作品《柳毅传》讲述了一个落第才子与龙女的爱情故事。当我们在深层结局理解这部作品时，我们会发现这部作品所表达出来的价值观念与中国古代叙事艺术中的固有范式相一致。这就是才子佳人的传统套路，作品中虽然表现出柳毅对龙女有意，但是在后面的叙述完全是佳人追求才子的模式。这种叙事形态既符合中国古代以男子为尊的社会现实，也能够表现出创作者深受传统儒学的影响，必须摆出一副无欲无求的姿态，在某种程度上已经远离人的本性而接近虚伪了。而明代吴承恩的《西游记》中既继承了这种套路，又有所突破。作者通过猪八戒这个形象表现出男子对女子的爱慕之情，但刻意丑化八戒的形象来寻找平衡。而作品中男女妖怪对唐僧的态度则完全是柳毅等作品才子佳人的翻版。而徐志摩的《再别康桥》虽然秉承传统诗歌表达的含蓄特征，但已经可以明确地表露男子深沉的爱意。艺术作品形式的进步反映出来的是文化的影响。唐代是中国经学发展的辉煌时期，经学所传达出来的人格特征成为士人共同的操守，也是士人不能突破的特别界限。明代是中国心学发展的高峰，由于学术的主体转向使传统保守的看法有所松动，但是儒学的惯性力量是不允许非常直接地对传统模式提出挑战的。而民国时期由于西方思想的传入，新一代的知识分子摆脱了经学的束缚，他们会更为真实地表达内心的感受。

观赏活动不单纯提高人的审美能力，他还会潜移默化地塑造人格，而这种人格的塑造主要是依赖于主体的人格期许强度，主体可以通过欣赏对象并通过移情的作用使高尚的情感内化，这一方面提高了主体的情感素养，并通过对于对象的深刻认识提高个人的人格素养。我们阅读《三国演义》，对其中许多人物的典型特征都熟稔于胸。诸葛亮的智慧，刘备的仁德，关羽的义气和赵云的忠心成为后世做人的楷模。艺术作品呈现出来的人物精神可以成为我们未来人生发展的参考。我们可以深入地了解人物的境遇，对人的选择做出真心的判断，从而发现自我的人格特性。由此，我们可以在社会生活中调试自我与他人的关系，从而寻找一种平衡。西方的作品习惯运用悲剧的形式引发人对现实生活的思考，而中国古代的作品却喜欢大团圆式的结局获得生命的快感和教益。无论哪一种形式其最终的目的都是通过特殊的人物形象作用于审美主体的情感世界，最终塑造人的美好人格。

观赏活动的认知功能以“求真”为主要导向，但是观赏活动最终要影响人的现实生活。审美主体在日常生活的实践中，必然会通过观赏活动的道德教化意义影响现实人生。而观赏活动的道德教化在本质上是一种人格精神的内化，是一种潜移默化的道德提升，是主客体情感交融的自然结果。这就需要主体能够具备认识客体形式并能在情感和理性上与之进行交流的能力，也需要客体具有相应的形式能过展示生命的力量并将宇宙自然的精神内化于自身形式中。

观赏活动的认识功能的实现，要求客体自身的审美质素具有正向提升人的精神与灵魂的力量，其外在形式具有的审美力量可以抚慰主体在现实生活中承受磨难的疲惫内心，而内在精神及其由观赏主体产生的感悟则可以从更高的层次实现主体自身的提升。观赏主体由此可以从一般主体中跃迁出来，从现实的功利束缚中解脱出来，并为其在审美后的道德提升提供了广阔的空间。而这种提升本质上是观赏主体人格层面的改变，这也与其所面对的对象的审美质素的指向密切相关。观赏主体在与观赏客体的接触过程中可以透过客体的形式层进入内容层及其所涉及精神领域，形成主客体之间内在情感和价值的共鸣。

第三节　观赏文明的道德维度

在观赏实践中，观赏主体获得的情感体验和精神价值是内涵丰富而具有多维向度的。不少人有过这样的观赏体验：聆听贝多芬《命运交响曲》的演奏时，不仅震撼于其宏伟的气魄、激昂的情绪、鲜明的音乐形象，受到强烈的艺术感染，也深深为作品所表现出的英雄意志和坚定信念所鼓舞；欣赏拉斐尔笔下的圣母时，不仅为画家精湛高超的绘画技艺所倾倒，也油然而生对纯真圣洁美好理想的向往之心；在博物馆流连于历史文物展览时，不仅惊叹于展品在艺术形制上的巧夺天工，更常常睹物而述往事思来者，发思古之幽情……

这些观赏经验充分表明，观赏不仅是一种审美实践活动，同时，在其以审美为基本特质的实践方式中，也蕴含着丰富的道德内涵和美育功能。人们通过观赏活动这一特定途径，在鉴赏美、感受美、享受审美愉悦的同时，也可以获得伦理的启迪和道德的完善，以美怡情，以美扬善，从而发挥审美活动特有的道德教育作用，实现对真、善、美的追求和探索，健全人格、完善人性，涵化人际关系、增进社会和谐。可以说，审美观赏是促进个体全面发展和社会进步的有效途径，因此，观赏文明不可避免地包含着道德维度的价值内涵。

所谓道德，是指人们在社会生活中形成的伦理观念与行为规范的总和，它以善恶为标准来评价人的行为，调整人与人、人与社会之间的关系。作为一种社会意识形态，道德反映着一定的社会经济基础，并随着经济基础的发展变化而发展变化。一定时期的道德观念与道德思想，总会在该时期的文化成果中体现出来。我们所探讨的观赏文明，指的是在一定社会环境和文化背景之下，人们在公共性审美观赏中所表现出的观念、素养和行为方式，因此很显然，在人们的观赏实践中也必然包含和体现着道德的内涵。

从道德维度理解观赏文明，可在如下层面展开：辨析观赏文明所包蕴的道德价值内涵，探讨观赏实践所具有的潜移默化的道德教化功能，考察观赏文明与道德素养之间相互作用、相互促进的密切关系。

一 观赏文明的道德内涵

从词源考察，作为动词的“观赏”包含“观看”和“欣赏”两个要素。如果说“观看”主要揭示了观赏这一实践方式的行为特征，那么“欣赏”则意味着在这一实践方式中观赏主体对观赏对象的价值认定。在观赏实践中，这种价值认定是具有多重指向和丰富内涵的，既包含对审美价值的欣赏，也包含对道德价值的认同。当然，从学术研究的侧重点来看，审美和道德分别是美学和伦理学研究的重要范畴，二者各有自己的评价尺度，不能互相取代或混为一谈。我们既不能以道德判断来替代审美标准，也不能因审美欣赏而取消道德评价。事实也表明，在人类历史漫长的观赏实践中，不乏这样的情况：有的观赏对象符合审美标准却欠缺道德价值，而另一些观赏对象则符合道德判断却缺少审美意蕴，正如苏联著名美学家斯托洛维奇所说的，“如果看一下艺术史，那么，一方面存在着含有最道德的思想和理想但艺术价值欠佳的作品，另一方面存在着才华横溢、技术娴熟但同时道德意义上却毫无价值或者甚至是不道德的作品。”① 但是，这并不意味着审美价值和道德价值之间就是截然割裂的关系。恰恰相反，作为人类价值追求的有机构成部分，审美价值和道德价值之间始终存在着密切的内在联系。由于道德反映着人们在社会生活中形成的伦理观念和行为规范，反映着人与社会的关系，因此，特别是在那些涉及人类社会生活内容的观赏实践中，审美价值是无法完全排除人们的伦理意识和道德判断的。就像斯托洛维奇所指出的，“如果审美意

① ［苏］斯托洛维奇：《审美价值的本质》，凌继尧译，中国社会科学出版社 1984 年版，第 95 页。

识和它的这种形式——如艺术——的客体是人们的行动和行为，那么审美评价不可能从道德评价中抽象出来。在这种情况下，道德关系一定同其他社会关系一起处在审美价值之中。”① “在艺术性的特征不受破坏的场合，反映真正道德价值的道德思想和理想，有机地处在审美理想中。”② 也就是说，真正理想的观赏对象，应该是审美价值和道德价值有机统一、美善兼备的。

例如，在人们所熟知的“崇高”这一范畴中，就充分体现了审美价值和道德价值的契合与沟通。西方理论传统对于“崇高”的重视和深入研究可溯自古罗马朗吉弩斯的《论崇高》。朗吉弩斯认为形成崇高风格的因素在于“掌握伟大思想的能力”“强烈深厚的热情”“修辞格的妥当运用”“高尚的文词”和把前四种联系成整体的“庄严而生动的布局”。他认为“崇高乃伟大心灵之回声”，同时，“只有思想庄严的人才会言语宏伟，只有心灵豪壮的人才会风格崇高”。“通过由文词建筑起来的巨构，作者能把我们的心灵完全控制住，使我们心醉神迷地受到文章所写出的那种崇高，庄严，雄伟以及其他一切品质的潜移默化。”③ 在朗吉弩斯的阐发中，“崇高”的特征是伟大和不平凡，其效果是提高人的情绪和自尊感。显然，在这里，“崇高”既是一个审美范畴，指称一种“像剑一样突然脱鞘而出、像闪电一样把所碰到的一切劈得粉碎”的美学风格，也具有道德价值的内涵，和高尚的心灵、思想与人格修养密切相关。到了康德那里，对于“崇高”问题的探讨和分析更是前所未有的深入和深刻。他从审美范畴入手，指出崇高和美都属于审美判断，具有以下共同点：“对于崇高和对于美的愉快都必须就量来说是普遍有效的，就质来说是无利害感的，就关系来说是主观和目的性的，就情况来说须表象为必然的。”④ 进而，康德将崇高分为数量的崇高和力量的崇高，数量的崇

① ［苏］斯托洛维奇：《审美价值的本质》，凌继尧译，中国社会科学出版社 1984 年版，第 94 页。

② 同上书，第 96 页。

③ 朱光潜：《西方美学史》（上），人民文学出版社 1998 年版，第 108、110、113 页。

④ ［德］康德：《判断力批判》，宗白华译，商务印书馆 1985 年版，第 95 页。

高特点在于对象体积的无限大，力量的崇高特点在于对象既引起恐惧又引起憧憬的那种巨大的力量或气魄。但正是在这里，康德指出，只要我们自觉安全，对象的形状愈可怕也就愈有吸引力，因为它们能把我们心灵的力量提升到超出惯常的高度，使我们显示出另一种抵抗力。这是一种来自人的理性方面的力量，也就是人的勇气和自我尊严感，与人的道德观念和修养密切相关。因此他强调，崇高不在自然而在于人的心境。这样，"崇高"范畴就从美学的崇高指向道德的崇高，成为沟通审美与道德的桥梁。

在人们的观赏实践中，像这样将审美体验与道德追求相互交织、审美情感与道德情感融为一体的观赏经验可以说比比皆是，美善互彰成为人们共识的理想状态。那么，观赏活动中的审美与趋善能够达成有机统一的内在基础或依据究竟是什么呢？

首先，从产生根源来说，审美和道德都是人类在长期的实践活动中逐步发展起来的，是人的本质力量在实践中的反映，是人化自然、自然人化的必然产物，是充分体现着主体性和实践性的、人类存在必不可少的精神需要和价值追求。在观赏活动这种特定的实践方式中，同样包含着人对于审美和道德的诉求。

其次，从心理基础来说，审美和道德都与情感体验密切相关。审美与情感的关系自不必说，审美活动以情感性为重要特征。审美情感是在自然情感基础之上的升华，是被赋予了审美形式的情感。《毛诗序》言："情动于中而形于言，言之不足故嗟叹之，嗟叹之不足故咏歌之，咏歌之不足，不知手之舞之，足之蹈之也。"《文心雕龙·明诗》指出，"人禀七情，应物斯感，感物吟志，莫非自然。"这些都是阐明审美活动发自人的情感，是被赋予了形式的情感在审美层面的升华和表达。苏珊·朗格将艺术定义为"人类情感的符号形式的创造"，认为"一切艺术都是创造出来的表现人类情感的知觉形式"①，也是强调情感之于艺术和审美活动的重要性。

---

① ［美］苏珊·朗格：《艺术问题》，滕守尧、朱疆源译，中国社会科学出版社 1983 年版，第 75 页。

再看道德。道德尽管在很大程度上被认为是理性观念的体现，但从其发生和心理基础来看，也与人的情感体验有密切关系。张世英在《审美意识与道德意识》一文中对人的道德意识的自然感性基础进行了探讨。他指出卢梭把道德意识建立在天生的自然感性基础之上，认为人皆有爱，并且这是人类的普遍天性。“这种将道德意识建立在人天生有同类感和同情心的基础之上的思想，与中国儒家的性善说，例如孟子所讲的‘人皆有不忍人之心’，王阳明所讲的‘一体之仁’‘根于天命之性’，有相似之处……他们都认为人与人同为一体，人皆有天生的同性同情同类的原始感性，应当加以恢复。”① 现代心理学研究也表明，“道德情感与道德需要同属人类的‘获得性遗传’，对个体而言同具‘先天’性特征，是人类共同具有的一种种族经验……正是这一情感的先天图式在个体最初和以后的道德活动中与道德需要等因素一起，一直作为道德行动的原初动力源，一起组成了道德认知、道德行为和道德成长的内驱力。”② 当然，有了这种以先天特征为动力源的内驱力并不必然导致道德行为的发生，还需要后天培养、外部环境、主体动机等综合因素共同作用。但是应该看到，在道德行为发生的过程中，情感同样具有重要的意义。正是因为有了情感的作用，道德才不再是外在于人的强制性力量，而成为一种发自内在的精神需要。这也是审美活动能够实现以情怡性的道德教育功能的重要基础。

此外，从最终的价值目标来说，审美实践和道德实践都表现出对超越性价值的追求，即以追求生命根本意义的存在方式，实现对个体有限性的超越。其最根本的精神特征，就是生命本体的超越性。个体生命短暂而有限，个体的存在首先要面对的就是时间的挑战，譬如朝露的短暂生命怎样才能确立自身存在的根本价值和意义，在有限的经验中获得无限和超越感呢？同时，人还面临着一个与自身分裂的对象化世界，随着现代社会工具理性的扩张，物化世界对人而言日益成为

① 张世英：《审美意识与道德意识》，《世纪评论》1997 年第 1 期。

② 檀传宝：《道德情感、审美情感与道德教育》，《中国教育学刊》1997 年第 1 期。

一种异在境遇。在人与世界的日益分裂中，人的精神如何能克服冰冷的、机械化、碎片化的现实，而获得生命的自由和解放呢？生命本体的超越性就意味着在本体论的意义上实现对有限性的超越和对庸俗现实的反抗，克服人的普遍分裂。审美和道德分别从不同的途径，都试图对这一问题进行解答。审美的途径是通过非功利的审美观照，在自由的审美中获得精神的自由和解放，使人超越个体生命的有限存在和有限意义，而实现生命本质的超越。正如刘小枫在《诗化哲学》中指出的，“诗的世界是作为一个与现实的庸俗的世界的对立而提出来的。”“本体论化了的诗的世界作为对现世生活的否定，能为终有一死的个体所切实把握，因而是有限个体的归依之地。”① 而伦理实践的途径则是以“至善”为核心价值和理想目标，通过主体道德人格的不断磨砺和完善，最终达到理想的道德境界，获得生命的本质超越。因此从最终的价值追求目标来说，审美也好，道德也好，都是指向人的自我完成和生命超越。

也正是基于审美价值和道德价值的上述内在共通之处，我们认为，尽管美与善分属于人类精神结构的不同维度，各有自己的价值评判标准，但是在人类的实践活动和精神追求中，它们是能够实现有机统一的。真正的审美境界通常都包含着丰富的道德理想，是体现着道德理念的美，如康德所言“美是道德性的象征”。真正的善也必然体现为道德带来的人生幸福感和快乐感，道德律令不是外在的强制力量而成为人内在的生命需求。

也正因此，当我们进行观赏活动时，不仅可以用审美的眼光欣赏对象，沉醉于对象的美，从中获得审美愉悦，也可以在那些丰富的形象和情感中获得有益的人生启迪和意义感悟，从中获得道德的熏陶，由此达到美善共彰的精神世界。

二　观赏实践的社会功能

观赏主体在审美的观赏活动中，是怎样获得道德的熏陶和提升的

① 刘小枫：《诗化哲学》，山东文艺出版社1986年版，第28、29页。

呢？简言之，在丰富的审美形象和审美情感之中，往往也蕴含着丰富的道德观念和道德理想，形成道德内涵与审美特征的有机结合。人们通过观赏对象，获得审美愉悦，并从中得以丰富情感、净化心灵，进而健全人格，完满人性，实现真、善、美的和谐统一。

再进一步辨析，在观赏实践中，观赏者从审美愉悦到获得道德的熏陶和提升，其中一个最重要的中介机制就是情感体验。在观赏实践中，观赏对象引起观赏主体的审美愉悦。这种审美愉快，既不是简单的感官愉悦，也不是因为现实功利目的的实现而引起的喜悦，而是由于非功利的审美观照而激起的一种自由超越、积极能动的情感体验。这种愉悦首先形成观赏主体和观赏对象之间的情感共鸣，使观赏主体得以充分感受观赏对象所包含的审美价值和道德内涵，并受到教育和启迪，净化心灵，实现以美怡情的效果。例如，看到高山大海会油然感到心胸开阔、志向高远，面对生机勃勃的大自然会生出对生命的尊重和喜爱，观赏梅兰竹菊四君子图能体会到传统文化理想人格的浸染，欣赏交响乐能够感受到生命意志的鼓舞，观看描写英雄人物的戏剧能受到英雄行为和情操的感染……

不仅如此，审美愉快的情感还能激发观赏主体内在的美好人性和道德情感，从而更促进主体道德行为的发生。正如梁启超在《中国韵文里头表现的感情》一文中所说："用理智来引导人，顶多能知道那件事应该做，那件事怎么去做，却是到底被引导的人去做不去做，没有什么关系。……用感情来激发人，好像磁力吸铁一般，有多大份量的磁，便引多大份量的铁，丝毫容不得躲闪。"现代心理学研究也表明，情感在道德行为的发生过程中具有明确肯定的激发和促进作用。"情绪、情感活动往往在主体内部充当激活作用的能动力量。特定性质和强度的情绪反应会相应唤醒并放大主体价值结构的不同部分，放大内驱力，使决策者采取道德行动。"① 实验表明，在实验任务中获得成功体验而导致愉快感觉的被试，比那些被告知任务失败而情绪低落的被试，更容易也更乐于向慈善机构捐赠更多的钱款。虽然这个实

① 檀传宝：《道德情感、审美情感与道德教育》，《中国教育学刊》1997 年第 1 期。

验只涉及了情感中较为低级的形式——情绪，但“这足以证明情感的内驱力及对内驱力放大作用的存在。完全可以推想，一旦情感的高级形式如美感、道德感等参与道德规范的赋值过程，完全可以对道德个体起更大和更长久的激活作用，使之达到激活阈限，从而驱动个体由道德认知走向道德行动。”① 在观赏实践中，观赏者由于审美体验而获得愉悦心境，这种美好的情感可以更进一步激发主体内在的趋善意愿和美好人性，促使观赏主体进入一种崇高的精神境界，对于道德意志和道德行为的形成产生重要的推动力量，从而达到以美扬善的效果。

观赏实践的社会功能，还可以从审美实践的社会功能中获得佐证和理解。审美具有陶冶情操、培养人格的功能，无论古今中外的思想家和教育家对此都非常重视，相关论述亦不可胜数，如孔子提出“兴于诗，立于礼，成于乐”的主张，《乐记》明确提出：“乐者，通伦理者也”，认为乐具有“善民心”“移风易俗”的作用，亚里士多德认为艺术可以帮助人们获得知识、陶冶性情，得到“教育”和“净化”，都是对审美实践所起到的社会教化功能的阐述。

无论是审美实践，还是具体到本书所讨论的观赏实践，其对社会的教化功能都是通过完善丰富个体人格和人性，进而和谐人际关系、有效地促进社会和谐进步来实现的。席勒在《审美教育书简》中指出，人身上存在两种自然要求或冲动，一个是感性冲动，另一个是形式冲动，又叫理性冲动。感性冲动要求使理性形式获得感性内容，形式冲动要求感性内容或物质世界获得理性形式。二者都要借文化教养得到充分发展，得到统一，这样，“在这两种特性结合起来的地方，人也就把最大的独立和自由与存在的最大丰富性结合在一起”②。在近代社会，由于理性和感性的分裂，由于社会的异化给现代的人性造成了创伤，人逐渐丧失其和谐本质，“人性的内在结合就会被撕碎，

---

① 檀传宝：《道德情感、审美情感与道德教育》，《中国教育学刊》1997 年第 1 期。

② ［德］席勒：《审美教育书简》第十三封信，张玉能译，译林出版社 2009 年版，第 39 页。

一种毁灭性的斗争也就会使人性的和谐力量分裂开来。”“人永远被束缚在整体的一个孤零零的小碎片上，人自己也就把自己培养成了碎片……他就永远不能发展他本质的和谐。”[①] 为了解决这个问题，席勒提出审美的方案，使人从感性的人变成审美的人，他提出“游戏冲动”（即审美冲动），认为只有当人充分是人的时候，他才审美；只有当人审美的时候，他才完全是人。在审美活动中，人可以充分实现精神的自由和人性的完满，从而达到自身本质的和谐。因此，美育的目标就是发展完满的人性，培养完整的人格。我们所讨论的观赏文明，同样具有这一基本的美育功能，即在审美实践中培养和发展完满人性与完整人格。

通过审美观赏，观赏主体的理性与感性得以协调发展，获得充分的精神自由，促进了个体人格的健全完善和人性的和谐完满。同时，个体的精神和谐，也进一步促进了人与人之间、即人际关系的和谐，从而促进了社会的和谐和进步。正如席勒所说，“唯有美才能够给人一种社交的性格。只有审美趣味才能够把和谐带入社会之中，因为它在个体心中造成和谐”[②]。

在观赏实践中，这种因审美而实现的涵化人际关系的社会功能，在中国古代思想中也可追溯根源。《荀子·乐论》指出，“乐行而志清，礼修而行成，耳目聪明，血气和平，移风易俗，天下皆宁，美善相乐。”“乐在宗庙之中，君臣上下听之，则莫不和敬；闺门之内，父子兄弟听之，则莫不和亲；乡里族长之中，长幼同听之，则莫不和顺。”《礼记·乐记》云：“礼节民心，乐和民声，政以行之，刑以防之。礼乐刑政，四达而不悖，则王道备矣。”这些论述都充分表明了中国古代思想高度重视审美活动所具有的社会教化功能。也正因此，我国近代教育家蔡元培先生提出“以美育辅翼道德”的观点。在他

---

① ［德］席勒：《审美教育书简》第六封信，张玉能译，译林出版社 2009 年版，第 14、15 页。

② ［德］席勒：《审美教育书简》第二十七封信，张玉能译，译林出版社 2009 年版，第 95、96 页。

看来，审美实践的目标是与德育一致的，可以辅助德育的实现，同时德育的目标也可借审美途径实现，即通过审美化的观赏实践，健全人格、和谐社会关系，提升人们的道德文明素养。显然，观赏活动作为一种公共性审美实践，也同样具有健全人格、完满人性、和谐社会关系、提升道德文明程度等重要的社会功能。

需要指出的是，观赏活动中的道德陶冶不同于一般的道德教育。蔡元培讲到德育与智育、美育的关系时曾说："教育之目的，在使人人有适当之行为，即以德育为中心是也。顾欲求行为之适当，必有两方面之准备：一方面，计较利害，考察因果，以冷静之头脑判定之；凡保身卫国之德，属于此类，赖智育之助者也。又一方面，不顾祸福，不计生死，以热烈之感情奔赴之；凡与人同乐、舍己为群之德，属于此类，赖美育之助者也。所以美育者，与智育相辅而行，以图德育之完成者也。"① 审美观赏与道德教育的终极目的，都是造就全面丰富的人性和完美和谐的人格，二者有着密切的关系，互相补充，互相渗透；但是二者仍有着明显的区别，主要表现为方式不同、途径不同。一般的道德教育主要依靠外在的教化，主要着眼于建立和维护社会伦理、规范、秩序，调整和规范人际关系；而审美观赏的教育功能则是以审美价值为基础和前提，主要着眼于人自身的精神和谐与人格完整。观赏主体在审美体验中获得情感的丰富和心灵的净化，从而获得道德的升华和提升。因此，蕴含在审美观赏活动中的道德教育，具有"润物细无声"的潜移默化的特点和效果。

三　观赏文明与道德素养

从前面的论述可知，观赏文明包含着丰富的道德内涵，体现着"美善互彰""美善相乐"的理想境界；观赏实践以情感体验为中介，在审美愉悦中实现对观赏主体的道德熏陶和激发，以美怡情、以美扬善，通过感性和理性的协调发展，养成健全人格和完满人性，进而实现社会和谐。

① 蔡元培：《蔡元培美学文选》，北京大学出版社 1983 年版，第 107 页。

特别是在当代日常生活审美化的美学观念和社会环境中，观赏文明所展示和包含的艺术审美元素，能使广大市民最大范围地获得审美的熏陶，从而在轻松愉悦的审美体验中，潜移默化地怡养性情，激发和丰富人们的道德情感，净化心灵，提升人格境界，实现人性的丰富美好与内在宇宙的和谐。进而，更能以审美情感和心灵沟通为基础，促进人际关系和社会的和谐，积极有效地提升社会公民的道德素养，促进社会进步。比起其他教育方式，社会性审美观赏活动突出地表现出轻松愉快、积极主动的特点，其观赏对象和观赏方式也更具广泛性和多维性。因此，观赏文明在构建和谐社会、提升社会道德水平和文明程度方面，能够发挥更多更好的作用。

反过来，社会成员道德素养的提升，也能积极有效地加强和促进观赏文明的建设。事实上，道德不仅是内在于主体心灵的价值尺度，也是外显于实践活动的行为规范和行为方式。从价值层面看，具有较高道德素养的社会成员在进行审美观赏活动时，对于观赏对象在提升人格境界、塑造人生观价值观方面的意义内涵通常会有较高的期待视野和观赏标准，自身也通常能够通过观赏活动获得更加丰富深刻的心灵净化和意义观照。从行为方式看，道德素养较高的观赏者在观赏活动中的行为举止也通常更加文明有礼，更加符合观赏对象的审美规律、认识规律及观赏场所的环境要求等。因此，道德素养的提升，无论在内在价值还是外在行为方式的层面，都能更加积极有效地促进观赏文明建设。观赏文明和道德素养之间，不是孤立的静止的关系，而是相互促进、相互包含的运动发展的关系。

第五章　观赏文明与文明观众

第一节　观赏文明视野中的观众

观赏文明是以观众作为主体的观赏活动中所呈现出的观念、素养、行为方式的整体面貌；而对观众的研究由来已久，具有深厚的理论依据；并且，观众研究具有深刻的理论意义及现实的实践意义。

一　观众是观赏活动的主体

首先，从观赏文明的内涵和基本规定看，观众是观赏活动的主体。观赏文明是对人们从事公共性观赏活动时所表现出的观念、素养、行为方式的整体面貌，它是审美观念与文化现象相结合的社会景观。观赏文明属于社会文明的有机组成部分，也是以大众性的观照、欣赏作为核心的社会文明形态。而审美的主体就是具有审美能力的大众，在具体的观赏活动中，观赏活动的主体就是参与其中的具有审美能力的观众。

其次，在观赏文明的体系构成中，观众是核心要素。观赏文明体系是由观赏者、艺术作品、艺术家和观赏场域构成的。艺术作品对观赏场域中观众的“塑造”功能，是以观赏者的具体观赏和接受而产生的艺术效果、审美反映为基础的，通过观赏者因接受而改变的“视野”，最终实现对社会的“塑造”和“变革”。同时，观赏者并不是被动地认识观赏对象，而是通过与艺术作品观赏对象的“视域融合”

最终接受和批评作品。如，观赏者对作品个体性、差异性的理解也丰富和补充了艺术作品，填补了作品的“空白”。而艺术家衡量自己的创作和表演的成功与否，都要通过观赏者当下或之后的反馈，并以此来调整自身的创作和表演。可以说，观众才是观赏文明构成体系中的核心要素。

最后，从观赏文明的研究旨归看，培育文明观众是中心目标。观赏文明是那些积累过观赏审美经验、懂得美的规律、具有审美品位、能够欣赏美的大众，在欣赏艺术作品的过程当中，能够自觉或不自觉地遵守所观赏艺术作品时的外在要求。如在欣赏交响乐时，观众在乐章与乐章之间不需要鼓掌；在欣赏戏曲时，表演者唱得精彩的地方，观众要鼓掌叫好；在欣赏足球赛时，观众可以为自己喜欢的球队呐喊助威。而这些能够文明观赏的主体，就是观众群体中那些懂得审美的观众，观赏文明的倡导就是希望通过内在和外在的规定，帮助那些还不具有审美品位的观众，逐渐向懂得审美的观众，即观赏活动的主体靠拢，最终成为文明观众。

二　观众研究的理论依据

传统的文艺理论将作者和作品视为欣赏和研究的核心对象，认为作品的思想内容和艺术价值是超越时间性的、客观存在而一成不变的。因此，读者要以客观认识的方式来欣赏和研究作品，寻找作品的核心思想，以期来衡量作品的艺术价值。当然，这种“作品中心论”的批评方法有其一定的理论价值。然而，艺术作品的艺术效果和艺术价值，以及作者在艺术史上的艺术地位，毕竟是由观赏者通过对作品的接受和批评而最终获得的。传统的文艺理论忽略了观赏者在接受过程中的能动性，降低了观赏者在观赏过程中所具有的重要地位。然而，以下的理论证明，作者的地位尤其是艺术作品的价值，应当是由作者、作品和观赏者所共同创造的。

（一）阐释学相关理论

伽达默尔是通过对“游戏”的解读，而引入观赏者的接受过程的。每个人都曾参与、体验过游戏，对游戏者来说，游戏不是一个参与游戏的人所要严肃、客观面对和冷静认识的对象，而是一个要全身心投入而参与其中的过程。对游戏者来说，其目的不在于认识游戏的规则，而是处在一个“忘我”的状态，融入游戏之中，成为游戏密不可分的一个组成部分，游戏规则通过游戏者的游戏而呈现出来。同时，游戏自有其严肃性，虽然每个游戏者在游戏中都感到轻松，但如果有谁对游戏不认真，谁就破坏了游戏。

正是由于游戏者的全身心投入，而无法跳出来对游戏规则加以说明，就如同正在剧中扮演角色的演员，无法同时评价戏剧一样。游戏只能通过游戏者呈现出来，而不能同时呈现给正在游戏的人，伽达默尔在此处找到了游戏与艺术的联系。“所有呈现活动按其可能性都是一种为某人的呈现活动。这样一种可能性被意指出来，这就构成了艺术的游戏性质里特有的东西。”① 当封闭的游戏场域的“围墙”向一个方向敞开，将观众容纳进来，自身呈现的游戏同时就变成了表演，正是作为观众的“第四堵墙”完成了艺术作品的世界。“事实上，最真实感受游戏的，并且游戏对之正确表现自己所‘意味’的，乃是那种并不参与游戏，而只是观赏游戏的人。在观赏者那里，游戏好像被提升到了它的理想性。”② 当游戏变为戏剧时，观众同样是游戏的参与者和成就者，对戏剧来说，观众这个维度是必需的，因为他们使表演成其为表演。

阐释学中另一个肯定了接受者重要的地位的范畴是“偏见（pre-judgment)”。传统的文学理论认为，作者寄寓于作品中的原意是可以得到完整的再现的，读者能够分毫不差地复制本文，在对文本的解读中去除“偏见”，以一种客观的中立的态度阅读作品，复现作者的主观世界。“偏见”一直是认识论所要消除的对象，他要求一切合乎科学的理解，都必须摆脱个人的、主观的“偏见”，而达到统一的、客观的“真理”。然而，文学作品之所以能够达成理解，正是以先在的“偏见”即前理解作为条件的。读者只有具备了审美经验积累成的艺

① ［德］伽达默尔：《真理与方法》，商务印书馆2010年版，第139页。

② 同上书，第141页。

术修养和艺术品位，才可能解读文本；一个没有过文学解读经验和艺术感受经验的人，是不可能理解和感受作品的。而“偏见”并不是作者和文本能够决定的，它取决于读者自身的审美经验的积累。而读者就是让自己现存的“偏见”，与作品内同所包含的各种作者过去的“偏见”相互交融，通过两种“偏见”视野的一个动态融合的过程，最终达成和谐，形成了“视野融合”，从而完成了理解。因此，理解的过程就是“视野融合”的过程。

（二）接受美学相关理论

“期待视野”是接受美学流派的创始人姚斯所提出的，在姚斯所建立的接受美学系统中居于核心地位。这一范畴正是从接受者的角度出发，指的是在接受者阅读前文本或是在阅读文本的过程中，所持有和形成的思维定向。接受者在阅读文本之先，受到艺术作品和所处的社会环境的影响，必然积累了一定的审美经验，而这些审美经验就构成了接受者的美学观，在接受文本之先就预备好了观赏作品的一个角度和视野，相对就产生了一种心理期待。如《堂吉诃德》是一部讽刺骑士小说的作品，当读者在阅读之先，了解到主人公是一名骑士的时候，就会期待作为主人公的骑士传奇的游侠经历，为了捍卫爱情、荣誉或宗教信仰而显示出的冒险的游侠精神。而在文本阅读的过程中，由于本文的影响，又会形成针对本文的具体的视野。在《堂吉诃德》这部作品中，通过堂吉诃德将挤奶姑娘想象为他捍卫的女主人；把旋转的风车当作巨人，冲上去和它大战一场，弄得遍体鳞伤等一系列情节，就会期待堂吉诃德做出更多不切实际的荒唐举动。读者原本对骑士小说的期待视野，在阅读《堂吉诃德》的过程中受挫而改变继而重新建立。可以说，接受者接受艺术作品的过程，就是接受的期待视野连续不断地被建立与改变的过程。

而文学作品之所以在不同时代、不同的社会文化环境下产生了不同的艺术效果，正是由于不同时代的读者，受到不同时期的社会文化环境的影响，积累了不同的审美经验，读者所具有的“期待视野”发生了变化。这正是对文学史的“历时性”问题的解答。而从“共时性”的角度来看，即使处在相同的时代和社会文化背景中的读者，由于其个体所具有的“期待视野”的不同，对同一部作品的接受过程也会不同。因此，不应当脱离读者对文学作品的具体阅读来研究文学史，而应当把文学史当作具体读者的接受史来考察和研究。

作为接受美学流派另一位主要的理论代表伊瑟尔，对读者阅读文本的过程进行了更为深入而“微观”的研究。他认为文学文本不是客观化的存在物，不是一个既成的实体，其独特性在于，文学文本是由各个“不确定性的点”构成的。这些“不确定性的点”在文本中具体体现为“空白”：“空白”包括以文字叙述的景色、人物形象和声音等文本，需要读者通过艺术想象来填补；也包括文本中空间、时间的跨越，叙述顺序的倒乱，需要读者通过经验来整理；还包括文本中作者所指向的意义，需要读者去体会、评价等。“空白”是在文本中处处存在的，等待着读者逐个加以占据，它使文学文本处于开放状态，激发读者通过自己的阅读来完成，为读者进行再造想象留下空间。伊瑟尔提出的另一个重要的范畴是“隐含的读者（implied reader）”，“隐含的读者”是指本文自身设定的能够把文本提供的可能性加以具体化的预想的读者，也就是作家预想出的，其作品问世之后，可能出现或应该出现的读者。而读者阅读的最终目的就是向“隐含的读者”靠近，与作者同时代的读者如此，此后的读者也是如此。伊瑟尔这些范畴的提出，就从既定的角度将接受美学所强调的“读者的核心地位”落到了实处。

（三）传播学中的相关理论

传播研究者曾将受众比作消极被动的“靶子”，这就是美国著名传播学家宣伟伯提出的“魔弹论（bullet theory）”，伯罗把这一观点又称为“皮下注射论”。“魔弹论”认为：大众媒介威力无穷，受众面对媒介是毫无抵御能力的。媒介可以任意地役使受众。媒介向受众灌输什么，受众就只能接受什么。宣伟伯甚至认为：媒介可以把各种各样的思想、感情、知识或动机从一个人的头脑里几乎不知不觉地灌输到另一个人的头脑里。在“魔弹论”看来，受众是一面靶子，只要被枪弹打中，就会应声倒下。“魔弹论”过分夸大了媒介的作用，而忽视了受众对媒介的应变和选择能力。

事实上，受众对于媒介绝不是毫无保留地接受的，在不同的传播背景下，对不同的媒介和不同的信息，受众往往会采取不同的态度和评价，或接受，或部分接受，或拒斥，或批判，受众的反应是完全不同的。传播实践也表明，媒介的许多宣传常常并不能产生预期的效果，有的甚至是相反的效果。这是由于受众不是被动的接受者，而是具有主观能动性的积极的参与者。没有受众的参与，传播活动就等于没有发生。正是因为有了受众对传播过程的先期介入和对信息产品的选择、主动参与、积极理解，具体的信息产品才不至于只是语言符号，而变成了真正意义上的精神食粮。

同时，受众也是传播效果的反馈者，信息的传播过程，不是单向传递而是双向沟通，不是强行灌输而是合作互动，受众也不是消极吸收还有积极反馈。反馈是接受者对传播者的回应，反馈有助于传播者检验和证实传播效果，有助于传播者改进和优化下一步的传播内容、传播形式和传播行为，能够激发和提高传播者的传播热情，基于以上原因，媒介和传播者现在很注重受众的反馈信息，如民意调查的受众研究就是这种态度的具体体现。

传统文艺理论研究的对象首先是文学作品的思想内容、形式结构和艺术价值，其次是作家的性格、生平际遇等。这些都是作品所固有的客观化的属性，是观赏者所观赏的出发点和前提。作品一经产生后，就成为独立自主的客观实体，而文艺史就是由这些实体及其评价的历史所构成的。这种基本倾向及做法，抹杀了观赏者在所有各种具体观赏过程中的重要地位及所能够发挥的能动作用。实际上，艺术作品的艺术价值及历史地位，其相应作者所获得的历史地位，都是观赏者对具体艺术作品的接受和观赏、批评，并获得审美体验和审美经验为前提的，应当是由作者、作品和观赏者所共同创造的。而在接受文本过程当中，作为接受者的观赏者同时也是阐释者，观赏者以其自身所具备的以往的观赏经验，对艺术作品内在规律的把握和艺术鉴赏的趣味和能力，丰富和补充了文本，使得作品的接受成为一个动态的“视域融合”的过程。最后，观赏者对艺术作品的反馈，有效地影响了艺术作品的生产和传播，对作者也具有一定程度的启发性。可以说，观众才是整个接受活动当中的主体。

三　观众研究的理论意义和实践意义

观赏文明的研究最终还是要深化、落实到观赏主体的研究，即具有审美能力的观众。而一部分文明观众在观赏场所对其他观众的引导、影响和塑造作用，是达到文明观赏普遍化、社会化的重要途径之一。这也有利于社会全体生活幸福的最终目标的达成。可以说，观众研究是观赏文明研究的深化和细化。

传统文艺理论将艺术作品和艺术家看作核心要素，艺术作品之所以存在并发挥作用完全是因为艺术家进行了创作；而艺术作品一旦被创作出来，就成为永恒的独立实体，观众就必须尽可能从作品出发，最大限度地摒弃各种主观因素的干扰，对艺术作品进行客观的认识和接受。实际上，观众在接受艺术作品时，不是被动地认识，而是积极主动地参与，运用自身所具有的审美经验对艺术作品进行解读，而观众对艺术作品的阐释不断更新和补充了艺术作品的内容，也刺激了艺术作品的生产和传播，对艺术家的创作具有启发意义。因此，观众研究体现了观赏文明研究的能动性和建构性。

现今，以市场为导向的经济发展模式所导致的利益主体的分化，社会阶层的变迁，加之消费时代观众对艺术观赏的心理期待升值，造就了价值体系的多元化，进而促进观众需求的多元化。主流媒体有责任将观众引向积极健康、品位高尚的生活方式，摒弃一些庸俗不堪、低级趣味的作品。同时，观众研究对于艺术家的创作和表演有积极的反馈作用，能够刺激艺术作品的创作和传播，引导艺术作品的市场走向。因此，观众研究的理论结果对于艺术家的实践和主流媒体的引导具有直接的指导意义。基于以上三点可以看出，观众研究对于当今社会是具有重要理论意义和实践意义的。

第二节 观赏心理机制

观赏活动是由接触观赏对象等而获得精神满足和情感愉悦的审美活动，也是通过艺术形象去认识客观世界的思维活动，在此过程中，感知、理解、想象、联想、情感等活动此起彼伏、相互联系、彼此促进，从而形成了人的观赏心理机制。观赏者指作为审美主体的人，以审美态度从作为审美对象的物中发现美并获得情感愉悦和精神满足，这种心理活动的发展主要分为三个阶段：前理解期、审美体验期、审美延留期。同时，我们不可忽视的一点是，在普通观赏者之外，对观赏对象高度认同的粉丝们的心理也是观赏心理机制研究的一个重要参数。

一 审美的前理解期

前理解期是审美心理发生的第一个阶段。审美心理的产生并不是同审美活动同步的，而是在此之前就已经产生了，这一阶段可称为审美的前理解期。在这一时期，审美者根据自己原有的经验、常识将作为审美对象的艺术作品进行对接，并对其艺术效果等产生初步预期。这种预期可能是悦纳式的期盼，也可能是怀疑式的等候，或是探寻式的好奇等。

（一）什么叫前理解？

前理解作为哲学解释学中的重要术语，其概念肇自海德格尔，系统化于伽达默尔，并由姚斯引入文学史研究。前理解指的是在理解活动发生之前主体就已经具有的对理解有着导向、制约作用的语言、历史、文化、经验、情感、思维方式、价值观念以及对于对象的预期等因素的综合。

对观赏者来说，前理解就是指观赏者在观赏活动开始之前，以其先在经验和原有的审美经验对于艺术作品的形式和内容等各个方面形成的定向性心理结构图式。

海德格尔认为，解释从来不是对先行给定的东西所做的无前提的把握。这个解释的前提就是“先行具有”“先行视见”和“先行掌握”。而伽达默尔在海德格尔的基础上又提出了“成见”的概念，用以表达人们在理解时的被规定性。但是，前理解向理解的发展过程，并不是仅仅前理解决定的单一向度，而是一种双向互动的关系。前理解决定对象，对象又反作用于主体，触发具体的前理解，具体的前理解再与对象进行交流，达成新的理解。理解实际上是一个不断由宽泛向具体缩拢的过程。前理解不是最高的也不是最终的，在理解中没有任何因素可以独裁，一切都要由所有的参与因素共同确定。

（二）前理解期的三个含义

海德格尔认为，作为审美的前理解有三重含义：先行具有、先行视见、先行掌握。正是这三种“先见”构成了理解本身，并进一步预示理解的方向和深度。

先行具有是指我们出生于某地，比如北京，我们就存在于这样的文化中，历史和文化在我们还没有意识到它存在的时候就给我们打上了烙印。这种存在上的先行具有作为我们理解任何事物的先决条件，让我们具备了理解历史和自己的可能性。

如果说先行具有的东西我们将其理解为前理解的内容，那么也许我们可以将先行视见即我们思考和理解时所要借助的语言及运用语言的方式理解为前理解的形式，在这里，形式之于内容的关系并不是表里关系，而是形式本身也是一种内容。先行视见将我们带入了前理解，并且参与到我们对所有事物的理解当中，其重要性不言而喻。我们在没有任何语言的状态下去理解和思考问题，是难以想象的。

相对上面两点，先行掌握更具有主观性，它是理解者在理解之前，就已经具备的观念、前提等知识储备，并以此作为理解时领会的起点和参照。我们理解时不能没有语言，同时也几乎不能从空白的精神开始。要理解一个事物或者说是艺术作品，必须要有已知的东西作为基础，即使这些已知的东西在理解或者审美过程中与新的理解发生了冲突，其存在仍然十分必要。

（三）培养积极前理解期的几个要素

前理解作为解释学中的一个重要概念，其核心意义是：理解是人的存在方式。基于这种前提，正是前理解让理解成为可能，首先没有“前理解”就不可能有理解，其次，前理解为审美者构建了视野，一个人理解什么以及理解到什么程度，恰恰是前理解在起着决定性作用。

换言之，没有前理解，理解的视域就无法构成，在这种状态下，我们看见的是艺术作品还是随便一堆垃圾可能感觉是一样的。因为对一块白板来说，任何东西都是未知的。而前理解越丰富，视界就越宽阔，就越能理解。但是，并不是所有的前理解都有利于我们的理解，我们对前理解也要加以区分。

伽达默尔将“先见”分成了两类。一种是积极的或者说是“合法的”先见：历史赋予的、对理解有正面意义的、人类无法摆脱的。这种先见来自对自身所处的文化历史的继承，是人与历史联系的纽带。正是因为我们一出生就被我们所处的社会历史文化占有，我们才成为真正意义的人，因为我们没有脱离社会。相反，那些“狼孩”“熊孩”从一出生就没有受到这种社会文化历史的占有，丧失了思维能力，脱离了社会，因而也不具备理解的基础。从这种意义上来讲，这种“先见”是十分必要的。但这并不意味着我们要完全顺应这种“先见”，事实上，只有将这种先见放在更广阔的理解环境中，不断地发展，在现实理解中不断提升才能使其在前理解期保持积极的作用。

积极的前理解对审美来说极其重要。库恩曾经写道：“一个人看到什么，既取决于他所看到的对象，也取决于先前已有的视觉—概念的经验引导他如何去看。”① 对观赏者而言，那种以深刻而广泛的内容为内在灵魂的情感容易走向审美，而以纯粹感性因素为基础的情感往往不自觉地偏离审美（尤其是深刻的审美）②。如果是观赏艺术品，

---

① ［美］R. 维尔斯：《论观察依赖理论》，《自然科学哲学问题丛刊》1983 年第 2 期。

② 童庆炳、程正民：《文学心理学教程》第二版，高等教育出版社 2011 年版，第 272 页。

观赏者的艺术修养的高低决定着其审美个性，只有不断地提高艺术修养，因为没有艺术的熏陶就不能形成音乐的耳朵和欣赏形式美的眼睛，再美的对象也不能成为其审美对象，对于审美的文盲，更谈不上有审美的个性了。

二 审美体验期

（一）审美体验的界定

任何审美对象都是审美体验的客观化，是审美体验象征性的异质同构形式。从哲学人类学角度看，审美体验是对人与世界的关系，即人的生存状态的一种精神反思，是对人的生命运动的直觉领悟。从发生心理学角度看，审美体验是以感性表象为基本元素的特殊心理活动，是一个不断顺应和同化外在刺激，不断调节审美关系中主客体矛盾达到主体心理平衡状态的无限建构过程。达到神游于物、物我两忘的和谐宁静状态，才是审美体验的最后圆成。

（二）审美体验与前理解的两种情况：顺应期待、期待遇挫

在审美之前，审美者就已经根据自己原有的经验和知识等对审美对象产生特定的期待。从某种意义上说，任何审美活动都是接受者的审美心理结构与审美对象之间相互作用的过程，是审美主体心理结构自我调整和逐步建构的过程，在这个过程中充满了自我冲突和自我完善。皮亚杰曾指出：认识的获得必须用一个将结构主义和建构主义紧紧地联结起来的理论来说明，也就是说，每一个结构都是心理发生的结果，而心理发生就是从一个较初级的结构过渡到一个不那么初级的（或复杂的）结构。①

因此，在审美活动进行时，审美者的期待视野与审美对象之间必然会呈现出顺向相应或者逆向受挫两种状态。在审美活动中，当审美对象与审美者的前理解相一致时，审美者原有的先见就会得以强化和巩固，其不仅能顺利地理解、领会审美对象的内容和形式，而且其审美心理结构也会在此过程中得到满足，并且变得更加自信。而另一种

---

① ［瑞士］皮亚杰：《发生认识论原理》，商务印书馆1985年版，第15页。

情况是，当审美对象在整体上或者部分与审美者的前理解不一致，审美者的期待视野遇挫使得审美活动无法继续进行下去。在这种情况下，审美者可能会出现两种现象，一是放弃审美，排斥审美对象，审美活动终止；二是审美者通过自我调整来适应审美对象。这是审美对象作用于审美者的表现，即审美对象对审美者原有的前理解起到了改变、更新和提高的作用。这种改变和适应是期待遇挫后的一种积极主动的选择而非消极被动的适应。

（三）审美体验的三种形态

相应于人的本质生成与发展运动，审美体验表现为三种基本形态：情境体验、角色体验和高峰体验。

1. 情境体验

情境体验是第一种形态，它建立在人的自然宇宙本体论基础之上。这是人类在与大自然的搏斗中，逐渐形成直我意识的结果，它把自然看作人化的自然，而把自身看作自然化的人；自然宇宙直接对应着、体现了人的最高本质。因而在审美体验中，构成审美客体的是自然的各种景物：审美主体在体验过程中将自身的生命本质看作是自然界的种种色相。自然造化的精微博大映照出主体生命的浑厚深邃，人在自然宇宙中感悟到生命的律动，体悟生命本质的充实和博大，体现了人类在自然宇宙中至高无上的地位。

2. 角色体验

角色体验是审美体验的第二种表现形态，它建立在社会理性本体论基础之上。角色体验是审美主体作为社会存在物的人，其审美对象也是作为社会存在物的人，即生活于一定社会关系中的社会角色。

审美主体在感知审美形象的同时，以角色的眼光观照社会，以角色的心灵体悟自身的生存状态和生命律动，设身处地地体验角色的思想感情，并与之产生情感共鸣，这时，真正的审美活动才得以开始。其心理体验过程，是从对角色（审美对象）的审美观察开始，经主体的一系列“内摹仿”而达到主体与角色合二为一的平衡状态。它不是为了表现我的感情而去从对象中寻求象征性的同构形式，而是由他人的悲欢离合激起我的同情和兴趣，从而促使我去切身地体验角色的内心世界、把自己的情感灌注于角色之中，经过相互间思想感情的撞击、交汇、互渗而达到和谐有序的境界。

3. 高峰体验

高峰体验是审美体验的高级表现形态，它建立在性灵本体论基础之上。

所谓的高峰体验是指审美人格倾向在对象的审美形式中自由发挥、圆满实现。在审美活动中，人的心灵会进入一个新的境界，在这个境界中，审美主体摆脱了外在环境，内在的潜能得到充分发挥，进入了“天人合一”的境界，这也就是著名心理学家马斯洛所说的“高峰体验”。马斯洛认为，他们都声称在这类体验中感到自己窥见了终极的真理、事物的本质和生活的奥秘，仿佛遮掩知识的帷幕一下子给拉开了。①高峰体验能够激发人的理解潜力，并催生由这种理解引发的情感，对人的心灵产生深度影响，甚至因心灵冲击而改变人的思想及情感。由于心灵层的感受整体性强，更深入，有较强感染力的雅的审美会影响人的深层记忆，并常常迫使审美者积极联想、反思、探究，使审美者的审美活动进入极致状态。

就观赏而言，在进行观赏活动时，艺术的理解与历史的理解并不相同。历史的理解是不管理解主体先行具有的知识储备如何，其理解到的内容都是当下的，是理解力所能理解到的。但艺术的理解与之不同，艺术的理解并不以理解到的内容为目的，而是以理解的自由为终极目标，以主体的境界提升为目的。

三　审美延留期

（一）审美延留的界定

审美延留期是审美心理过程的第三个阶段，也是最后一个阶段，是艺术接受进入高潮阶段后的一种审美心理活动阶段。在这一阶段中，高峰体验虽然已经过去，但审美活动仍在进行。审美者与审美对象产生共鸣、随之净化心灵，并通过回味和反思，使审美活动进一步

① ［美］马斯洛等：《人的潜能与价值》，华夏出版社 1987 年版，第 367 页。

深化。审美后延留的有无、延留时间的长短及延留效果的性质，往往是判定审美对象价值高低的重要尺度。

（二）审美延留的两种状态

1. 净化

所谓净化，就是受众通过审美而达到去除杂念、趋向崇高的自我教育的结果。

净化范畴可以理解为艺术与接受者之间进行交流的组成因素，是受众在观赏活动过程中不由自主地达到的一种状态，这种状态主要体现在调节精神、排遣情绪、去除杂念以及提升人格等方面。

古希腊哲学家亚里士多德在他的著作《政治学》中屡次提及音乐对人的净化作用，“人们不仅从中得到彼此共同的快乐感受，而且能够察觉到音乐对性情和灵魂的陶冶作用”①。

这里的净化实质上是一种新陈代谢，是观赏者为艺术作品所打动之后实现的人格提升，其活动机制非常复杂。概括来说，就是由观赏的艺术作品所激起的强烈情感震撼或者说感染了观赏者的心灵，并使之受到涤荡，从而形成了张力，在此过程中必然有情感的宣泄和补偿，其作用的结果就是完成一次情感的新陈代谢。净化对观赏者来说，就是在对艺术作品的陶醉中得到超凡脱俗以及心灵解放的快慰。

2. 回味

回味发生在观赏的后续阶段，在这个阶段，审美对象接受高潮已经过去，但审美仍在继续。比如观影者在电影结束后仍然沉浸在影片所营造的艺术氛围之中，并思索与影片有关的各种因素。

在观赏的过程中，受众暂时忘记了自我存在，与审美对象融为一体，从而产生认同感。在观赏活动结束后，受众又回到原来的自我，但是观赏过程中所产生的潜移默化的改变仍部分留存在观赏者的思想中，通过对艺术作品的回味和反思，形成更深层次的领悟。

回味发生的过程既与对象的审美属性有关，因为美的事物引起观赏者的回味，同时，观赏者主体积极投入地参与到观赏过程也是回味

① 《亚里士多德选集》（政治学卷），中国人民大学出版社 1999 年版，第 284—285 页。

发生的重要因素。客体自身属性的绽放和主体能动性的发挥，共同促成了回味性延留的出现。

另外，具有更高修养的人更容易产生回味性延留。比如，在博物馆欣赏一幅山水画，大部分受众都会被画本身的优美、雄浑所打动，并在此间形成净化，这通常要归功于画作本身作为审美对象的作用；而走出博物馆之后，对画作的欣赏回味延留，则更多地出现在那些具有较高美术修养的人身上。

(三) 人性的重塑

在审美活动结束后，无论是净化还是回味，其结果对人的心灵都会产生新的影响，使其向更纯净和更高修养的层次迈进。在审美进行时，我们已经体验到了艺术之于我们的巨大的感染力，使我们沉浸于积极情感的世界里，并体验到这种积极情感对我们自身的净化和滋润，从而认识到作为人的价值以及生命的意义，并获得更高的审美理想。苏珊·朗格在其《情感与形式》中曾经这样描述："与其说艺术影响了生命的存在，倒不如说它影响了生命的质量。无论如何，这种影响是深邃的。"①

现今世界，人们的焦虑更甚，其中来自现实世界的压力巨大，如何在审美活动中体会到积极的生命意义，消除我们的负面情绪，就成为美育研究的重点。

而艺术作为能够唤起积极情感的活动，是我们对抗焦虑等负面情绪的重要力量。在观赏艺术的过程中，获得前所未有的高峰体验，从现实世界的紧张状态中解脱出来，使人性得到重塑。

第三节　文明观众范畴的基本规定

观赏活动是人与外界接触所发生的一种特殊活动，是带有消费性和审美性的精神活动。观众是观赏活动的主体，即指观看演出、节

① [美] 苏珊·朗格：《情感与形式》，中国社会科学出版社1986年版，第467页。

目、展览或赛事的人。观众的观赏行为和水平直接影响观赏活动的开展和效果，这既显示了观赏者个人的道德层次和艺术素养，又体现了社会公共道德和文明状况。观众有道德素质高低和欣赏趣味高雅之分，因此，作为观赏活动理想主体的文明观众在观赏活动中具有十分重要的地位，是观赏文明的建设的关键。

一　文明观众的内涵

文明观众是指在观赏活动中能遵守相关礼仪和按照审美的规律展开观赏活动的人。文明观众要遵守社会文明规范、了解与观赏对象相关的观赏礼仪，并且能对观赏客体从外在形式到内在精神内蕴的审美把握获得审美体验，通过观赏实践的过程培养高雅兴趣和提升精神追求实现观赏活动的文明开展，彰显其审美性，体现一定的审美能力。文明观众的内涵具体包括：

（一）文明观众是观赏活动的理想主体

观众是观赏活动的主体，是观赏活动的和谐展开和观赏对象价值实现的关键，但他们未必是观赏活动的理想主体。观赏活动本质上是一种艺术欣赏活动，无论观赏对象是书法、绘画作品，音乐、舞蹈、戏剧表演还是体育赛事等作品或活动都具有艺术的本质特性，具有明确的审美特征。

审美活动是审美主体和客体获得的内在精神的契合进而对象化的过程，在这一过程中，观众作为审美主体存在差异性和能动性，因为人的个体差异，观众的观赏需要和能力也不同。

观赏活动虽然能够在精神层面满足观赏主体的各个层次的需要，但是观赏主体由于自身的需要可能只关注其中的某个层次，如在艺术观赏中，艺术作品的价值则标志着精神生活的等级。而审美对象的审美属性是恒定的，观赏对象的存在和意义与价值是相对客观的，观赏活动是观众去发掘、体验和把握观赏对象特色的过程，是一种精神实践和交互。文明观众是观赏活动的理想主体，体现在这一方面他们能够以审美的方式把握对象，另一方面在于他们能够从道德的层面符合观赏活动相关的社会规约。

（二）文明观众的观赏活动遵循美的规律

在观赏活动中，观众与对象构成一种审美关系，审美活动的普遍形式是按照“美的规律”进行的。马克思在论述人的物质生产与动物的物质生产的区别在于的自由性特征时提出“美的规律”，“动物只是按照它所属的那个种的尺度和需要来建造，而人却懂得按照任何一个种的尺度来进行生产，并且懂得怎样处处都把内在的尺度运用到对象上去；因此，人也按照美的规律来建造”①。从物质生产到精神生产中体现的“美的规律”是人的实践活动的根本特点，体现了主体和客体的统一。作为审美实践活动主体的文明观众在观赏过程中遵循美的规律是文明观众内涵的核心。一方面原因是人的审美需求和审美能力的层次差异而具有不同的审美动机，在观赏活动中观众的兴趣点和关注点会有所差异。另一方面观赏对象本身的特点同时也规定了观赏活动的“美的规律”的原则，因为某些观赏活动具有一定的大众性，某些观赏活动则需要一定的艺术修养和经验。因此，文明观众的观赏活动遵循美的规律体现了对主体和客体的属性的尊重。

观赏活动中的审美关系还包括如审美主体间的非主客体关系，处理好这些关系将为观赏活动提供良好的氛围、条件，文明观众需要和谐处理这些关系，如遵守观赏活动相关的规定，衣着打扮得体，讲究观赏礼仪，举止礼貌不影响他人的观赏体验和效果，在相关规范的框架内加强自律，同时也实现自身的内外和谐。这种人与人之间、人自身的和谐、友好的标准符合审美活动的艺术标准，而非日常伦理标准。

（三）文明观众的观赏活动具有审美性

文明观众的观赏活动除了具有一般活动的社会性之外还具有审美性，文明观众与欣赏对象形成一种审美关系。这种审美性首先表现在观众对观赏客体有着审美需求，观赏活动属于消费性审美活动，是对审美价值的消费而非使用价值的消费，与非审美价值的消费相比，审美价值的消费是一种特殊的精神享受，带有审美性。具体体现为主体对客体由

① 《马克思恩格斯全集》第42卷，人民出版社1979年版，第79页。

感知、想象到情感体悟从而升华为一种内在精神的心理过程。

观赏活动中审美心理过程的第一个阶段是审美感知，即主体被客体的外在形式吸引，如声音、色彩、图像等外在形式吸引，观赏主体对审美对象的把握不经由概念，而是依靠直觉的方式感受、体验对象，直接带来一种感官刺激与愉悦。随着审美活动的由浅入深，主体情感、想象被触发进入审美心理过程的第二个阶段审美体悟阶段，审美主体沉浸在对象内在精神内容的把握中，融合了感性与理性的这种审美把握体现了非功利的自由性的特点，主体依靠审美想象力进行审美创造，达到审美主体与对象的高度的精神契合，这种契合是一种精神共鸣现象。审美心理的第三个阶段是审美提升的阶段，是一种情感、意志的理性的自我观照的超越性体验，逐渐使人得到提高和升华，使人走向完善，达到马克思所说的“全面发展的人”。

文明观众通过观赏活动培养自身的审美意识，能在审美经验的积累中获得精神体验的超越性的提升。在观赏过程中，我们可以学会一些知识，欣赏到对象的艺术魅力，受到对象的价值的熏陶。审美提升的心理过程可以优化人们的心理结构、激发人们树立崇高理想、培养健全的人格、提高审美能力和创造美的自信。

（四）文明观众具有一定的审美能力

“从主观方面讲审美主体必须具有五官感觉和精神感觉的能力，必须具有一定的艺术修养和实际生活经验，具有艺术的审美趣味，艺术品才会真正成为欣赏主体的对象物。否则，再好的艺术品也难以成为审美主体对象化的存在。”① 文明观众的审美能力表现为：

第一，文明观众在本质上必然是由于趣味的推动，通过欣赏外在世界而获得内在世界的提升与完善。姚斯在《恢复愉悦》中提出，“审美愉悦是现代审美活动中的一个重要因素，它可以复活现代人在感觉上的麻木、萎缩，从而维护一个人类共同视野——复活感觉”②。

① 江溶编：《艺术欣赏指要》，文化艺术出版社1986年版，第1页。

② ［德］姚斯、霍拉勃：《接受美学与接受理论》，周宁、金元浦译，辽宁人民出版社1987年版，第7页。

作为欣赏主体的观众首先要具有一定的审美需求和知识素养，这样他才可能真正地与外在世界进行情感交流，他了解对象并理解对象的形式所传达的意义。

第二，文明观众能在良好的欣赏习惯的指导下与对象进行精神交流，获得美的体验和精神愉悦，审美主体的审美感知能力、审美想象力及审美创造力等审美能力起到了重要的作用。同时要求观赏活动符合社会规范和艺术规则，从而使个人的欣赏行为也成为审美的对象。

第三，审美经验对观赏活动具有重要的作用。黑格尔在《美学》论述“美和艺术的科学研究方式”时提出，“每种艺术作品都属于它的时代和它的民族，各有特殊环境，依存于特殊的历史和其他的观念和目的，因此，艺术方面的博学所需要的不仅是渊博的历史知识，而且是很专门的知识，因为艺术品的个性是与特殊情境联系着的，要有专门的知识才能了解它，阐明它”①。因此，经验在审美活动中的地位至关重要，我们可以凭借对于对象的记忆和想象，把握住艺术作品的一切特色，并且在比较的基础上加深对于艺术品的理解。

二　文明观众的特征

文明观众这一概念主要强调的是观众的社会属性，是在描述当人作为观赏主体的时候应该具备的基本素质。首先，由于人都是生活在一定的社会结构中，那么就要受到相应的社会规范的制约，这既是对一种既成的生活方式的尊重，也能保证社会的正常运行。因此，我们应该注意养成一定的观赏礼仪，应该在进行相应的观赏活动之前进行有意识的准备。这既能代表个人的素养，也代表一个地域、种族和国家的基本形象。其次，既然是文明观众，那么具有相应的审美素养也就是题中应有之义。由于各种门类的艺术都有其相应的欣赏方式和习惯，我们也要接受相应的训练，在思维、情感和行为等方面与欣赏对象相一致。最后，文明观众的主要行为就是欣赏，而欣赏的目的是缓解劳动带来的肉体上的劳累和精神上的疲倦，从而形成一个相对舒适

① ［德］黑格尔：《美学》，朱光潜译，商务印书馆1979年版，第19页。

和宁静的内在环境，这既获得了人与外在环境的和谐，也达成了人内在精神的平静。由此，人会形成一种对于外部世界和内心世界的特殊观感，从而提升人的精神境界。因此，文明观众在本质上是知仪性、审美性和超越性的统一。

（一）知仪性

知仪性是文明观众的第一个特征，这是观众走向文明的基础。因为，欣赏礼仪既是一定的社会规范，也是进行欣赏的必要准备。因此，欣赏礼仪是沟通日常生活和审美经验的重要桥梁。杜威在《艺术即经验》中谈得最多的就是恢复艺术与非艺术之间的连续性，他在这本书开篇就强调，“从事写作艺术哲学的人，就被赋予了一个重要任务。这个任务是，恢复作为艺术品的经验的精致与强烈的形式，与普遍承认的构成经验的日常事件、活动，以及苦难之间的连续性”①。这种观点告诉我们不能妄图去区分艺术与生活的关系，而应该通过经验建立起二者的一致性。因为，仪式或者礼仪在本质上也是一种经验，不过这种经验需要外在的形式和内在的情感态度的辅助。

其实，仪式或者礼仪与文化的关系密切，尤其是和我们的社会结构及精神状态密切相关。佩尔尼奥拉在谈及罗马宗教与仪式的关系时就曾论述过仪式与文化的关系，他认为“艺术和城市、艺术作品和政治秩序这几种概念一齐交汇在仪式这个词上，而仪式正是宗教和古罗马社会的枢纽。在文化人类学和宗教史领域里，广泛流行着这样一个观念，认为仪式离不开神话；与此相反，罗马宗教呈献给我们的是没有神话的仪式，是对文化活动极为精确和一丝不苟的重复，而其本来意义则被压制、忘却、忽略了”②。这里，我们可以更为清晰地理解礼仪对于一个人来说，它的社会功能与意义不单单证明一个人的文明程度，还代表着他的文化种属，是一种社会关系的表征。

我们还需要强调的是，礼仪不仅是一种社会活动的基本表现，更是对审美感受的关注。而这种关注，要能够为我们的思想、情感和意

① ［美］杜威：《艺术即经验》，高建平译，商务印书馆2010年版，第4页。

② ［意］马里奥·佩尔尼奥拉：《仪式思维》，吕捷译，商务印书馆2006年版，第91页。

愿所解释，并且逐步改善我们的行为方式。舒斯特曼认为，“身体美学的感觉既不能解释也不能辩护我们的审美判断，然而却可以帮助我们提高审美能力甚至道德力量”[①]。因此，我们更有理由相信，要想提高我们的思想和生活的质量，接受必要的身体美学的训练具有深刻的社会意义，它可以维护一个社会群体的统一、力量和生存。这种对外在身体的约束实际上是为内在的精神愉悦做好准备，这种准备来源于欣赏者的“自我构想”，他力图建立起一种适合进入审美经验的状态，这样就能将人从现实的功利状态中解放出来。这种“自我构想”通常服务于审美的目的。因此，我们接下来讨论文明观众的第二个重要特征。

（二）审美性

文明观众的第二个特征是审美性，审美性是文明观众的核心特征。文明观众以知仪性为基础，当其从这种状态中跃迁出来，他就进入文明观众的核心地带。审美是文明观众所要完成的重要任务，与满足官能快感的物质享受相比，观赏活动“消费审美价值所得到的享受，却是一种高级的精神享受，是灵魂的愉悦，是心灵的快感”[②]。文明观众要进入审美层次需要一定的审美能力，他要能够与对象建立起审美关系。

首先，文明观众需要具有审美感知能力，而这种能力直接触及的是人的视觉、听觉、触觉和味觉。这要求主体可以通过初步的感知从对象身上获得审美快感。因为这些官能可以从不同角度再现自然，使对象可以综合不同的质素形成完整的形象。我们可以感知对象的色彩、声音、温度和味道，并且在生理与心理等层面与之建立起联系。并为对象的整体形象的完成做充足的准备。

其次，文明观众需要具有审美想象能力，能够达到这种程度，需要主体具有相应的审美经验，他要能够将对象进行意象化，然后与头

① ［美］理查德·舒斯特曼：《生活即审美》，彭锋等译，北京大学出版社2007年版，第182页。

② 杜书瀛：《文艺美学原理》，社会科学文献出版社1998年版，第337页。

脑中的其他艺术形象进行类比，从而建构起完整的审美图像。因此，在接受者的眼里，色彩的内容丰富了，它们与其内在的情感进行充分的交流，从而在精神领域形成一种特殊的愉悦状态。

再次，文明观众需要具有审美情感能力，这是说主体要能够根据对象的形式及内容，转移个人的情感。对象的形式美可以给人带来官能的愉悦，而对象的内容与意义的价值则会给人带来心理的愉悦。这里的审美愉悦可能与主体的经验密切相关，是整合到一起的感性因素具有的情感力量。但是，这里的审美经验没有上升到观念层面，还不能进行纵向的历史评价和横向的理论探讨。

最后，文明观众还需要具有审美理解能力，这是主体内在精神进行提升的重要环节。主体将对象的形式与内容进行整合，从宏观的层面对对象进行系统把握。在这一层面，对象的种类价值、审美价值和实用价值都呈现出来。尤其是道德层面被系统激发，“所以，我们定必料想到，德行也应该对我们一切激情施以同样的抑制——不是出于对某种感情需要怀有迷信的反感，而是出于对一切感情需要都有同等的关怀”①。当理性与知性进入审美的空间，审美活动也不能单纯停留在个人内在的精神领域，而要突破这层帷帐进入社会道德空间。当主体依凭完善的内在情感世界，他对自身和外在世界的认知将具有超越每个人都必经的狭隘阶段，朝向“全面发展的人”的方向发展。

（三）超越性

文明观众的第三个特征是超越性，这是文明观众的最高旨归。观赏活动中的审美质素是人走向完善的基本途径和重要途径。“现象对于不同的个体、不同的社会集团和阶级可能具有不同的意义。从这种意义上来说提出不同的个性价值或不同的集团价值的问题是合理的。但是，与此同时，我们完全有理由谈论某种现象对于整个社会的意

① ［美］乔治·桑塔耶纳：《美感》，缪灵珠译，中国社会科学出版社1982年版，第148页。

义，因而也完全有理由谈论真正的社会价值。”① 审美是超越的重要形式，这主要表象在知性和理性出现局限的领域。当人的局限性暴露出来后，重建价值体系成为迫切的需要，而在这一体系建立之前能够维系整个社会正常运转的就是审美的存在。

消费对象的审美价值，这对文明观众提出了更高的甚至是专业的要求。它不仅需要文明观众能够进行艺术欣赏，还要能够发现艺术作品背后所附着的道德价值和意识形态意义。尽管有人认为道德评价无法适合艺术品，但是我们仍要突破艺术自律论的窠臼，建立起艺术与人生的关系。“要理解一部文学作品，一般来说不仅需要人们使用自己从社会活动和评价的各个领域获得的日常语言和文字联想的知识，而且也常常需要观众使用各种各样的日常推理，包括道德推理，这仅仅是为了理解文本。”② 因此，文明观众基于知仪性和审美性必然要向创造性突破。这就需要文明观众反观自身，以培养健全人格、追求人的价值和创造美的能力为目标与任务。

文明观众在观赏活动中需要优化自身的心理结构，培养健全的人格。任何观赏对象身上都存在一定的价值，而这些价值的导向是人格的完善。这一目的的达成需要对象的情感渗透使观赏者的相应情感受到激发。“对诱发无名感受的客体进行有目的的审美观照，使人比较容易注意这些感受。然而，即便这样，人们通常还是不愿把一种体验同那些每当触及‘情绪’之时自发的体验作强度方面的比较。”③ 正是由于对象的情感投射，从而使观赏者的内心得到丰富的养料，这对其健康人格的培育至关重要。

文明观众在观赏活动中需要树立普遍美的理想，自觉追求人的价值。人的价值实际上是一种对于普遍性的美的追求，这种美的本质是

---

① ［苏］列·斯托洛维奇：《审美价值的本质》，凌继尧译，中国社会科学出版社1984年版，第44页。

② ［美］诺埃尔·卡罗尔：《超越美学》，李媛媛译，高建平校，商务印书馆2006年版，第443页。

③ ［美］杜卡斯：《艺术哲学新论》，王柯平译，光明日报出版社1988年版，第159页。

一种愉悦，是一种心灵的和谐状态。正如牟宗三在《康德：判断力之批判》时所说，“愉悦于美是可以传通的心灵状态（自由游戏中想象力与知性之谐和一致之心灵状态）为其主观条件的。这主观条件既可传通，所以它有普遍性，因而伴随这可传通而起的快感亦有普遍性，即‘愉悦于美’之愉悦有普遍性；因而结果审美判断，如‘花是美的’这一判断，它虽发自独个主体，又不依靠于任何概念亦无任何利害关心，然而它却犹有普遍性”[①]。人若是一直拥有一种愉悦的情感，那么他的身心将一直保持自由的状态，而自由式人的本质状态，也是人应该追求的理想状态。

文明观众在观赏活动中需要提高创造美的能力，这种创造既是一种实践活动，也是一种心理活动。我们可以通过美的感受改变我们生活的环境，也可以通过改变我们的感受来适应环境。“生命运动是寻求着自己和周围事物协调的，更通俗地说也就是寻求着美感满足的。”[②] 既然生命的状态是追求一种协调与美感满足，那么文明观众的目标与任务就是提高自身创造美的能力，让自己的内心与外在世界协调一致，从而保持一种美感充盈的状态。

三　文明观众塑造的特点

文明观众的塑造要根据当前社会转型期的人群特点，并结合经济全球化和文化多元化的特殊时代背景。由于观赏主体的出身经历、文化修养、审美经验、价值观念和年龄的不同，其审美需要、审美趣味和审美理想必然会存在很大的差异。因此，我们在进行文明观众的培育实践的过程中，要根据具体情况进行有意识的规划和处理，从而取得良好的社会效果。

文明观众的塑造主要是让观众知道相应的欣赏礼仪，具有一定的审美能力，并能超越现在的精神水平。而在塑造的过程中要把握的关

---

① 牟宗三译注：《康德：判断力之批判》，吉林出版集团有限责任公司 2013 年版，第 39 页。

② 汪济生：《美感的结构与功能》，学林出版社 1984 年版，第 74 页。

键就是审美趣味的培养，童庆炳曾界定过“艺术趣味”，他认为，“艺术趣味是以情感定向为核心的包括审美感知、审美心境、审美理想、价值观念、社会心理等的完整系统”①。我们可以借鉴童先生概括出来的艺术趣味的要点，来作为培养文明观众审美趣味的标准的参考。由此，我们将文明观众塑造的特点概括为三个方面：养成性、时代性和文化性。

（一）养成性

观赏活动是审美活动之一，是人们日常生活极为普遍的审美实践。观众作为艺术实践的主体，在艺术观赏活动中的地位十分重要。他既决定审美活动的生成，也决定审美活动的最终价值。所以，没有理想的观赏主体，就没有审美活动及其后续意义。因此，培育和塑造理想的审美主体成为亟待解决的社会问题，这关系到社会的稳定与和谐发展。

文明观众的养成性指的是观众作为审美主体可以通过审美实践活动的经验积累不断提高观赏趣味和道德素养。文明观众是可以培养的，这与人的心理结构密切相关。按照巴甫洛夫的心理学理论，人的心理主要有“刺激—反应”两个主要过程构成，虽然巴氏的理论略显粗糙，但是后世的理论或者丰富或者填补这一系统，却没有完全超越它而独立成为一个体系。在美学领域提出了格式塔心理学，它主要强调欣赏客体具有一定的结构性特征，而这种结构性特征和人的心理的结构性相适应。人可以将对象完整反映到意识领域，并且还可以丰富对象的内容，使人的精神世界向前发展。

艺术观赏总是经由主体感官上的满足，再到情绪、情感的“惊颤”、激荡，再到更高的理性层次上的领悟这一过程，而这一过程的核心和关键是文明观众的养成，而且观赏活动的客体，艺术本身也与文明观众的存在密不可分。“审美活动正是人在物质生产和精神生产、物质生活和精神生活之中，不断获得、发展、发现、肯定、确证、观赏自己本质的活动形态之一，也是最能够体现人的本质和本性的活动

---

① 童庆炳：《文学审美论的自觉》，北京师范大学出版社2011年版，第211页。

形态之一。"[1] 由于审美活动是人的本质和本性的体现，那么，人按照美的规律生活就应该是人的本然的存在方式。

席勒在《审美教育书简》中提出，"象美一样，崇高也白白地倾泄到整个自然之中；感受这两者的能力放在所有人的身上，但这种感受能力的萌芽发展是不平衡的，必须通过艺术加以补救。天性的目的就带来这样的结果：当我们还在逃避崇高的时候，我们就首先急忙朝着美走去"[2]。席勒也倾向于认为人天生具有欣赏美的能力，只不过是对于"崇高"和"优美"的发展是不平衡的。因此，后天对于主体的塑造就成为一种必然的要求。

对于主体的塑造要让生命体验与审美体验相结合，这样主体才会真正地感受到对象身上的内容与情感。"生命体验与审美体验的自由连贯，离不开体验者的匠心独运。体验是意向性选择的自有结果，所以，体验者要做有心人，这是审美体验与价值体验的基本功夫。"[3]因此，这种塑造还需要主体的主动参与，这样才能达到更好的效果。

（二）时代性

观赏活动属于消费性审美活动，因此不同社会时期的审美现象各具特点。社会意识形态通过社会心理影响艺术趣味，艺术趣味中有社会意识形态的因子通过国家的精神文明建设引导起作用，因此，不同时代社会心理直接与艺术趣味相关。"艺术欣赏是一种形象的再创造，一种伴随着强烈感情活动的形象思维。欣赏的效果随个人心境的不同而发生急骤变化。"[4] 这就意味着欣赏者的心理状态直接关系到欣赏的效果。因此，不同时代文明观众的塑造就会呈现出明显的差异。

丹纳在论述时代对艺术的影响时提出，"无论什么时代，理想的作品必然是现实生活的缩影。倘使我们观察现代人的心灵，就会发觉感情和机能的变质，混乱，病态，可以说是患上了肥胖症，而现代人

---

① 杜书瀛：《文艺美学原理》，社会科学文献出版社 1998 年版，第 5 页。

② ［德］席勒：《审美教育书简》，冯至、范大灿译，北京大学出版社 1985 年版，第 163 页。

③ 李咏吟：《审美价值体验综论》，中国社会科学出版社 2009 年版，第 9 页。

④ 江溶编：《艺术欣赏指要》，文化艺术出版社 1986 年版，第 4 页。

的艺术便是这种精神状况的复制品”[①]。这告诉我们，当代文明观众的塑造要立足于现实，是针对当下功利主义泛滥的特殊状态，通过艺术的手段激发人的审美潜能，调动人的道德要求，从而净化社会环境，为社会发展提供生机。

在审美活动中，主体的审美理想和价值观念具有伦理性的特点，而社会心理和意识形态是社会性的。文明观众的塑造体现集团性趣味与社会心理的互动关系，“社会心理”是特定历史情境中自发形成的人们的社会性知觉、情绪、愿望、需要、兴趣、时尚等的总和，它有原始性、群体性、易变性和无意识性的特点。因此，我们需要通过一系列审美活动使社会心理中的原始性向现代性转化，形成有意识并稳定的社会观念。同时，我们也会注意到社会心理制约群体趣味。这就需要我们向其他文化类型的社会寻求帮助，以期更为圆通地实现文明观众的塑造。

审美活动是人对世界的一种特殊的掌握方式，艺术观赏需要感知对象，把握对象的本质，依据规律来展开观赏活动。在某种程度上，审美活动弥补了知性和理性活动的边界，对由于时代局限带来的认识问题和道德问题进行说明和阐释。观赏活动的中介是观赏主体的情感、认知、意志、知识等方面。而这些方面与时代的关系密切，不同的时代对于人的要求不同。人在观赏活动中通过对象的人化确证自身的价值，审美是人的本质力量的自我确证和自我肯定。因此，对于人的本质的认识越深刻，人的审美活动也越丰富；相反，审美活动越丰富，也促进了对人的本质认识的深化，同时促进人内在精神的完善。因此，对文明观众塑造的时代性把握可以更为清晰地选择艺术鉴赏与评价的方向。

（三）文化性

观赏活动的不同表现受环境、观赏主体的心理、观赏客体的形式风格等因素的影响，其中观赏趣味是一个核心问题。它是观赏活动的驱动力，制约文明观赏的实现。“艺术趣味是人在长期的艺术接受经

---

① ［法］丹纳：《艺术哲学》，傅雷译，人民文学出版社1997年版，第290页。

验中形成的审美心理定向，它常表现为对某类作品的偏爱。”① 这种长期的艺术趣味的养成与文化的关系密切，而艺术趣味又会形成一定的稳固性，代表着一定种族和文化的特点。

对于文明观众的研究不应当在人的个人生活中，而应该在人的整体的社会生活中去探讨。正如丹纳所说，“一个民族永远留着他乡土的痕迹，而他定居的时候越愚昧越幼稚，身上的乡土的痕迹越深刻”②。之后他又列举了一些例子来论证文化对于人的影响的稳定性：“法国人到波旁岛或马蒂尼克岛上去殖民，英国人到北美洲和澳洲去殖民，随身带着武器、工具、艺术、工业、制度、观念，带着一种悠久而完整的文化，所以他们能够保存已有的特征，抵抗新环境的影响。”③ 这说明人的生产生活方式的保持背后是对文化的坚守。

而当今的现实又出现了重大的变化，现在不单单是文化坚守的问题，还存在异质文化进入与多元文化交融的问题。舒斯特曼认为，“当电脑空间的新媒体支配我们的科技想象的时候，多元文化主义似乎也吸引了我们的文化关怀。多元文化主义是近来最引起喧闹的时髦词语之一。从引起喧闹的控制论意义上来讲，与其说它传达了清晰的信息，还不如说它引起了令人迷惑的麻烦，如果它还有某种积极意义的话。就如它的姊妹概念全球化一样，多元文化主义也是模棱两可和引起争议的”④。这里，值得我们注意的是，在进行文明观众塑造的过程中，我们既要注重对传统文化及价值观念的渗透，还要传达出多元文化的特点。而这些价值都应该隶属于一种人道主义精神，就是对人的本质和权力的尊重。

然而，审美现象始终都是一种意识形态，它没有办法完全脱离意识形态的影响，正如詹姆逊所言，“审美现象——由于是文化的，是上层建筑声称与之相等并加以取代的那个整体的一个功能性部分——

① 童庆炳：《文学审美论的自觉》，北京师范大学出版社 2011 年版，第 205 页。

② ［法］丹纳：《艺术哲学》，傅雷译，人民文学出版社 1997 年版，第 243 页。

③ 同上。

④ ［美］理查德·舒斯特曼：《生活即审美》，彭锋等译，北京大学出版社 2007 年版，第 240 页。

因此也是意识形态的。惟其如此，‘新’既是一种审美价值，是历史上资本主义生产的一个原生范畴，也是一种意识形态补偿”①。因此，文明观众的审美活动实际上也是一种意识形态活动，这就要求我们在进行审美活动时要有意识地注意各种观念的产生和结构方式，并反思和判断在审美活动中起关键习惯作用的概念及其系统。

综上所述，文明观众塑造的特点主要表现在养成性、时代性和文化性等层面，作为处在不断被构建状态的主体由于不同经验的加入，其发展方向也有所变化。因此，通过一系列正确有程序的经验的渗透，主体体验到对象的价值与意义，从而丰富自身的内在心理和精神世界。这种程序必然是渐进式的，是通过对主体的感动、挑战和启示，从而使其对自身的理解更清楚、全面来完成的。

第四节　文明观众塑造的层次与途径

文明观众的观赏活动从本质上来讲是一种审美活动，而在具体的观赏行为中，并不是所有的观赏活动都是在美学意义上进行的，文明观赏的实现依赖于观赏主体的审美能力，观赏主体的审美能力的提升需要长期的审美经验的积累，即文明观众的塑造。

一　文明观众塑造的层次

文明观众的塑造是一个渐进的系统的过程，在这一过程中，我们要注重从外在礼仪到内在心理的培育，使得文明观众在观赏活动中逐渐实现从观赏消费层次进入艺术鉴赏层次再到精神提升层次的发展。

（一）观赏消费层次

观赏消费是文明观众在观赏活动中的基本需要。这种需要主要是源于观赏主体在日常生活中体力和脑力的疲惫，他们需要一定的精神

---

① ［美］詹姆逊：《新马克思主义》，王逢振主编，中国人民大学出版社 2004 年版，第 251 页。

生活来缓解这种不适合再生产的身体精神状态，所以观赏主体会主动参与到观赏活动中，从感官方面中获得美的形式熏陶。这也将观赏活动表现为一种基本的经济行为，是物物交换的关系，体现了娱乐与消费的特征。

在观赏活动中，文明观众能满足基本的“知礼”的规约。也就是观赏主体要遵守一定的观赏礼仪，这既能保证观赏活动的有效进行，也能凸显出观赏主体的精神水平和社会的文明状况。但是，观赏礼仪是一种外在的行为约束，它需要一定的社会条件才能完成，更需要社会提供更多的观赏机会，使观赏主体的观赏礼仪在他律、众律与自律中逐渐养成。这里的他律，更加强调艺术本身的仪式特征对于欣赏经验的影响。众律的规约强调观赏活动既受到对象自身特点的制约，还受到整体的社会环境的制约。众律重在社会环境对观赏主体的习惯的养成，那么，自律是观赏主体从身心二元对自我的整体调试，以达到进行审美活动的心理准备。

在观赏消费层次，观众处于审美感知阶段，主体的感官得到了锻炼，其心理结构也发生了巨大的变化，这种审美感知的反复体验为更高级的审美鉴赏积累经验。在于审美对象接触的过程中，主体会将对象的形式与自己的生活经验进行类比，由此获得精神的愉悦和身心的解放，“具有生理快感的动作实际上却很难有纯粹的形式出现，它们往往从生活、生产动作中那些使人有快感美感的动作里发现、挑选出来，加以变化的。猫的捕鼠游戏动作就是来自于猫的捕鼠谋食活动。原始民族的性求、战争等舞蹈动作就来自于对实际性求、战争动作的选择和变化”①。正是对于我们熟悉的生活的形式刻画，我们才能理解对象形式背后的内容和意义。然而，由于人类社会的发展与进步，一些生活方式随着生产力的发展而发展，艺术形式却以相对固定的方式保存了下来。由于它们与当下的生活经验失去了必要的关联，因此具有原始意味和传统价值。

虽然艺术形式有抽象化的趋势，但对于艺术的欣赏却没有造成太

---

① 汪济生：《美感的结构与功能》，学林出版社 1984 年版，第 54 页。

大的障碍。因为人的感官也在这个过程中得到了充分的锻炼。虽然感官不能建立起抽象的意识，但是它会与对象的形式建立起是否适应的关系，也因此建立起生理化的快感与痛感的直觉系统。即便如有的学者所强调的那样，“触觉、味觉和嗅觉，虽则无疑可能很发达，但不像视觉和听觉那样对于人追求知识大有帮助。所以，它们自然而然经常留在意识的幕后，而对于我们的客观化观念甚少贡献，其有关的快感也是隔了一层，对于欣赏自然无甚用处”①。我们仍然没有办法回避一些感官对于形式的自动化的审美倾向。因此，我们要在审美消费的研究过程中注意对象的形式特征对于感官的再造。

对象的类型与特征会直接调动相应的感官的参与，从而构建起能够欣赏绘画的眼睛和欣赏音乐的耳朵。由此，这些经受过训练的感官会对同类型的对象起反应，并且调动内在的情感系统，“类型及其标记的一个特征就是他们不仅可以共同占有的某些特征，而且，当它们共同占有了这些特征的时候，这些特征还是可以传递的。我们现在必须提出一个问题，那就是，那些可以传递的特征是否有个界限？特别是，由于类型就是艺术品，我们对它也特别关心，因此，是否有什么隶属于标记而不能（由此事实）说它们也属于这些标记所隶属的类型的特征，当然，这要排除那些只能被断定为特色的特征”②。通过上面的论述，我们可以明确形式特征的审美质素具有改造一般官能的能力。然而，这种训练还是以零碎的方式建立起主客体的关系，而审美活动是一种综合作用，需要这些官能在结构化的层面对对象进行立体的观照和内涵分析。

趣味的参与是人性的基本力量作用于审美活动的结果。“在趣味的领域内，即使是最伟大的天才也必须放弃他那至高无上的威严，亲切地俯就儿童的童心。力不得不让优美女神束绑，傲慢的雄狮也只好

---

① ［美］乔治·桑塔耶纳：《美感》，缪灵珠译，中国社会科学出版社1982年版，第44页。

② ［美］乌尔海姆：《艺术及其对象》，傅志强、钱岗南译，光明日报出版社1990年版，第67页。

听从爱神的驾驭。赤裸裸的物质需要有损于自由精神的尊严，趣味给它罩上一层它自己的柔和的面纱，使我们在可爱的自由幻影中看不到它同物质的可耻的亲缘关系。”① 如果主体能够保持与对象接触的真实状态，那么，对于对象形式的塑造和自身的情感投射将不会那样复杂。然而，现实并不是如此简单，这就需要我们保持精神上的警醒，对对象和自身做更为严苛的反思与分析。情感上的愉悦是低层次审美消费的基本需求，但是，这是基于生命需要的特殊活动。因此，我们赞同审美活动要与现实保持一定的距离，以便能够保证主体对艺术的本性的感知。这样，主体就能在欣赏对象的时候建立一个“参照点”，从而在接受对生活的真正关切和愉快的同时，从审美的一面来界定自己。

（二）审美鉴赏层次

审美鉴赏层次是观赏主体在接触观赏对象时以一种主动的精神姿态与其进行沟通与对话，他们不仅仅关注对象的美的形式，还有意识地寻求其合理的价值内涵，这就不是简单地从感官层面获得的基本的情感愉悦，而是从精神高度获得对于宇宙人生的深刻解读，从而改变自己对于人、社会和自然的认识。通过价值层面的认同，主体改变内在的心理结构与社会适应，在具体的观赏行为中表现为“懂行”。

这与主体对自身的想象有关，无论中西文化对于人的塑造都倾向于文明状态。西方以绅士为男性社会成员的基本特征。那么这就要求主体的心理适应这样一种要求，并且能够理解其背后的文化内涵。从而使自身的外在行为和自己所继承的文化习惯相呼应，因此，人就是文化的代表。中国传统文化要求男性所追求的目标是君子，由此将一系列与之相关的品格艺术化蕴含在现实生活之中。这就使人在成长的过程中一直沐浴在这样的文化环境中，他们通过以后的审美活动则易于自我规范。

然而，这种规范不是被迫而是主动的，因为他在欣赏对象的过程

---

① ［德］席勒：《审美教育书简》，冯至、范大灿译，北京大学出版社1985年版，第153页。

中认识到自我的局限，并意识到自己在社会中的位置。正如席勒所言，“不认识他自己的人的尊严，就更不会尊重他人的人的尊严，认识到自己的粗野的贪欲，就害怕每个与他相类似的生物的贪欲。在自己身上他从来看不到别人，只在别人身上看到自己；社交没有把他扩展成为类属，反而把他更紧紧地禁锢在个体之中”①。人只有从个体中解放出来，他才会建构起自身的理性系统，从而朝更本质的自由的人性发展。

高级层次的审美鉴赏必然超越感官对于外在世界的认识，也超越对于一般的愉悦的获得。它要求主体从感性的一般状态过渡到理性状态。也就是在面对对象的时候从一般的现象层面过渡到观念层面。这种追求绝对的意识是人自身的发展。人与外界现实的关系不再是有限的现实的功利关系，而是一种生命本质的交流关系。当人突破了对于生存与安乐的一般需求后，他的精神世界产生一种追求绝对的理想。因此，这种突破感性的追求过程在人类的发展史上所涂抹的就是人类文化自身的发展。

因此，生活习惯背后的文化质素对于人的审美活动的影响十分巨大，人的情感变化与其生活的环境密切相关。因为，在艺术欣赏的过程中，人会无意识地将艺术品向现实生活还原，从而与经验中的情感印记相呼应。“生活机能的审美价值视乎他们的生理附属而不同：凡是有利于观念作用者，当然更易于授予观照的快感以亲切的温暖，因此加强了美感和思考的兴趣。另一方面，凡是由于生理原因易于阻碍观念作用者，使注意力淹没在无声无形的情感中，对于审美活动就不大有利了。”② 因此，对于欣赏者的自律与其依附经验而存在的情感关系密切，常态而规范的审美活动会驯服个性情感的释放，使其朝正确的方向发展。

---

① [德] 席勒：《审美教育书简》，冯至、范大灿译，北京大学出版社 1985 年版，第 124 页。

② [美] 乔治·桑塔耶纳：《美感》，缪灵珠译，中国社会科学出版社 1982 年版，第 37 页。

这个方向就是人为自身的生存寻找价值，并且能暂时安顿个体生命。由于人自身的复杂性，对于外在世界的认识一方面方便了人的生存，但是另一方面也扩大了人的欲望。人在征服和改造自然的过程中主体性得到了充分的张扬，人开始意识到自身所具有的能力。但是在平衡人与外部世界的关系时，人又不得不让渡个人的需要以寻求利益的最大化。因此，人与外界的功利关系必然要上升到一种内在的价值关系，人才能相对稳定地保护自身与他者不受到损害。这时，人开始建立一些概念，并将这些概念对象化而有利于观念的传承。

人类的一些基本价值也在这个时段纷纷出现，尤其是历史学者所说的“轴心时期”，不同文化圈层的学者都依据自身的条件提出了一个影响后世的价值系统。这也为审美表达提供了丰富的内容和具体的方向。如果我们站在全球化和信息化的当下，这种多元文化交织的状态丰富了我们的生活，也启示我们开始反思自身，重新确定自己在这个系统中的身份。由于参照系统的扩大，我们可以更为达观地看待我们所经历和遭遇的一切。这只能说明文化自身演进过程必然带来的一些后果，这也为当下的文化选择提供了基本的资料与论据。

（三）精神提升层次

观赏主体与对象进行审美交流后，对象身上的意义与价值直接作用于主体的精神与心灵，改变主体的价值判断，从而改变观赏主体的内在精神世界，最终实现经由自我观照、到自我参与、到自我创造的发展。这种从本质上对观赏主体的思维和行动的改变，则会促使他们进行更有深度的审美欣赏，使其观赏活动不仅仅是一种经济行为，而是一种高级的精神行为，是使主体走出被异化的现实生活，对于生命本质进行深刻的思考。因此，观赏主体的内在世界活动有较大的提升，这种道德层面的改变势必会影响其今后的行为，这也包括他们今后在观赏活动中的行为。那时，观赏行为将成为一种特殊的形式和过程，就不再是一种外在的行为约束，而是内在的要与观赏客体进行交流的精神准备。

观赏活动作为一种特殊的审美活动，它最终的目的还是人内心世界的完善。这种完善不是一般意义上的道德水平的提升，而是人对其自身与外部世界的观点发生了根本的转变之后，人的思维和行为发生了质的变化。原本没有办法解决的生存的苦恼变得没有意义，人开始以一种新的姿态面对人生所要经历的一切。这就是所谓的道德境界，人开始改变自身处理与外部世界关系的方法，从而获得一种特别安乐幸福的心灵状态。

诚然，任何生活在社会中的人都会受到意识形态的影响，但是如果它不违背生命的基本规律和人道主义的法则，那么我们可以凭借新建立起来的知识系统来留意意识形态对自身的影响。审美欣赏当然也受到意识形态的影响，“它宣布的创作的美学原则，依靠它所揭示的人对世界审美关系的客观规律性和艺术活动的规律性”①。然而我们可以看到，任何一种意识形态提供的法则背后都还是对人类的利益的思考，由此艺术人道主义就是审美创造与欣赏的重要原则。“这条原则不仅是善良的愿望，它表现了审美关系的本质规律——人在现实中的确证、他的自由发展——并受到这种规律的制约。”② 我们没有办法突破的就是固有的局限性，因为我们只能生活在当下，而不能更为宏观地感受人类的完整系统，当然这一系统包括人类的未来。由于未来的缺席，那么我们所做的判断必然是暂时性的。因此，席勒也提出，人最大的苦恼就是他所做的一切都是为了当下。

因此，人类在前进的过程中必然需要不断地超越自身，在超越的过程中加深对自身的认识。“雅斯贝斯那里，现实当然不是单纯的经验现实。所谓现实是我们作为生存超越它，并在它面前遭到挫折的东西；是抵制一切对象思维，拒绝完全的捕捉的东西。总而言之，现实应该解释为所有存在者本来的存在性、存在本身。”③ 这里，我们可以看到经验现实和存在者的超越之间的关系，外部世界的一切作为经验进入人的精神系统，我们从感性、理性和知性等层面对其进行系统

---

① ［苏］列·斯托洛维奇：《审美价值的本质》，凌继尧译，中国社会科学出版社 1984 年版，第 278 页。

② 同上。

③ ［日］今道友信：《存在主义美学》，崔相录、王生平译，辽宁人民出版社 1987 年版，第 168 页。

的认识与分析，从感知自身的局限、激发超越自身的欲望到对于对象的更为深刻的认知。

这需要审美意向性的参与，也就是主体的经验要能够感受和理解对象的形式，从对象的形式背后获得生命的意义和启示。“审美意向性分析，可以深入具体地揭示审美者的日常意识状态与艺术创造状态之间的关系。具体地说，审美意向性的日常状态，构成生命感受的‘日常性积累’，并构成‘生命情景的历史记忆’，其生命感觉的储存，可以随着生命本身的发展，而不断获得审美意义。”① 这种日常性的积累进入生命体验状态才会真正地进行体验，而这种状态是人的生命感官自觉地追求的一种自由的状态。

在人的生命环境由“自然生命环境”向“文化生命环境”过渡的状态下，观赏主体所能达到的最高的境界就是通过欣赏对象认识自身，获得自身在身心两方面的改变。“艺术对于人的审美理想的形成影响特别大，因为艺术家通过自己的理想的棱镜反映现实，并在作品中描写这种理想。”② 这种改变使人不再屈从自然对于主体的影响，而是张扬其主体价值，通过对于对象的本质认识为对象制定法则。这种思维方式和情感表达方式还是源于对于世界的整体观点的改变。

二　文明观众塑造的途径

根据对义明观众塑造的特点和层次的论述，文明观众塑造的途径主要有三个方向：首先是艺术趣味的高雅化，这需要艺术创造者和美育工作者的积极参与。艺术创造者要根据时代的需要创造具有价值引领性的作品，以期通过影响观赏者的情感来净化社会环境，为构建社会主义和谐社会提供具有正能量的参与者。其次是社会心理的健康化，这主要是通过国家宣传和社会组织的努力共同完善并强化适合当前社会发展的价值观和信仰系统，尤其是中国特色的社会主义价值体

① 李咏吟：《审美价值体验综论》，中国社会科学出版社 2009 年版，第 277 页。

② ［苏］列・斯托洛维奇：《审美价值的本质》，凌继尧译，中国社会科学出版社 1984 年版，第 239 页。

系的建立更是当务之急，这不仅有助于增强国家的软实力，还对观赏者的日常生活和人际关系的改善具有重要的作用。最后是服务体系的完善化，只有完善的观赏服务体系的建立，才能最直接地影响欣赏者的行为和心理感受，使其从审美趣味、价值认定和行为方式都得到改善和提高。

（一）艺术趣味的高雅化

文明观众应该具有相应的审美素养，这是他进行审美活动的首要能力。因此，我们在日常生活中需要有意识地进行审美训练，使自身的官能和情感反应系统获得美的提升。并且，我们不能停留在对一般对象的审美上，还要着意培养自身的审美趣味，高雅的艺术对于心灵的陶冶是一般以娱乐为目的的作品不能比拟的。因为，高雅艺术所附着的价值内涵远远高于一般艺术作品，并且它们都是通过合适的形式触及接受者的心灵。

在进入审美状态时，观赏主体透过对象的形式分析其价值与意义，通过对其价值内涵的把握，使主体对对象的理解从一般的主客关系上升到对生命的理解。“任何一个感官的活动都涉及态度和倾向，而态度和倾向是由整个有机体决定的。从属于感觉器官本身的能量并非没有原因地进入到被感知的事物中。”[①] 这种反观自身在世界中的位置和存在状态，使主体加深了对于自身、社会和自然的认识。观赏行为最终的结果仍然是从感性上升到理性，当观赏者对于精神和谐进行执着追求时，他会调试自身对外在世界的看法，改变原来建立的人与物的关系，使人从功利状态中解放出来，进入一种相对完满的境界。

这一境界所孕育出来的对于生命的新的理解，将改变欣赏者的思维和行为方式，是其寻找人生安顿的重要途径。在艺术趣味系统有欲望的、伦理的、人生的三个层次，在欲望这一层次，主要是欣赏者以追求感官的快适为目的，为了获得情感的满足，他们主要注重对象的形式；在伦理这一层次，欣赏者透过对象的形式分析其内涵与价值，

---

① ［美］杜威：《艺术即经验》，高建平译，商务印书馆2010年版，第141页。

从而改变自身的行为，与社会规范建立起和谐的关系；在人生这一层次，欣赏者站在更高的角度对人的本质和人生的意义进行思考，从而有意识确定自身的生命需求。这三者共同发展促成和谐的人的出现。

这种和谐的状态也不是轻易能够达到的，它需要在印证道德的时候又超越道德。正如席勒所言，“甚至人身上神圣的东西即道德法则，当它最初在感性中表现的时候也逃不脱这种伪造。道德法则只是禁止，只是反对人的感性动物自私利益。因此当人还没有达到这样的地步，把那种自私看作是外在的东西，理性的声音才是他真正的自我时，他就会觉得道德法则是某种外在的东西”①。这需要人的精神水平的提升，人在这个过程中不但要印证自我，还要超越自我对于社会及道德规范的认识，从内在生命的充实角度对对象加以考量。

欣赏者的内心世界丰富而复杂，这既是心理结构本身特点的感性显现，也是人在纷繁复杂的社会生活中获得的改变。因为，人的日常生活充满了体验，这些体验构成了人对于生命的感知和认识。“体验极为重要，又极为复杂。它是复杂的生命体的最错综的反应，它又是人对于一个可分解为无数侧面、因素的外部整体世界的无数小感觉的总融合。人类理性活动只能从不断增多的侧面和不断推进的阵地上向这一总感觉的构成及其内外成因接近，但却永远不能穷尽它们。”②由于人对于外部世界和自身都不能够完全理解，他只能在某种程度上顺从生命的需求而发展自身与外界的关系。因此，人的活动是其自身的生命意志的集中反映，它以“第一手资料”的形式保全了体验和情感的真实与完整。

其实，对于对象的体验充满了欣赏者自身的生命意志和创造意志，实际上，欣赏者正是通过欣赏活动对于自身的生命经验进行重新构建和综合，也就是对其过去的超越和再创造。“如果说经验是生命认知与生命记忆，而且，这种经验随着生命活动的开放而具有无限开

---

① ［德］席勒：《审美教育书简》，冯至、范大灿译，北京大学出版社 1985 年版，第 127 页。

② 汪济生：《美感的结构与功能》，学林出版社 1984 年版，第 115 页。

放性和历史连续性，那么，体验则是生命经验的重新认知和重新构造，是对生命经验的记忆性强化或意义性评价与认知。”① 所以，美的体验对于欣赏者来说具有重要的作用，它可以重构欣赏者的生命经验，使其在思维和行为上都得到改变。因此，在欣赏的过程中，能够将美的体验转化为日常行为规范的欣赏者就会成为一种标准或其他人仿效的对象。

（二）社会心理的健康化

由于当下经济社会的发展，人们的日常生活样态发生了巨大的改变。人不仅在劳动之余获得了更多休闲娱乐的机会，而且还会走出自己生活的群落，感受大千世界的美好。在观赏过程中出现的一系列不文明的现象引发了一系列社会问题，不同地域文化之间形成了激烈的碰撞，人的行为方式的合理性受到来自各种文化圈层的质疑。为了达成一种普遍认同，形成一种能够适应不同文化模式的观赏行为方式，我们对文明观众进行认真的分析和深入的探讨。在确定其基本内涵之后，我们力求把握文明观众的特征，使其成为我们进行文明观众培育实践的重要参考。

社会心理及其背后的价值结构对欣赏者产生重要的影响，一方面它会使欣赏者被动地适应着这套系统生产出来的产品；另一方面会造成欣赏者的审美惯性，从而使其没有办法脱离这种系统施加的迷雾而真正地认识自身。霍克海默认为，“后期资本主义的娱乐是工作的延伸。它被当作是一种对机械化工作进程的逃避来追求，以及为了能够重新应付这种工作而恢复实力。但同时，机械化具有那种超越人类闲暇和愉快之上的力量，并且是如此深刻地决定着娱乐产品的制造，以至于人的经验不可避免地是车间的残留影像……所有娱乐都遭受这种不可救药的疾病之苦。愉快僵化为无聊，因为如果它要保持为愉快的话，就一定不能要求任何努力，从而在陈旧的联想惯例中精确地运

① 李咏吟：《审美价值体验综论》，中国社会科学出版社 2009 年版，第 104 页。

动”[①]。如果我们认同霍氏的看法，那么我们也可以反思我们所生活的环境及其对我们自身的影响。

人的活动因为社会环境而受到限制，在不同的状态下，人遵守的规范也不尽相同。席勒认为，“如果说，在权力的动力国家中，人与人以力相遇，人的活动受到限制。而在义务的伦理国家中，人与人以法则的威严相对立，人的意愿受到束缚。那么在美的交往范围之内，即在审美国家中，人与人只能作为形象彼此相见，人与人只能作为自由游戏的对象相互对立。通过自由给予自由是这个国家的基本法则”[②]。因此人的活动、意愿只有在审美状态时才会得到真正的解放，因为在这一状态中人秉承的是自由的原则。

欣赏活动带来的必然是情感的反应，在审美中我们主要获得激发生命力量的快感和痛感，“快感直接体现了人的自我评价，不仅包括能力成就的评价，而且包括道德、社会关系、个人价值等的综合评价”[③]。因为人的情感附着丰富的社会、人生意义，所以我们应该对其进行深入的分析和理性的把握。这些情感体现出人性的基本成分，它们决定人的性格、思想和行为的区别，而其自身也要受到社会环境和历史条件的制约。

审美的社会心理也应该关注一些对象的背景，由此，我们作为欣赏主体在欣赏的过程中才会保持一个稳定的状态。“一般人都同意，帕台农神庙是一件伟大的艺术品。然而，它仅仅在成为一个人的一个经验时，才在美学上具有地位。并且，一个人超出了他个人的欣赏范围，进而建构该建筑仅仅是其中一个成员的大的艺术王国的理论时，他就不得不在思考的某一阶段，转而注意忙乱的、争吵不休的、极端敏感的、带着认同一种公民宗教的公民感觉的雅典公民。他们并非将

① ［美］理查德·舒斯特曼：《生活即审美》，彭锋等译，北京大学出版社 2007 年版，第 57 页。

② ［德］席勒：《审美教育书简》，冯至、范大灿译，北京大学出版社 1985 年版，第 152 页。

③ 李咏吟：《审美价值体验综论》，中国社会科学出版社 2009 年版，第 27 页。

帕台农神庙当作一件艺术品，而是当作城市纪念物而建筑的。”[1] 因此，我们不必将帕台农神庙抬得过高，认为它是建筑界不可企及的范本；也不必将其贬得过低，认为它与日常之物没有什么区别。

任何美感都是社会心理的反映，这包括主体的审美欲望和自由的审美意向性。因此健康的社会心理带来社会的净化。“美感是主体的审美体验与反思判断相结合的产物，因此，追寻美感的动力源泉，我们就应该对审美主体与审美对象之间的关系加以具体考察。美感的产生，根源于主体的审美欲望与主体的自由审美意向性，因为审美欲望与人的精神需要直接关联，欲望是使审美得以实现的重要心理机制。”[2] 如果我们能够深刻认识到欲望对于审美及其背后的社会心理的影响，那么，在文明观众的塑造过程中，我们就会更加留意社会核心价值体系对文明观众塑造的决定性影响。

（三）文明观赏制度体系的完善化

文明观众的塑造需要欣赏者根据外在的条件来调试自身的行为，从而习惯成自然构成一种与人格匹配的外在气象。这既代表着个人的生活习惯及精神水平，还代表一个民族的文化养成。在当下的社会环境下，构建良好的欣赏环境与习惯实际是为经济社会发展注入精神力量。这就需要我们整体认识水平的提高，将审美化真正贯彻到我们的日常生活中去。这本来就与中国文化注重“和合”的基本精神相一致。其实，在某种意义上，我们在欣赏场所可以作出一些规定，以文字的方式确定欣赏活动需要注意的行为要点。更好的情况就是在幼儿时期就做文明欣赏的培养，使欣赏的行为成为一种良好的习惯和素质。

因此，文明观赏制度体系的完善化是指对文明观众的塑造应该有一套完整的方案，并配套相关的建筑、设备和制度。其目的就是通过种物质实体和文字制度的约束来进行有目的的塑造。这是因为人在进化的过程中身体不断成熟而心灵变得越发复杂，这与早期的人类存

① ［美］杜威：《艺术即经验》，高建平译，商务印书馆 2010 年版，第 4 页。

② 李咏吟：《审美价值体验综论》，中国社会科学出版社 2009 年版，第 27 页。

在着重大的区别。卡西尔在探讨原始社会的精神状况时说，“在原始社会中，个人还没有成为讨论的课题。人的感情、思想、活动，并不是从他自身出发的，而是被一种外在力量印在他身上的。原始生活带有一种刻板一律而又无情的机械性质。传统和习俗通过纯粹的精神惰性或通过渗透一切的族类本身而被盲目地、不知不觉地执行着”①。通过卡西尔的论述，我们再反观现代人的状况，这种因为精神的惰性将传统和习俗盲目地执行着的想象仍然存在。因此，对于现代人的精神改造是紧迫而必要的。

文明观众的塑造主要是使欣赏者接触众多关系的束缚，使他的心灵进入一个特殊的境界，按照席勒的说法那是一个“游戏的快乐王国”。“在力的可怕王国与法则的神圣王国之间，审美的创造冲动不知不觉建立起第三个王国，即游戏和假象的快乐王国。在这个王国里，审美的创造冲动给人卸去了一切关系的枷锁，使人摆脱了一切称为强制的东西，不论这些强制是物质的，还是道德的。”② 当主体解除了物质需要的束缚和道德律令的压制，主体的自然本性得到了舒展，对于自由的追求和获得灌注在主体的生命中，他会对人的本质有更为清晰和深刻的认识。

但是，现代人的自我观念追求的是个性的表达，因此，一种合理的制度显得非常必要。“现代的自我观念不是要求一个普遍的人的本质的表现，而是要求自我自己独特真实身份的表现，那么，我们就不仅需要承认我们作为人类的那些基本的、平等的尊严，而且还需要承认我们作为个人所具有的独特性。”③ 对于独特性的尊重是社会发展的必然要求，但是这种独特性一定是建立在一种稳定的品质之上的。这种稳定的品质需要完善的制度体系对文明观众的塑造。

因此，文明观赏制度体系的完善化是欣赏者在审美过程中进行精

---

① ［德］卡西尔：《人论》，甘阳译，上海译文出版社2004年版，第125页。

② ［德］席勒：《审美教育书简》，冯至、范大灿译，北京大学出版社1985年版，第151页。

③ ［美］理查德·舒斯特曼：《生活即审美》，彭锋等译，北京大学出版社2007年版，第246页。

神超越的重要保障。这种制度要与文明观众塑造的他律、众律和自律建立密切的理论关联。因为这一制度体系完全是为文明观众的观赏活动的理想达成服务的。所以它必须深刻把握观赏对象的特点，根据对象的视听特征建立起基本的观赏礼仪。这应当包括我们的衣着、言谈和举止等一些细节，既可以与欣赏对象的特征相匹配，也能为进入欣赏状态做出必要的精神和心理准备。这一制度体系还要认真分析观赏者的习惯，通过众律的方式协调不同观赏者的行为。最重要的就是要关注欣赏者自身的心理特征，着力引导欣赏者的行为和心理适合欣赏对象的特点。

文明观众的塑造是一个系统工程，需要全社会共同努力才能够完成。这既是美育的基本任务，也是社会建设的重要环节。人类社会发展最终是实现人的解放，而人的解放一定是以自我完成和自我实现为重要标志的。舒斯特曼认为，“自我的个性在根本上是社会的和对话的，是从我们与其他自我的相互作用的过程中构造出来的，那些其他自我让我们感觉到我们自己的品质、作用、局限和价值”①。正是由于这种对话性，文明观众才能在不同自我的比较中建立起来。

---

①［美］理查德·舒斯特曼：《生活即审美》，彭锋等译，北京大学出版社2007年版，第246页。

第六章　不同场域中的文明观众培养

第一节　场域与观赏受众

观赏活动是“传—受”双方信息交流与传播的过程。受众是信息传播的接受者，是观赏活动的主体；而受众的观赏，总是在特定场域语境下进行的。场域对受众的观赏提供一定时空的同时，其自身的形成也离不开受众这一重要因素。观赏文明在场域中凝聚与构建，也依托场域外化体现。

一　“场域”概念的基本内涵

简而言之，“场域”是个开放的概念，有着丰富的内涵与外延，追根溯源，场域至少包含以下几方面的内容。

（一）物理场域

“场”的概念源于物理学，这个概念的提出对现代物理学的发展影响深远。爱因斯坦对这一发现的评价是：“这是自牛顿的时代以来最重要的发明：场。用来描写物理现象最重要的不是带电体，也不是粒子，而是带电体之间与粒子之间的空间中的场，这需要很大的科学想象力才能理解。”①

---

① ［美］爱因斯坦、英费尔德：《物理学的进化》，周肇威译，科学技术出版社1962年版，第180页。

根据1985年出版的《辞海》中的定义：“场”是指“物理场，即相互作用场，物质存在的两种基本形态之一，存在于整个空间”。“场本身具有能量、动量和质量，而且在一定条件下可以和实物相互转化。”场是指“分布在空间区域内的物理量或数学函数；有时也指空间区域本身”。

现代物理学认为客观世界中已知的物质存在的两种基本形态是实物和场。容易被人们感觉其存在的物质客体为实物，而另一些不容易被人们直接观察到，但又客观存在的物质客体便称为场。实物不能脱离相应的场而独立存在，实物之间的相互作用通过场来实现。实物离不开场，场也离不开实物，二者不可分割。

在物理学中“场”是物质体系各要素之间在相互作用中因传递、交换其物质、能量、信息而产生和形成并有所凭借的一种中间载体和时空处所。它既是相互作用的产物，又是相互作用的媒介和处所。没有了它，世界就不复存在。[①] 从电磁场理论的建立到光子的发现，到后来的量子场论，再到如今方兴未艾的“超弦理论”[②]，“场”的概念一步一步走向成熟，成为我们理解自然界不可或缺的概念之一。时至今日，统一场论仍是物理学的研究热点。

“场”概念的提出，给人们提供了一个认识世界、把握世界的全新的思维方式。它表明物质世界是二元的，使人们跳出了“实物”这一旧思维，不再仅凭肉眼所见来界定物质世界。“场”概念的发现，在现代物理学的发展上具有划时代的意义，使物理学中长期得不到解决的相互作用的传递问题，有了走出困境的希望。同时，它也对其他科学的发展带来了深远影响。

---

① 任恢忠：《物质·意识·场》，学林出版社1999年版，第4页。

② 超弦理论：20世纪80年代在物理学中提出的数学理论。它结合相对论和量子论来解释基本粒子的特性以及它们相互间的作用力（特别是引力和核力）。在弦理论中，宇宙的基本物体不是点状的粒子，而是极其细小的弦状物体。尽管原因尚不清楚，但这些物体存在于十维的宇宙中，其中能辨别的只是三维空间和一维时间。超弦理论尚有许多未决的难题，但有些物理学家认为这是最终的“万有理论”，可以在一个框架下解决宇宙的所有问题。

（二）心理场域

“心理场”特指人在进行各种活动时所具有的心理环境。按照格式塔心理学的理论，即“把环境或个人看作是一种整体的存在，任何具体的心理和行为事件都在这个整体的制约下发展和变化”[①]。

心理场是格式塔心理学派中一个常用概念。格式塔心理学反对元素分析，强调整体组织。整体不等于部分相加之和，整体是作为一种先在的原则制约着人的知觉活动的。格式塔心理学的代表人物之一考夫卡根据现代物理学中的“场”的概念，认为心理现象与物理现象一样是一种完整的格式塔，作为主体的知觉也是一个“场”。基于此，考夫卡在《格式塔心理学原理》一书中，提出了“心理场”“物理场”等概念。

德裔美籍心理学家勒温（Kurt Lewin，1890—1947）借用拓扑学和物理学的概念，以格式塔心理学为基础，发展了心理学中的场论，将心理场定义为“心理生活空间”（Psychological Life Space），简称生活空间。生活空间包括人及与之相关的心理环境，指在特定时间内影响个体的心理因素的总体。勒温用场论来解释人的心理与行为，并用以下公式表示个人与其所处环境的交互关系：[②] B = f（PE） = （LS）。其中 B 为 Behavior 即行为；P 为 Person 即个人；E 为 Environment 即环境；f 为 function 即函数，LS 为生活空间。这个公式表明：行为既是人与环境的函数，又是生活空间的函数。也就是说，个体的行为将随着人与环境的变化而发生变化，不同的人在同样的环境中，同一个人在不同的环境中，都可能产生不同的行为；同一个人在不同的情况下，对于同样的环境，也可能有不同的行为表现。“任何一种行为，都产生于各种相互依存事实的整体，以及这些相互依存的事实具有一种动力场的特征。”[③]勒温认为心理场就是由一个人的过去、现

---

① 朱智贤：《心理学大词典》，北京师范大学出版社 1989 年版，第 57 页。

② Kurt Lewin. *Field Theory in Social Science*. New York：Harper & Brother Publishers，1951，p. 239.

③ Ibid.，p. 25.

在的生活事件经验和未来的思想愿望所构成的一个总和。社会总是在不断地发展变化，个人经历的越多，其心理场的范围就越大，结构越复杂。

（三）社会场域

“科技是第一生产力”。二战后，世界格局发生了巨大改变，科技的发展成为社会发展重要因素。由著名的“水门事件”① 开始，大众传媒对社会的作用和影响之大，已是不容置喙的事实。媒介的发展使得每个社会成员都成为整个社会大网络中的一端，个体与社会相互制衡，当代社会成为一个活跃的动态网络。为了更好地分析复杂的社会网络结构，法国的社会学大师布尔迪厄提出“场域”的概念。

场域是布尔迪厄社会学理论的核心概念之一，对此他这样界定：“从分析的角度来看，一个场域可以被定义为在各种位置之间存在的客观关系的一个网络（network），或一个构型（configuration）。正是在这些位置的存在和它们强加于占据特定位置的行动者或机构之上的决定性因素之中，这些位置得到了客观的界定，其根据是这些位置在不同类型的权力（或资本）——占有这些权利就意味着把持了在这一场域中利害攸关的专门利润（specific profit）的得益权——的分配结构中实际的和潜在的处境，以及它们与其他位置之间的客观关系（支配关系、屈从关系、结构上的对应关系等等）。”②

布尔迪厄明确指出：“根据场域概念进行思考就是从关系的角度进行思考。”③场域的相互关系网络，在社会生活中，主要是靠行动者的不同社会地位，靠各个行动者所握有的资本力量和权利范围，靠行动者所赋有的各种精神状态和精神力量，靠由各种象征性符合系统所

① 水门事件：从 1972 年 6 月 17 日詹姆斯·麦科德等 5 人闯入位于水门大厦的民主党全国总部开始，一直到 1974 年 8 月 9 日尼克松总统辞职，《华盛顿邮报》的两位记者鲍博·伍德沃德（Bob Woodward）和卡尔·伯恩斯坦（Carl Bernstein）对整个事件进行了一系列的跟踪报道，正是由于他们报道的内幕消息揭露了白宫与水门事件之间的联系，从而最终促使了尼克松的辞职。

② ［法］布尔迪厄、［美］华康德：《实践与反思》，李猛、李康译，中央编译出版社 1998 年版，第 134 页。

③ 同上书，第 133 页。

表现出来的文化因素，以及靠行动者在实践中所接受的历史条件及其未来发展趋势的因素所组成的。“社会场域可以描述成为一种由各种社会地位所构成的多维度的空间；而每一个实际的社会地位又是依据相互调整的多维度系统而界定下来。上述相互协调的多维度系统所包含的价值，是与不同的适当变项的价值相对应的。因此，在第一个层面上，行动者的不同社会地位是依据他们所掌握的资本总量；而在第二个层面上，则是依据他们所掌握的资本的组成成分，也就是说，依据在他们整个资本总量中不同资本的相对比例。”①

在布尔迪厄看来，每个人拥有的社会资本量并不相同，它主要与两个因素相关，一是个人能够调动关系网络规模的大小，二是与这些网络相关联的人所具有的社会资本量的多少。由于各个场域或每个场域中的各个位置占据的资本不平衡，所以场域永远是个动态发展的过程，并非一成不变。同一场域内各构成因素之间或几个不同场域之间的力量此消彼长，要么相互吸引或融合；要么排斥或对抗。“作为包含各种隐而未发的力量和正在活动的力量空间，场域同时也是一个争夺的空间，这些争夺旨在继续或变革场域中这些理论的构形。”②

在布尔迪厄的观点里，社会空间是由人的行动场域所组成。社会结构并不是抽象的；社会结构只能是由行动者在不同场域中进行象征性实践的社会空间。可见场域所要表达的，主要是在某一个社会空间中，由特定的行动者相互关系网络所表现的各种社会力量和因素的综合体。场域基本上是一个靠社会关系网络表现出来的社会性力量维持的，同时也是靠这种社会性力量的不同性质而相互区别。

（四）大众传播场域

著名的科学家普朗克③认为：“科学是内在的统一体，它被分解

---

① 转引自高宣扬《布迪厄的社会理论》，同济大学出版社 2004 年版，第 137 页。

② ［法］布尔迪厄、［美］华康德：《实践与反思》，李猛、李康译，中央编译出版社 1998 年版，第 139 页。

③ 马克斯·普朗克（Max Karl Ernst Ludwig Planck，1858—1947）：德国物理学家，量子力学的创始人，20 世纪最重要的物理学家之一，因发现能量量子而对物理学的进展做出了重要贡献，并在 1918 年获得诺贝尔物理学奖。量子力学的发展被认为是 20 世纪最重要的科学发展，其重要性可以同爱因斯坦的相对论相媲美。

为单独的部门不是由于事物的本质，而是由于人类认识能力的局限性。实际上存在着从物理到化学、通过生物学和人类学到社会科学的连续的链条，这是一个任何一处都不能被打断的链条。”① 传播学的诞生就是对他这一见解的最佳注脚。传播学几乎与一切研究人、研究人与人之间关系的学科有关，各种社会科学、自然科学的理论都成为了传播学理论的一部分。

大众传播场模式由德国学者格哈德·马莱茨克（Gerhard Maletzke）在1963年的《大众传播心理学》一书中提出并进行了详细的阐述。马莱茨克应用物理学中的“场”的概念及心理学中勒温的“场论”，在赖利夫妇模式（参见图1）的基础上，建立了一个复杂的大众传播场模式（见图2）。马莱茨克从社会心理学角度切入，进一步考察了社会系统与传播系统中的各因素及其间相互集结、相互作用的“场”。大众传播场就是大众传播过程中诸种社会关系的群集和总和，马莱茨克认为无论是传播者还是接收者的行为，都是在一定的“社会磁场”中进行的，在与社会的互动中显示其传播的性质和作用。

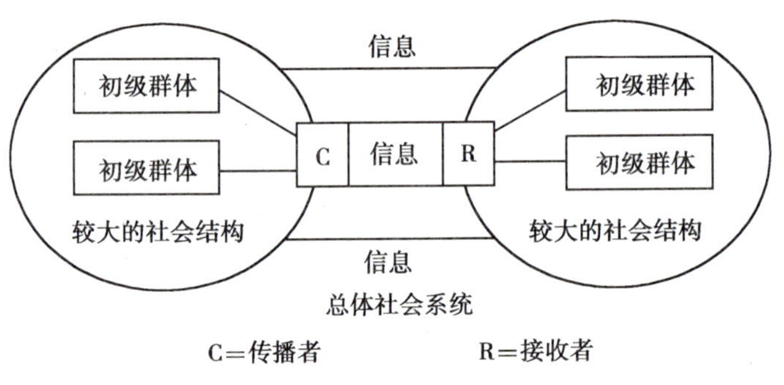

图1　赖利夫妇模式

通过图2，我们看到传播环境内的复杂因素既包括个人性格、心理、社会环境等制约传播者与受传者的因素，也包括内容加工、受众选择等制约媒介与信息的因素；既有外界的社会制约，也有内在的心理影响。传播者和受传者都要受到来自三个层面的制约和影响，即个

① 何亚平主编：《科学社会学教程》，浙江大学出版社1990年版，第48页。

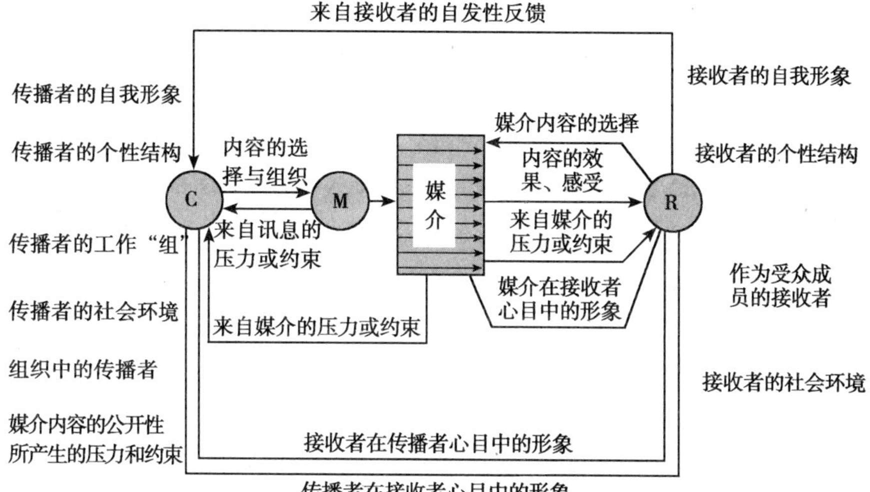

图 2　马莱茨克大众传播场模式

（其中 C = 传播者，M = 讯息，R = 接收者）

人层面（如图中所列的自我形象和个人结构）、组织层面（如工作环境、受众群体等）和社会层面（即社会环境）。[①] 这些因素相互交织、相互作用，构成了发展的社会传播系统。

在这个模式中，马莱茨克充分考虑了传播过程中的心理学和社会心理学等因素，描述了大众传播过程的相关关系，并注意到传播过程中传播媒介对信息的传者和受者的强制性以及传者或受者的自我形象因素，认为接收者心目中的媒介形象影响接收者对媒介内容的期望，因而可以认为这种形象将影响到接收者对内容的选择、感受和反应的方式。

二　观赏场域

在对“场域”这一概念的基本内涵进行梳理的基础上，我们可以对“观赏场域”进行界定和阐释。

所谓观赏场域，是在观赏空间中进行特定的观赏活动，而由主体

① 董璐编著：《传播学核心理论与概念》，北京大学出版社 2008 年版，第 37 页。

之间的相互关系的网络所表现的各种能力和因素的集合体。它是相对独立并具有自身行动逻辑的场域。它遵守某些社会法则，倡导某种艺术信仰，生产艺术价值和意义，深化社会核心价值理念。它是艺术场域中不可缺失的一个次级场域。

首先，观赏场域是一个关系集合的动态空间。观赏场域是基于某种观赏活动，由一些具有共同思想、一定的组织和规则的主体组合而成的多元复合体。观赏场域通常就是由艺术家、观众、评论家、演出团体、剧院、投资商等以艺术作品为媒介组织到一起的社会网络体系，它包括与艺术有关的任何要素，既包括与艺术有着密切关联的艺术家和他们置身的具体集团，也包括具有一定艺术理论、艺术思维的评论者。来自社会各个阶层的具有不同意识形态、生活背景和惯习的观众，还包括美术馆、剧院、音乐厅、艺术协会等，各主体有着不同的审美情趣、审美理念、审美价值观，他们通过观赏活动进行对话与交往，共同创造出艺术价值。所以，观赏场域可以被视为在特定的观赏空间中一系列不同关系的集合。

同时，观赏场域也可被视为不定项选择的动态空间。所有艺术价值和意义的生产主体，并不只是实际上创造其物质对象的生产者（艺术家），而是一系列介入场域的主体。观赏场域是个体参与观赏活动的主要场所，是集中的艺术符号斗争的场所，这种斗争的目的是生产有价值的艺术符号，其目的的实现依赖于欣赏者对艺术符号的解读归类，艺术符号斗争的胜利意味着某种艺术作品被判定为比其竞争对象拥有更多的艺术价值。因此，观赏场域为其中的各个主体标出了待选项目，但没有给定最终选项，主体可进行多种搭配选择，不同的主体会出现不同的审美效果。在这些效果中，一方面可以体现出欣赏者的意志，即个体的创造性；另一方面可以体现出艺术生产的框架要求和限制。

其次，观赏场域是一个主体同在的审美空间。一个场域具有独立性，其内部特定行动逻辑的形成是重要标志，场域的相对独立性就表现为不同的场域具有不同的逻辑。科学场域、法律场域、宗教场域等之所以能彼此区别，就在于它们各自具有独特的行动逻辑，这种逻辑标明了各个场域的存在，也保证了场域的正常运行。观赏场域遵循着"审美同在"的内在逻辑。"同在的意思比起那种单纯的与某个同时存在的他物的'共在'要多。同在就是参与。……同在在派生的意义上也指某种主体行为的方式，即'专心于某物'。所以观赏是一种真正的参与方式。"① 所谓同在就是参与，即艺术精神之间的融合。在这里，"同在"表明了对话与交流作为观赏活动中主体关系的基础，也是作为观赏活动的根本特征。"同在"是对话与交流的必要条件。

为达到主体同在的审美状态，要求欣赏者具备一定的艺术眼光。眼光或者说解码能力的形成自然需要艺术的熏陶或者受过良好的艺术教育。"在某种意义上，我们可以说，看的能力即是知识或概念的功能，也就是词语的功能。即可以命名可见之物，就好像是感知的编程。只有当一个人拥有了文化能力，亦即拥有用以编码艺术品的代码，一件艺术品对他而言才具有意义和旨趣。"② 观赏场域的"审美同在"逻辑越具有有效性，越需要欣赏者具备与之对应的审美能力，而外部主体（普通大众）要想进入场域内部（艺术作品的深层解读），必须预先经历一次重新塑形的过程，即只有转换成观赏逻辑的结构元素才能发挥作用。不难理解，当普通大众看到毕加索的《亚威农少女》会感到惊诧不解。没有艺术史、艺术流派、风格符号的知识积淀，就只会陷入色彩和线条的一片混乱之中。因此，与艺术作品的共鸣并非"一见钟情"，如果不具备艺术解码能力，就无缘享受艺术欣赏带来的快感，无法与艺术作品或艺术家"同在"。

最后，观赏场域是一个艺术信仰的生成空间。如果没有对于艺术的持续执着，艺术价值的实现也就无从谈起。这种持续的执着能够一直存在，这是因为观赏场域就是围绕着艺术的幻象而被组织起来的，人们对"艺术的幻象"始终抱有信任态度。处在场域之中的全部主

---

① ［德］伽达默尔：《真理与方法》，洪汉鼎译，上海译文出版社 1999 年版，第 161 页。

② ［法］布迪厄：《艺术的法则：文学场的生成和结构》，刘晖译，中央编译出版社 2001 年版，第 276—277 页。

体，不管是艺术家还是欣赏者，对于艺术幻象所持有的信念是相同的。观赏场域的信仰就是场内主体对于艺术幻象的集体性崇拜，也就是在场域内，各个主体共同遵守的艺术规则和基本信念，这被认为是值得为之付出和投入的。这种信念和规则不是对某一种艺术观念的普遍认同，而是指所有观赏活动的参与者都认同的，一种积极而深远的艺术信仰。

正是在这种艺术信仰指导下，观众可以逐渐树立自己独特的审美价值观。只有健康的审美价值观和生活同在，才能将艺术的方式、要素或美的成分引入生活，并融于生活，使人生变成一个审美的世界，并使世界成为人类栖息的自由幸福的家园。高尚的艺术信仰告诉人们，美好的生活不是通过积累知识和占有财产而达到的，而是通过对自然和人性美的敏锐感受达到的。与知识相比，审美的感受具有终极价值，“片刻的美好经验比一座与月亮一般高的纪念碑还要值得记忆”①。让我们在观赏中处处寻找美，那么，我们的人生将永远和美、美的价值、美的价值观同在！而在这种融合的状态中，也将持续生成我们的艺术信仰！

由此可见，“场”即关系，场域是其构成因素之间彼此关系不断建构的动态空间。场域是一个动态而开放的概念。观赏场域既依赖一定的物理空间，又作用于受众的心理空间，同时还受社会和媒介的制约，从物理场，到心理场，再到传播场。场域中各要素的相互关联性与场域的整体观，对我们全面研究和了解观赏文明的受众审美心理机制、审美体验过程有很强的现实指导意义。因此，本章探讨文明观众的培养问题，将针对不同场域中的观赏活动，分别进行论述。

第二节 室内剧场观赏活动中的文明观众

剧场，英文为 Theatre，源出自希腊的动词 Theasthai，原意为

① H. D. Thoreau, *Walden*, Random House, INC., 1937, p. 51.

“看”。沿用至今，已成为一个含义广泛的名词，包括有戏剧、剧团、舞台、客座及其他关于戏剧的各方面，换言之，剧场便是戏剧的全部。但在中国，“剧场”只是演剧场所的称呼，指特定的、由永久性的建筑体构成的表演场所，亦可作为表演场所的总称。在日常使用中，剧院通常指室内的表演场所，而剧场则同时适用于户外广场及室内建筑。为方便论述，本节和下节将依据室内剧场和露天剧场的划分，对剧场观赏活动中的文明观众进行考察。

中国现代所谓的“话剧”引自西方，公元前300多年前，古希腊雅典已经有可容三万观众的剧场建筑了。古代罗马于公元前50多年，也有了客座多达八万的剧场建筑。中国的传统戏剧，即戏曲，源出歌舞，古代所谓的“歌台舞榭”即是中国的传统剧场。中国最早的歌舞场，出现于公元前后，张衡在《西京赋》中记载的平乐观，即是汉代的百戏之场。

在西方，早期的音乐会是在剧院、礼拜堂或客厅里举行的。最早的专用音乐厅可以追溯到17世纪70年代伦敦的约克大厦，可容纳观众200人。古典音乐大师海顿、莫扎特、贝多芬的许多作品是在维也纳皇宫的稜堡大厅里演出的。在欧洲专门为音乐会而建的音乐厅是霍利威尔音乐厅，1748年开幕，至今正常使用。目前，世界上著名的音乐厅有德国莱比锡布业大厅（建于1781年）、英国伦敦的水晶宫（建于1851年）和阿尔贝特会堂（建于1871年）。

有剧场便有观众，剧场正是为观众所设，早期的观众在观赏活动中声随感发山呼海啸，还没有野蛮与文明的分际。但是由于古希腊崇尚悲剧，按照亚里士多德的说法，悲剧具有“净化”作用，再加上古希腊早期的公民教育既重视体育，又重视德育、智育和美育，即重视人的全面和谐发展。因此，古希腊的观众在观剧活动中已经具有了文明的因子。古希腊观赏活动中的文明因子经过野蛮的罗马时期和漫长黑暗的中世纪，火灭烬燃、赓递薪传。随着英国工业革命的成功，精神贵族化教育大行其道，观赏文明随着精神贵族的教育逐渐成形。由于观赏文明的核心要义是平等和民主。因此，20世纪初，随着西方话剧的引进，中国的观剧活动也有了剧场文明之说。

剧场文明是一个文明生态系统，包括观众文明、环境文明、服务（管理）文明、展演文明等诸多相互联系、相互影响、共生共存的诸多方面。我们重点考察的是剧场中观众之“文明”，即作为公众或公共场合的剧场中观众的文明举止、文明言语、文明穿着、文明心态等外在文明礼仪与内在文明素养的总称。

一 剧场观赏活动中观众文明现状

到剧场观看演出，自西方话剧传入以来便是文明人的专利，因此话剧初入中国一度号称为“文明戏”。但随着日常生活的审美化和社会整体文明程度的提升，剧场观赏愈来愈成为一种时尚，深受青年白领喜好。特别是在大城市，普通人偶尔花费几十元或者几百元去剧场看场演出已是司空见惯之事。但是，频频出现在剧场的有令行难禁止的手机铃声、拍照闪光灯、不合时宜的鼓掌声、迟到早退的干扰声、交谈评点聊天的嘈杂声，甚至观剧结束后留在剧场内的垃圾和无序的献花、剧院内部的摄像、不合规范的着装，以及剧院管理的不到位，等等，使原本是大雅之堂的剧场蒙羞，使热爱艺术的观赏者苦不堪言。剧场的乱象还一度惊动了国家顶级媒体新华社的关注。据新华社报道：“百老汇音乐剧《阿依达》到南京参加第31届世界戏剧节演出。大幕拉开，观众席上闪光灯频频亮起。剧场用字幕打出一行提示：‘请观众不要开启闪光灯，请将手机铃声关闭。’但这一提示收效甚微，工作人员不得不数次举起手电，寻找拍摄者。”① 像南京剧场这类的尴尬，在北京剧场内同样屡见不鲜。无论是国家大剧院、长安大戏院、人民艺术剧院还是梅兰芳大剧院，关不掉的闪光灯和手机声、不合时宜的掌声，还有迟到早退，以及要特权的特殊观众，早就成了文明观众同仇敌忾的对象和演出市场的麻烦制造者。

（一）大剧场观众文明现状

近年来，随着大剧场建筑的越来越高档化，剧院管理水平也水涨船高有了很大程度的提升，在场域气氛和人群文明举止的互相影响

① 《新华每日电讯》第7版，2008年11月14日。

下，大剧院的观演文明已经有了明显改善。目前，在国家大剧院这样高档的演出环境中，不文明观众大多数已不是故意而为，而是不懂行所致。譬如，刚看完美国话剧《绝密》后笔者随机询问一位邻座的观众，她表示："欣赏高雅艺术时，鼓掌的时机要拿捏得当。刚才看美剧时，我觉得该鼓掌时大家都没动静，我也就不敢鼓掌了，感觉有点冷场。"这就说明，其实一般非内行观众是不敢随便鼓掌的，扰乱剧场秩序的领掌者大多是处在懂与不懂之间的准欣赏者，一旦这类人中某位举起了手掌便糟糕了。

至于管理最好的北京人民艺术剧院，除了偶有迟到的观众干扰前排临近观众的现象外，服务员引领入座、手机信号屏蔽、拍照及时被制止，安排在剧院内部彩排时摄像，乃至献花的有序和预先安排，都是值得称许的。由于人艺的话剧票价和演出水平都很高，观赏者不是业内人士便是懂行的专家。因此，观众几乎一致做到了提前一刻钟进场，在演员谢幕后离场。观赏过程中保持应有的礼仪，还需懂得欣赏艺术，适时地与演员形成情感互动，让台上的表演者感觉到自己被读懂和被理解了。人艺剧场的观众可称是目前北京大剧场最棒的观众，已经接近了理想观众的境界。这是国家话剧院和保利大剧院所渴望却难以做到的。因此，著名话剧导演、国家话剧院院长王晓鹰才特别强调，要在剧场内设置"文明提示语"，进场前对观众拍照劝阻在先，必要时将违反规定的观众请出场，只要管理到位、措施得当，完全可以有效地杜绝观众的不文明行为。

（二）小剧场观众文明现状

所谓"小剧场"，顾名思义是指剧场座位较少、观演空间较小的剧场。仅就北京而言，比较有名的小剧场有人艺小剧场、东方先锋小剧场、中戏北兵马司小剧场、蜂巢剧场、九个剧场和蓬蒿剧场等。小剧场的出现是受欧洲布莱希特史诗剧和阿尔托残酷戏剧的影响。1956年德国柏林剧团访英，介绍了布莱希特的间离效果和史诗剧及综合体艺术。这就在戏剧理论上为小剧场戏剧的环境创造与空间设计推倒了斯坦尼拉夫斯基"第四堵墙"的观念。与大剧场相比，小剧场更加强调观众的参与性，以达到在视、听、触方面具有更直接的感受性以及观众更强烈的参与意识，用最少的舞台手段建立演员与观众间直接的联系，把观众置于表演场景之中。例如阿尔托的残酷剧《圣女贞德》把舞台置于观众之中，使观众成为宣布火烧贞女的残酷场面的现场目击者，不少观众在观演中难过得痛哭失声。又如英国皇家戏剧学院小剧场上演的中世纪“牧羊人”剧，将舞台设计成三明治狭长形状，夹在观众之中。农妇打扮的玛丽亚抱着她的新生“婴儿”走入观众之中，竟把圣婴“耶稣”递给人们，突然之间，观众都成了农妇的邻居，变成了演员行动的参与者、快乐的分享者。小剧场中往往因没有被强聚光灯隔开的效应，打碎了舞台的假定性，冲破了三面墙的框架效应；达到质朴、面对观众的亲近氛围；使演员更好地找到角色的自信；观众找到自我，更容易获得共鸣和心理支持。也正因为观众的深度参与，因此小剧场观众的文明边际很难界定，观剧活动中有些貌似不文明的行为，或许正是导演事先安排或想要达成的效果。这一点也体现在北京数十个小剧场的实验性演出中，比如北京市朝阳区的“九个剧场”在演出实验话剧《黑衣人》时，凶手的尖刀就落到了观众席上，而该剧的结尾是由现场的观众来决定主人公生或死的下场，引起了现场极强的参与热情和混乱嘈杂的声响。

（三）大剧场戏曲观众文明现状

北京著名的经常演出戏曲的大剧场包括长安大戏院、梅兰芳大戏院、中国戏曲学院戏院和北京昆曲院以及新建落成的国家大剧院等。与传统的湖广会馆等茶楼式戏院相比，戏曲大剧院通常有如下特点：一是容量大，座位有数千个；二是地坪为改善视线开始设置升起，但升起幅度较小；三是座椅采用面向舞台的排座形式，代替了原来的茶座，提高了舒适度，革除了看戏时吃喝聊天的陋习，净化了观演环境。不过也有例外，长安大戏院前排仍保存有茶座。戏曲观演讲究碰头彩和唱腔节点上的叫好，为了营造良好的氛围，一腔唱完掌声可以随时响起而不被视为干扰，戏曲演员会因掌声和叫好声的刺激表演更加卖力和精彩。但是，由于戏曲观众群体多是中老年人，其间迟到、串座、交谈、随唱等不文明现象较突出。针对这一现象，梅兰芳大戏院设置的免打扰迟到席颇具人性化。梅兰芳大戏院在观众厅一层设置了迟到席，凡是迟到的观众一律要在迟到席观看演出，等演出中间休息时，再回到自己的座位去，这样既不影响迟到的观众观看演出，同时也不打扰其他观众的兴致。这是很值得其他剧院学习仿效的举措。国家大剧院作为新建成的北京市标志性建筑，经常上演戏曲的大剧场并不是专为戏曲演出而设计。而且管理也配不上其现代性的建筑和装饰，比如剧场内没有通信信号屏蔽，每次演出剧场中央都摆设至少两台摄像机，还有满场的手机亮屏和拍照声无人制止等。这个剧场的设计理念显然是为了大型话剧、歌舞剧以及其他综艺演出而设计，为了容纳更多观众，扇面的剧场角度达到了180度；为了空间的宽敞，观众席设置很不紧凑；而且不管是楼上还是楼下，后排和侧面的观众视野和听感都不好。但是，由于它的舞台很棒，所以名导如张艺谋的大戏《天下归心》都爱在这里演出。

（四）小剧场曲艺观众文明现状

北京的曲艺小剧场，主要指天桥郭德纲相声的大本营“德云社”和上演东北二人转的赵本山“刘老根大舞台”，此外还有“80后”说相声的固定场所“嘻哈包袱铺”。曲艺小剧场类似于传统的会馆式戏曲剧场，有的设茶座且配饮食。曲艺小剧场以营造观演互动和现场热闹为主，在场内嘘声即等同于喝彩，甚至有时候相声演员会随着观众的起哄和嘘声借题发挥制造包袱。因此，小剧场观众的文明现状可不作本书的考察重点。

二　剧场建筑及管理对观众文明的影响

起源于西方的剧场空间结构响应民主主义的思想，其基本要求是“所有的人都能够看得见听得清”。近年来，我国的剧场设计者也摆脱了剧场容量第一的观念，开始重视这一民主的观点，即观赏方和表演方都重视在戏剧空间更加多样的自有关系，创造符合要求的舞台和观众席关系。一个有魅力的舞台，对表演者来说，是一登上舞台就会有临场感和紧张感的地方；对观赏者来说，则是能够被吸引到虚幻世界的地方。为此，必须要先弄清楚“舞台的目的是什么”。问题是在决定容纳人数和基本舞台形式后，能否创造出一个现代戏剧演员所期待的作为创作场地的有效空间。这便是现代剧院建筑的设计核心理念。

（一）剧场的发展

西方最古老的剧场——希腊剧场，起源于祝贺酒神兼欢乐之神狄俄尼索斯的歌舞场。在设有祭坛的舞台上设置圆弧形状的表演中心，在山坡上布置座位，这样就可以有很多观众看到舞台。剧场一开始是木制的，后来是石造的。剧院设有“表演区”的圆形舞台，舞台后部设有景屋，观众席以舞台为中心按同心圆状布置。公元前 2 世纪左右的埃皮达鲁斯剧场，被视为希腊最杰出的剧场，几乎被完整地保存到了现在。最远的座位距离舞台前端 70 米，因此看不清演员的表情，为尽量减少视觉上的问题，希腊戏剧使用了面具。面具的嘴巴部分呈短号筒形状，起到了扩声作用。安静对更好地听到声音很重要，因此希腊剧场建造在安静的郊外。看得见和听得清，这一希腊剧场的建筑设计理念一直延续至今。

进入罗马时代，随着拱形顶棚技术和混凝土的发明，剧场不再需要依赖坡地，成为独立建筑。罗马人设置了从观众席底下的出入口直到最后一排的疏散通道和避难系统。罗马剧场观众席地面起坡很大，相比希腊大剧场，它具有相对较少的观众席，在声学上的效果很好。土耳其的阿斯佩达斯剧场很好地保留了罗马剧场的形状。观众席数 7000 个，最远可视距离为 53 米。很多的罗马剧场为防止观众受到日照，用帆布覆盖剧场顶部。帆布会对声音有适当的反射，而不会产生混响。

到了中世纪，戏剧逐渐衰退，并在室外进行演出。但是到了 16 世纪，伊丽莎白执政的伦敦，戏剧受到了人们的极大热爱，建立了很多戏剧专用剧场。伊丽莎白执政时期的剧场因曾上演莎士比亚的大部分作品而闻名，特别重视演员和听众之间的亲密关系。内院没有屋顶，剧场平面多为圆形或多边形。内院的大部分为舞台，周围是站立席位。舞台后面设有很大的舞台用房，和沿着建筑物外围的三层看台相连。剧场规模也很明确，例如最著名的圆形剧场外径约为 25 米，其最远视距远远超过了当今的设计目标 20 米。可容纳观众人数在 2500 人以上，还备有若干贵宾席。大量伊丽莎白执政时期的剧场在后来的清教徒战争中被烧毁了，其舞台样式的一部分则作为伸出式舞台继承到了现在。

16 世纪后半期建设在意大利的奥林匹克剧场是戏剧史上最早的有屋顶的永久性剧场。这之前的剧场都是由舞台后面的墙面作为背景，文艺复兴时期出现了镜框舞台形式的剧场。其最大特征是，它极具想象力地把根据透视法画成的街道作为固定背景，能带来非常逼真的舞台进深感。半圆形的观众席平面形状发源于罗马的圆形剧场，后来的剧场又有了丰富的变化，如 U 字形、马蹄形等。这种镜框舞台剧场成为巴洛克剧场的基本形式，风靡欧洲。

进入 20 世纪，戏剧表现形式更加趋于多样化，一些表演家重视观众和演员的亲密关系，产生了否定镜框舞台剧场的趋向。受此影响，围绕舞台布置观众席的圆形剧场，作为镜框舞台剧场的折中，舞台向观众席延伸成伸出式舞台剧场、开放式舞台剧场等变形后的舞台形式均有出现，一直延续至今。

戏剧剧场根据舞台和观众的关系可以分为镜框式舞台、开放式舞台、伸出式舞台和中心舞台剧场等。经过上千年的演化和对观众的研究，如今的剧场普遍采用扇形平面设计观众席位，由于设计上扇形平面的侧墙角度变小，视线差的观众席位非常少。越是在上层的楼座，越向前突出，即使最上层观众席也保证了较短视线距离。台词的清晰度良好，这是因为各个部分的声反射面和突出的楼座，还有紧凑的室内容积，恰当的舞台距离（楼座在 18 米以内），保证了足够的影响度。

音乐舞蹈剧场建筑也是如此。不同的风格的音乐也对音乐厅提出了不同的要求。如精微典雅的古典音乐要求乐声直接送入观众耳朵；热情洋溢的浪漫派音乐则需要透过音乐厅斑斓陆离的装饰，多次、长周期的不同平面的声音折射传入观众的耳朵。18 世纪，古老的音乐厅的座位对内面向中央的走廊，如莱比锡布业大厅。到了 19 世纪，音乐厅大多呈长方形（只有阿尔贝特会堂呈椭圆形），舞台面对着观众的座席，舞台背后是管风琴，当演出清唱剧和康塔塔时，管风琴的两侧是合唱队固定席位。现代音乐风格各异，传统的音乐厅往往难以满足其对声音的要求，20 世纪音乐厅为了适应现代音乐具有个性的风格，常采用特殊的设计，如柏林新音乐厅里，观众围绕乐队而坐；

伦敦皇家节庆会堂为了解决这一问题已经安装了一系列的扩音器和共鸣器，从而延长音波的折射，改善“干燥”的音响。[①] 而著名的好莱坞碗型剧场完全是露天，使乐队位于音响壳中。在北京的音乐厅中，中山音乐堂、北京音乐厅的设计体现了19世纪的音乐厅风格；国家大剧院音乐厅则体现了20世纪音乐厅的设计风格。

自17世纪初歌剧在意大利流行后，1637年威尼斯建立了世界上第一座歌剧院——圣卡西亚诺歌剧院。歌剧院的组成包括观众厅、舞台、化妆间和放置道具、布景等设施的辅助空间。舞台下设有容纳管弦乐队的“乐池”。歌剧演出不用扩音设备，故剧院设计对体积、混响时间等建筑声学有严格要求，以确保混响时间在1.5—2秒之间。观众厅呈马蹄形平面。20世纪的歌剧院舞台设有完善的机械装置，如可调整的声学反射罩，电动的转台、车台和升降台；可升降的乐池；良好的照明系统等。观众厅平面更加多样，除马蹄形外，还有扇形、圆形、卵形、六角形、钟形等。[②] 歌剧院作为城市甚至国家文化的象征，世界各国在设计上都别具匠心，由此产生了许多造型风格各异的著名歌剧院，如美国纽约大都会歌剧院（建于1883年）、意大利斯卡拉歌剧院、奥地利维也纳国家大剧院、澳大利亚悉尼歌剧院、德国科隆歌剧院、中国国家大剧院，等等。

总地来说，剧场建筑对观众文明影响巨大，一个设计合理、装饰高雅、大气辉煌、设施齐全并且处处体现出人性化的良好观演环境，就可以形成一个小的场域氛围，在这个高度文明、人人言谈举止得体的小环境里，就可以纠正个体的不良习惯，使其迫于环境的威压不敢不文明、不得不文明。这就是剧院设计理念的初衷。

（二）剧场对观众的有效管理

剧场是公共演出场所，剧场管理的对象应为演职人员、观众（含VIP贵宾）以及剧场运营人员。建立良好、健全、利于操作的管理机

---

① 上海音乐学院音乐研究所编译：《音乐厅//外国音乐词典》，上海音乐出版社2005年版，第165页。

② 缪天瑞主编：《音乐百科词典》，人民音乐出版社1998年版，第199页。

制，对剧场的蓬勃发展是不可或缺的环节。剧场管理要严格，但本质上是为观众服务，因此，剧场管理的原则应该是以人为本。以人为本的管理目的是为最大多数的观众创造一个良好的观演环境。可以以各种有效的方式标明：请您着装整洁，按序入场，衣冠不整、酗酒者谢绝入场；请勿将食品、饮料、提包、口香糖及照相、摄像器材带入场内；1.2 米以下儿童谢绝入场（儿童专场除外）；请保持场内安静，准时入场对号入座，迟到观众请在厅外等候，待幕间休息安静入场；演出期间，请将手机等通信工具关闭或调至静音状态；剧院内未经许可，严禁拍照、录像、录音；剧院内禁止吸烟，如发生紧急情况，请您在工作人员指引下迅速撤离等。在规定上明确禁止事项之后，还要有专人执行，执行过程中要做到有理、有力、有节，让被管者自惭并服气。剧场对观众的管理，重在引导轻在惩罚；目的是让观众文明观演形成一种文化的自觉。

三 剧场观赏活动中文明观众的影响因素

观众是自律和他律综合作用的生命个体，在观剧活动中必然会受到外界环境的刺激和自身修养的约束。因此，在剧场观赏活动中影响观众文明的因素有很多。其中，既包括外在的观赏对象、环境场所、观赏群体、规则礼仪，也包括内在的情绪、兴趣、状态、好恶等。每一个因素的放大和消弭都对观赏文明的影响有举足轻重的作用。

（一）对观赏对象的了解与热爱

促使观众前往剧场观演，其必源于热爱。而热爱一门艺术，须首先从了解开始。譬如作为观演对象的戏剧，是由演员扮演角色，在舞台上当众表演故事情节的一种艺术。在西方，戏剧即指话剧；在中国，戏剧是戏曲、话剧、歌剧等的总称，也常专指话剧。戏剧作为一种综合性的舞台艺术，借助文学、音乐、舞蹈、美术等多种艺术手段塑造舞台艺术形象，揭示社会矛盾，反映现实生活。戏剧的种类多种多样，依据表现形式或手段分话剧、歌剧、舞剧、诗剧、歌舞剧、哑剧、戏曲、木偶戏、皮影戏等，据剧情繁简和结构分多幕剧、独幕剧，据题材范围或反映的时代分历史剧、现代剧、童话剧、神话剧等，据情节主题或内容性质分悲剧、喜剧、正剧（悲喜剧）、闹剧，据地域色彩分京（越、沪、豫、吕、川、汉、楚、晋）剧、黄梅戏等，据演出场合分舞台剧、街头剧、广播剧、电视剧等。

再如，音乐就是经过人的加工创造而有序组织起来的音响，音响的组成分为乐音和噪音两种。（1）乐音，具有固定音高频率符合一定律制要求的有规则震动的声音，能够发出这种声音的物体就是乐器，如小提琴、单簧管、钢琴、箜篌、古筝、琵琶，等等。（2）噪音，即震动频率不规则的声音，在音乐中噪音主要用来表现音乐的节奏律动，发出这种声音的乐器通常是打击乐器，如鼓、锣、镲、三角铁、碰铃等。在音乐中，为了表现特定的音乐意境或音响效果，往往也会采用自然的音响，如《1812 序曲》中使用了拟炮声音响。在现代音乐中音乐声音材料的选择更为广泛，几乎只要符合作曲者的表达需要，各种声音可以无所不包：约翰·凯奇创作了无声音乐《4’33”》，谭盾创作的《纸乐》融入了集体翻谱和观众撕节目单的声响，等等。音乐是抽象的艺术，关于音乐的内涵有多种观点。美国美学家苏姗·朗格认为："音乐的作用是情感表现。它表现着作曲家的情感想象而不是他的情感状态，表现着他对'内在生命'的理解。"[①]"音乐像语言一样，是一种结合的形式"，但音乐又不是一种通常大家认为的情感的语言，"因为它的组成因素不是词"，"它的任何组成因素不表示什么意思"，它可以传达人的"想象的任何概念"。[②]作曲家伊戈尔·斯特拉文斯基则认为："音乐就它的本质而言，根本没有表现任何事物的能力，不论是情感、内心的观念、心理状态，还是自然现象等等……音乐除了出之于想象的现象之外没有别的什么想象……这种想象必然是针对它哪些'声音'和'时间'的要素的……所有的音乐只不过是确定了的基点集中起来一系列冲动而已。"[③]音乐美学家叶纯之认为："音乐只凭借声音的运动形式表现情感的运动"，"实际上，音乐无'形'可言，在抽象方面，是诸多艺术形式中占据第一

① ［美］苏姗·朗格：《艺术与形式》，中国社会科学出版社 1986 年版，第 38 页。

② 同上书，第 39—40 页。

③ 薛良编：《音乐知识手册》（一集），中国文联出版公司 1986 年版，第 102 页。

位的，音乐，最适合表现没有具体形象的精神生活。”① 综合以上观点可见，音乐是人之想象中的情感或精神状态。

舞蹈是以经过提炼、组织具有艺术表现力的人体动作为表现手段，表达人们的思想感情，反映社会生活。舞蹈与诗歌、音乐一起，是人类历史上最早产生的艺术形式之一。原始社会就有模仿劳动生活的狩猎舞，表现战斗场景的战阵舞，以及各种拟兽舞等。随着时代发展，舞蹈从模仿趋向写意、比拟，其表现内容也更加广泛。世界各国各民族由于生活方式和文化的差异，故产生了各种各样具有独特舞蹈语汇特征的舞蹈艺术。粗略而言，东方舞蹈优美细腻；非洲舞蹈粗狂激烈；欧美舞蹈刚劲敏捷。舞蹈艺术擅长抒情，不注重再现人物的行为，而强调表现人物的内心，不注重叙述事情的经过，而善于抒发强烈的情感。动作姿态、表情和节奏是舞蹈的三大要素。

比了解更进一步的是欣赏。对戏剧的欣赏，一是要了解戏剧冲突，体会作品所表现的主旨。例如，《变脸》在思想内容上注重破除重男轻女的世俗观念，并引发人们对造成剧中人物悲剧命运根源的深层思考。二是要从把握和感知特性入手体味戏剧独特的语言。例如，《威尼斯商人》即是典型的莎士比亚的诗句语言，既个性化而又生动形象、热情洋溢、精练优美、富有诗意。《音乐之声》通过人物语言、动作、表情的描写以及环境的衬托，并将正面描写与侧面描写相结合，栩栩如生地刻画了少女玛丽亚热爱歌唱、心灵美好、活泼自由、纯真快乐的性格，使这位女主人公的形象宛然在目，这和欣赏小说中的人物形象是相通的。了解戏剧单元，大家可以通过观看有关的戏剧、戏曲的录像或光盘，适当地扩展阅读范围，以更好地了解戏剧艺术，加深对此种“亦能场上亦能文案”文学种类的感受和理解。

（二）观赏对象专业知识储备

欣赏之上是专业。同样是欣赏戏剧，有业余，有票友，也有“下

① 叶小纲主编，叶纯之著：《音乐美学十讲》，中国文联出版社 2011 年版，第 126—127 页。

海”[1] 的专业观众。要达到专业程度就要熟知作为综合艺术的戏剧，有四大要素：1. 文学要素：即剧本。尤其是戏剧中的矛盾冲突和戏剧语言。2. 音乐要素：包括戏曲、歌剧中的唱腔、曲子；还包括音乐伴奏与音响效果。3. 美术要素：包括舞台美术设计、布景、灯光。4. 舞蹈要素：包括演员的形体动作和舞蹈设计。

戏剧的相关概念主要有两个。戏剧冲突：是矛盾斗争的一种表现形式。主要通过人与人之间的冲突表现性格和目的的矛盾冲突。有些冲突也表现为先进与落后、进步与保守的矛盾冲突。戏剧冲突应比生活矛盾更强烈、更典型、更集中，更富有戏剧性。台词：是剧中人物的语言。它是性格化的，富于动作性，即人物语言是与行为相联系的。台词的表现形式有对话、独白、旁白、潜台词等。

音乐似乎和语言一样都是相似的结构组成，语言有字、词、句、段、章，音乐有单音、音型[2]、乐节、乐句、乐段、乐章等。音乐和语言又有很大不同，语言一个字节就可以表达一定的意义内涵，而音乐则不同，往往一个单音没有任何的意味，它只有在音与音的组合中，在组合的不断发展变化中体现一定的内涵。所以，音乐结构，即音的组织方式和结构类型十分重要，作品中的每一个音往往都是根据内涵表达的需要有机地组合在一起，没有结构音乐就成了偶然的、杂乱无章的连续音响，无法清晰明确、完美有力地体现内涵。所以，我们说，音乐的结构形式就是音乐本身，其形式首先要遵循美的原则如统一[3]、对比、发展、再现、对称等原则。这些原则从宏观来看，中国民族音乐表现为起—承—转—合或起—开—合等结构，西方音乐表

① 非职业演员（票友）转为职业演员：中国戏曲专业术语，特指观众熟悉戏曲的唱腔程式之后亲自粉末登台公演。

② 最核心的音型有时又称为动机，是结构和发展音乐最基本的元素，同时表达音乐的核心观念。如贝多芬《命运交响曲》中“命运敲门”的动机。

③ 举个例子，西方古典音乐表现音乐内涵的核心因素是动机（就像特定的一串音组成的音型），其往往渗透在一部作品的整体结构中，这种渗透又往往是不断变化的，如在不同的音域中、不同的节拍中体现，称为模仿或模进，严格的模仿（除了发声时序不同）又称为卡农。有时，这种动机的局部又可能仅仅作为材料去组织和发展成为一段不同的乐句甚至乐段。这种动机在整部作品中的渗透就体现了统一的原则。

现为主题[①]呈示—主题发展—主题再现[②]。乐段与乐段之间可以构成对比，如调性、音区、节奏、速度等方面。从中观来看，音乐的结构可以体现为横向和纵向，横向变化往往表现在调性、调式、节奏、速度、音域、音区、音程、音色等方面，纵向变化表现在不同时发声的音高的组成方面，有协和的，不协和的，完全协和的，不完全协和的多种。音乐总是在纵横交织的音响中不断发展变化进行的，根据音响组成方式不同，主要又可分为主调音乐和复调音乐。主调音乐突出旋律，其他声部起到烘托陪衬，即意境的刻画与深化作用；复调音乐是多旋律的同时进行，其中遵循着统一、对比、呼应、铺垫等原则。当然，现代派的音乐中除了这两种音乐形式外，还有无调性音乐、微分音音乐、偶然音乐、具体音乐等多种形式。

舞剧是剧院艺术经典类型，是以舞蹈为主要表现手段，综合音乐、美术、文学等艺术形式，表现特定人物及情节的舞台表演艺术。它需要编剧、作曲、美工、指挥、乐队及演员的共同协作才能完成。舞剧以各种类型的舞蹈为主要表现手段，如古典舞、现代舞、性格舞和宫廷舞蹈、舞会舞蹈等。舞剧还可采用各种样式表现，如独舞、双人舞、三人舞、群舞、组舞等，以适应人物塑造和剧情表达的需要。按照规模的大小，舞剧分为独幕舞剧、中小型舞剧和大型舞剧。舞剧在欧洲统称为“芭蕾”。起源于意大利，形成于法国，后来发展成为世界性的舞蹈艺术类型。[③]

（三）观赏对象的欣赏与评价

还是以戏剧举例，最基本的戏剧鉴赏方法有三点：一是把握戏剧冲突；二是揣摩人物语言；三是探究舞台说明。黑格尔认为，艺术作品赢得观众有两个法则：1. 表现人类的普遍旨趣；2. 人物与冲突。戏剧之价值，在于描绘时代人生，展现众生百态，因此在戏剧中对

---

① 由音乐动机组成的表达一定观念的乐句，往往是引子之后，作品的首句。

② 中外音乐的基本组织原则相同，只是表述不同。

③ 戚廷贵、刘孝严、唐树凡主编：《东西方艺术辞典》，吉林教育出版社 1992 年版，第 465 页。

“人”的解读是重中之重，从人的角度对戏剧进行解读，是收效较高的一种方式。如《雷雨》中周朴园的形象解读，则是随着年代的推移有所变化的，从贬责到中和再到包容，显示了历史年代和学术氛围的变迁，对戏剧人物解读具有无限可能性。人物是戏剧作品的灵魂与核心，人物在情节中成长，在冲突中升华。每一部优秀的戏剧作品均是可感的人物成长史，每一个成功的戏剧人物背后，都烙印着鲜明的时代特征：元杂剧《窦娥冤》中的窦娥，即是元代饱受欺凌的老百姓形象代表；莎士比亚戏剧《威尼斯商人》中的夏洛克，即是新兴资产阶级中唯利是图和备受欺凌的犹太商人形象的集合体；郭沫若笔下的屈原，则是有着爱国主义情怀，不屈从黑暗势力并保持着高洁情怀的中国传统文人形象。所以，欣赏戏剧，可从人物着手，从人物的言谈举止中慢慢揣摩其个性。人物身上往往烙印着时代的特征，人物与历史、民俗风情是紧密相关的。因此，从人物解读戏剧，不失为智者之举。

以音乐为例。音乐是抽象的艺术，它无法直接表现事物形象方面的属性特征，只能通过对事物音响特征的提炼与表现，反映事物的存在与变化过程。比如，贝多芬《田园交响曲》中通过连续的六连音表现潺潺的溪水，鲍罗丁交响诗《在中亚西亚草原上》通过对驼铃声音的模仿表现驼队，通过音响的减弱渐强表现驼队由远而走近等。这样的作品也很多，如圣桑斯的《动物狂欢节》、斯美塔那的《沃尔塔瓦河》等，但模仿和表现事物可视性的存在状态，不是音乐所擅长的，因为观赏者只有通过听觉感受并积极产生视觉联想（即统觉或称联觉）实现对事物存在的客观认识，所以，对于没有相关视听觉经验的人而言，是无法领会其真正的意义内涵的。音乐突出的特长是表现非外在的人的精神层面的内心世界，可以是感情，也可以是态度等内心复杂多样的心理感受。音乐通过律动的快慢，强弱的变化，音色的对比，声部的交织等元素构成了细腻丰富，甚至复杂多变且极具表现力的音响。这种音响实质是一种与人们难于言表的心理是一样、形态同构的信息体。

音乐心理学表明，人们对音乐的精神内容的获得不是直接而是通过审美体验间接性获得的。20世纪初，德国法兰克福大学心理学家韦特默（Wertheimer）、苛勒（K. ohler）和考夫卡（Koffka）创立了“格式塔”理论来解释这一心理过程。格式塔是德文Gestalt一词的译音，原意是“完全形态”“完型”（格式塔心理学又称完型心理学）。其主要观念认为人的意识经验具有结构性和整体性，即强调人感知认识的整体性，认为人对外界纷杂感性材料的理解总是基于先验经验的基础上，对感性材料进行重新的组合，赋予一定的秩序，从而得到理解和认识，否则人就无法理解。这就是前面三位学者提高的音乐审美的“懂”的实质。格式塔心理学代表人物考夫卡把人的完型赋意的心理经验概括为“同型论”（人对环境感性信息的体验时个体会产生一个与之相同的脑场模型），美国艺术心理学家鲁道夫·阿恩海姆将这一原理发展为艺术审美的“异质同构”说（人对艺术形式的知觉和人的情感之间的一种对应关系，当结构模式一致时，会激起人们的艺术审美情感）。在音乐艺术审美中，这种“格式塔”心理主要体现为四种方式，即相似性、相邻性、连续性、趋于完整性。举例来说，音乐的音响在音量强弱、协和与不协和、音长长短、音色的呈现等方面都是不断变化的。人的情感也是在忧伤与快乐、痛苦与喜悦、兴趣与兴奋等方面不断变化的。当我们把这种相似的变化过程抽象出来，在一段时间内呈现这种用心组织起来的音响及其发展变化的过程就形成了音乐。人们在音乐音响的感知过程中通过格式塔心理式“异质同构”完型转化，从而感受并激起情感发展变化。因而，人们通过对暗示和象征性的音乐音响的感知，通过联觉想象反顾自己的心境、情感、生命经历，从而对音乐音响做出个人的理解与体验，获得情感的体验，意义的顿悟以及审美的感受。

再看对舞蹈的欣赏。舞蹈是一种不断运动的造型艺术和表情艺术，它有着确定的状貌和具体的视像，同时又在一定时间向度内，通过运动，不断形成、发展、变化，故舞蹈审美素养的基本范畴是理解舞蹈形象，欣赏舞蹈图形，体验舞蹈情感。所谓舞蹈形象，是指舞蹈观赏中被感知认识的主要对象和体现舞蹈艺术审美价值的主体，是由人体动作、姿态和造型，并借助音乐、道具、服饰、化妆等其他艺术元素构成舞蹈语言体系。关于舞蹈形象的理解包括两种，第一种理解认为舞蹈形象有两类，其一，以舞蹈手段塑造的人物形象；其二，舞蹈的动态形象。朗格认为动态形象就是把积极而又活跃的力量表现出来的形象，是运用舞蹈者的身体、肌肉的“能”或“力”，但又不等同于“能”或“力”本身的某种“虚幻的实体”。第二种理解也认同人物形象和动态形象之分，但关于动态形象的理解则更为宽泛，凡属于舞蹈手段造就的一切，包括人物的姿态、造型、步伐和主题动作，或舞蹈场面构图和队形变换等，都是舞蹈的动态形象。舞蹈的动态形象作为塑造人物形象的舞蹈要素时，小于舞蹈的人物形象，如《天鹅湖》中天鹅扑翅欲飞的主题动作，只是奥杰塔形象的构成部分。而当它作为整个舞蹈意境、气氛的渲染，以造成舞蹈动作的强烈深刻的总体艺术效果手段时，有大于单一的人物形象，如《红色娘子军》5、6 场之间集体连续劈叉大跳的过场，表现了工农红军排山倒海势不可当的行军气势，就超出了人物形象所包容的范围。①

舞蹈构图，即舞蹈表演在一定空间与时间内，对色、线、形等各个方面关系的布局，其中包括队形变化中形成的图案和静态造型所构成的画面。舞蹈构图对主体的表现、意境的创造、气氛的渲染、形象的塑造都有重要作用，是舞蹈形式美的要素。纵观东西方传统的古典舞蹈和民间舞蹈，大多属于轴心运动思想和对称平衡的构图方法，如围绕中央由四面八方交替循环的各种舞蹈图形和四角、六角、八角环绕中央的弧形对称图形。19 世纪以后，舞蹈创作中开始打破传统的构图方式，出现了多中心、多角度循环交替的舞蹈图形，以及展示生活自然形态图形。中国民间舞蹈中，构图样式丰富，具有“二龙吐须”“龙摆尾”“绞麻花”“卷菜心”等多种经典舞蹈图形。现代舞蹈则在继承传统构图法的基础上大胆创新，不拘一格，形成了样式迥异的具有时代风格类型的舞蹈图形。

舞蹈表情，即运用舞蹈手段表现出来的人类的各种情感，是构成舞蹈形象的重要因素之一，是观众舞蹈观赏主体内容之一。舞蹈表情

---

① 知识出版社编辑部：《艺术百科全书》，知识出版社 1993 年版，第 916—917 页。

不仅包括舞者的面部表情，也包括人体动作的节奏、姿态、造型等。如动作节奏的快慢、力度和幅度的大小即可鲜明地表现出人的思想感情变化。[①]

（四）观赏活动的礼仪与禁忌

还以戏剧观赏为例，由于戏剧从发源时起就是一种祀祝酒神的节日庆典活动，从公元前534年雅典的第一批戏剧表演开始，看戏就是过节，它注定是一种集体观赏行为，剧场内挤得满满的观众自然而然形成一种“场”，是一个引起刺激、交流的环境。在这个特定的公共场合中，文明是保证每一个剧场成员观演权利的基石。其实，文明观演的要求并不复杂，只要真心爱戏，尊重他人，很容易做到文明。

根据笔者采访，可以给出几位资深戏剧人的态度和观点：态度一：（某导演）“文明观演公约”针对观演团，这是很好的，可把公约放到普通观众身上，我觉得不妥。目前国内的所谓“文明公约”都是舶来品，都是西方布尔乔亚的东西，很小资，而中国原本是没有这样的东西的，突然提出这样一个不符合水土的公约，对于普通观众，有些强加的意味。观众们反感的，其实是影响到自己看戏的行为，并非影响到演戏。如果他们做出了一些不好的举动，是不是说明这部戏或多或少有问题，不够吸引人呢？观众的不满应该让创作者反思，而不是抱怨，我们不能这么小肚鸡肠。态度二：（某导演）有人迟到了，还穿着高跟鞋，踩在地板上发出很大的声响，影响了整个剧场的观众；有打电话的，恨不得所有的观众都能听到。很多东西都是我们本来就应该懂得的，就是替别人着想，比如来晚了，最好是暂时坐在剧场后面，等换景收光的时候再进来。这些是剧场里最起码的文明，本来是不应该用公约来要求观众的，现在居然成了公约，从这一点上来看，观众也许该反思一下才对。态度三：（某导演）有一次，演出过程中一直很顺利，可在散场的一瞬间，突然有一位中年观众跳起来，歇斯底里地大叫着要“退票”，这样的举动让整个现场变得有些尴尬。我本人倒是不在乎，可剧场毕竟是公共场所，这样的行为显

① 知识出版社编辑部：《艺术百科全书》，知识出版社1993年版，第916—917页。

得有些鲁莽。还有更厉害的，我朋友就遇到过，有观众直接把鞋子往舞台上扔，大家都很无语。态度四：（某著名演员）曾经有两个观众因为争抢一个座位吵起来了，妙的是现场观众没有一人说话，演员也照常地表演，那两人才渐渐安静了下来。我觉得这是剧院的气场问题，这是一种尊重艺术的气场。气场的形成不仅靠观众，也靠演员和剧院的服务人员，从观众进入剧场到离开，每个环节都有专业的服务，气场必须包括整个过程，服务员很多时候也能起到潜移默化的作用。

从以上几位戏剧人的言论中可知，剧场环境直接影响到观演关系，也就是戏剧中“场”的正常运作。毋庸置疑，剧场里的观众是剧场文明形成的决定性要素。剧场中的理想观众应由时间概念、仪表着装、行为语言、谢幕致意几方面构成。

1. 时间。守时是一个人文化素质最基本的体现。在高速发展的信息时代，人们的时间观念越来越强。但少数观众对观看演出却产生了一种误解，他们认为看演出是个人休闲娱乐活动，早点晚点没有关系，其实这是一种最大的误会。恰恰相反，观看演出更应该准时。因为入场券上的开演时间，就是对观众的承诺，剧场必须按时开演以维护准时到场观众的合法利益。迟到的观众应该为自己看不到精彩的开场、得不到完美的艺术享受而遗憾。而在众目睽睽之下走进剧场，也影响到了多数按时入场观众的欣赏效果。所以一旦因故迟到，应遵守剧场的有关规定。根据不同艺术品种剧院的要求有如下几点：①对演出环境要求不高，对演员和观众均不会产生太大影响的剧种，比如：京剧、曲艺、杂技、木偶等艺术门类的演出，迟到的观众一般准许入场就近入座，待节目中场休息再回到自己的座位。②对演出环境要求很高，对演员和观众都会产生很大影响的剧种，比如：交响音乐会、声乐独唱、合唱、歌剧等，迟到观众不能随便进场，需要等一个曲目结束、下一个曲目开始期间，在服务人员指引下轻声入场就近入座。待中场休息时可以回到自己的座位。③对演出环境和对演员观众的影响程度介于上述两种情况之间的剧种，比如话剧、歌舞剧等，应根据具体剧型的要求在确保不影响演员和其他观众正常观看的情况下就近入座，待中场休息时间回到自己的座位。

2. 着装。仪表着装是一个人内在气质的直接反映。不同职业、不同场合对着装有不同的要求。剧场是欣赏文艺表演的艺术殿堂，也是重要的社交场所。人员相对集中，不管认识与否都不可避免地近距离接触。所以仪表着装不仅是个人行为，也会对周围环境产生影响。观剧对个人仪表着装应与剧场作为艺术殿堂的环境氛围相协调，具体有以下几个方面的要求：①无论观众看什么演出，都应仪表着装整洁大方、无异味，特别不宜穿背心、短裤、拖鞋入场。②观剧前不宜饮酒，禁止饮烈性酒。如觉饮酒过量，最好先到场外休息，待酒醒后再进入剧场。③观剧前最好不食大葱、大蒜等异味较重的食品。④对于观看交响乐、芭蕾舞等高雅艺术的观众。仪表着装更为讲究，除务必做到以上要求外，为表示对艺术家的尊重，一般应穿着比较正式的服装。比如：男士穿西装系领带、女士穿典雅的时装等。

3. 举止。举止是一个人的文明行为准则。由于剧场是一个特殊的公共场所。为了不影响他人合理的观剧权，同时也使自己能够得到完美的艺术享受，在观看演出过程中应遵循如下行为准则。①凭票入场、对号入座，这是最基本的要求。因为不同的区位票价高低不同，用低价票座位坐高价票座位不仅会增加不必要的换座次数，影响更多的人观剧，同时也是不道德的行为。②勿将食品、饮料、塑料袋等带入观众厅。一般剧场休息厅都设有食品饮料部，观众可在开演前或中场休息时饮用，而塑料袋发出的声音会影响观剧。③剧场是禁止吸烟的公共场所。任何地方包括卫生间均不许吸烟。④观看演出时不要咀嚼口香糖，如在观剧前已经咀嚼口香糖，进入观众厅前将口香糖包在纸内扔到垃圾桶中，千万不要随地乱扔。⑤尊重知识产权。未经许可不得私自录音录像和拍照，严禁使用闪光灯。因为演出门票只是获得了现场观看权，并未获得录音录像和拍照权，因此主办方有权制止上述行为。为了不在现场引起纠纷，影响演出正常进行，保护演员和大多数观众的权益，请不要私自将上述器材带入场内。⑥一般情况下演出期间观众不能随意向演员献花，如有特殊情况要求以个人的名义向演员献花，应事先与剧院工作人员联系，根据演出情况获得同意后，由工作人员安排献花活动。

4. 语言。为了达到最佳的视听效果，保持安静良好的演出观赏环境，应遵循如下规则：①开演前将手机设置静音或关机。在观演过程中不应主动给对方打电话。如因特殊情况必须接听电话时，应告知对方待曲目间歇离开观众厅后再联系。对于演出环境要求严格的剧场一般安装了信号控制设备，在观众厅内无法接收信号。②观剧过程中，不要与同伴聊天或对演员发表议论，更不能一时高兴跟着哼唱或手舞足蹈表演。③出于对艺术家的尊重和礼貌，对于演员的精彩表演应以掌声表示敬意，但不能大吼大叫或吹口哨等。演出中途不鼓掌，在一个曲目结束后进行鼓掌。④遇咳嗽或打喷嚏时，要用手帕捂住口鼻，以防口沫飞溅他人身上，如果打哈欠，尽量不发出声音，更不能打呼噜发出声响。⑤对精彩演出希望演员返场是可以理解的，但由于各种艺术门类有不同的要求，演出前都有严格的、完整的演出方案。所以希望返场只能用持续、热烈的掌声来表达而不能大喊再来一个等强行要求返场，一旦下一个节目的演员上场则应立即安静下来观看演出，否则就是极不礼貌的行为。

5. 谢幕。演出结束后演员谢幕是整个演出活动的重要组成部分，是演员表达对观众谢意的一种高雅文化礼仪，作为观众也应以礼相待，向艺术家表示敬意和感谢。不同的艺术形式，谢幕也有不同的讲究和形式：①在演出过程中，每个节目或曲目结束后演员都会向观众谢幕。但一些小型和比较简单的演出，有时不安排总谢幕，而是在最后一个节目演员谢幕后演出活动结束。在这种情况下，观众应在最后一个节目谢幕时起立鼓掌，待演员谢幕退场后再自行离开座位按顺序退场。②一般情况下大型演出和歌剧、话剧、舞剧、芭蕾舞等，都会安排总谢幕程序。由于总谢幕相对时间较长，由一般演员、次要演员、主要演员和主演依次序谢幕。有时导演还特意把总谢幕编排成非常艺术化的程序，所以在这种谢幕的过程中观众一般不宜站立起来，而应在座位上热烈鼓掌，到总谢幕结束前全体起立报以更热烈的掌声，待演员退场后或大幕开始关闭时再按顺序退场。

四　剧场观赏活动中文明观众的培育及策略

黑格尔在其《美学》第三卷中专门谈到了戏剧观众，并概括出戏剧观众的特性是："一个坐在目前的集体。"① 观赏者作为一个集体聚会在剧场里，是为着进行裁判的，而这个集体的成员又非常复杂，在文化教养、兴趣、习惯和文艺趣味、嗜好等方面各不相同，因此，在观演的过程中就会出现一些干扰表演和其他的不文明行为。剧场需要文明，而文明的载体是观众。因此，剧院观赏活动文明的需要是培养文明的观众。文明观众的要素包括，既要有必需的礼仪，也要有良好秩序；既要懂得观赏对象所表达的意义，更要有较高的欣赏趣味和眼光。如果能达到这样的较高的要求，便可称作理想观众。

（一）理想观众

所谓剧场中的"理想观众"，是指能文明遵守剧场规定、尊重演职人员、文明观剧的公民群体。人在公共场所能否遵守公共道德，是市民与公民的重要区别。公民概念高于市民，即公民要对社会有责任感，尤其是在公共场所表现出的社会责任感，具体表现就是要遵守公共场所的行为规范。规范意识是责任感的具体表现。公共场所的规范，就是要保证个人尊重公众的利益，这种规范意识，是一个积累的过程，是一点一滴积累起来的。从剧场观众的态度，可以看出来城市文明的建设是否取得了良好的效果，文明的积淀能否使社会的个体成员在公共场合尊重他人利益，这是文明程度的考量。公民能在剧场表现出这种文明，也会在其他公共场所表现出这种文明。这种文明行为多了、持久了、形成习惯了，就标志着我们的公民意识在成长。

公民是宪政的产物，它的核心意识即为"公天下"。公民是一个社会概念，与"自然人"相对立。在法制社会，公民与政治结构是紧密相连的，公民可以直接面对权力运作，行使参政议政、监督完善的权利。但是在中国，公民概念在多数情况下依然只是一个"舶来品"，以血缘纽带为中心的"人治"一直是中国社会运作的主要方

① ［德］黑格尔：《美学》第三卷下册，朱光潜译，商务印书馆1992年版，第261页。

式，在传统宗法与纲常中，我们几乎看不到权利和义务的公共区域。因此，中国老百姓普遍缺少“公家”意识，这是宗法制下自然经济的遗存品。所以，在传统的茶楼、戏园中，戏曲表演通常是达官贵人的娱乐消遣之物。旧剧场既然为娱乐消遣而设，那么就无从要求“观演文明”。由此观之，要在中国建立良好的观演机制，任重而道远，然而更困难的是，如何改变中国老百姓脑中“我花钱买票了，我爱怎看，谁也管不着！”的陈旧观念，树立“我为人人，人人为我”的公民意识。只有这样，完善的剧场机制和理想的观剧环境才能广泛建立。另外，相关部门（学校、社区、居委会等）应有意识、有措施、有针对性地对中国老百姓进行剧场文明教育，这是提高百姓观剧素养的一个重要途径。相对于公民意识的建立，此种方式操作相对方便，在受过一定教育的社会群体中会达到立竿见影的效果。

一般来说，剧场文明观众具有以下几个主要文化属性：

一是公共性，即其中的文明观众之言行举止要符合公众或公共性的内在要求，如公共权利的分享与公共义务的践履，具体而言，包括公共秩序的维持、公共规范的因循、公共环境的保护、公共权力的保护等。举例来说，在音乐厅观赏过程中，某人家有急事，手机响起，出于私德，他应赶快应接，以免家人担心，但如果应答，则言语之声影响了其他观众的观赏权益，即违背了公德，那这种行为依然是失范的。

二是文化性。英文对应词汇是“culture”，词根的原意是“耕种”，引申为祛愚昧的、有教养的，即其文明性是个体受教育后而习得的有修养的内在素质的外在表现。没有得到相应的人文教育，没有一定文化修养是很难真正领略剧场艺术和文化的。《乐记》云，“知声而不知音者，禽兽是也。”其意即说，禽兽和人一样都能听乐的声响，但禽兽不能洞察“乐”中的人心志情，人和动物的区别标志，或者人之文明与粗蛮的区别标志就是能否知“音”。没有一定的艺术素养积累，往往难以感知体悟剧场艺术的真正内涵，因此，只有具有一定文化艺术素养的观众，才是真正意义上的文明观众。

三是继承性，音乐舞蹈艺术早于人类语言产生，即便是剧场音乐舞蹈艺术也已经有了数百年的传承历史，人类在对其观赏的文化发展过程中，形成了各种具有共识性的礼约规范（或称为习俗），故那些不谙习俗、不合仪礼的观赏者，不能称为文明观众。比如，在西方，交响乐、歌剧、芭蕾舞的演出为难得盛会，上层社会人士将其作为重要的社交场合，所以，观众穿礼服等盛装观演，在现代中国文化环境中，显然更多的人将之理解为休闲娱乐活动，故穿着随意，但如果过分，穿短裤拖鞋前往观演则违背了习俗约定，有失其礼。

四是时代性，在当前大众文化时代，交响乐、歌剧等高雅艺术已经不再是上层社会所专享的文化盛会，大剧院、音乐厅不仅具有社会交际的功能，而且更多被视为大众休闲活动的场合，观赏消费的价位也大多能被普通百姓承受，故要求所有音乐舞蹈剧场观众均穿着礼服观赏，显然已不合时宜，也不切实际，所以，虽要因循习俗，但只要观众穿着较为正式即不为失礼。另外，现代社会是信息科技迅速发展的社会，智能手机几乎已经成为人人必备的电子通信工具，且手机录音、拍照、摄像功能齐备，故在剧场中拍照、摄像、录音以及拨打接听电话又成了文明观赏的禁忌。

（二）濡化、调适和迁移

哈维兰在其所著《文化人类学》中认为：“如果文化不能成功地处理基本问题，就不可能持续存在下去。文化必须为生活所必需的物品和服务的生产及分配提供保证。必须使新成员濡化，这样他们才能成为有用的人。它必须维持其成员之间的秩序，以及他们与外人之间的秩序。它必须激发成员持续生存下去并参加持续生存所必须的各种活动。所有这一切中最重要的是，如果在改变了的条件下它要保持适应，它必须能够变化。”① 这段话的意思很明显，文化具有培育和改善剧场观演文明的功能，文化改善观赏文明的手段包括“濡化”“调适”和“迁移”。

“濡化”的意思是，所有文化都是习得的而不是生物学遗传的，

① ［美］威廉·A. 哈维兰：《文化人类学》，瞿铁鹏、张钰译，上海社会科学院出版社2005年版，第53页。

著名的人类学家拉尔夫·林顿把这称为人类的“社会遗传”。人们与文化一起成长，因而学会自己的文化，文化借以从一代人传递到下一代人的过程称为“濡化”（Enculturation）。“濡化”之于培育观赏文明主要是指对观众从小进行的教育活动。对小观众的培养主要途径有三个：一是家长的表率作用和对孩子不文明行为的有意纠正；二是小学教育的宣讲和学习；三是儿童剧场的引导和提示作用。总而言之，观赏文明的培育要从娃娃抓起，只有儿童的文明程度提高了，才可能给全社会的观赏文明奠定一个坚实的基础，儿童观赏的高文明反过来还可以倒逼家长提高其文明素质。

“调适”，指有机体获得对于可利用环境的有力调整，也指这个过程的结果，即使它们适合于特殊环境状况的有机体的各种品质，它们一般就在这些环境中存在。① 这并不是说，人类的任何行为都是因为适合于特殊环境，而是因为人类文化最终产生出的是适应文化，而不是不适应文化。当然，人对环境的感知是有差别的，不同的人群对于同一环境的感知和反应都是不同的。由此可见，“调适”的主要功能是适应环境，因此，环境对于观赏文明的培育作用同样不可小视。当剧场具备了高雅、整洁、雍容、华贵的气场，就能使观众置身其中咸与共荣，而不敢造次冒犯，进而自觉维护整体环境的优雅。这一点类同于教堂的作用，走进尖顶高耸入云的教堂，满眼金碧辉煌的名画，周围都是端肃凝重的人群，身处其中灵魂自然会得到净化和升华。

所有文化都历时而变迁，观赏文明作为社会文化的一个方面也不例外。“变迁”的发生是对诸如环境危机、外敌入侵或在文化内行为和价值观的改变等事件的反应。个体在文化变迁时体现在改变上的是被迫的反应，这就说明剧场内硬性的纪律规定对于个体观赏文明的改善极其有效。譬如规定衣饰不整者不得进入剧场，再加上几次有效地对此规定的执行，就能很好地杜绝类似情况发生。进而，观众就会自动自觉地盛装观演。外力和强迫历来是迅速提高观赏文明的不二法门。

---

① ［美］威廉·A. 哈维兰：《文化人类学》，瞿铁鹏、张钰译，上海社会科学院出版社 2005 年版，第 63 页。

黑格尔的《美学》第三卷还谈到，剧本上演，观众在场观看，作者自然对他们就有一种义务。听众既有权鼓掌，也有权喝倒彩；因为他们是一个坐在目前的集体，剧本就是为他们上演的，规定在这个地点和这个时间，来享受一番生动的场面。他们是作为一个集体聚会在此，为着进行裁判的，而这个集体的成员又是非常复杂的，在文化教养、兴趣、习惯和文艺趣味、嗜好等方面各不相同。黑格尔在这段描述中至少指出了观众的三个特性：第一，不同于书籍、绘画、雕塑的阅读者与欣赏者，戏剧观众不是以个体方式观赏戏剧，而是一个聚合的群体。书籍是单个人阅读、绘画雕塑的品赏也是个别进行，而戏剧的观赏则是群体行为；第二，阅读书籍、观赏绘画、雕塑时间无限制，地点亦自由，而戏剧观众却有时间和地点的限制，必须在特定的时间到特定的地点，以“享受一番生动的场面”。他们的审美过程是集中进行的；第三，他们的成分异常复杂，文化教养参差不齐，兴趣嗜好千差万别，文艺趣味各不相同，贵族平民、学人白丁、绅士仆役可以同聚一个剧场，同看一部剧作的演出。这三个特性相互交叉，构成了戏剧观众的总体特征——一个坐在目前的集体。①

对于“一个坐在目前的复杂集体”，为了保证剧场的正常运作，每一个进入剧场的观众都必须遵守其规则。最好的办法是，让最早进入剧场的观众和践行观赏文明的理想观众以身作则、率先垂范，用自身的良好品行感染新观众和即将进入、尚未进入剧场的准观众。如此，剧场文明才能得以濡化、传播、迁移乃至深入人心。

(三) 管理与制度

剧场管理是与剧场文明建设息息相关的文化要素，管理者负责剧场运营与发展规划，在市场经济的环境中，剧院管理者第一文化属性是“经济人”，追求市场效益，追求经济利润最大化是经济人的天然本性，因此，耗费人、财、物的剧场文明建设往往被缺乏公共文化责任感的管理者所忽视，如为扩大观众上座率、节省管理成本，不设安

---

① [德] 黑格尔：《美学》第三卷下册，朱光潜译，商务印书馆 1992 年版，第 261 页。

全检查，由此个别观众会携带酒瓶、食品、照相机、录像机，甚至危险品入场，造成剧场内观众饮酒、吃零食、拍照等不文明行为发生；不购置激光笔，服务人员对于观众不文明行为大声呵斥，结果，更加恶化剧场观赏人文环境；不对入场观众条件作出要求和检查，以致低龄儿童甚至婴儿入场，由于这些观众生理心理发育不成熟，不具备长时间集中注意能力和自制力，故剧场内出现“小孩尿尿”“婴儿啼哭”等不文明现象；为扩大剧场上座率，迎合观众的低级趣味，提供低俗、庸俗、恶俗的音乐舞蹈类文化产品，等等。

剧场管理文明就是经营管理者出于维护剧场观众的公共权益，主动承担社会公共责任，经营健康向上的文艺产品，不断完善和提高管理水准的文明管理行为。服务文明是指在剧场管理中提供不断丰富的人性化、公益化、科学化服务，以实现公共权益的维护与剧院观赏文明程度的提升，如为剧场观众提供公益性艺术普及与观赏礼仪常识讲座，免费物品暂存服务，免费发放观赏礼仪文明手册，设立观众反馈信息与文化交流网络平台，演出前提示观众观赏注意事项，采用激光笔等方式纠正剧场观众不文明行为，等等。管理文明是实现剧场生态文明先决条件，服务文明是管理文明的具体体现，是不断推动剧场文明进步的实践抓手。

剧院文明的外部环境可以通过财、物的投入以及后勤服务的完善实现；剧院的人文环境是人类社会在一定历史条件下存在于人周围、影响人思想和行为的精神性成果的综合①，包括舆论、教育、习俗等丰富内涵的复杂系统。环境文明建设对音乐舞蹈剧场文明观众培养至关重要，需要与管理和服务文明建设协同推进，是剧场文明建设的基本内容和保障。

制度是要求大家共同遵守的办事规程和行为准则，② 缺少制度文明建设的维度，剧场文明建设就缺少了文明程度评判的标准和尺度，

---

① 黄南珊：《大力营造良好文化环境，加快建设现代环境文明》，《学术论坛》2003年第5期。

② 中国社会科学院语言研究所词典编辑室：《现代汉语词典》，商务印书馆2005年版，第1756页。

缺少评判的标准，剧场文明建设就失去了方向和目标，漫无目的目标的行动，不会达到预期，渐渐就会失去行动热情，就成了人们心中永远不能实现的美好愿望。

当然，文明是一种进步的状态，不是静止的，所以，剧场制度文明建设要因时因地制宜，不断修正、充实、更新、调整。比如，中世纪的欧洲，观赏歌剧、交响乐是上层社会交际的隆重盛会，人们自然要身着盛装，但进入 21 世纪，社会进步，文化下移，歌剧和交响乐已经成为大众文化生活的组成部分，进入休闲社会文化娱乐方式，如果再一味要求人们身穿礼服观赏，就显然不合时宜。礼服（如燕尾服），是西方服饰文化的组成部分，现代中国普通家庭，很少具备礼服，难道不穿礼服的中国人就不能在中国观赏歌剧、交响乐了吗？没有了大量观众的剧院，交响乐和歌剧的表演又有什么文化价值和社会意义？显然，这样规定又不合时宜了。因此，为了表达对艺术家和对艺术的尊重，同时体现对这种文明习俗的继承性，观赏歌剧、交响乐观众只要身着较为正式服装就不为失礼。同时，剧场制度文明还应具有现实的品格和实践的品性，要以保护所有观众公共观赏权益和艺术创作者的文化权利为依据，为保护艺术知识产权，可规定剧院观赏中不经允许不能录像、录音和照相；此外，剧场制度文明还应注重各艺术类型的内在规律，如交响乐是一部完整的作品，乐章之间虽有间隔，但乐思没有间断，如果在乐章间鼓掌，不仅干扰了艺术表演思维的连贯性，也破坏了艺术作品的完整性，所以，乐章间不应鼓掌，等等。如果制度文明进一步发展，可以提出更高的要求，如扩展到剧场管理与服务领域，增加奖惩措施与剧场文明或非文明行为的联动性，等等。

剧场制度文明建设可以体现文明管理的合理性、文明价值的传递性，形成文明成果的稳定性、公共权益保障的合法性，是剧场文明生态的灵魂之所在。剧场文明中，管理文明、服务文明、制度文明、环境文明也是息息相关、相互匹配、共生共荣的文化生态系统，观众的文明只是在这一文化场域中生态文明程度的外显形式而已。因此，培养音乐舞蹈剧场文明观众的工作应多点着力、齐抓并行，才是推进该项工作持续性发展的应然之道。

此外，至为重要的一点就是，剧场文明观众的培养要从娃娃抓起。根据皮亚杰的个体道德论，儿童责任感最早期的形式实质是他律的形式，道德在个体身上的养成要经过一个由他律到自律的过程。即如果在儿童成长的早期，外在的观赏行为礼仪规范以某种权威方式指示给幼儿，虽然儿童不能完全懂得文明礼仪规范约束的缘由，但还是会在外在权威引导下，遵守这些礼仪规范的要求，在遵守的过程中主体逐渐要求内化，形成自身的文明有礼的品质，文明有礼行为者的动机也由外在的对权威的恐惧转变为个人自身文明礼仪的内在需要。如果社会在剧场经常举办面对儿童观众的艺术体验与礼仪教育活动，对于社会文明观众的真正形成是有决定性意义的。同时也是在社会文化领域使儿童享受到应有的文化福利，促进社会公共权益分配的公平。这一点如能实现，本身也是中国文明观众建设上的一个巨大飞跃和社会精神文明建设的伟大进步。

第三节　露天艺术观赏活动中的文明观众

欣赏艺术表演是人类高级精神生活的重要组成部分。从人类历史上表演艺术的形成到 21 世纪的当下，人类的艺术表演活动从来没有完全离开过露天场域。这一古老而年轻的表演形式，经历史更迭，文化变迁，始终保持着活力。通过梳理历史上中外露天剧场发展的线索和过程，有助于总结这一表演形式长盛的缘由及其在不同历史时期的功能使命。

一　剧场历史变迁中的露天表演

一般来说，中外艺术表演的源头来自露天表演，这既与远古时期的物质条件有关，也与人类童年时期的认识水平有关。只是，在之后的发展中，中外的露天表演艺术出现了差异。到了当代，又出现了趋同的态势。

（一）中外露天表演的艺术观赏起源

中西方艺术的雏形都是诗歌舞一体的表演形式，即“乐舞”。在氏族社会时期，音乐被赋予能够沟通天地神鬼的特殊力量，具有现实的功能。宗教、祭祀活动多在户外进行，场地多借用自然环境里中间低，四周高的凹形地势。这类原始形态的表演活动都借用了有利的自然地形，活动由仪式的主持者和参与者组成，没有观众。因此，这还不属于娱乐活动，仅仅是剧场演出之前的一个阶段。

在经历了无剧场意识时期之后，人们的祭祀、娱乐活动逐渐过渡到露天表演阶段，历史进入了奴隶社会。

中国的先秦时期，艺术表演通常在三种场合进行：1. 宫殿厅堂；2. 堂前阶下；3. 广场。其中后两种都属于露天表演。由皇帝或贵族组织的公开演艺，表演者多为奴隶，身份卑微，主办者也并不顾及表演者的需求，而是满足观看者的舒适便利。可见当时的表演并不是惠及普通百姓，而是满足统治阶层仪式和娱乐的需要。

西方露天剧场的滥觞于扇形：在山冈的缓坡上，阶梯状的露天观众席好像是一把打开的扇子。表达了对于严谨而壮观的宇宙的崇拜。

相比较而言，古希腊和古罗马时期设计的露天剧场更成熟，那里的音响效果已经达到了很高的水平。

古罗马时期的圆形露天竞技场是这一时期的伟大的建筑。露天竞技场在建筑史上是件绝对新颖的事物。在罗马帝国之前，历史上从来没有兴建过能够容纳这么多人的建筑物。这个建筑有两个功能：一是容纳大量的观众——通常情况下容纳大约 7 万人；二是集中众多的人娱乐。它是一种周围有一排排阶梯式观众席的椭圆形竞技场，阶梯座位总共达 50 米，在观众席下则是在那里进行盛大表演需要的弗拉维圆形竞技场。

（二）中国剧场演变中的露天表演活动

中国历史上自汉代就有“百戏”“散乐”的记录，民间的百戏表演多为流动的露天表演，形式简单、灵活。汉代百戏多在宫廷中表演，北魏开始，孝文帝把表演场所改到了寺庙。在寺庙里搭建戏台，借用寺庙中的廊宇，与戏台共同构成了一个演出的整体，形成“戏场”。这种相对固定的舞台为舞台表演提供了相对稳定的场所和较好的设施。观众还是在露天环境中欣赏，因为舞台上有顶棚，演员获得了更好的表演环境，有利于表演场面的突破和表演技巧的提高。经考证，现存的中国早期的戏剧剧场基本都是戏台有顶棚而观众露天观看的样式，且无一例外存在于寺庙。

露天表演形式灵活，其形式也可以搬出寺庙和皇宫：

隋炀帝时，每年正月初一到十五，专门在皇宫端门外八里长的地方辟出一处场所，集中“散乐”和“百戏”，让文武百官和前来朝贺的外国使臣随处观看。[①]

但是寺庙毕竟不是专门的演出场所，随着社会的进步，这种“戏场”逐渐走向世俗生活，走向规范。宋代是中国的封建社会经济繁荣的朝代，商业游民阶层大量出现，艺术上俗乐的影响力不断增强，戏曲的早期形态日趋完善。

社会逐渐有了建设专门化剧场的要求。宋代的娱乐场所出现了专门的戏曲演出场所“勾栏瓦肆”。“瓦”的本意是野合易散的意思，为了专门的戏曲表演而设立瓦肆，在瓦肆中搭建许多棚，棚内设有栏杆，在勾栏瓦肆荟萃各种艺术表演形式。勾栏充分考虑了观众的方便，四周封闭、上面合顶，演出时可以不考虑天气的变化。至此，在城市世俗生活中，封闭剧场的演出以其明确的优越性和技术上的进步逐渐成为艺术表演的主流场所。

这种情况一直延续到后来的清代茶园剧场，近现代各种城市剧场，只是设备和场所不断地趋于完善。露天表演逐渐成为非主流的表演形式，在城市的外围和周边存在，其下里巴人的特色被不断的确定，似乎只是对主流艺术观赏形式的补充。

这种情况延续到当代，当电声设备不断普及，尤其是扩音设备的应用与升级成为现实，露天的艺术表演又回归了大众的娱乐生活。

---

① 钟明善、朱正威编：《中国传统文化精义》，西安交通大学出版社 1997 年版，第 210 页。

(三) 欧洲剧场演变中的露天表演活动

在欧洲的中世纪，露天剧场演出陷入低谷。宗教社会的背景下，最高尚、最主流的艺术表演在教堂，那高耸入云的哥特式建筑仿佛表达了中世纪人们对上帝的倾诉。应该说这一时期欧洲的各种宗教艺术发展都经历了黄金时代，而民间的艺术活动受到打压。当然在宗教领域也并非完全排斥露天艺术表演：

> 中世纪的宗教剧里有天堂、人间和地狱的区分，同时各种各样的机关布景也十分发达，升天、钻地、喷火、吐水等场景都可以表现。例如12世纪的教堂剧可以利用拱顶表演空中飞人，利用地下室作为鬼魂出没口。还有一种露天宗教剧舞台，上层为天堂，中间为人间，下层为地狱。①

中世纪还有一些其他形式的舞台表演：

> 中世纪的宗教剧一部戏并不在同一个舞台上一演到底，而是设置多个舞台。姑且可以叫做花车式的表演。一部花车上搭建一种舞台场景，演员就在花车上表演整部戏的某一部分，观众往往要一部花车接一部花车地看下去，才能完整地看完一部戏。当然也有例外。作为花车戏剧表演的补充，还有一种舞台形式。在一块露天的空地上会搭建一个环绕式的“剧场”。这一形式主要是借鉴了古罗马的圆形剧场的建筑模式，反映了古代的宇宙观——地球是宇宙的中心，其他星体都围绕着地球旋转。②

这一时期的欧洲更多的露天艺术表演以游吟骑士、民间杂耍的形式出现在乡村和街头。没有华丽的舞台，露天表演显得很随意、非主流，但正因如此，其世俗性反而更接近民众生活，如星星之火，世代

---

① 潘薇：《欧美戏剧发展史》，大众文艺出版社2011年版，第35页。

② 同上。

相传。

16世纪欧洲盛行文艺复兴运动，人们开始追求听觉、视觉感官的享受。欧洲戏剧开始从宗教的控制中挣脱出来，重新开辟自己的独立轨道。于是，适应于这种发展的新型商业剧场就出现了。最初产生的是西班牙的旅馆剧场：在四合院的一头搭一个临时性的台子。演员在台上表演，有钱的、身份高的人坐在靠近戏台的地方观看，平民则站在他们身后，两侧的楼廊则作为妇女们的包厢。后来这种样式逐渐固定下来。

18世纪以后，欧洲剧场受到古典主义思潮以及布景上透视技法的影响，形成镜框式舞台。随着工业社会的到来，社会的发展，到剧场观看艺术表演成为中产阶层必要的文化消费。在电影电视普及之前，镜框式的舞台是西方剧场的主流形态。著名的莫斯科大剧院、科文特花园皇家剧院（英国）、马德里国家歌剧院（西班牙）都传承了这样的舞台形态。而且自文艺复兴以后，进入剧场观看逐渐成为观赏艺术的主流方式并在西方社会长期保持。

这种格局直到“电”时代的到来，20世纪，最先享受“电”的恩惠的西方民众，家庭式的观赏逐渐替代了剧场观赏，人们喜欢在家庭中观看电视节目，既舒适又便宜。然而这样几十年之后，人们逐渐发现：广播、电影、电视、网络的欣赏模式传递的是模拟信号，观众无法与表演者进行现场交流，缺少真实感受。如何解决这一矛盾？当电子传声设备问世、普及后，露天演出这一曾经被认为是下里巴人的表演样式重新步入西方人的生活。只是，这一次它承载了新的功能：人们探索出利用露天表演的平台进行休闲、娱乐、交际，而且，它还被赋予了时尚的外衣。

二　露天艺术表演的特点及分类

在“电”产生之前的人类历史上，舞台经历了由露天到室内的转变。但是，在电走向大众生活，尤其是拾音、扩音以及摄像、转播等设备不断问世、升级之后，艺术表演的舞台又逐渐出现了从室内走向室外的趋势。随之带来的是艺术类型、表演方式的突破，以及观赏方式的改变。

（一）露天艺术表演的特点

露天表演与剧场表演相比，场地设置在户外，最大的特点就是灵活——场地、设备、节目、演员，各个方面都可以不拘一格。灵活既表现在场地、设备上，也反映在表演和演员的规模等方面。

1. 露天艺术表演场地可大可小，可近可远

小型的露天表演可以是庙会中的一片空地，两名相声演员在那里说学逗唱。这种传统的露天表演形式在今天没有被抛弃，相反其简单灵活的方式使得演员和观众的距离更亲近，这种形式千百年来娱乐着不同朝代的普通百姓；再大型一点的露天表演可以是社区的周末晚会或是商场门前的开业庆典演出，也可以是乡镇、村民组织的戏曲专场；大型的露天表演既可高贵也可以很休闲，场地可以设在足球场，也可以设在峡谷、森林。总之，小到一二平方米，大到与蓝天白云星星月亮为友的几十万平方米，都可以布置成演出场地。而距离则更不是问题，无论是城市中心的体育场，还是远郊甚至国外的户外音乐节，都有吸引观众流连的高招，甚至因此成为城市的一张“名片”。

2. 露天演出时间可长可短，节目可繁可简

露天演出的时长没有统一规定：一个相声四五分钟，一组魔术七八分钟，一场戏曲一个小时，一部歌剧两个小时，也可以是从早到晚地滚动表演。不同的演出时长应对不同的观众群体、天气变化、策划以及不同的设备环境情况。由此相对应的是节目的繁简差异，可以是单一的节目，可以是综艺节目，也可以是跨界表演。与之配套的音箱、灯光、舞台布景可以少到“电”的设备为零，也可以繁复到用几十吨的设备来打造光影时尚的演出舞台。在这些方面的灵活度，远非剧场演出所能比拟。

3. 演员的灵活，可多可少，可以非常知名，也可以完全业余

露天表演突破了有限的剧场资源，演员获得更多的演出机会。同时，对于专业演员而言，面对可能非常庞大的观众群体，非常考验演员的表演技能和现场把控能力，对于提高演员技术水平是很好的锻炼方式。社区的草地上由一群穿着特别的人在临时搭起的舞台上演唱。

在吉他、电子琴和打击乐的伴奏下，他们唱得很忘情，完全不在乎自己是否是“大腕”。对于自娱性的露天表演，演员就是观众，表演的水平并不是第一位的，欢乐的聚会氛围更为重要。所以，即使你是一个无名小卒，或是一位业余爱好者，只要有合适你的露天舞台，你都能成为一名受欢迎的表演者。

4. 大型露天表演多选择景观优美的地点，表演与自然景观相得益彰

夏日的公园里、喷泉边、湖水旁、河岸上响起的音乐声常常带给人们清新的感受。一些户外音乐节常常选择景色宜人的著名景点作为露天表演场所。这恰好符合了时尚人士追求自然和谐、天人合一的审美趣味。在城市职场中身心疲惫的人们，常常会把到郊外观看露天音乐表演作为一次身体的放松、思想的休憩和亲情友情的巩固的机会。

乘着凉爽的微风、伴着芳草的气息，身边是空旷、独特的山水美景，耳边环绕特别的音效，这种惬意、美好与寻常不同的艺术审美活动令人终生难忘。

5. 有些露天表演欣赏方式可以随性、轻松

在美国的一些大城市，参加夏天的露天音乐会是市民不可或缺的活动。在公园的大草坪上，合家或几个朋友聚在一起坐着，卧着，躺着，吃着，喝着，聊着。室外音乐会也成了人们社交、团聚、野餐的场所。很多人带着相当丰盛的野餐食品，在欣赏节目之前先美餐一顿。很多上班族都会在上班前，早早地先到中央公园铺开床单或毯子占好了位置再去上班。夜幕降临，餐盒和酒杯已收进箱中，气球也完成了它的使命，观众们逐渐安静下来敬候演奏家们。这种欣赏音乐的方式也已为各国民众所喜爱。

当然，并不是所有节目都可以在户外表演。对温度要求高的芭蕾舞（剧），在大型演出场地上非电声的器乐独奏等不适宜露天表演。

（二）露天艺术表演的分类

以演出场地来进行分类不是一件容易的事。露天艺术表演形式灵活多样，节目的种类和内容缤纷繁盛，目前尚没有权威划分标准。以下将从多个角度对其进行分类，以其勾画出露天艺术表演的轮廓

特征：

1. 按剧场的规模可以分为简易舞台、中型、大型和特大型露天表演

无论哪种形式的艺术表演，舞台上没有灯光、音响设备或仅有最简陋的电子设备的露天表演都属于简易舞台类型。比如："在芝加哥街头也会有乐队演奏演唱，不过地上摆放着一只桶，让过路人往里扔钱，其形式也可属于露天音乐会。"①

中型的露天表演一般有专门搭建的舞台，有基本的演出设备，演出的规模在一个到两个小时之间，观众在千人以内。乡村的临时戏曲舞台表演以及像中央电视台户外录制的节目《激情广场大家唱》基本都属于此类。

大型的露天表演多舞台布置豪华，商业投资巨大，演出的规格高，影响力大，观众规模一般都在五千人以上，有的甚至达到两三万。这类露天表演最具商业价值，明星在北京工体的演唱会都属于这一类。

特大型的露天表演一般选择在郊外，音乐节一般持续几个星期或者两三个月，单场表演的观众在万人以上，观众累计在十几万甚至上百万的规模。

2. 按舞台裸露的比重可分为全露天、半露天，天井式露天

全露天指舞台和观众席均为没有顶棚，中央电视台的《心连心》《同一首歌》以及一些临时搭建的戏台为这种类型。这种全露天的演出比较适宜在白天进行表演，或者在舞台的周围架设足够的灯光。

半露天指舞台有棚，观众席没棚，或反之。多数的大型、特大型户外音乐节的舞台有棚，观众露天而坐；而北京鸟巢中举行的大型演唱会则反之。

天井式露天指舞台和（部分）观众席围合起来，四周有棚，中间露天。典型的这种样式是中国的古戏台。台上有棚便于演员表演，台下的四周回廊中设有座位，最初是提供给不便露面的女眷，后来演变

① 摘自（凤凰网博客）新民游记《露天音乐会》，blog. ifeng. com/article. 1629478. html。

为包厢。

3. 按表演的艺术种类，可分为流行音乐、古典音乐、戏曲曲艺、时装、综艺等类别

流行音乐的曲调通俗易懂、歌词直接明了，歌唱表演方式亲切自然，很容易与受众沟通，娱乐性特征突出。流行音乐之所以“流行”，一定程度上在于其多元文化的属性，并以此发展出多种音乐类型；流行音乐作为非主流社会意识的一种反映，在整个社会文化中带有显著的亚文化特征。流行音乐在当代音乐生活中的广泛影响无可置疑，而大型的露天表演也是传播流行音乐的重要渠道。

古典音乐一直以来被认为是阳春白雪，因其高贵、严肃的特征而被认为是“门槛”过高的艺术形式，一度被批评“过于古板”。在尝试电视、广播传播模式时，又因为传输信号衰减而被认为不适宜。在大型露天音乐会中，由于电声设备的参与，较好地均衡了之前“门槛”高、受众少的矛盾，也由于户外的欣赏很多时候参与了野餐、走动等轻松环节，因此前来户外边仰望蓝天、星空，边喝饮料，边安静地聆听古典音乐的方式越来越被人们接受。

以上的分类中，露天的戏曲表演的历史最长，如果追溯到宋代的“瓦肆勾栏”，有一千多年的历史了。只不过，今天的戏曲表演在舞台设备、剧目等方面带有更多的时代烙印。

按场次规律分：有常年举办，有单独一次的（比如纪念活动）。国外的户外音乐节起步早，许多音乐节一年一度，已经持续了几十年甚至百年。比如美国纽约中央公园诺博格音乐会，它是已故的纽约著名银行家、慈善家诺博格于1923年捐赠给热爱音乐的纽约市民的礼物。自1905年起的每个夏季，这里都要举行免费的户外音乐会，105年来从未间断。它在美国户外音乐会系列中是历史最悠久的。而有的露天表演是单独的一次，比如纪念会、表彰会、主题晚会等。

4. 从经济功能分：商业演出和公益性演出

商业演出追求经济效益。而公益性的演出包括慈善晚会等是利用户外作为集会的场地，通过艺术表演聚集观众，进行宣传、教育、纪念、募捐等活动。在战争时期，这类演出形式曾经为中国革命胜利做

出了贡献。

一些大型的户外音乐节是开放式的，没有围栏，免费欣赏。比如美国格兰特公园音乐节可追溯到美国大萧条时期，历史悠久。音乐节从6月到8月进行三个月，一直免费。而商业演出一般都是购票观看，如果是著名场馆（如北京工体）的流行歌星演唱会，票价会很高，让人感觉到追赶时尚的代价。

也有一些露天表演的收费情况会调整。比如中国伊春森林音乐会，第一、二届是免费赠票，第三届（2012年）则调整为通过网络售票平台面向全国销售演出门票。

三　露天艺术观赏的礼仪

礼仪是一种行为准则或者规范，是一定社会的人们约定俗称、共同认可的。所谓“入乡随俗、入境问禁”。礼仪中的“礼”是指律己敬人的规范内容；“仪”指对该内容的表达方式。

露天艺术观赏活动种类很多，观赏者的观赏诉求也各不相同。无论表演类别、档次、规模、观众的欣赏水平差异多大。露天演出的共同特点非常突出：在户外进行，并且人员密集。为了获得艺术审美感受，大规模的人员聚集在一个空间中，难免产生各种矛盾。这就需要每一个观众遵循共同的礼仪，通过协调各种人际关系来达到和谐观赏环境的构建，使每一个观众获得最大的审美感受。

在露天观赏活动中，观众应该遵循的基本的原则是：在追求自己的审美享受时，不影响其他人的观赏权益，不破坏演出场地的优美环境与秩序。观众与演员、观众与工作人员、观众之间应该形成相互尊重、相互理解、相互关照的和谐人际关系。只有构建了大环境的和谐与优美，个人的审美诉求才会在观赏活动中得到放大。在欣赏到美的艺术表演的同时，文明观众也自觉成为参与构建优美与和谐观赏环境的一分子。

一般来说，露天演出中的文明举止包括：

1. 根据露天表演的格调来规范个人举止

有些露天表演节目是娱乐性质的，观众可以随性地在观众区走动，也可以带着坐垫自由选择座位，有的露天演出还允许观众边野餐边观看。观看这些演出时，观众的穿戴可以比较随性，观看的姿态也可以比较随意，以舒服为好，也可以与周围的人小声议论，甚至可以不拘泥于一个位置而适当走动。这体现了主办方对观众娱乐型观赏诉求的认可，也是露天观看区别于场馆观看演出的重要方面。当然，这些随意也是有底线的，比如坐姿不能粗俗放荡，不可在演出进行中大声喧哗、闲聊，嬉戏吵闹。

而有些比较严肃的、官方主办的露天演出，对观众的要求与剧场内欣赏古典音乐的要求是基本相同的。都要求坐姿端正，专注观赏演出而不能随意交谈、走动。

观看有电视录像的大型露天演出还有一些特殊的规范：

（1）服从现场安排和导演的组织，电视录像为了播出效果，往往会在演出前录制一些观众欢呼、鼓掌、律动的镜头以备剪辑。观众应主动配合，烘托热烈欢乐的观看氛围。

（2）演出过程中必须走动的，要观察摄像机机位，尽量绕开。同时注意脚下的各种电线；保护现场环境设计和摄像、播放设备。

（3）不要在没有安排的情况下，刻意追随镜头“上镜”，尤其是现场直播。

（4）不要在没有设置座位的地方逗留。有些位置是为了拍摄画面好看而专门空出的，好像是中国画中的“留白”。观众不能为了满足自己的观赏效果而随便破坏这种安排。

2. 自觉维护场馆的观看秩序

开演后来晚的观众尽量在一个完整的节目结束后进场，尽量减少找座位的时间，避免座席争端。有些观赏活动比如动物园的海洋动物表演一般不设座号，开演后晚到的观众要就近落座，尽量不要因为寻找位置而影响其他观众。临时离开座位时要携带入场券或牢记座位号，减少再次入场找座位的时间。

手机关机或调到振动，观看演出时尽量不接打电话，必须接打时，在行动方便的情况下，离开座位，到人员稀少、偏僻的地方，降低噪音；或以发短信代替。现代传媒改变了信息传播的方式和速度，有些观众在欣赏表演时会拍照并及时上传微博、微信。这些方式在不影响其他观众的情况下都是允许的。

演出当中不能随便使用闪光灯，尤其是一些对演员表演技巧要求高、视力要求精准或一些马戏杂技类的惊险节目。

在演出的过程中，注意对孩子的保护和监管。比如：减少不必要的说话、减少如厕或喝水等。

观众不能擅自上台献花，要听从现场工作人员的安排。

3. 理性观看，不要在观看演出的过程中流露出与演出氛围不和谐的言论

每个观众都有个人的品鉴偏好和能力，对于观看节目的评价不宜在观看演出之中就表露出来。因为现场点评，交头接耳，会干扰周围其他观众的观看，也是对台上演员的不尊重。

流行音乐演出到达高潮时，有些观众容易激动，这时要理性表达，防止人为制造拥挤。表达个人对节目或表演者的喜爱之情时要有礼有节，过犹不及。

露天表演的种类繁多，演出水平也参差不齐，对于业余选手的表演，观赏者要以包容的心态观赏，鼓励为主。

为了节目的正常进行，一般露天演出不允许观众在演出进行中与演员合影。观众对于这些规定应该予以遵守。

4. 参与互动环节的观众要有序、有礼、有节

西方现代解释学美学认为，审美的过程也是人对于自身发现的过程，这种过程满足了人希望了解自己的精神需求。他们认为，理解者在观照对象时必须将自身参与到对象中去，产生一种认同；作品的意义不能脱离理解者的这种参与和认同而存在，那么，显然理解者对作品意义的理解就不能不同时是一种自我理解。理解者在参与和认同的过程中不断地发现自身，正如伽达默尔所肯定的——审美经验也是一种理解自身的方式。

流行歌手在露天场地表演时，台下的观众随歌曲、乐曲的韵律进行律动或舞蹈是歌者喜爱的互动模式，这种观众参与一方面强化了观众的美感体验，另一方面也拉近了演员与观众的交流。可见，演出中的观众参与行为是流行音乐表演的组成部分。需要指出的是，互动环

节的优劣也会影响节目的质量和观众观赏美感的获得。

除了群体性的参与表演之外，流行音乐的表演中还有个人的参与行为：当台上的歌者或主持人邀请台下的观众上台共同唱歌或共同完成一项表演任务时，有配合欲望的观众一定要冷静衡量自己是否能够胜任配合的任务。虽然邀请观众共同完成节目是演出者提升观众兴奋点的善意设计，初衷是良好的，一般邀请观众表演的时间不长、难度不大，但是，对于上台的观众而言，这毕竟是没有准备的表演，有的时候甚至是即兴表演，还是有难度的。所以，一个基本的原则是：观众要对演出的部分比较熟悉、能够胜任，然后再毛遂自荐。

如果头脑一热就上台牵强完成，不仅降低了节目质量，也影响了台上艺人（主持人）的正常发挥，更是耽误了观众的宝贵时间。我们经常看到：有的观众兴奋积极地跑向舞台，可是却对要演唱的歌曲根本不熟，或是完全跑调；有的观众在台上跳很低俗的舞蹈，完全破坏了原有节目的格调、品质；有的观众表现欲过强，完成了配合部分后仍然不愿下来，在舞台上依旧兴致盎然，令演员（主持人）演出尴尬。

如果是观看动物表演，一定要看管好孩子，防止孩子进入表演区域，受到动物尤其是大型动物的攻击。还要提醒孩子：不要给演出的动物喂食或者投掷东西。

5. 鼓掌有度

掌声是观众对艺术家的肯定和感谢。在露天环境中，欣赏流行音乐、中国戏曲和（西方）古典音乐时，鼓掌的规范有所区别。

欣赏流行音乐时，鼓掌一般可以随性进行。当然流行歌手会更喜欢观众在三个时段鼓掌：上台之时、高潮之后、段落结束或完整歌曲演唱结束后，这些时段的热烈掌声既是对歌者艺术水准的肯定，也能比较好地照顾到表演的完整性。

有些明星演唱会的“鼓掌器”（俗称“苍蝇拍”），有三个手掌形状的塑料片合并而成，摇动手柄，会发出“哗啦哗啦”的声音，人为制造掌声。这种“鼓掌器”可以催人兴奋，但有时创造出来的噪音也会干扰观众的审美。建议适度使用。

欣赏中国戏曲表演时的鼓掌具有中国传统，鼓掌与“叫好”是台下观众懂戏和欣赏的独特方式。越是观众认可的戏曲表演和戏曲作品，表演时的掌声与“叫好”越密集。而且，观众在对表演者个人演唱、身段等戏曲技巧的出色表现非常认可、仰慕之时，往往会以“叫好”替代鼓掌。这方面露天表演与剧场观看是没有差别的。

有些观众对不喜爱的节目或不喜爱的表演者会鼓倒掌或发嘘声。应该说表达个人的不满情绪是观众的权益，但是在行使这种权益时要区别对待：如果是自己欣赏不了等主观原因引起的不满，应该克制自己的情绪；如果确属演出质量方面的客观原因，现场表达不满情绪也应该适可而止，如有必要，再寻求其他合理合法的表达渠道。

演出完毕的鼓掌要热情，有些演出的表演者会依据观众掌声的热烈而返场，但是这不是必然的原则，观众应该尊重表演者是否返场，返场几次的选择。

四　露天艺术观赏活动中文明观众的培育

很多人聚集在一起，如果没有一定的规范和礼仪，个人欲望膨胀，势必造成混乱。当然，具体分析，观看露天表演时的一些不文明行为的形成既有观众、演员、管理方面的原因，也有设施上存在的问题。文明观众的培育是一个多维的系统，需要多方面的配合。当然也需要足够时间，渐渐推进。

1. 露天艺术观赏市场的培育

除去世代相传的简易舞台表演，商业价值大的大型露天表演活动，以及特大型的户外音乐会、艺术节在我国起步晚，很多民众还没有在户外同时享受良辰美景与音乐的体验。对很多中国人而言，艺术与休闲似乎还是不能交错的两条平行线。在中国，知名的露天表演很有限，目前极为缺少具有品牌效益的可持续发展的户外音乐节、艺术节。这是我们与一些发达国家的差距。

只有这个市场形成规模，才会有大量的观众涌入演出现场。有了观众的基数，各种文明观赏行为的宣传、教育才会有力，文明观众的数量才会逐渐增加。以优带良，以优带差的社会风气才能形成，进而提升整体国民的观赏修养。

2. 保障观众的权益，强化安全意识和现场安全疏导、管理

安全、有序的剧场环境是文明观赏的前提。在这方面，由于露天表演活动的主办者资质、投入等方面良莠不齐，其对于观众的权益的保护也存在不同的认识和措施。具体到大型的场馆，主办方有责任照顾到各排位置上观众的观赏效果，比如有些为了照顾后排和偏位的观众，大型的演出一般设有一个到几个不等的大屏幕。为了疏导观众人流，一些户外音乐节现场设方便的进出过道、临时洗手间、商品部等。

3. 加强文明观众礼仪宣传

回顾一下 2008 年北京奥运会中国观众的表现：大方的着装，整齐的啦啦队，热情的鼓掌欢呼等，令人难忘。我们从中也能感受到宣传的力量。由于赛前做了充分的宣传教育，中国的文明观众给世界人民留下了深刻的印象。所以，如果我们在政府积极引导下，相关部门制定露天艺术欣赏文明观众守则，主办方认真、细化实施（比如在场馆里安排穿着优雅得体或符合演出内涵的服饰的文明导引员；做好露天观赏礼仪和演出内容的宣传，让观众在知道、理解的前提下展开欣赏活动），主管部门严格行使监管，几方形成合力展开对观众露天文明观赏行为的引导，相信观众的整体素质会有整体的提升。

尤其要对中小学生展开宣传教育，他们是下个十年、二十年文化消费的主力军。我们看到，在最近几年出版的学校音乐教材中，出版部门不约而同地增加了有关在场馆音乐欣赏礼仪的内容。这是个很好的开端。如果这种“润物细无声”的宣传教育能够渗透到社会的各个角落，那么露天艺术观赏中的文明观众将会越来越多，通过艺术观赏活动将会达到移风易俗的良好社会效果。

4. 从精神上引领观众，强化商演的社会效益

时代需要娱乐，但娱乐不能完全屈从于票房。不管什么性质的文艺表演，都承担着引领对民众精神生活的责任；不论什么类型的露天演出，社会效益都是首要目标。要重视和强化对露天文艺表演的审美价值引导，杜绝将露天表演作为藏污纳垢的场所。露天艺术表演在经

济效益方面的优势显而易见。在商业演出时，主办方往往计较经济利益，而忽视社会效益。

从演出数量和收益上看，流行音乐是户外艺术表演的主流，但是流行音乐有其自身的局限性，也还有趣味低级、内容芜杂的曲目存在。另外，一些在乡村、偏僻地带搭建的演出舞台，远离文化中心而成为监管的盲区，常常由于利益驱使而上演内容低俗的节目。

从精神上引领观众就要善于区别和选择，将那些粗浅、庸俗、毫无正常美感的流行摒弃到露天艺术表演场所之外。要做到这一点，既需要政策的引导、实践中的宣传，也需要构建健全的监管体系。虽然从文化部到地方的管理结构都制定了商业演出的相关行政文件，但是这些文件的制定、批准多在20世纪80年代，主要针对的是剧场内的演出。而露天的艺术表演在近十年兴起，先前的文件中没有有关露天表演管理的对应条款，应该修订和补充这部分内容。

第四节　展厅观赏活动中的文明观众

研究展厅观赏活动中的文明观众具有重要意义，展厅营造文化艺术氛围，提供公共欣赏展品，培养艺术的大众，培养高水平的观众群体。

我们一说起“展厅”二字，脑海里就浮现出如博物馆、美术馆、展览馆、文化馆等文化艺术场馆来了，这些文化艺术场馆大多是公共设施，具有公共性。随着人们物质生活水平的提高，满足精神需求的愿望也在日益增长。尤其是文化部“三馆一站”免费政策推行以来，进入展厅进行观赏活动的观众明显增加了许多，广大人民群众在精神上接受文化熏陶、艺术陶冶的愿望也得到了很大程度上的满足。与此同时，我们也清醒地意识到：如何培养展厅观赏活动中的文明观众的这个问题就越发重要了。因为随着进入展厅进行观赏活动的观众人员数量的激增，观众需求层次的多样化，展方的硬件设施、软件服务等都面临着严峻的考验。所以说，展厅乍听起来好像是说实物的，实际上却是关于人的。

一 展厅观赏活动中观众的现状分析

（一）展厅观众的概念、特点

我们这里所说的“展厅观众”，是指进入为公众服务的公共场域空间即“展厅”里进行参观的观众而言的。所以这里的“展厅”，就特指是在“公共场域”里为观众提供进行观赏活动的空间。

既然展厅观众是在“公共场域”的空间里进行的观赏活动，那么，拥有公共的道德、文明意识就是展厅观众首先要具有的前提意识，其次是要遵守展厅的主办方的有关规定，还要有爱护、珍爱展品的安全意识。

一般来讲，展厅观众具有来源广泛、层次不等、需求多样等特点。

（二）展厅观众的需求、层次

展厅观众是我们用来称呼进入展厅进行观赏活动的人群而言的，而这类人群的来源是复杂的、层次是多重的、需求自然也是丰富多样的。

展厅观赏作为人类社会“实践—精神”活动方式，在今天已日益呈现出常态化，展厅观赏活动是一种审美化的社会实践，是主体见之于客体的对象化活动。首先我们若从年龄上来分析，可以说各个年龄段的人都有涉及，不可不为年龄层次宽泛：大致可分为少年观众、青年观众、中老年观众。据有关研究数据表明：“20—30 岁的观众人数占总参观人数的44%；30—45 岁和45 岁以上的人数分别占24%；而低于20 岁的观众仅占总人数的8%。参与问卷调查的观众中，男性约占60%，女性约占40%；在对观众文化程度的调查中：具有大专学历的占32%，中学学历的占24%，本科学历、硕士学历及其硕士以上学历的占22%；在观众中全职的占46%，未成年人占36%，离退休观众占12%，赋闲的占4%，兼职的观众占2%。”①

① 郝国胜、黄琛：《中国国家博物馆观众研究》，中国大百科全书出版社 2008 年版，第 303 页。

由上述数据说明，来到展厅进行观赏活动的观众的年龄以中青年为主，其中男性略多于女性，具有大专文化学历以上的观众占据了相当一部分的观众数量，已超过了参观人数的 50%。可见，展厅观众的人员素质也在逐步地呈现上升趋势。

展厅观赏文明既是个体自身文明素养的外化形式，也是社会文明发展的整体状态的表现。我们按照马克思主义关于人类社会实践的理论，人类的活动都是追求目的的，掌握规律的，即总是自由自觉的活动的观点来看，从展厅观赏活动的主体来看，人们通过审美观赏实践，审美需要得到满足，获得精神享受和审美愉悦。观众来到展厅里进行“观赏”，就是一种实践行动，其目的在于使自身精神得到愉悦，求知得到满足，即观赏实践具有审美功能。人的需求与目的是一致的。观众来到展厅进行“观赏”活动，就是作为参观者的一种实践，一种具体的行动，总是表现为参观者理性的自觉，总是“先有目的”，并在实践中、行动中实现显示参观者行为的目的，即观赏起源于人的审美本能和审美意识，是观赏者本质力量对象化过程。据有关调查报告，“半数以上的人以兴趣爱好为目的，近三成的观众以学习研究为目的，两成的观众把旅游观光作为目的，还有近一成的观众的参观目的是教育子女。总体来说，近四成的观众以自我学习和教育他人为目的前来参观，说明已经有很多人开始意识到来博物馆参观是个很好的学习方式。另外，可以看出半数以上的观众已经把参观博物馆作为了自己发展兴趣爱好的方式。在把兴趣爱好作为参观目的的观众中，有 54% 的观众对历史比较感兴趣，也就是说，许多对历史感兴趣的观众更愿意通过参观来满足自己对历史知识的需要”①。

进入展厅进行观赏活动的观众的需求是多种的，兴趣是多样的，他们本身的需求层次也是错综复杂的，有的学历高，有的文化程度低；有的观众是来看热闹，有的观众是来看门道；因为展厅观众的年龄不同、所处的阶段不同、所从事的行业不同等多样性和差异性，这

---

① 郝国胜、黄琛：《中国国家博物馆观众研究》，中国大百科全书出版社 2008 年版，第 304 页。

些展厅观众的需求必然也会存在着种种的个体差异性。他们有的是为了寻求一种愉悦或兴奋的体验，有的是为了加深其政治的或宗教的信仰，为了表达和强化其文化特性等目的，才来到展厅进行观赏活动。所以，我们才会在展厅里发现有些观众眼睛游离、只是无目的地随便看看，他们是抱着一种休闲、观光的心态，走马观花，在他们的主观潜意识中或许也只在于到此一游，并不苛求一定要深入获得某种感悟，对这类展厅观众我们姑且可以称为“休闲观光型”观众；而另有一些观众来到展厅却是“有备而来”，他们有着一定的知识储备和相关的文化素养，是带有明显的主题目的或视角观点来进行观赏的，那么这类观众群就会有选择地进行观赏活动，甚至会长时间地停留在展厅中某个展品那里进行驻足观摩、研究，去探究他想要深入理解的那些方面，当然就不会有“入宝山而空回”之感，我们也姑且称这类观众为“兴趣研究型”或“知识探究型”观众。

（三）展厅观众的语言及行为表现

需求衍生行为，有什么样的需求就会产生什么样的行为。黑格尔所说的“只能从行为里认识出它的原始本质，但是它为了要行动，又必须先有目的”[①] 的话，使我们认识到展厅观众来到展厅里所表现出来的语言、行为都是由其主观目的所支配的，所衍生的，在观赏活动中所流露出的语言和行为都是受理性目的引导的。也就是说，展厅观众的观赏活动作为一种审美实践“行动”，他们的语言及行为表现直接显示出他们的素质，也可以说这些语言及行为表现就是他们本身力量的“审美化”。因为展厅观众的语言及行为表现是和他们的知识层次、文化结构密切相关的，自然会展现出很大的个别差异性来。

比如，我们通过考察参观博物馆的观众，就会发现：观众在欣赏国宝进行观赏活动时，有些观众就出现了不太文明的行为，或在展厅里大声地接听手机电话，或进行嬉戏等干扰他人，明显直接影响了其他观众进行观赏活动的权益；有些观众则是明显地缺乏文物保护意

① ［德］黑格尔：《精神现象学》上卷，贺麟、王玖兴译，商务印书馆 1987 年版，第 265 页。

识，缺乏观赏应具有的知识储备。因为这些观众欠缺了解或知晓相应的相关知识，他们或许并不知道，看文物是不能碰的。因为有些文物因其特性的关系，展示方式有时是直接面对观众的。如有些较大件的青铜器，就采用了“裸展”的形式，没有任何的防范措施。虽然有些观众本身并没有主观故意说要不文明、要破坏文物，但即便如此，即使是我们手指的轻轻触摸或触碰，久之也会对展出的文物有所损坏甚至是毁坏，给文物的保护工作带来很多很大的不利影响。同时，我们还发现在展厅的一些走道里，设置有为方便观众休憩小坐的长凳，有些观众竟躺、卧在上面，占据了很大的位置，以至于有的观众竟无座可坐，影响了别人的方便。偶尔在楼梯的位置有时也会有一些观众坐在上面，妨碍了其他人上下的通行，这也是不文明的行为。我们说，有些观众是无知之失，缺乏文明是源于无知，并没有主观的故意。说到这里，不禁想起有篇新闻报道说，一位新闻记者在博物馆的青铜器馆里见到一位活泼的低年级小学生，发现他仰头观赏了汉代青铜雕像之后，转眼就已经把头钻进拦绳，用他的小手抚摸起那件有着温润包浆的古物来。这一下，馆内的保安顿时紧张起来，赶紧上前阻止。不容家长发话，孩子已意识到了不对，马上说：“我是第一次来上海博物馆，感到好奇。下一次再来，就知道‘看文物手是不能碰的’了。”这显然是观赏须知的宣传还不到位。

但有些观众的不文明行为却是基本素质的缺乏所致，或者是受人暗示的心理，或是明知故犯。无独有偶，还是那篇报道中说，在中国明清家具馆，那个新闻记者又看到了相似的一幕，只不过这次的主人公不是小孩而是换成了成年人。有位女青年看着难得一见的紫檀木，忍不住就伸出手去抚摸。而另一位成年男子也触摸起明式黄花梨官帽椅、翘头案桌等家具，直到此男性观众看到了边上有一块写着“不能触摸文物”的字牌后，这才意识到行为不妥而将手缩了回去。可见，人的心理活动的微妙性、从众性和侥幸心理。甚或有的观众就是趁着展厅保安的稍一不注意，就偷偷地对展品进行触摸、拍照等不文明举动，出现了“明知不可为而为之”的行径。

所以说，从心理的角度来看人们的语言、行为是其心理活动的客观外化表现。在展厅观赏活动中，一方面展厅观众自身的素质决定了他们的语言、行为的文明程度；而另一方面，展厅观众对所观赏的展览设计的美观度、对展出的展品的好恶，对一些服务设施的满意度等，也会对其语言、行为产生重要的影响，并必然会在展厅观众的一言一行上有所体现。

二　展厅观赏活动中观众的欣赏视域

展厅是为展品提供的相对空间。展厅设计既要有时代感，又要能起到体现展品的特色，因此展厅设计中合理、规范运用，可以取得特色鲜明的展厅设计效果。根据不同的展品，展厅空间的设计、陈设布置、环境氛围的营造、灯光设计等具体要求也是不一而足、精彩纷呈的。一个好的展厅留给观众的是清晰、强烈的印象。简洁、明快是吸引观众的最好办法，照片、图表、文字说明应该明确、简练。此外，展厅中一定要有突出的亮点，通过造型、灯光等手段突出重点展示内容，或通过单独陈列、利用射灯等手段突出、强调重点展品。在展厅的设计中，如果能将所展展品的文化理念融入其中，挖掘展品的时代背景、文化内涵，并融会贯穿于整个展厅设计之中，就有可能会让展厅从观感上提升层次，使我们不仅仅看到了有形的展厅形象，更能感受到展品的深层次内涵。音量限制：背景音乐（或者需要在展厅内播放的声像设备）的音量要适宜，以控制在不影响周围展出者的范围内为妥。对于展厅观众而言，这些也自然会进入他们欣赏的视域，成为他们进行观赏活动的方面。

（一）对展厅的欣赏

展厅是展示展品的地方，不同的展品有不同的美，不同的展品也对展厅的设计与布置有着具体的要求和制约。观众来到展厅观赏展品，势必对展厅的整体设计有所感觉。当不同的展厅展现在观众面前时，观众的心理反应也是不同的。根据展出展品的不同，展厅也同样展现出不同的风采。一个好的展厅设计和布局，是兼具实用性与艺术性的，是能融合展品的内涵和精髓，使展品内涵通过展陈形式得到彰显，使内容与形式有机调和、交融统一，从而起到更好地彰显展品品位、提升展品文化艺术价值的效能。所以说，一个好的展厅设计中凝结着、物化着展厅设计人员的某种思维创作活动，是展厅设计人员思维创作活动的终极产品。既然展厅终究是面向广大观众的，它的功能又是为展出展品服务的，那么展厅设计人员的职责，就是要通过巧妙、合理地规划、设计展厅，并以此来为展出的展品服务，从而起到烘托展品、吸引观众进行愉快观赏活动的效果。所以对于进入展厅进行观赏活动的观众而言，对展厅的欣赏自然有理由也应该有可能成为他们进行观赏活动中的一个欣赏视域。

1. 空间布局美

展厅空间设计中展品为主体，空间为辅体，空间必须为展品做铺垫，而展品也必须融合于空间之中。要分析出平面布局的作用，合理分割空间，要理解展示中组成部分。空间的设计，要思考展品适合什么样的展示空间。展厅的空间布局常常体现着一种文化品位，采用何种空间布局是和要展出的展品之间的关系密切相关的，随着展品的不同而要求有不同的空间布局安排。即不同的空间布局构成别样的展厅效果，这是一门综合性的空间艺术。展厅设计人员首先需要了解预计所要展出展品的主题思想，明确展品展示的目的，还要合理地展示厅内空间布局中各个单元或展品之间的关联，并使得展厅内的空间布局与建筑艺术、家具装设、照明运用、色彩配备、装饰安排、物象组合配列等形式达到相互协调适当的效果，从而更好地使形式确切而完满地表达出所要表达的展览内容。[①] 具体来说，一个展厅的空间布置是以具体的视觉形式来实现展厅设计人员的意图与思想的，是通过对展品资料的合理组织以使观众达到愉快观赏的目的的。其中包括：

（1）展厅内墙面的布置与展品台上实物陈列配备是否恰当，平面（如图表、照片、绘画、幻灯片等）与立面（如实物、沙盘、模型、布景箱等）空间安排得是否均衡，展品高低与观众的距离是否适度，各种采光来源的运用是否合理，以及和建筑上的艺术装饰是否协调等诸多方面的问题。这些方面的问题处理得相对合理、完善，才能使展出生动美妙，才能使观众的视觉印象达到鲜明和谐的效果，也才能有

---

① 吴劳：《展览艺术设计》，人民美术出版社 1958 年版，第 10 页。

助于观众去更好地感受展出的思想内容。

（2）对观众观赏路线的合理拟定。一般来讲，展厅内都是有为观众事先拟定的参观路线的，通常会有一些标示或提醒，但这种观赏顺序并不绝对，也不是一成不变的，也是要看展览的规模和性质而定。对观众而言，既可以按照展厅设计人员预先设计安排的参观路线进行观赏活动，也可以发挥观众自己的主动性进行自由游览或观赏。所以，合乎观众需要的观赏路线的设计和拟定也是尊重观众的表现。

（3）展品与观众的距离要设定合理。不同展品在空间所占地位的大小以及如何进行放置便于观众观赏，是影响设定展品与观众距离度的主要因素。为了能达到既使观众的注意力集中在每件展品上，又使展品的空间显得余裕，那么展厅设计人员要设定出展品在空间所占的合理位置和放置距离、角度等，为观众考虑得越周到，观众在观赏的时候就越便利，他们的视觉疲劳也就会越少。比如，一些小件或重要的展品，宜放在垂直的位置（高1.40公分左右），因为垂直在观众视平线的展品，是最容易观览而不易疲倦的；而一些较大的图片和画幅就适宜放置在视平线以上的位置，可使上端略向观众倾斜。位于一般观众视平线之下的较小展品可放置在80公分高的斜面柜上（约30°—45°的斜面），这种斜度的玻璃面上，可以有效地消除玻璃的反光，从而便于观众进行观赏。① 空间设计结构合理，能有效地减轻观众的视觉疲劳。

所以说，一个好的展厅设计应是将内容的形式和形式的内容，进行有机的完美统一。观众也才能在欣赏展厅的空间布局美中，不仅欣赏展陈设计、形式设计的美，同时也感悟着对展品设计、内容设计美的欣赏。

2. 环境氛围美

环境氛围的营造是展厅设计的重要部分，好的环境氛围的设计和营造能有效起到烘托展品的功能，也是观众进行展厅观赏活动的有机组成部分。

---

① 吴劳：《展览艺术设计》，人民美术出版社1958年版，第33—37页。

构成展厅环境氛围的美，是综合各种因素而成的。环境氛围会对人的各种感觉器官有刺激，并且直接影响到人的心理和行为。从审美要素来分析，视觉的空间构成和空间形态变化、自然和人工色彩、形态构成的材料质感、采光与照明等都能够人为地改变并创造环境的特征，观众身处其中，并从一个一个空间经过时，一个总体效果便浮现出来，陈列整体环境的美便得以实现。

从心理学的角度看，观众在进行观赏活动时，他们的行为模式具有一定的规律性，尤其是当观众感觉疲劳时会直接影响观赏的注意力。所以，在展厅的环境设计中应以秉承“宜人性”“审美性”为主的原则。比如，在参观路线较长的展陈设计中，应在适当部位设置过渡空间，以使观众的体力和高度紧张的视觉得到缓解和调整。并使陈列空间的节奏变化与观众的心理节奏取得协调。①

展厅环境氛围的构思和布局体现着展厅设计人员的奇思妙想，是帮助观众快速、有效地进入观赏主题的情境之中的合理设施，包括展厅内展墙、展柜、展台等使用的色调；陈列地面的铺设；并且利用背景音乐的播放创造特定的陈列意境以及其他辅助展品的设施等，共同来营造出某种环境和氛围。环境氛围营造得好，会快速引起观众的共鸣，能有效拉近展品与观众的距离，能使观众有身临其境之感，也更能使观众全面地理解展品、释读展品所蕴含的深层文化含义和价值。马克思曾说：“色彩的感觉是一般美感中最大众化的形式。”② 展厅内的色调适宜选择淡雅的色调，一般多选择中性灰色调，不需做过多的装饰，过浓或过艳都会影响观众观赏。避免产生喧宾夺主的效果。陈列厅地面要求平整舒适，但过分光滑、坚硬并不可取，因为这会使观众容易产生疲劳，走动的响声还会影响他人的参观，因此以满铺橡胶地板或地毯等较为理想。③

---

① 国家文物局、中国博物馆学会：《博物馆陈列艺术》，文物出版社 1997 年版，第 82—85 页。

② 《马克思恩格斯全集》第 13 卷，人民出版社 1972 年版，第 145 页。

③ 国家文物局、中国博物馆学会：《博物馆陈列艺术》，文物出版社 1997 年版，第 99 页。

3. 灯光设计美

展厅设计中，灯光设计是为展品服务的，对展品有醒目的功能，起着烘托的作用。不同的展品性质决定不同的灯光设计，而不同的灯光设计会产生不同的审美感受，所以灯光设计的美不容小觑。尤其是在现代展厅的形式设计中，对于灯光的设计也日益显得重要起来，展厅观众进入展厅进行观赏活动时，所感受到、欣赏到的和谐整体氛围中，灯光的合理调和与设计起着很重要的渲染作用。尽管观众进入展厅关注的主要是展品，但合理的灯光设计之美会使观众感同身受、拉近观众与展品的关系，从而来更好地观赏展品。展品的最佳展现就与如何选择最佳角度的光线来源密切相关。因为展厅内光源的合理运用，常常会改变或重新配置展厅内的情调和氛围，甚至会产生一些出其不意的效果。比如，展览馆、博物馆、美术馆建筑中展厅的灯光设计，就会根据不同的展览使命，它们的照明装置的方式、方法也会各有不同。但总地来说，展览馆、博物馆、美术馆建筑中展厅一般都用人工散光照明，使展厅的照明做到柔和而均匀。当然，展厅内灯光的设计首先是要保证展出的展品有足够的照明，要保证把主要光线的方面射向展览区域即集中在展品上，以使观赏者能够柔和舒适并得以清新地观赏展品；但同时也要避免使用强烈的光线来照耀展品，因为过强的光线会损害展品。还要避免使观众在过弱的光线下观看，会有昏昏欲睡的不适感。

所以说，展厅内灯光设计运用调和的适当，会使我们的观众进入展厅后，心情愉悦、眼睛舒适，也才能更好地有精神去欣赏所要观赏的展品内容。

（二）对陈列展品的欣赏

展厅是展示、陈列各种展品的所在，从整体上看，各种展品是物化了的精神产品。不同的展厅提供给观众的展品也不相同，我们粗略可大致分为历史文物类、现代艺术类、科技成果类。

陈列、展览是一种物质文化的展示。就博物馆陈列的展品而言，陈列、展览既是博物馆向社会提供的特殊精神产品，同时也是博物馆向社会展示藏品和研究水平的载体，它们凝聚着博物馆工作者的科学艺术劳动。观众来到展厅对展品进行观赏，无疑是领略、品味一道道精神上的文化大餐。

1. 历史文物类展品

博物馆的陈列、展览有着某种的特殊性，内容大都是以展陈历史文物为主的展览。中华文明源远流长，在漫漫的历史长河中，留下了许多珍贵的文物和文献资料。比如，《中国古代瓷器艺术展》《中国古代玉器展》《中国古代青铜器展》《中国古代佛造像展》等展览，展出的展品都是非常珍贵的文物，既是那个时代的物质产品，也是那个时代的精神产品，具有很高的历史文化价值和艺术审美价值。所以说，博物馆的展品陈列是要求表现专业学科的学术体系的，是要根据展品陈列的主题结构来确定所要展出的展品间的组合关系的，而且展品陈列的序列也是有其内在的逻辑关系的，不可以任意地增减或随意地换置，以上要求都构成了博物馆展陈体系中所陈列展品的特殊性。

我们以中国汉字的物质载体来说，就经过了从甲骨片、青铜器、简、牍、石刻及纸张的发展演变。早在3000多年前的甲骨片以及上面所记录的卜辞，以今天的观众来看就充满了历史的神秘性和对古人的好奇心，会引发观众的求知兴趣。博物馆陈列虽不是“纯艺术”创作，但它是服务于文化教育、审美鉴赏和信息传播的展示实体的。所以陈列内容、体系结构、展品形质、特点都要认真考虑，尽可能使所展示陈列的艺术形象，整体上简洁、清新，艺术风格上朴素典雅。如陈列室的建筑空间状况、采光方式、环境因素与陈列总体布局、空间利用、参观路线安排、陈列组合及文物、标本安全保护措施之间的关系等。所以此类历史文物展通常要考虑把内容融入形式或把形式渗入内容，来进行设计，也借此给观众提供想象和创造的空间。

我们知道，作为文物本身而言，它有自身的魅力。而观众在整个观赏过程中，真正能引起他们注意或感兴趣的还是那些精美的出土文物。[1] 所以说，一个好而完整的展陈设计方案应是将内容的形式与形式

① 国家文物局、中国博物馆学会、中国文物报社：《中国博物馆陈列精品图解》（四），文物出版社2006年版，第162—165页。

的内容有机融合在一起的设计，即最好的设计是看不出设计的痕迹的。设计师要成功地将展示形式融化为内容的一部分。比如，我们在展示某个时代的文物时，可以复原那个时代的某个场景，并且尽可能地不添加任何装饰和美化，造成使观众产生一种置身古代、身临其境的感受。

2. 艺术类展品

展厅内的陈列展品除了历史文物类的展品，还有展示艺术类展品的陈列。艺术门类多样，由于物质媒介的不同，创作的方式也不同，对人审美感官的作用范围也会不同，而且所发挥的社会功能也存在着很大的不同，从而形成了各自独具的特色和风貌。

艺术是指用形象来反映现实但又比现实更具有典型性，它包括文学、绘画、雕塑、建筑、音乐、舞蹈、戏剧、电影、曲艺等诸多门类。我们这里所说的“艺术”类展陈的展品主要是指绘画、书法、雕塑、服饰等以静态展陈为主的展品。艺术类展品的展示通常是要借助一定的物质媒介来塑造艺术信息传递给观赏者的过程。展厅观众对于艺术的理解和认识会直接影响对艺术品的感知和欣赏。

艺术类展品是人们把握现实世界的一种方式，是以直觉的、整体的方式把握客观对象，并在此基础上以象征性符号形式创造某种艺术形象的精神性实践活动。它以艺术品的形式出现，使得这种艺术类展品既凝结着艺术家对客观世界的认识和反映，也寄托着艺术家本人的情感、理想和价值观等主体性因素，它是一种物化了的精神产品。艺术类展品最主要、最基本的特征是具有审美价值，艺术类展品中寄予着艺术家的审美感受和审美理想，观赏者通过对艺术类展品的观赏来满足自己精神上的审美需要，获得精神享受和审美愉悦。另外，艺术类展品还具有认识功能、教育和陶冶功能、娱乐功能等社会功能。观赏者通过对艺术类展品的观、赏、鉴的过程，达到认识自然、认识社会、认识历史、了解人生的认识功能；并受到真、善、美的熏陶和感染，从而达到潜移默化地引起思想感情、人生态度、价值观念等的深刻变化，它不同于道德教育。

3. 科技成果类展品

据中国科学院在《中国科学院科学技术研究成果管理办法》中

把“科技成果”定义为：某一科学技术研究课题，通过观察试验和辩证思维活动取得的，并经过鉴定具有一定学术意义或实用意义的结果。

科技成果类的展览，如《中国纺织史》《中国船舶史》等都是此类的展览。其展出的展品记录着每一个发展阶段的状况和历史，可以使观众知古通今，了解此科技成果类展品的变迁与发展。通过观赏科技成果类展品，还可以使观众更加深刻理解“科学技术是第一生产力”的经济内涵和文化内涵，可以使观众在对展品的观赏、比较中更加深刻地感受文明、感受科技给我们的生活所带来的种种变化。我们放眼古今中外，会发现人类社会的每一项进步，都伴随着科学技术的进步。尤其是在科技突飞猛进的现代，有力地推动了经济和社会的发展，为社会生产力发展和人类的文明开辟了更为广阔的空间。我国的计算机、通信、生物医药、新材料等高科技企业的迅速增长，极大地提高了我国的产业技术水平，促进了工业、农业劳动生产率大幅度提高，有力地带动了整个国民经济的发展。实践证明，高新技术及其产业已经成为当代经济发展的龙头产业。

科学技术是人类文明的标志，科学技术的进步已经为人类创造了巨大的物质财富和精神财富。科技成果具有以下基本特征：（1）新颖性与先进性；（2）实用性与重复性；（3）应具有独立、完整的内容和存在形式，如新产品、新工艺、新材料以及科技报告等；（4）应通过一定形式予以确认：通过专利审查、专家鉴定、检测、评估或者市场以及其他形式的社会确认。

随着知识经济时代的到来，科学技术永无止境的发展及其无限的创造力，必定还会继续为人类文明做出更加巨大的贡献。科学技术的进步和普及，为人类提供了广播、电视、电影、录像、网络等传播思想文化的新手段，使精神文明建设有了新的载体，更加丰富了人们的精神生活，对于更新人们的思想观念、破除迷信等方面都具有重要的意义。科技成果类展品的展览，使观众得以了解现代科技发展的水平和阶段，可以增强我们的民族自信心。

三 展厅观赏活动中影响文明观赏的因素

在展厅观赏活动中，影响观众进行文明观赏的因素是多方面的，大致有如下几方面的原因。

（一）对不同类别的展品，观众缺乏宏观概况了解——“知”的缺乏

在各种主旨不同的展馆里，展陈的展品会存在不同的功能和定位。在这些多样的功能和定位的主旨下，展厅观众在进行文明观赏时需要大致有宏观概况知识的储备，对于展品的概况能有最起码的了解。由于观众自身文化修养的不足或欠缺，可能会缺乏对展览项目基本知识的了解，使得面对不同类别的展品导致相关的审美能力的缺乏，从而无法理解和感悟、欣赏展品的文化内涵和艺术价值。比如，观赏书画类的展品与观赏油画类、雕塑类的展品是有着不同的要求的，也需要具备简单的宏观性的知识了解，它们有着各自特有的观赏角度和观赏方法。再比如，观赏历史文物类的展览时，我们的眼光是要有一定高度的、是具有一定的识见来进行定位和赏鉴的，还需要培养具备“博涉”的眼光，才能扩宽眼界、拓展视域，并能相对更好地去观赏不同类别的展览。

（二）对具体陈列的展品，观众缺乏相关的专业知识储备——“懂”的缺乏

王宏钧主编的《中国博物馆学基础》一书对陈列的论述是：“博物馆陈列是在一定的空间内，以文物、标本为基础，配合适当辅助展品，按一定主题、序列和艺术形式组合成的，进行直观教育和传播信息的展品群体。”① 既然陈列的展品群体是按一定的主题思想、主题结构，经过科学的、艺术的、技术的手段组合而成的，是要表现特定的陈列内容的，那么观众在进入展厅进行观赏活动时，就需要具备对此类展品的相对专业的知识储备，要先做到“知”的状态，然后再慢慢追求进入“懂”的层面，非如此，无法更好地看“懂”展品，

① 国家文物局、中国博物馆学会：《博物馆陈列艺术》，文物出版社1997年版，第1—2页。

也无法去深层体味展品所传递的文化内涵和艺术价值。

（三）对陈列展品的欣赏与评价，观众缺乏识见的眼光——“鉴”“赏”的不足

只有“知”行、“懂”行，才能更好地去进行赏鉴活动，从而达到文明观赏的“自由”状态。公共展厅的展陈终究是为社会服务的，是为广大观众服务的，所以展陈应从观众的主体出发，想观众之所想，展观众之想看。展厅的展陈工作中，每一个细小环节都应该从观众出发，各项软硬件的服务设施等都应该是为了满足观众的观赏需求而设定的，同时也应满足观众的各种心理需要。所以观众的心理现象也是展陈设计人员应当充分考虑的方面。

观众对陈列展品的欣赏与评价，直接反映出观众对陈展品的了解程度和认知深度。许多观众纯粹是闻风而来，或者是受广告宣传的影响而来到展厅现场观看展品的，对陈列展品本身并没有更深的理解能力和欣赏能力，不能从陈列展品的观赏过程中享受美、感悟美。由于不能客观、公正地欣赏和评价陈列展品，使得展厅观众往往在展厅观赏中陷入茫然、漠然、默然的状态，起不到陈列展品应该发挥、展示的轰动效果。因此，展厅观众应该懂展品，会欣赏，才能和展陈引起积极的互动效果，真正成为展厅观赏的参与者、成为展厅的文明观众，并在文明观赏活动中不断引导和促进观赏活动的文明发展。

（四）观赏活动中的礼仪与禁忌

据有关观众研究报告来看，在展厅观赏活动中，观众比较在意的是展厅里的软性设施，即服务人员的态度：“在展厅服务方面，观众最不满意的并不是落后的硬件设施，而是服务人员生硬的服务态度。对于大多为静态的展览，大概唯一能给整个博物馆增加生气的就是服务人员了。从观众心理来讲，整个参观过程都相对比较沉闷，如果服务人员的态度又很冷淡，会让观众有不被重视的感觉，所以必须定期组织工作培训，强化‘以人为本’的服务意识，才能够从根本上解决问题。”①

① 郝国胜、黄琛：《中国国家博物馆观众研究》，中国大百科全书出版社 2008 年版，第 305 页。

当然，这个问题应当从多方面来考虑。首先，从观众来讲，既然进入这个公共空间的展厅里来进行观赏活动，就势必要遵守其展厅相关的规定及禁忌，比如，展厅观众在语言上：不宜在展厅大声喧哗和吵闹，不宜说一些粗俗的语言，不宜高声叫嚷和讨论，不宜长时间地接听手机、电话等；在行为上，观众要时刻注意自己的行为，要符合公共礼仪规范，要学会尊重他人，要有爱护、保护陈列展品的意识。要严格禁止在展厅休息时，脱下鞋子，或在展厅里吃食物、喝饮料等不雅行为，应当坚决杜绝和避免这种不文明的、不雅观的现象发生。

四　展厅观赏活动中文明观众的培育及应对策略

展厅观赏需要观赏文明，观众观赏展品同样也需要文明观赏。展厅文明观众的培育需要综合各方面的力量，首先是展厅软硬件设施的齐备和周全，其次是观众自身道德素养、文化素养的提高，还有就是要及时地发现问题、找出问题和解决问题。

（一）既来之，则安之——展厅的软硬件设施要合理，便于观众进行观赏

各种主旨不同的展馆，有着不同的功能和定位。在不同的功能和定位的主旨下，对于文明观众的培育途径及应对策略自然也有着“和而不同”的多样差异。但为了能使前来参观的观众精神饱满、全神贯注、轻松愉快地自始至终参观完全部陈列，展方要为观众提供一个方便、舒适的参观环境。这种环境既要符合观众的生理需求，也要符合观众的心理需求。展厅的设计除应便于观众随意轻松地进出陈展厅，还要便于观众行走，便于组织团队观众的观赏，以及提供必要的爱心服务设施，遇有紧急情况时便于疏散人流，等等。除方便正常人参观外，还应做到方便残疾人参观，这就要求陈列厅做无障碍设计。应具有合适的温度、湿度、新鲜的空气、良好的视觉条件、听觉条件、休息条件以及具有宜人的空间尺度和环境气氛等。① 演示和观众参与也是陈列辅助手段。尤其是一些自然科学和科技博物馆的陈列中，为了

① 国家文物局、中国博物馆学会：《博物馆陈列艺术》，文物出版社 1997 年版，第 91 页。

满足观众的好奇心理和参与意识的要求，将某些辅助展品设计成允许观众动手的展品，让观众充分参与，从而达到使观众、展厅、展品之间产生良好的互动效应，使来到展厅进行观赏活动的观众的心情趋于安定而祥和。

同时，我们欣喜地看到和感觉到越来越多的策展单位和个人，在展厅观赏活动中，都越来越注意自身形象的问题，也都在以不同的形式和方法，不断努力地提升着自己的修为，提高着自己的文明程度。在此，我们以中国国家博物馆为例，看看国博社会教育宣传部在2013年7月24日所提出的“参观文明 文明参观”倡议书：

全体国博同仁：

国家博物馆是中华文化的祠堂和祖庙，是我们国家对外文化交往的重要窗口。这里的每一个细节都散发着浓浓的文化气息，我们每天工作在这座历史与艺术的殿堂，追逐梦想，实现价值。

自从2011年正式开馆运行以来，在大家的共同努力下，我馆的对外服务质量稳步提升，社会关注度不断提高，在国内外获得了良好的声誉。观众数量持续增长，从2011年的370万，增加到2012年的537万。今年上半年观众人数已达332万，年底有望达到700万。

目前，我馆正在深入开展党的群众路线教育实践活动。作为国家级公共文化服务机构，我们全体同仁有责任，也有义务积极行动起来，配合这次活动，为观众提供一个更加舒适、文明、有序的参观环境。为此，我们提出如下倡议：

1. 倡议大家在工作时间，在公共区域，更加注意自己的着装和言谈举止，始终把自己当成国博的形象代表，当成文明礼貌的模范，当成观众的榜样。

2. 倡议大家在馆内看到个别观众的不文明行为，例如大声喧哗、追逐打闹、在长椅上随意躺卧并穿鞋踩踏、随地乱扔废弃物等，能够以文明的语言、礼貌的态度及时制止和纠正，将“参观文明、文明参观”植入每位观众的内心。

> 3. 倡议将每周四定为“文明参观日”，社会教育宣传部将设计制作统一的标识和宣传材料，现欢迎大家踊跃报名参与，共同创造和维护文明的参观秩序。

可见，“文明观赏”和“观赏文明”的理念已经在中国国家博物馆得到了积极的倡导和力行。他们已经把“观众”摆在了重要的位置，实施着“以人为本”的主张。同时，我们也意识到观众的文明和文明的观众二者的关系至为密切。我们都知道中国国家博物馆是以历史与艺术并重，集收藏、展览、研究、考古、公共教育、文化交流于一体的综合性国家博物馆，是以文物的展陈为公众提供服务的超大型文化设施，是我国最高的历史文化艺术殿堂。它的基本职能就是积极努力地做好文物和艺术品收藏、陈列展览、公共教育、历史和艺术研究、对外文化交流等工作。始终坚持“以人为本”为科学的发展理念，以“贴近实际、贴近生活、贴近群众”为宗旨，“以人才立馆、藏品立馆、服务立馆、学术立馆”作为国家博物馆的办馆方针。要把优秀历史文化、革命文化和当代中国先进文化保护好、传承好、展示好、发展好，赓续民族血脉、弘扬民族精神，同时，展示世界优秀文明成果，是国家博物馆的光荣使命。同时，为适应构建公共文化服务体系和建设学习型社会的需要，国家博物馆要建设成为广大公众特别是青少年学习历史和文化知识、接受爱国主义教育和接受审美教育与文明熏陶的生动课堂。要把中国国家博物馆承担和肩负的展示中华文化的重要窗口作用、培育民族精神的重要基地作用、引领文博事业科学发展的重要示范作用，最大限度地做好、发挥好。

（二）充分、合理运用展馆的优势效应，给观众提供更多更好的优质展览

展馆不仅是一种载体，是展方用来展示自己心中所想以及所拥有的产品、技术以及成果等的一个地方，展馆还是一个活动场所，用于展示商品、会议交流、信息传播、经济贸易等的场所；展馆又是一种建筑物，表达与展示某种文化内涵的建筑产品。陈列、展览总是供人们观看的，除去内容和主题思想能够打动观众外，美的形式具有明显

的吸引力和强烈的感染力。美观是陈列艺术追求的目标之一。美育是重要的社会功能之一，通过审美实践和美的创造实践，培养人们对美的鉴别和感受能力，帮助人们树立健康的审美理念，从而促进个性的全面发展，艺术的这种潜移默化作用是无法估量的。在这一方面，博物馆陈列艺术有其他艺术形式不可取代的优越性，它以实物为基础，通过综合的、立体的、多方位的艺术手段烘托内容主题，同时又有效地展现出展品的美感和组合，表现它们的形式美，陈列形象的美感作用是观众都能体会得到的。①

1. 采用人们喜闻乐见的艺术形式

雅俗共赏喜闻乐见的表现形式是容易被观众接受的。这是因为陈列、展览属于社会性大众文化活动，它对各阶层人士开放，它又是多角度反映社会生活的，除去内容上贴近现实，形式上也必然应当跟随时代脚步。设计师应把握一个时代的审美特点，这样在处理具体艺术性问题上才会有创作源泉和观众基础。创造喜闻乐见的艺术形式在于摆好观众的价值，把观众纳入“展”与“观”的整体活动中来，把观众的参与作为形式构成的有机因素来作安排。陈列艺术设计的探索中，还应当有丰富多彩的表现手法，广泛地吸收其他艺术形式来完善陈列艺术形式也是必要的。如平面构成、立体构成、色彩构成以及空间构成原理的具体运用都会增强陈列的形式感和形式美。其他诸如景观复原的形式等，作为陈列内容的补充，都可丰富陈列艺术。使这门艺术更充满活力，使那些面对大量学生层次的陈列、展览能实现寓教于乐、寓教于美，融知识性、趣味性与娱乐性于一体。②

2. 追求严谨的艺术结构

陈列艺术设计的组织安排，称为艺术结构。组织安排是对内容主题而言，结构是指内容组织安排的手段和方法。一个完整的陈列、展览，就是根据内容的提示把一个个的实物展品组合、编排起来，从而反映出有关文化、科技或历史的主题。外在形式是靠展品以及烘托展

① 国家文物局、中国博物馆学会：《博物馆陈列艺术》，文物出版社1997年版，第48页。

② 同上书，第48—49页。

品物化了的环境共同显示出来的。这种显示是一种艺术的组合，它要求个体与个体之间、展品组之间、场景之间有机联系，达到前后连贯，相互呼应，浑然一体。一般艺术作品结构讲究起始、发展、高潮和结尾，陈列艺术也是这样，它很重视序幕、主体陈列、结尾三块结构。无论在空间分配上、在分量安排上、在表现方法上，都是经过深思熟虑的。设计中对陈列的艺术结构既要在陈列平面布局中做出安排，也要在空间序列中借用空间构成原理处理这种关系，不论是博物馆的基本陈列还是临时展览，都应当在结构上做到紧凑而不松散，完整而不拖沓。①

3. 创作完美的陈列艺术形象

陈列、展览区别于其他艺术，是通过具体的实实在在的人物和事件来反映的，讲人是具体的人，讲物是具体的文物、标本，讲事是演变或衍生过的历史，讲环境则是原址、原状或以原址为基础的复原场景，没有哪一种艺术能够达到如此真实可信。因而形象的具体化和科学性是陈列、展览的独特个性，因此而创造出来的陈列形象具备了无可置疑的真实感。

陈列形象除了具体化还有生动性的特征，艺术设计对于展品组合、场景安排都不是简单的分类排列，而是运用陈列特有的语言，进行有机的组合。这样，展品不再是独立的单个的器物，而是对于阐述主题思想有强烈内在说服力的陈列形象。文物组合会使缺乏生命活力的文物、标本透出富有深刻含义的信息，产生新的意味，能更好地使展品内在活力表面化，也更加生动，耐人寻味。②

4. 营造特定的环境氛围

陈列、展览是讲究创造并善于创造环境氛围的艺术，愉悦美好的环境是陈列艺术美感力量的一个重要因素。如果细作分析，博物馆陈列的环境氛围应当指两个方面。

一是直观的现场环境氛围，这是靠陈列现场空间、设备以及精美

① 国家文物局、中国博物馆学会：《博物馆陈列艺术》，文物出版社1997年版，第49页。

② 同上书，第50页。

的展品、柔和的光线色彩、适宜的气候以及悦耳的背景音乐等综合形成的，给观众一种恬静、高雅的美的环境享受。但如果把博物馆陈列环境氛围搞成游乐园的样子也是违背博物馆特性的，因此，这个尺度很重要。

二是对历史或自然环境氛围的感受，这需要依靠设计中对陈列的内容的历史背景形象地揭示和烘托，引导观众在参观中体味这种旷古的历史氛围，如两汉历史陈列中运用了龙飞凤舞朱墨土红几色相间的漆饰纹样图案造型来烘托环境，人们自然有一种对汉代文化雄浑博大的体味。青铜时代的环境渲染自然会把人带到奴隶社会的氛围中去。这种历史氛围或生态氛围对观众起着一种不可言传的美感传递作用。[①] 总之，在展厅设计中，应充分考虑以下几点：（1）考虑空间，与展馆主题的和谐。（2）建立醒目标志，展馆展品的简洁。（3）通过位置、布置、灯光等手段突出展品的重点，表达明确的主题，传达明确的信息。（4）展品设计要考虑人，主要是目标观众的目的、情绪、兴趣、观点、反应等因素。从目标观众的角度进行设计，容易引起目标观众的注意、共鸣，并给目标观众留下比较深的印象。要有一定的参与性，通过参与性内容设计，让观众在娱乐中接受知识。让观众参与，增加文物展的吸引力。参与性的陈列设计，将极大地提高观众的观赏兴趣。（5）我们应该认识灯光的重要性，不能简单地认为只是在照明，而应该更多地理解为是在营造气氛，塑造造型，增加层次。

（三）引导展厅观众进行文明观赏言行的策略

1. 展厅观众应树立正确的观赏心态

展陈展品的教育手段已经不仅仅是“教”，而是在帮助和引导观众去主动地“学”。展览正是通过为观众自我学习提供服务而实现教育目的的。展览教育的对象具有广泛性，几乎涵盖了所有社会成员。从儿童到老人，从一般群众到残疾人，从国内游客到国际友人，大家可以自由进出各个展厅，通过各种教育活动来汲取文化知识。博物馆、美术馆、展览馆的教育功能主要是为广大观众提高文化素养服

---

① 国家文物局、中国博物馆学会：《博物馆陈列艺术》，文物出版社 1997 年版，第 50 页。

务，为学生的校外教育服务，为成人的终生教育服务，为科学研究服务，为旅游观光和文化休闲服务。因此，核心就是“提高服务意识”。①

2. 展厅观赏者要欣赏体会美丽

“距离产生美”。俗话说“赏心悦目”，而实际从过程来说，是先“悦目”而后才“赏心”的。文物欣赏的过程是“从眼睛到心怀”，爱美是人的天性，青少年更有着对美的渴望与追求。为青少年讲解，就从教会他们如何从欣赏和体会入手。

3. 行动显示文明

社会生活中的文明礼仪贯彻始终。要引导青少年观众用优雅而轻松的姿态来欣赏。提醒他们：千万不要与玻璃柜“亲密接触”。观赏文物只能用眼睛去阅读，用心灵去感悟。展厅出现“请勿触摸”“请勿拍照”的字样，恰恰说明我们的观众还缺乏起码的保护展品的意识。如：趴在展柜上，倚在展柜上的行为都是懒散、萎靡的表现。再如：旁若无人地大声打电话，是对所有公众的漠视，是违反公共道德的。碰到人多拥挤时，大家要有友爱精神，将帮助别人视为一种幸福，要互相关爱，和谐展厅的紧张拥挤气氛。文明观展非常重要。②

讲解工作者：自身的行为具有示范的效应，举手投足之间都会影响观众，因此讲解者自身的素质要不断地提高。讲解中对展品的崇敬体现在目光、语言以及肢体语言中。站立的位置是在文物的侧面，在指示文物时一定要毕恭毕敬，用手掌，而不是用手指。用讲解者自身的虔诚为博物馆营造神圣的氛围，用讲解者自身对文物的热爱感染观众，与青少年一起观赏，一起陶醉。

当来自不同文化背景的观众与其他陌生文化发生碰撞时，文化与文化之间的差距越大，越能激发观众的兴趣，越有吸引力。

总之，成人比成功重要，激励比指责重要，尊重赢得支持，互动

---

① 郝国胜、黄琛：《中国国家博物馆观众研究》，中国大百科全书出版社 2008 年版，第 268 页。

② 同上书，第 279—280 页。

加深理解，展厅呼唤观众要文明观赏，观众也统一需要提高观赏文明，二者相互转换、相得益彰。

第五节 赛场观赏活动中的文明观众

一 研究赛场文明观众的重要意义

（一）文明的观众是良好竞赛环境不可或缺的组成元素

体育比赛的魅力自然离不开运动员的出色表现，但同样离不开观众的参与。观众也是体育赛事成功举办的重要组成部分。如果说，赛场上运动员比的是综合竞技能力，那么，赛场外观众也在进行着一场无形的比赛，比的是文明观赛的水平。文明观赛是一场精彩体育赛事的必要条件，文明观众是赛场一道亮丽的风景，跟出色的球员一样，都是精彩体育赛事的必要因素。如果观众不讲文明，队员在场上怎么能奉献一场高水平的比赛！

（二）现场观众对运动竞赛成绩的重要影响

观众在体育赛事中具有特殊的地位，从世界体育赛事发展的趋势来看，观众是影响体育赛事的主要因素之一。没有观众，体育赛事就会失去它赖以生存的环境。观众促使体育赛事组织者越来越规模化、专业化和规范化，推动了体育赛事的不断发展和完善。有关研究表明，观众的数量与运动员的成绩之间存在着密切关系，运动员最佳竞技水平的发挥是随着观众数量的增加而有所提升的。德国著名足球球星鲁梅尼格曾说，比赛场上的气氛至关重要，球员听不到球迷的喊叫声，就觉得比赛不真实，就兴奋不起来，观众的掌声是最好的兴奋剂。由此可见，大量的观众和热烈的赛场气氛直接影响着运动员的竞技状态。因此，赛事组织者如何从观众着手，满足和迎合观众多层次的物质和精神上的需求，是稳定和扩大体育赛事的根本所在。不同的赛事，赛场观众的表现行为往往会对比赛进程和结果造成不可估量的影响。

比赛经验告诉我们，比赛时无论领先还是落后，都希望观众给予队员最大的支持，领先时观众的热情让队员们更有动力，落后时观众的助威会激励队员们永不气馁的勇气。在球队或球员暂时处于逆境的情况下，他们更需要观众的支持，如果此时观众失去理智而不文明的话语此起彼伏，对球员的信心会造成打击，从而影响他们竞技水平的发挥，甚至会直接影响竞赛结果。尤其是一些对现场观众观赛礼仪要求比较严格的项目——比如棋类、网球、台球、乒乓球、排球等——在这样的竞赛项目中，观众一旦在关键时刻表现出与观赛礼仪背道而驰的行为，就会造成严重的后果，甚至直接影响胜负。例如，2007年在世界斯诺克温布利大师赛决赛上，丁俊晖遭到了现场部分观众的起哄和嘘声，导致情绪波动，在领先两局的情况下痛失冠军，比赛结束时他在赛场上掩面而泣。如此以狭隘的心理干扰运动员的情况，即使自己喜欢的运动员取胜也显得不光彩，胜利的比赛背后输掉了文明的做法实在不可取。①

（三）赛场观众素质在相当程度上是市民精神素质最直接的一个反映

赛场中的观众是一个群体，但这个群体是由不同阶层、不同身份的人所构成，他们的行为必然存在着差异。特别是在赛场这个特殊的环境里，人的行为会受到影响和感染，极易变得异常激动甚至失态，因此，做一个文明的赛场观众要有高度的自觉性和一定的文化修养。组织高水平的比赛，尤其是国际性的大赛，赛场观众的行为往往能体现出一个国家的文化、人民的素质以及一个国家的体育普及程度。因此，赛场观众应该文明、热情、有礼貌、有风范，观众应该懂体育，会欣赏，既为自己国家选手的优异成绩喝彩，也为其他国家运动员的杰出表现鼓掌，体现出奥林匹克体育精神。很多比赛因为观众的不懂礼甚至失礼，不仅在赛场上造成负面影响，影响比赛的正常进行，甚至还有损于国家形象。看起来都是一件件小事，但因为赛场往往是国内外媒体关注的焦点，一些所谓的“小

① 参见李俊钦《提高体育赛事现场观众观赛素质的研究》，硕士学位论文，首都体育学院，2008 年。

节”问题，不仅代表个人，还代表着一个群体、一座城市，甚至一个国家的形象。做一个观众并不难，难的是做一个文明的观众。体育赛事特别是国际性体育赛事是一面镜子，赛场观众的文明程度和表现，甚至要比运动员的表现，更能体现一个国家的国民素质、国家文化及一个国家体育的普及程度。

所以，遵守赛场礼仪、做文明观众，是必要的。井然有序的赛场需要我们提高自身素质来共同创造。如何抛弃陋习、努力建立赛场文明，无疑也应该引起组织者的高度重视。

二　赛场观众概论

（一）赛场观众概念的界定

观众是指观看表演或比赛的人[①]，即“观看节目或比赛、表演等的人”[②]。我们可以引申为观看、体验某种活动的所有主体的总称。观众群体随着时间、地点以及观赏内容的不同可以分为不同类型或者不同称谓的观众。美国的马特斯曼认为观众包括购买和不购买门票的所有观看比赛的人，并且，他们是赛事的组成部分。按照这样的理解，体育观众就是指观看体育竞赛、表演或体育节目的个体或者群体的总称。而由于体育比赛所包含的内容众多，且观看比赛也可以通过各种不同的渠道和方式，这样体育观众就可以分为广义和狭义两种。广义的体育观众是指以观看体育竞赛、表演或体育节目为目的的个体或者群体的总称，这里面包含了现场体育观众、电视体育观众和网络视频体育观众。狭义的体育观众则是特指亲临比赛现场观赛的个体或者群体，也称为“现场观众”或“赛场观众”。更为确切地说，他们是亲临比赛现场享受和消费体育竞赛表演这一精神文化产品，来满足自己身心愉悦的个体或人群聚合体。本章中出现的“赛场观众”和

① 中国社会科学院语言研究所词典编辑室：《现代汉语词典》，商务印书馆 2002 年版，第 463 页。

② 周明：《北京奥运会背景下的我国足球赛场观众问题的研究》，硕士学位论文，西北师范大学，2008 年。

“现场观众”等概念都是指在比赛现场观赛的各类体育观众。

国外体育观众的概念内涵同国内相差不大，有 sport spectator（现场体育观众——现场观看体育表演或比赛的人）、sport viewer（电视体育观众——通过电视观看体育节目的人）和 sport audience（体育观众、体育读者、体育听众）三种表述形式，其中前两种较常用，但在有的研究中，存在三者混合使用的情况[①]。

国外与国内在体育观众意思的界定上没有多大的差别，国外一般有 sport spectator、sport viewer 和 sport audience 三种表达方式，最后一种使用较少。[②] sport spectator 与本书研究的现场观众是一致的，都指的是到比赛现场观看体育比赛或表演的人。英国著名心理学家 B. J. 克列季将观众按照与体育比赛的“距离”的远近划分为三种类型：经常到现场观看比赛的人们，称为“第一线助威者”，他们对体育运动有着极大的兴趣；很少来现场观看体育比赛，他们大多常常通过各种媒体观赏比赛，这是“第二线助威者”；既不到现场，也不借助电视、网络媒体来观看，只是仅仅偶尔看看报纸的体育有关新闻以及和别人讨论该比赛，这种人群称为“第三线助威者”[③]。

（二）赛场观众的特点、基本特征与类型

1. 赛场观众的特点

赛场观众是在比赛现场这个特定环境下所形成的一个特殊的群体，是体育比赛的一个重要组成部分。这个群体是由不同阶层、不同性别、不同年龄、不同身份的人所组成，他们的行为存在着差异。具体来说赛场观众具有如下几个特点：感情投入较多，情绪反应激荡起伏；心理倾向性明显；体育观众往往与体育竞赛现场形成共振，而相互影响；体育观众易产生集群行为，即是一种在人们激烈活动中自发发生的无指导、无明确目的、不受正常社会规范约束的众多人的狂热

① 王雪峰、宋金美、肖锋：《体育观众研究现状及发展趋势》，《体育文化导刊》2008年第8期。

② 同上。

③ ［英］B. J. 克列季：《运动员和助威者》，《体育译文》1985年第5期。

行为，由此可能引发更严重的社会问题。①

一般来说，重大国际性的比赛现场观众心理变化主要有两种：一种是兴奋和喜悦；另一种是受压抑和愤怒。这两种心理变化主要受以下因素的影响：（1）盛大赛事赛场环境，（2）裁判员场上的行为表现，（3）运动员场上的行为表现，（4）赛场组织与管理，（5）个体因素。②

2. 赛场观众的基本特征

综合已有相关研究成果，我们总结出赛场观众基本特征如下。在项目分布上，拥有观众数最多的是足球，其次是篮球。但在不同的国家，因受民族文化的影响，观众人数在各项目上的分布有很大差异，如美国的棒球、橄榄球，日本的相扑，韩国的跆拳道，英国的足球、网球，都较其他项目拥有更多的观众。在我国，以足球、篮球、排球、乒乓球、羽毛球观众居多，这些项目的现场比赛和电视转播也较多，是我国职业化联赛开展相对较好的项目；在性别方面，无论是电视观众，还是现场观众，男性都明显高于女性，体育观众的主力仍然是中青年男性；在年龄方面，中青年人居多，如我国网球观众主要集中在31—50岁之间，其次为18—30岁这一阶段的观众③；受教育程度方面，以大专和本科学历人群为主；在收入、职业方面，以中等收入群体和公司职员、公务员、工人、个体工商为主。在我国通常是以国家机关、企事业单位工作人员、学生为主体，不同运动项目的赛场观看主体人群会略有不同。

3. 赛场观众的类型

对于体育赛场观众的分类，不同的视角或立场有着不同的看法，社会学、文化学、经济学、心理学以及美学等学科都有可作为研究依据的理论。而在这些视角中以心理学的分类方法最为典型。在这方

① 沙莲香：《社会心理学》，中国人民大学出版社2002年版，第220页。

② 郑卫民：《北京奥运观众参与的心理特点及安保问题研究》，《体育与科学》2008年第29卷第4期。

③ 张华丽：《中国网球公开赛现场观众消费行为研究》，硕士学位论文，首都体育学院，2012年。

面，国内外大多学者都是从观众动机、需要等方面进行研究。例如英国心理学家 B. J. 克列季就从心理需求的角度来看足球观众的各种动机表现，并将观众分为 12 种（见表 1）。此外我国华南师范大学教授卢元镇也在《中国体育文化纵横谈》一书中从观众需要和动机的角度将球迷分为求知型、求同型、娱乐型、审美型、发泄狂热型五类。

表 1　　观众类型表

观众类型	观众动机
求知型	求知比赛结果是此类观众的主要动机
审美型	这类球迷把足球比赛作为艺术品来欣赏
娱乐型	为了娱乐、消遣、度过余暇、消磨空闲
求同型	有一种求得社会归属和他人认同的社会心理
发泄型	迷恋比赛场地的氛围，追求竞争带来的刺激
义务—事业型	即怀着义务的心理到体育场地为主队加油
Fan（迷恋者）	对足球运动的爱好入迷者
Fanatic（迷狂者）	唯有足球而失去其他爱好的表现者
Deiant（越轨者）	经常利用足球比赛而闹事者
场地球迷	只要有条件就上足球场看足球比赛
电视球迷	以看电视中的足球比赛为主
报刊球迷	以阅读报纸上的足球消息或评论为主要方式

资料来源：凌子勇《中国足球球迷文化探析》，《体育科学研》2005 年第 2 期，第 45 页。

通过查阅相关文献发现，关于体育观众目前主要有四种分类方法：一是按观众的观赛动机或心理特征，将体育观众分为支持型、消遣型、兴趣型、学习型、偶像型、感受型、参与型、宣泄型、破坏型和从众型观众，其中兴趣型、支持型和感受型观众人数较多；二是从美学的角度，把现场观众分为非成熟型观众与成熟型观众；三是从获取观看资格的性质，可将体育观众分为购买门票、电视付费、免费门票、出卖主办权、受主办人邀请、持有赠票被强迫来看六种观众；四是以观赛项目为标准，将体育观众分为篮球观众、排球观众、拳击观众、游泳观众等。而目前具有较大研究价值的还是按照观众的观赛动机来划分，这是吸引、研究、培养和增多观众的主要因素。

（三）赛场观众的发展趋势

1. 观众对于体育赛事的重要性

现代社会，体育和各个领域的接触越来越频繁，观众在体育赛事发展中扮演着越来越重要的角色。国外学者认为，比赛为所有观众球迷聚集在一起找了一个合适的理由，并且因为有了观众的参与使体育比赛成为社会事件。

一方面，它是各种文化的传播者和接受者，是一个文化的载体。同时观看体育比赛又能够娱乐身心，是一种健康的生活与消费方式，能够表现一个国家或地区的文化特质；另一方面，在商业化体育的发展下观众则是其中最重要的一环，它能够给体育赛事带来可观的经济收益，是体育经济、体育产业发展的重要实现途径，是公平竞赛的监督力量，能够在一定程度上影响着体育的发展。因此随着历史的不断发展，观众在体育事业中的作用和地位必将越发重要。

2. 球迷组织与团体发展的规范化

随着体育运动的不断发展，观看体育赛事逐渐成为人们的一种生活方式。而在宗教、地域、意识形态等条件下就能够促使一些有共同爱好和兴趣的观众或者说球迷逐渐形成一种组织与团体。这些组织与团体不仅能为各自喜爱的运动队加油助威，同时还能带来相关的经济收入。而体育赛事的不断增多也使得这种组织与团体的规模和人数不断扩大。这样就能够逐渐吸引各种广告、赞助商的目光，自身的运作方式也就会日趋正规和逐步专业。因此各种球迷组织与团体在未来的发展必然走向规范化和专业化的道路。

3. 观众审美取向的多元化

近年来由于各种职业联赛的广泛开展，一些职业体育项目例如美国 NBA、NHL 已经不限于本国家以及地区的发展，开始有了全球化发展的势头。这样就形成了观众关注的体育项目日益丰富，并且观众人数也在急剧增加。同时在各种因素的影响下原来那种仅仅去欣赏运动的美感和乐趣，能力和技术技巧的掌握以及挑战极限的审美取向也发生着明显的改变。在这些新兴项目的带动和影响下追求运动的惊险性和刺激性，崇拜体育赛场上的“英雄”，以及致力于运动队或赞助者的胜利和成功，越来越成为一种新的审美取向。而“暴力美学”“罗德曼现象”等一些新词汇和现象的出现都说明观众的审美取向在朝着多元化的方向转化。

4. 观众暴力事件的逐步严重化

观众在赛场欣赏体育比赛的同时会自觉不自觉地将自己与所支持的竞技方作为一体，从而在心理上、情感上、声势上与竞技对方展开竞争，而由于不同的文化、宗教、政治等差异，赛场内就比较容易发生观众之间语言以及肢体上的冲突甚至暴力事件。随着体育赛事的增多以及国家、地区间的体育交流越发频繁，发生各种暴力事件的可能性和机会也就逐渐增加。不仅如此，这些赛场暴力事件还容易受到一些恐怖组织和极端势力的利用，从而达到各自的目的。虽然国际社会以及各国、地区都逐渐对此予以重视，加大了赛场反恐以及安全保卫工作的力度，并在一定程度上减少了各类事件的发生，但从近几年发生的各种问题来看，它却朝着总体数量减少但规模扩大以及后果更加严重化的方向发展。与欧美赛场上观众的狂热场面相比，中国观众历来是比较含蓄和克制的。但是，近年来的球场观众暴力在我国也越来越显现出来，并呈现“与国际接轨”和“低龄化”的发展态势。[①]

三　赛场观众对竞技体育赛事的欣赏范畴

体育运动中所蕴含的美是多种多样的，内容丰富，表现形式也各异，是一种特殊的表现人的智慧、力量和技巧、技能的协调一致的综合美。赛场观众应主要从以下几个方面着重关注。

（一）对运动员身体美的欣赏

身体美是指人的身体经过体育运动所获得的一种静态美，如健壮的体格、匀称的体态、全面发展的身体素质、优雅的气质和风度等。身体美是人们进行体育欣赏的主要对象。它是一种由机体良好的生理和状态综合显示出的健康之美，是充盈着旺盛生命力的美。身体美包

---

① 李培雄：《人文奥运理念与我国赛场文化现状及发展对策研究》，《西安体育学院学报》2006 年第 23 卷第 3 期。

括形体美、姿态美、体能美。

1. 形体美

形体美是指人的形态或体态的美。它是通过竞技运动使骨骼、肌肉等人体器官组织得到正常的发育和发展。虽然，人类的形体受遗传、环境等因素的影响，但它可以通过体育锻炼加以改造，并进一步塑造出优美的形体，即身体比例匀称、线条和谐。

身体的合理比例，是体育运动的目标之一。数学上黄金分割的比例关系（1：0.618）同样适用于人体，如人体从肚脐分界，如果下半身长，人体就显得美。被誉为体操皇后的俄罗斯名将霍尔金娜修长的双腿，使其在比赛时显得气质更为优雅，更具魅力。还有头和身的比例，如果人的头和身体的比例为1：8，人就美。因此，匀称的身体更能充分表现出身体美。

身体的线条，是指人身体的外部轮廓。人们一般审美经验是男性的魅力在阳刚之气，体态线条多平直，有棱角，显出一种刚劲有力、粗犷豪放之美。女性的魅力在阴柔之美，其体态线条曲线圆润，显示出秀美、柔和，流动感强。

2. 姿态美

姿态美是指人体表现出的各种各样美的姿势和形态，是身体美的重要方面。它标志着人体机能的完善程度。我国自古就有行如风、坐如钟、站如松、卧如弓的主张。在体操、艺术体操、跳水、花样滑冰、花样游泳等体育项目中，对运动员的姿态表现要求很高。

3. 体能美

体能是对人的力量、速度、耐力、柔韧、灵敏而言。体能美是在身体能力方面所表现的美，是以特殊的形式存在于身体美之中。不同的竞技项目，体现身体能力的侧重点有所不同。力量是人在肌肉紧张收缩时表现出的能力，如拳击、举重等比赛，显示力量美。速度是人进行急速运动的能力，如短跑等比赛运动是表现速度美。耐力是在尽可能长的时间内进行的肌肉活动能力，如马拉松比赛，运动员在长时间的运动过程中迅速改变时空的能力。柔韧性是人通过关节、韧带、肌腱、皮肤的伸展活动所表现出来的曲线变化的能力，如球类、体操比赛中，运动员表现出的灵敏性和柔韧美。运动员在比赛中通过精彩动人的体育运动形象，把人的力量、速度、耐力、灵敏和柔韧等素质所表现出的美展现于人们面前，能使之产生强烈的美感体验。

（二）对运动员技术、战术能力的运用及发挥的欣赏

竞技体育中，运动员技术、战术能力的运用及发挥之美是运动美的核心，是体育赛事欣赏的主题。实用、优美、高超的技术和个人灵活或团体配合默契的战术，以及运动员在比赛中的超水平发挥，都会使观众赏心悦目、情绪高昂。

运动技术是运动员合理有效完成动作的方法。技术在达到一定熟练程度后，可以说就是艺术的表现了，换言之，技术高度娴熟而成为一种可为人们欣赏的美的展示。随着现代体育科学技术的发展和竞争的需要，运动技术出现了更多的高、难、险、新的动作，表现在准确性、协调性、连贯性、优美性和节奏感等方面。如自由体操中高、飘的跟斗；女子高低杠上惊险的腾越；篮球运动中高难度的扣篮；花样滑冰中的跳跃组合；跳台滑雪中的空中飞翔；田径运动中跳远的走步式腾空步，F1 汽车大奖赛的惊险刺激；跳水运动中的旋转翻腾；举重运动的力拔千钧动作；等等，充分体现出了“更快、更高、更强”的宗旨。运动员出神入化的精湛技术，把人体动作美表现得淋漓尽致，能够让人们获得高度的美和艺术的享受，从而加深对美的认识。我们从这个角度观赏要抓住不同项目的重点和难点。例如：撑杆跳高运动员在空中过杆的一刹那、投掷中的最后用力、短跑中的终点冲刺、体操中的惊险动作、足球的进球和篮球的扣篮等。

竞技战术是指在比赛中为战胜对手或为表现出期望的比赛结果而采取的计谋和行动。战术美是运动员在复杂多变的运动竞赛中，充分发挥自身体能和技术特点，巧妙地配合，合理地分配体力，及时、准确、有效地抓住对手的失误，去争取比赛的胜利所体现出来的一种美。其实质就是扬我之长、避己之短、避实击虚、灵活多变、为我所用。它反映出运动员的知识、技术和心理、智力因素等综合指标。不能仅以比赛的成败来评价战术运用是否得当，特别是在集体项目的比赛中表现得更为明显。通过战术美的欣赏，使人加深对整个比赛的整

体感和立体感的认知，发展美的鉴赏能力和创造能力。

（三）对运动员竞技体育精神的欣赏

体育运动精神美是运动员在比赛时所表现出来的情感、道德、意识和理想的内在反映，是体育运动中美的重要欣赏内容。本书主要把精神美聚焦于智慧的美、心理素质的美、道德的美。在竞技比赛中精神美一般是寓于技术、战术之中的。

智慧美在比赛中主要表现在意识方面，赛场上瞬息万变，这就需要运动员、教练员运用自己的智慧合理地运用技术和战术处理比赛中出现的情况。例如，篮球比赛中，作为一名进攻队员，要充分地利用自己的身体和技术摆脱防守队员以便获得最佳进攻位置，还有假动作的成功运用。作为一名防守队员也要根据自己的经验和意识准确判断对手的意图，以便积极有效防守，给进攻者造成不利。

心理素质可以说是竞技比赛获胜的必备能力之一，尤其是高水平的比赛，比赛能否获胜，心理的稳定发挥是关键。运动员在比赛中处于领先时不骄傲，遭遇挫折又不气馁，在为对手助威的震天声浪中还能镇定自若地做动作，充分地显示了人的本质力量。

此外，运动员在比赛中所表现出来的吃苦耐劳、不畏艰辛、克服困难、不屈不挠、勇敢顽强、拼搏进取、胜不骄、败不馁的意志品质美，自觉遵守比赛规则、公正、诚实、团结协作、尊重裁判和对方以及自我牺牲精神的道德美、行为美，这些都构成了精神美的深刻内涵。“乒乓精神”“梦之队精神”“女排精神”就是竞技体育中涌现出的典型代表。相反，人们也常常看到一些畏强凌弱、投机取巧、蛮横粗野、弄虚作假等拙劣行为，与之形成了鲜明的对比，遭到了人们的唾弃。通过精神美的欣赏，人们懂得了美与丑、高尚与卑鄙，对培养人们意志品质、道德行为具有重要意义。

（四）对公平竞争的欣赏

比赛的公平性牵动着亿万观众的心，正是因为公平，竞争才有意义，汗水和付出才有价值。公平的比赛可以保证运动员的技术、战术、身体、心理素质和道德品质正常表现和发挥，可以更加顺利地把比赛推向新的高潮，把观众带向引人入胜的境地；对于欣赏者来讲，公平的竞争可以激发正义感、责任感以及严守道德准则、追求真理的欲望。

（五）对教练员临场指导艺术的欣赏

教练员是一支队伍的领导核心，在现代竞技体育比赛中，教练员高质量的临场指挥会对比赛结果起关键性作用。教练员要在紧张激烈的比赛中，具有敏锐的目光，把握住全局中的主要矛盾，在充分地了解本队和对方的特点基础上，选择战术发挥本方的优势，比赛过程中随机应变和对手进行制约与反制约、限制与反限制的较量。比如，排兵布阵、适宜的暂停等。教练员的执教风格决定了其在比赛场上的指挥若定和雷厉风行，而这种风格恰恰能够激起人们的美感。

比如我熟悉的 NBA 的 2005 年总决赛活塞主教练布朗和马刺主教练波波维奇之间展开的智慧对决的精彩表演就常被大家津津乐道。赛场上，两位教练员斗智斗勇，充分地展现了运动员和教练员对于篮球运动的理解，对于赛场情况作出灵活、客观、准确的判断，充分地展示了领导指挥艺术的美。

2016 年的夏季奥运会，中国女排在前期分组强手如林的极其不利的情况下，一方面发扬老女排的拼搏精神，攻坚克强；另一方面，主教练郎平审时度势的沉着、科学的指导，各种战术的灵活运用，不仅为中国女排再次夺冠奠定坚实基础，更是发扬光大了中国女排精神，书写了世界排坛的新篇章。

（六）对比赛中裁判员执法水平的欣赏

在所有体育运动竞赛中，裁判员的执法水平不但影响着比赛的结果，而且还影响着观众的欣赏情绪。特别是在比赛节奏快、同场对抗性的体育项目中，裁判的正确判断显得格外重要。例如，在足球比赛中，场地范围大、比赛节奏快、激烈程度强和观众多，因此，就需要裁判员具备公正、严肃、认真的作风，灵活机智、冷静的临场执法能力，良好的身体素质和精神状态。只有这样才能保持比赛的节奏，把比赛推向一个个高潮，把观众带向引人入胜的境地，并常常能够激发观众的正义感、责任感以及严守道德准则、追求真理的欲望。

（七）对比赛环境美的欣赏

观众在欣赏竞技比赛时，除了关注运动员的各种相关表现外，还能欣赏到气势磅礴的开幕仪式、华美壮观的体育场馆、精细巧妙的比赛器材和饶有趣味的运动服装等。

（1）开幕式

为了取得神圣崇高的艺术效果，运动会开幕式常常具有无与伦比的巨大规模。奥运会开幕式是“一种文化艺术的创造，是奥林匹克运动奉献给人类文明的一块瑰宝，有着极强的艺术魅力”。各举办国都利用开幕式向全世界展示本国民族的历史、文化和艺术，从而使开幕式具有鲜明的民族风格和时代特色。历届奥运会组委会在集聚各种文化艺术形式的能量方面堪称一绝。①

（2）对体育馆的建筑艺术风格的欣赏

体育馆的建筑是一个时代、一个国家文化和艺术的象征，是一个国家的经济、科学技术和传统文化的结晶。2008 年北京奥运会的比赛场馆——“鸟巢”和“水立方”，其独特的风格和结构，给人留下深刻的印象，使人们得到丰富的艺术享受。毫不夸张地说，在世界体育场馆建筑史上它们堪称经典之作。

（3）对体育运动器材和服装的欣赏

体育运动器材的发展，体现了一个国家的经济和科技的发展水平。例如羽毛球拍的发展，从第一代的木制球拍到第二代的铝合金球拍，再到目前的航空碳纤维以及钛合金球拍，无论球拍的外观、手感和性能，都有了质的飞跃。拥有一款高档的羽毛球拍，对运动员和观众都有一种满足感和自豪感，尤其是当欣赏者看到运动员使用本国器材创造了世界优异成绩时，会从内心深处对自己国家充满热爱之情，为祖国感到由衷的骄傲。运动服饰，如帽子、服装、鞋子、运动包等也同样标志着一个国家的文化水平。在 2008 年北京奥运会上，我国运动员所穿的李宁牌运动服，在上衣背面画有龙形，这不但点缀了服装，使服装协调美观，而且让各国运动员和观众都知道：世界的东方

① 刘铮、吴昊：《竞技体育》，人民体育出版社 2006 年版，第 60 页。

屹立着伟大的中国巨龙。2016 年的夏季奥运会更是全场闪耀着中国制造的 361 品牌运动服。这已成为与之前曾独霸体坛的世界名牌耐克、阿迪达斯等同场竞技的“朋友”与“对手”。

（八）比赛结果的欣赏

虽然“重在参与”的奥运精神是人们普遍赞赏的体育信念，但对比赛结果的欣赏，更能让人从中获得一种满足感、成就感。当人们在欣赏一场足球比赛时，尽管对比赛过程中运动员的技术、战术表演，对相互默契配合会有着一种良好的情感体验，但人们还是关心最后的结果。正是这一结果的不确定性和悬念性，使更多的人以良好的心态观赏最后的结局或许是零比零的一场比赛。因为，欣赏比赛的结果，能产生一种强烈的移情作用，如观看跳高比赛，当运动员准备起跑的时候，观众会情不自禁地屏息无声，暗暗地为运动员加油。而运动员以其娴熟优美的姿态越过两米多的栏杆时，观众会从心底里发出一种宽慰的欢呼，获得一种精神上的满足与升华；欣赏比赛的结果，能使人感受到一种强烈的振奋抑或遗憾的情绪。由于现代国际比赛规定颁奖时要升国旗、奏国歌，因此，一场比赛的结果总是牵动着亿万人的心。取得胜利会使一个国家举国欢腾、欢呼雀跃。失利了，也会给一个国家带来巨大的震撼。

四　竞技体育项群欣赏

（一）技能主导类表现难美性项群的观赏

该项群包括跳水、体操、艺术体操、花样滑冰、花样游泳、技巧、武术套路等竞技项目。

此类项目比赛的特点是对比，要求运动员按规定条件和动作质量去完成比赛的技术动作，比赛中强调动作难度、美观和富有艺术性。欣赏这类比赛项目，应注意欣赏比赛过程中的那种富于艺术的美感，即运动员能够在一定的空间和时间内，把身体控制到尽善尽美的程度，使健力美诸方面均得到高度的统一，再加上和谐韵律和鲜明节奏的微妙配合，犹如抒情诗般的艺术造型，给人以强烈的美感。

（二）技能主导类表现准确性项群的观赏

射箭、射击项目追求的是准确性，计算成绩以命中率为准。技术要求可概括为“固势要稳，瞄靶要准，击发、撒放要正确”。比赛中选手们的技术、战术表现，相互间不产生明显的影响。

欣赏射击、射箭比赛，能让观众在安静的状态下感受到紧张刺激，运动员不动声色的外表，却让观众内心波澜起伏。观看时，应多关注运动员在心理非常紧张的情况下所表现出来的全神贯注、神情自若、凝神静气、沉着应战的良好外在表现。

（三）技能主导类格斗对抗性项群的观赏

技能主导类格斗项群主要包括摔跤、拳击、击剑、散打、柔道、跆拳道等。

格斗类项目要求全面发展的身体素质。技术与战术是制胜的武器，对提高运动成绩起着决定性的作用。格斗项目技术包括进攻、防守和反攻，战术上主要采用因人而异、先发制人、真假结合、引诱和借力、消耗战和游击战等战术思想和战术技巧。心理上则主要表现在对阵时的敢斗性、坚毅性和对待抽签机遇的稳定心态等。比赛方式是一对一的对抗，比赛评定有得分和制服两类。欣赏这类比赛要关注对抗结果的悬念美、对抗动作的速度美和顽强拼搏的意志美。

（四）技能主导类隔网对抗性项群的观赏

技能主导类隔网对抗性项群包括乒乓球、羽毛球、网球、软式网球、排球、沙滩排球、藤球、毽球等项目。

该类项目的主要特点是：运动员的技术水平主要表现在基本功熟练、扎实、全面、准确、特点突出，并不断创新、形成绝招等方面；战术能力主要反映在个人战术与集体战术的结合。由于技术动作失误就要失分的特点，要求运动员具有良好的敢斗意识和自我控制能力；因球速快、变化多的特点，又要求运动员具备良好的时空知觉、反应速度和集中注意力的能力。欣赏时，重点关注运动员灵活多变，应付和处理场上各种复杂情况的睿智，技术、战术的合理运用与发挥，以及珍惜每一分球，不轻言放弃、团结一致的拼搏精神。就如林丹与李宗伟的对决成为羽坛上的经典佳话，观众获得的是精彩纷呈、扣人心弦的比赛过程，以及超越了比赛的结果。

（五）技能主导类同场对抗性项群的观赏

该项群主要包括足球、篮球、手球、曲棍球、冰球和水球等项目。

群体对抗是此类运动项目的特点之一。技战术在本项群的各个项目参赛运动员的竞技能力中起着决定性的作用。要求运动员技术全面又特长突出；技术熟练、准确而实用。战术特征表现为战术方法、比赛阵形和比赛意识有机结合，整体攻防战术协调进行，以及个人、组合与全队技术、战术的默契配合的水平。

任何个人的力量、速度、耐力、技术等的发挥都是在“集体创作”中表现出来的。强大的内聚力凝结成无坚不摧的集体力量。临场应变的“即兴创造”是强烈的，也是震撼的。教练员的临场指挥能力对比赛的结果起着关键的作用。此类运动所展现的是一个群体协作的战术美学世界，是一个通过对抗双方在时间与空间的争夺、力量与速度的竞赛、控制与反控制的斗争所创造出的变幻莫测、深邃的美学世界。

（六）体能主导类快速力量性项群的观赏

体能主导类快速力量性项目包括跳跃、投掷、举重等。

快速力量性项群主要展示的是运动员在单位时间内的最大力量，即爆发力。这类竞技震撼观众的是运动员在瞬间的激情迸发。这类项目与体能有着直接的因果关系，其运动成绩的提高，很大程度取决于运动员体能的发展程度。每一次冲破成绩极限，就预示着人类在征服自我、战胜自然的过程中走向新的境界，这类项目真正体现了更快、更高、更强的奥林匹克精神。就战术来讲，运动员试跳、试掷、试举的力量分配，高度、重量的选择等方面也都有着独特的战术运用。在实力相当的选手比赛时，战术的选择往往决定了最后结果的成败。

（七）体能主导类速度性项群的观赏

体能主导类速度性项群主要包括竞赛中的短跑（100 米、200 米、

400 米）和游泳中的短距离（50 米、100 米）竞赛等。

运动员参加此类项目的比赛时，主要竞争的是速度——看谁在最短的时间内跑完或者游完全程。跑得最快和游得最快的选手就是最终的胜利者。

该类项目的运动员除了向观众展示他们强健、匀称的身体美之外，在竞赛中表现的速度、力量、灵敏等体能之美也引人入胜，再加之短距离项目运动员的比赛成绩差距非常小，比赛中的争夺就显得异常激烈。运动员之间的快慢给观众强烈的对比感染，使观众产生振奋、活跃、激烈、昂扬等强烈的情感，激起积极进取的精神，对人类强健体魄的赞美，感受到了人类生活的美好。尤其是当运动员张开双臂竭尽全力冲刺时，观众的激情得以释放，无论是失败还是成功都在运动员和观众中产生强烈的情感共鸣。

（八）体能主导类耐力性项群的观赏

该类项群主要包括竞走、中长距离跑、中长距离游泳、中长距离自行车、赛艇、皮划艇、越野滑雪，以及中长距离速度滑冰等。

比赛中连续运动时间长是耐力性项群竞技的基本特征之一。动作技术的完善、经济性和实效性的提高，对于取得优异成绩都具有重要作用。此外，出色的动作节奏感也是突出的技术特征。在耐力性项目的比赛中，依战术行为的目的，可将比赛战术分为创纪录和夺冠战术；依比赛场地条件的不同，分为同道竞速战术和分道竞速战术；而依比赛中运动员所处位置，又分为领先者战术与跟随者战术等类型。欣赏时，应注意欣赏比赛过程中运动员那种你追我赶的拼搏精神及勇敢坚毅、刻苦耐劳的优良品质。

五　竞技体育项目观赛礼仪

观看体育比赛时，除了要遵守基本的日常礼仪（所有的运动项目都要求遵守）外，还要根据不同竞赛项目竞赛特点，遵守其特殊的观赛礼仪。我们将运动项目观赛礼仪的最基本要点加以总结（见表 2），以飨读者。

表 2　竞赛项目观赛基本要求

项目	观赛礼仪
田径	跳跃、投掷项目助跑时，可根据助跑节奏鼓掌，不能在看台上随意走动；竞赛运动员俯身准备起跑时，赛场应保持绝对的安静
游泳	运动员准备出发时一定要保持安静；赛中最好不要走动；游泳馆内禁用闪光灯
体操	比赛时，不要随意走动；拍照不要使用闪光灯；做动作时要保持安静
篮球	罚球时禁用闪光灯拍照
足球	看球时不要站起，其他无特殊要求
排球	照相不宜使用闪光灯
乒乓球	从运动员准备发球开始到这个球成为死球的这一段时间内，整个赛场要保持安静；不要使用闪光灯拍照
羽毛球	从运动员准备发球开始到这个球成为死球的这一段时间内，整个赛场要保持安静；不要使用闪光灯拍照；不宜随意走动
网球	从运动员准备发球开始到这个球成为死球的这一段时间内，整个赛场要保持安静；不要使用闪光灯拍照；不可随意走动，除第一局的单数局方可走动
棒球、垒球	投球和击球时要保持安静
手球	罚球时要保持安静
曲棍球	判罚短角球和点球保持安静
赛艇、皮划艇	不准在比赛区域游泳
帆船	无特殊要求
射击、射箭	禁用闪光灯拍照；准备射击到结束保持安静；不随意走动
自行车	准备时要出发保持安静；不能接触或帮助运动员；不要超越隔离区
马术	不准向马投掷物品（食物）；禁用闪光灯拍照；不要大声尖叫和来回走动
拳击、柔道、摔跤、跆拳道	禁用闪光灯拍照
击剑	比赛开始保持安静；禁用闪光灯拍照
举重	运动员上台后保持安静；禁用闪光灯拍照
台球	禁用闪光灯拍照；比赛进行中禁止走动；击球时保持安静
棋类	禁用闪光灯拍照；禁止走动；比赛进程中保持安静
赛车	严禁进入赛程内
滑冰	禁用闪光灯拍照；禁止走动；比赛进程中保持安静

六　赛场观众文明观赛现状及原因分析

（一）赛场观众观赛现状

认定某种不文明行为时，必须具备三个因素：行为具有破坏性质；存在遭受损害的行为对象；行为文明与否以行为发生地的行为规范为依据。[①] 按照此“不文明行为”的三个判断依据，根据体育赛场观众不文明行为的轻重程度，本书将不文明行为划分为一般不文明行为和严重不文明行为，后者即大家公认的“赛场观众暴力”或“赛场观众骚乱”。

1. 不文明行为的困扰

随着城市举办赛事的增多，特别是2008年北京奥运会的成功举办，国民对体育的关注度、参与度、观赛礼仪都有了很大程度的提升。目前赛场观众的总体表现是热情礼貌、文明有序，但是赛场上总有令人感到遗憾的地方，国民的观赛形象仍需提升。例如，第十一届全运会上，尽管众多志愿者分别站在看台前方用提示板的形式提醒大家“请勿使用闪光灯”，赛场广播也不断提醒观众关闭相机的闪光灯，但是仍然有一部分观众在比赛中使用闪光灯[②]；2013年斯诺克中国公开赛上，单反相机、手机拍照快门声此起彼伏，一名观众被逐出场外；2013年中国网球公开赛中婴儿的哭闹声、观众不合时机的鼓掌喝彩、个别人的随意走动以及比赛中未经许可的闪光灯和快门声不绝于耳，还有座椅被踩踏留下的脚印。ATP首席执行官迈尔斯曾说：“中国球迷根本不知道如何欣赏网球。”[③] 公众环保行为远未形成习惯。相对于其他联赛，全国排球联赛赛场内观众行为出现的多为寻常偏差，主要涉及言语攻击、制造噪声、乱丢垃圾等不良行为。[④]

各种“一般不文明行为”一直是存在于我国赛场的诟病，长期困扰着赛事组织部门及有关负责部门。它不仅包括观众一些不文明的习

① 李海灵：《酒店消费者不文明行为研究——以长沙市星级酒店为例》，硕士学位论文，湖南师范大学，2009年。

② 赵梦贤：《第十一届全国运动会现场观众观赛行为研究》，硕士学位文，北京体育大学，2010年。

③ 姜晓宏、李玉新：《网球观赛礼仪对城市影响的研究》，《辽宁体育科技》2011年第4期。

④ 黄光辉：《全国排球联赛现场观众行为文化研究》，硕士学位论文，河南大学，2009年。

惯举动，同时还包括赛场内外观众针对少数群体的各种蓄意攻击行为。

我国赛场观众的“一般不文明行为”体现在观众不文明的行为和举止，不遵守赛场规定和秩序等方面。这些行为往往是由于长久以来形成的习惯举动以及自身文明行为的欠缺而造成的。观众在看台上随地吐痰，乱丢垃圾，随意踩踏座椅和其他公共设施，比赛过后赛场一片狼藉，这些现象都经常出现。然而随着各竞技项目的不断发展，比赛的逐步增多，更多的观众尽管已经意识到这些问题并自觉规范各自的行为，但同时在赛场部分观众对少数群体的恶意攻击现象也开始逐渐增多。这些问题或多或少地存在于我国不同地区的各类赛场之中，正是由于观众长久以来形成的不良习惯和较差的自我约束能力造成了这些问题的存在。

通过对这些问题的回顾，可以总结出我国体育赛场“一般不文明行为”的主要表现形式：

（1）观众在赛场随地吐痰，乱丢垃圾；

（2）部分观众随意踩踏座椅，破坏场地公共设施；

（3）少数观众忽视赛场各种要求和规定，干扰其他观众的正常观赛；

（4）通过手势、标语等方式恶意地攻击场上队员；

（5）不尊重客队（或非己方）队员以及国家的各种行为。

根据有关文献记载，结合我们的调查研究，现阶段我国赛场观众“严重不文明行为”（或“球场观众暴力”）的表现形式主要包括以下几种：

（1）观众和球迷在比赛过程中向场内抛掷杂物（如矿泉水瓶、石块、喇叭、爆竹、水果等），甚至试图袭击场上运动员或裁判员；

（2）主队与客队球迷在看台或球场周边发生暴力冲突时，往往先由言语的谩骂、互掷杂物开始，逐渐过渡到肢体的斗殴和冲突，而受害者大多都是客队球迷；

（3）部分球迷在看台纵火，从而引发骚乱；

（4）部分球迷用石块在球场周边攻击客队的客车以及相关人员；

（5）比赛进行中或结束后，一些球迷冲入赛场攻击运动员、裁判员以及教练员；

（6）比赛结束后以各种方式围攻客队或殴打裁判；

（7）部分球迷利用各种矛盾，在比赛中或比赛结束后与治安警察发生冲突。

2. 赛场观众暴力日趋严重

目前，我国球场观众暴力并未达到国外球场观众暴力的严重程度，足球场观众暴力有所收敛，而篮球场观众暴力有上升态势，2013年 WCBA 总决赛首场比赛裁判即遭主场球迷围殴。当前 CBA 联赛球迷骚乱形势非常严峻，解决迫在眉睫。部分观众稍有不满情绪就辱骂裁判员和球员，向赛场内乱扔东西，甚至围攻裁判员和运动员，不断制造事端，造成恶劣的社会影响。[①] 赛场观众暴力主体趋于“低龄化”，球场观众暴力表现形式多样化，我国球场观众暴力有向国际化发展的倾向，主要表现在行为多样化和场外蔓延两个方面，且有趋同于国外暴力主体的低阶层或无业的倾向。

随着我国体育赛事改革的成熟，比赛的职业化、全球化必将提升比赛的精彩程度，去赛场观看比赛的观众必将增多，球场观众暴力也可能将随之增多。因此，必须清醒地意识到我国球场观众暴力的发展已经使体育比赛对社会的安定、团结构成一定的威胁，并逐步影响到社会的稳定和国家的形象。我国相关部门应给予高度警惕与重视，防患于未然。

（二）赛场观众不文明行为产生的原因分析

球场观众不文明行为的产生是社会环境、文化背景、时代根源等一系列因素的综合效应。它可能是其中几种或者是所有因素的共同结果。一般情况下发生各种问题都是与观众的人群动力、观赛时的情境、运动赛事本身中的动作、举行赛事的社会与政治情境以及观众个体的因素有着密切的联系。

---

① 吉玉良、赵克宁、杨明：《CBA 绿色看台文化建设的目标体系及对策研究》，《吉林体育学院学报》2008 年第 24 卷第 5 期。

1. 观众自身因素

（1）文化、道德等基本素养因素

观众对于赛场气氛的烘托和各种问题的恶化都起着决定性的作用。观众能够在很大程度上影响比赛的进行和气氛的提升。我国体育赛场正是由于观众因素的这种制约才出现了诸多的问题，它集中体现在以下三个方面：

①观众自身素质不高，缺乏社会公德意识，缺乏对自身必要的约束。

社会公德是人们在公共生活中应该遵守的最基本、最起码的行为准则，是一个合格的社会成员在道德上的基本准则。目前在基础道德建设方面我国还有许多不尽如人意之处，比较突出的是日常公共生活中的一些道德问题。比如，不遵守公共秩序和公共交通规则，不爱护公共财物和公共卫生，不讲究起码的公共礼节和公共礼貌，不顾及最基本的语言文明和行为文明，等等。

这是由于我国长期处于农业经济发展阶段，国民的小农意识浓厚，在道德传统上一直以来崇尚个体性，而工业大生产下的协作互助的经历和经验缺乏，同时缺乏诚信机制和相关法律规范的约束，导致人们只关注小范围诸如家庭内部的道德规范，而在公共生活领域的道德规范实践差，再加之当前家庭、学校及社会教育中相关的礼仪教育的缺失，这就直接导致赛场观众观看比赛中出现许多诸如漠视场内秩序、乱扔垃圾、说脏话、大声喧哗等不文明行为。

②观众缺乏对体育项目基本知识的了解，体育审美能力缺乏，欣赏比赛不够专业。

基本知识包括项目专业技术名称、竞赛规则、裁判手势以及基本礼仪等。现场观众不仅要了解该项目的基本竞赛规则、理解裁判员手势的含义，更要懂得该项目的文明用语和基本礼节，例如拉拉队的常用语言、组织方法、观看比赛和各种仪式的礼节等，这样才能鼓掌加油不偏激、不盲目，才能够创造出比赛的良好氛围和赛场气氛，才能欣赏好一场高水平的体育比赛。

奥林匹克运动源自西方，大多数体育项目的竞赛规则尤其是观赏礼仪都不可避免地带有很强的西方文化的色彩与烙印。中国舶来这些项目的同时，观众对其背后所隐藏的奥林匹克精神缺乏足够的理解和认知，对于项目竞赛规则的了解也不深入，尤其是像网球、斯诺克、高尔夫等这些刚传入国内不久的国际性体育项目更是急需相关知识的普及。许多观众到现场观看比赛纯粹是因为喜欢某一个运动员或运动队，对比赛本身没有更深的欣赏能力，不能从比赛的过程中找到美的享受。他们在观赛时一些无意识的行为和带有中国传统文化中对于喜爱和热情的表达方式的采用，往往会造成对参赛选手和整个比赛的影响。观众观看中网球公开赛时不合时宜的喝彩鼓掌，随意走动而影响球员比赛。其中很多观众并不是有意破坏，其真正的原因在于对比赛规则及相关赛场礼仪的不了解。中国观众向来不缺乏热情，但违背赛场礼仪和章法的热情，只能让人烦心不已。这种对体育项目基本知识的缺乏，导致他们更注重结果性评价而非过程性欣赏与评价，是观众观赏水平不高的主要原因之一。

因此，赛场观众应该懂体育，会欣赏，合格的观众应该成为一场精彩比赛的观赏者和促进者，更是参与者，而不应成为体育比赛的干扰者。

（2）心理因素

①狭隘的地方情节以及民族意识的驱使

体育比赛创造出了无数的冠军和英雄，人们都为他们不屈不挠、奋发向上的精神所感动。各个国家和民族都希望通过体育比赛来团结民众，展现民族精神。这本无可厚非，但是如果这种民族精神在赛场内被少数观众转化成狭隘的“民族主义”，那不仅将有悖于奥林匹克运动的精神和理想，也会对其他国家和民族的人们造成一定的影响甚至伤害。这类问题也常见于国内赛场，少数观众带着强烈的地方情结和极端民族主义意识观看比赛，经常通过各种方式和手段来诋毁客队的球员以及国家的形象，在比赛中对于国外选手的良好表现不能给予鼓掌和赞赏，甚至将对本国选手的不满发泄到别国选手的身上。例如在升别国国旗时起哄或发出嘘声，对现场裁判判罚不服并对裁判进行谩骂甚至人身攻击等，这些行为并非是爱国主义精神的体现，而是一种锦标主义、狭隘的民族主义或地方情绪的表现。这些极其错误的方式不仅给比赛带来了瑕疵，还会造成不良的国际影响。

②观众（球迷）感情的付出与回报的失衡

观众（球迷）在比赛中会投入一定的感情，特别是他们支持的球队或崇拜的球星，他们都希望能看一场精彩激烈的比赛，并且期望自己喜爱的球星发挥出色，所支持的球队能够取得胜利，最好是狂胜。因此，当喜爱的球星发挥不好或所支持的球队失败时，他们就感觉心理受到极大的损害，从而产生不满情绪。为了发泄不满情绪，他们就会辱骂裁判员或运动员，向场内投掷杂物，甚至发生暴力冲突。

另外，生活中很多人都可能在日常工作、生活中或多或少地积累了一些不良情绪，难以得到有效疏导，赛场就成为他们尽情宣泄的“出气筒”。很多人花了不少钱就是想看一场真正的比赛，然而赛场上“暗箱操作”“假球”“黑哨”等丑恶现象极大地打击了观众的美好愿望，成为诱发不文明行为的导火索。

③从众心理

从众心理（conformist mentality）即指个人受到外界人群行为的影响，而在自己的知觉、判断、认识上表现出符合公众舆论或多数人的行为方式，是一种比较普遍的社会心理和行为现象。观众的从众心理是产生大规模不文明行为的主要原因之一。从众的心理在群体高度一致性的基础上会使个人获得匿名感，因此个人做事会无所顾忌。

观众的不文明行为是在群体行为影响下的个人行为，二者在特殊的环境中又相互影响，占主导地位的情绪冲动一旦被认可，其他的理性思考都将被忽视。在赛场里，由于众多因素的影响，观众的某些不文明行为不仅不受指责，有时还会得到错误的认同与赞许。又由于赛场观众是一个由众多陌生人所组成的临时性群体，极易产生“去个性化”现象，即个体在群体的作用下，个人自我约束减轻、责任感意识下降，而群体中的去个性化现象多数表现为消极性或破坏性行为。在赛场的看台上，大家都是“匿名”的，匿名会产生一种类似于安全感的心理体验，就很有可能出现任意行动、为所欲为、不受规范约束的行为。观众踩踏座椅、大喊大叫、辱骂裁判甚至闹事，通常不是一人所为，而是一群人的行为，这又产生了责任分散效应。在群体行为中，每个个体的责任似乎被分散。因为错误人人有份，责任由大家承担，个人好像可以不负责任，于是便胆大妄为。再有就是心理感染现象的出现。人是社会的人，人的行为有很强的互动性。A 的情绪与行为感染了 B，B 的情绪与行为又将进一步激发与加强 A 的情绪与行为。如此这般，不文明行为必将愈演愈烈。

2. 竞赛本身的因素

（1）参赛主体因素

参赛主体因素是指体育竞赛的主要参与者——运动员、教练员和裁判员——的行为动作，还包括比赛进程的状况和结果，即观众欣赏的对象——竞赛表演服务的核心精神文化产品。比赛中，参赛主体为了追求自身和小集团的利益，有时会违背从事体育项目竞赛所应遵循的行为规范和准则，采用不文明、不正当竞争的手段，做出损害对方球队或者第三方以及观众的合法权益，破坏比赛秩序甚至是触犯法律的行为。这种主体因素对于观众不文明行为的发生具有最为直接的影响。我们对导致观众不文明行为的主要比赛内容要素进行了总结（见表 3）。有资料统计，裁判执法问题是引起赛场秩序混乱、球迷骚乱等观众不文明行为的主要原因之一。①

可见，我国裁判员、运动员和教练员的文化、道德素质及职业素养的不断提高，对于文明赛场环境的建设至关重要。

表 3　　导致观众过激行为的比赛内容要素

1	对方球员对观众有不礼貌行为
2	对方球员在比赛中采取不正当手段，动作粗暴
3	对方观众不文明，使用侮辱性、攻击性语言和口号
4	双方球员在场上发生冲突
5	双方球队丧失体育道德，打默契球
6	本方球队丧失斗志，无进取心

① 杨芳芳：《赛场观众行为失范的成因与道德行为重塑》，《安徽体育科技》2011 年第 32 卷第 4 期，第 21 页。

续表

7	本方球队比分落后
9	双方队员场上失误频频，比赛不精彩
10	裁判员的错判、漏判
11	本方运动员、教练员指责裁判判罚
12	本方球员严重失误
13	本方教练员指挥不当
14	本方球队大比分落后，已无获得胜利的希望

（2）比赛对抗程度

观众不文明行为有时也受比赛激烈程度的影响。各队实力接近，比赛异常激烈，往往到最后时刻才能分出胜负，加之国内某些联赛升降级制度必然产生的压力的存在，使得有些比赛成了“生死之战”，有些球队不得不为保级而战。这种情况下观众的情绪异常躁动，理智的防线极其脆弱，裁判一个不利于主队的判罚或者客队队员一个不礼貌的行为都可能引爆神经极其敏感的观众的不文明行为，甚至暴力事件的发生。

（3）赛场的组织、管理与服务的不到位

完善的管理和良好的服务对于避免赛场观众各种不文明问题的产生起着至关重要的作用。然而，有关研究表明，我国体育赛场一直以来都较为忽视赛场的组织、管理和服务工作。

①观众参与的引导

纵观现代竞技体育的发展，在竞技过程中赛场内的观众气氛对于运动员状态的调整、竞技水平的发挥以及比赛结果都有重要的影响。良好的氛围能够在很大程度上鼓舞士气，激励运动员更好地发挥技术、战术水平。因此这就需要通过一定的方式引导观众与观众、观众与运动员之间形成一种良性的互动关系，通过各种手段与方式来带动观众的情绪，激发运动员的比赛热情，从而形成良好的赛场氛围。

我国的体育赛场就缺乏这种良性的互动，观众过于被动，参与不主动、不积极，往往只能依靠场上运动员的精彩发挥和让人满意的比赛结果等客观条件刺激才能形成良好的比赛气氛。而且，观众参与的形式单一、混乱。在国内的赛场上见到最多的就是观众大声地喊口号，为运动员加油，而且口号的内容也比较简单，如“××加油”“××雄起”等。其他的参与方式，如锣鼓、人浪、唱歌等虽然时有存在，但是出现的频率比较低，没有形成良好的传统。这也是国内赛场频繁出现“京骂”“国骂”“下课”等针对相关人员各种攻击行为最根本的症结所在。与此同时，这种良性互动的缺乏还使得多数比赛中观众的参与程度降低，造成场面过于冷清，最终对比赛也形成了一定影响。

另外，我国的观众缺乏团结一致的精神和强烈的团队意识，这样的结果就是造成赛场虽然热闹，但是显得杂乱无章。例如，在2002年韩日世界杯上，我们先后有几万球迷到韩国，但都是各喊各的口号，各敲各的鼓，各打各的标语牌，甚至成为各公司广告的大杂烩。这样的场面与在同一赛场的韩日球迷大相径庭，韩国球迷最为专业，他们在着装上做到了数万人一致，赛场里是清一色的红衣服，红魔成了他们引以为豪的骄傲；在每场比赛入场时，红魔啦啦队队员会按照座位号发给观众每人一张印有看球注意事项以及啦啦队的标语口号、节奏和队歌的纸条，他们的红衣服组成了声势异常浩大的红色背景。他们永不疲倦地高呼“大韩民国”，但他们并不羞辱和谩骂对手，他们会掀起一次又一次的人浪，人浪波及的地方都会有球迷扔出的纸片如天女散花般落下。

再者，我国赛场娱乐活动的安排也非常匮乏。啦啦队的形体和形象还有待进一步提高；吉祥物的艺术造型对观众的吸引力还不够强；现场互动活动千篇一律，缺乏新意。[①] 而NBA吸引人的地方，不仅仅是球星高超的技艺，休息、暂停时啦啦队的动感激情的表演、比赛过程中幽默而风趣的体育解说，也为激烈的比赛增色不少。

②场馆及安保服务人员的服务质量

服务质量的好坏直接影响着观众的态度、欣赏行为以及今后的消

---

① 赵强伟：《CBA不和谐赛场环境因素的分析与对策研究》，硕士学位论文，北京体育大学，2009年。

费行为。场馆服务人员以及保安人员既是赛场看台文化的营造者，又是赛场看台文化的一部分，他们的言行举止直接或间接地影响绿色看台文化的建设，甚至影响比赛的顺利进行。

然而，据笔者访谈及现场观察看，部分场馆服务人员服务意识淡薄。譬如，看台缺乏必要的垃圾桶；部分俱乐部的组织方缺乏对观众环保行为的必要引导，赛前观众不对号入座，赛后对观众随意踩踏座椅，乱丢垃圾现象视而不见，置之不理；全国排球联赛赛场大部分服务人员和保安人员对观众的询问都能表现出关心和热情，但也有部分人员表现出不友好、不耐烦的态度，还有些场馆的保安人员在比赛进行时聚集在场馆外抽烟、聊天。[①] 这些都会对观众的感知造成不良的影响。观众偏差行为与组织管理者的组织管理方法、措施不得力，赛场执法者执法手段不恰当有直接的关系。

③场馆环境

赛场的环境对于观众的情绪来说非常重要，难闻的气味、灼热的空气、鲜红的颜色、强烈的噪声、激昂的音乐等外界环境因素都会使人的情绪亢奋，赛场的人口密度及看台结构是否合理都有可能加强场内观众的焦躁情绪，出现不文明行为。据资料显示，NBA 把比赛场馆视为球迷的“家”，在场馆设计方面，每位现场球迷都有一个舒适的座椅，体馆的中层设有包间和包厢，体育场内是大看台、小方阵、宽通道、多出口，而且在看台的出口设有宽敞的公共活动区，使观众有一种到家的感觉。[②] 我国中超赛场存在周边交通不便，座椅布局不够合理，部分场馆不达标等问题。[③] 我国现役的篮球馆的很多比赛设施也相对落后。[④]

① 王海霞：《全国排球联赛看台文化调查研究》，硕士学位论文，河南大学，2006 年。

② 王健、王伟：《体育竞赛中观众攻击性行为的成因探析及控制》，《浙江体育科学》2004 年第 5 期，第 16—18 页。

③ 谭健：《中超和谐体育赛场环境的现状与对策研究》，硕士学位论文，曲阜师范大学，2012 年。

④ 张大力、石岩：《我国篮球职业联赛球场观众暴力现状、成因与遏制》，《西安体育学院学报》2007 年第 24 卷第 3 期。

总之，观众不文明与组织管理者的组织管理方法、措施不得力，赛场执法者执法手段不恰当有直接的关系。

3. 社会环境因素

（1）社会经济、地域性格

目前，我国正处于社会转型期，一些不和谐的现象有所显现。经济的迅猛发展以及大量信息的汇集，丰富了人们的生活，同时人们的情感也变得敏感与急躁；一些负面因素导致人们需要更多的地方去发泄。除此之外，由于观众截然不同的个性品质，不同的受教育水平，以及不同的政治背景和不同的地域性特征，观众之间有分歧是很自然的事情。相比之下，经济发达地区的人们生活节奏快，有强烈的经济意识与强大的工作压力，他们把看比赛作为消遣，并不看重比赛的结果；来自经济欠发达地区的人们，容易受到传统地域观念的束缚，观念相对落后陈旧，休闲文化活动方式少，习惯于固有的生活方式，缺乏决心、勇气和锐意进取的精神，易怒，常常会借观看比赛发泄不满。此外，受教育水平也影响到观众是否能文明理性地去观看比赛。受教育程度较高，对法律的接受与理解程度就较高，也就更加顾及违反赛场制度规范，乃至触犯法律所带来的不良后果，因而产生不文明行为的可能性就相对较小。

（2）媒体宣传的负面影响

现代社会媒介，已经渗透到人类日常生活的方方面面，对人们的行为有着深远影响。媒介宣传有着强化人们单向性心理定式的作用，无论从视觉获取的内容，还是从听觉得到的信息，都构成了生活经验的主要组成部分。就目前研究来看，心理学中的挫折——攻击理论、社会学习理论、涵化理论等几种主要理论都认为，媒体应对赛场观众不文明行为乃至暴力的产生承担一定的责任。[①] 主要表现在：

①媒体对比赛结果极其乐观的估计常常会引发观众对获胜的期望过高，一旦事与愿违，心理上可能会遭遇挫折，这种挫折必然或至少可能会导致球场观众不文明行为的发生。

---

① 翟继勇：《媒体对球场观众暴力影响的研究》，《体育世界》2009 年第 7 期。

②中国媒体对体育赛事的报道，普遍存在倾向性过重的问题，忽视了体育当中应该体现出来的奥林匹克精神。当运动队或运动员表现好，取得佳绩的时候，好评赞扬铺天盖地，一旦表现不佳就会恶评如潮，导致观众对比赛结果“以胜败论英雄”的错误胜负观的形成。

③体育新闻传媒失去了新闻的社会引导职能，通过一些低俗化的新闻内容以暴力化、战争化的刺激性词语来做标题，用“血拼”“报仇雪恨”“决一死战”词语来吸引读者，同时媒体对黑哨、运动员的行为、裁判受贿等的大肆渲染，不惜故意夸大某些细节或歪曲事实而获得新闻的轰动效应，使一些不明真相的球迷作出错误判断，为球场暴力事件的发生埋下隐患。有些媒体在赛后不负责任地称裁判“黑哨”，在某种程度上起到了误导观众的作用。

（3）运动项目的因素

不同运动项目的本质属性与赛场观众暴力有着直接的关系，研究表明，足球、橄榄球、冰球、篮球、拳击等这样身体接触性、对抗性强的项目要比其他的那些项目发生赛场暴力的可能性大。[①] 这是由这类运动项目的狂热性特点所决定的。在我国，体育暴力多发生在足球和篮球赛场中，对此应引起相关体育行政管理部门及赛场管理人员的高度重视。

七　赛场文明观众的培育及应对策略

只有及时地研究赛场文明观众的培育及应对策略，才能提高观众的自身素质，提升地区乃至国家的社会形象，在世界性体育竞争中处于领先水平，立于不败之地。

（一）赛场文明观众的基本要求

高水平的比赛，尤其是国际性的大赛，需要观众文明、热情、礼貌、有大国风范，并且懂得欣赏比赛，体现出奥林匹克体育精神。

要做一个文明的观众，首先要“观看有礼”。现代体育比赛是一

---

① 赵建安、张鲲：《足球赛场球迷骚乱和暴力成因的社会心理学探析》，《西安体育学院学报》2003 年第 20 卷第 6 期，第 112—114 页。

种文明的展示，观看比赛更是一种高雅的精神享受。热情、有序、尊重礼仪就是每一个观众最好的“入场券”，也是展现个人素质和东道主形象的最好方式。

每一个比赛场馆，每一项体育赛事，都有各种约定俗成的文明礼仪，但有些观赛礼仪是公共礼仪的重要内容，是所有项目都要求做到的。这些礼仪主要包括：

（1）观看比赛要提前入场，退场有序、不拥挤。

（2）不带易燃易爆等危险物品进场，打火机、酒瓶、凳子、刀具等硬件物品以及易拉罐等罐装物品也均被拒之门外；不准带入宠物。另外，锣鼓、哨笛、喇叭、旗杆等大件物品，也不宜带入场内；携带标语，绝不可有侵犯知识产权的变相广告宣传。

（3）颁奖升国旗时要起立行注目礼。

（4）观众绝不可使用污言秽语，绝不可用歧视性的语言侮辱、漫骂运动员、教练员、裁判员以及客队球迷等。体育赛场，严格禁止种族歧视的言行举止。

（5）不随意丢弃废弃物，不踩踏座椅，保持赛场内外卫生环境清洁。

（6）手机关机或调至静音状态，在场地内不要大声喧哗或讲话。

除了这些共同必要的观赛礼仪，在比赛进程中不同的竞赛项目还有其自身特殊的观赛礼仪（见本章后面论述）。

（7）热情有序中还须学会尊重。对运动员、裁判员给予最大的尊重、理解和宽容。体育无国界，无论什么赛事，无论来自哪里的运动员，我们都当发自内心地为其加油喝彩。

其次，要“欣赏有道”。俗话说“外行看热闹，内行看门道”，做一个文明的观众，还要懂得并熟悉比赛项目的基本规则和专门礼仪，什么时候能鼓掌，什么时候不能出声，都应做到心中有数。这也是一种人类文化，也是一种素质。要做到懂体育、会欣赏，以便从人类的体育比赛中真正享受到运动之美、精神之美和人类之美，否则不但会影响运动员的水平发挥，还会破坏体育比赛的美感。比如，当跳水运动员正走上跳板或跳台，等待裁判员发令起跳时，突然传来观众的掌声，这就不是“加油”，而是干扰了。因而，“加油”要加到点子上，鼓劲要鼓在需要时，只有学会并懂得欣赏比赛，了解观看各种比赛的礼仪，才能在竞技体育中获得情感的升华和审美的愉悦。

最后，要“参与有度”。体育比赛需要观众的参与，运动员与观众之间的良好互动，观众适时的加油助威，不仅有助于运动员更好地发挥水平，点燃赛场气氛，还会创造经典与奇迹。然而，参与也要讲究一个“度”字，能把感情、欲望、思想及行为控制在道德的范畴之内，使之恰到好处。在观看比赛时，既热情饱满，又要保持冷静，合理表现和控制自己的情绪。始终保持平和的心态，尊重运动员的劳动成果，保持良好的赛场秩序，只有场上场下恰到好处的互动，才会让灵感、激情尽情释放，否则就很可能会喧宾夺主，甚至影响到比赛的正常进行。

总之，如何做积极、热情、文明、懂礼的文明观众？确有国外球迷的表现给了我们很好的诠释。韩日世界杯赛场中，韩国球迷用团结、整齐、排山倒海般的加油声，给全世界留下了无法抹去的印象。2004 年雅典奥运会时，更有人看到退场的希腊观众，排队到垃圾箱前丢弃废物。

我们充满激情，但不失理智；我们狂热，但不失风度。我们以包容的胸怀，支持精彩纷呈的激情赛事；用文明的举止，展现我们对体育的那份热爱；用坚守的信念，丰富我们的美丽人生。

（二）赛场文明观众的培育途径与方式

1. 加强社会思想道德建设，特别要重视青少年教育

体育比赛中出现的不文明行为有相当部分源于一些观众在社会中的道德缺失，因此，提高观众在体育比赛时的文明行为，应首先提高公民的思想道德素质。

由于我国球场观众暴力主体已经趋于“低龄化”，其中在校学生不在少数。青少年是祖国的未来，更是祖国传统文明的继承者。应加强青少年的思想道德教育，大力倡导以“八荣八耻”为主要内容的社会主义荣辱观，加强爱国主义与集体主义思想教育，加大奥林匹克人文理念宣传。对于广大人民群众，应充分利用各种传播媒介，发挥

社区的组织与管理职能，宣传文明事迹，倡导文明行为，培养每个公民“文明中国，从我做起”的主人公意识；注重加强社会公德的教育和宣传，广泛开展“讲文明、树新风”等宣传活动，要把社会公德内化为个体道德，并逐步养成良好习惯，普遍提高公民的个人修养。

2. 继续加大奥林匹克精神的宣传，走出金牌体育模式，正确认识体育的功能

正确理解“相互理解、友谊、团结和公平比赛”的奥林匹克精神，可以使人们比较容易地跨越文化心理上的障碍，学会容忍、欣赏和借鉴其他国家、民族的优秀文化，进而促进文化的世界性交流和交融。体育竞赛的最终目的在于塑造一个身体和心灵都很健康的人，而并非它的政治功能。长期以来由于“唯金牌论”“锦标主义”等思想的影响，使得我国普通民众对于奥林匹克的认识过于狭隘，忽视了体育的人文精神。因此，在培养体育观众的文明素质时，要在目前大力弘扬奥林匹克精神的前提下，继续加大力度，使用更多的手段与方式进行宣传，从传统的金牌体育的惯性中解放出来，广泛利用征文、电视演讲、公益广告、漫画卡通、诗歌绘画、影视和网络等多种形式，在全社会开展奥林匹克教育，对历届奥运会中体现奥运精神的事件进行宣传，为培养既懂规则而又文明的观众创造良好的社会氛围。

3. 加强体育基本知识、观赛礼仪的普及和推广

通过媒体、论坛、讲座、知识竞赛等多种手段，多方面、多渠道对体育基本知识，尤其是项目竞赛规则和观赛礼仪进行宣传，使公众对体育文化有一个清晰的认知，从而形成健康、科学的体育价值观。此外，还要宣传道德规范，强调平等、诚信、自强、奉献、守法等精神，以提高公民整体的文明程度。综合运用教育、法律、行政、舆论等各种手段，坚持不懈地在全体公民中进行体育道德教育，把公民道德教育融于体育活动中，使人们懂得什么是光荣的，什么是耻辱的，什么是必须提倡的，什么是必须坚决反对的，为赛事举办创造一个良好的城市文明环境，鼓励群众的积极参与。用多种措施培养热情懂行的文明观众，通过这些方式来营造良好的赛场文明氛围，以此在民间

培育奥运道德和文明的体育观众群体。

4. 发挥学校体育在培养高素质观众中的积极作用

学生是不可忽视的最有潜力的一个庞大群体，一方面，学校应借助体育教学，对学生进行体育知识教育，提高学生参与和欣赏体育比赛的能力和水平，宣传体育观赛礼仪知识，使注重体育的美育教育，将美学理论同具体的体育实践相结合，寻求培养学生审美意识的途径，使学生在身体得到锻炼的同时，养成良好的体育审美意识和情趣，使之成为高素质的体育观众。另一方面，学校应以系统化的课程或训练，培养青少年的媒介批判意识，提高他们自身的思考能力、辨别能力和控制能力，以防范和抵制媒体的消极影响。

5. 大力发展群众体育，进一步提高全民的体育意识

群众体育的发展为竞技体育拥有丰厚的观众群体基础提供保障。民众只有接触体育，身体力行地参与到体育锻炼中来，才能更好地了解体育，热爱体育，才会增加对体育项目知识进一步探求的欲望，才会更加深刻地理解体育精神乃至奥林匹克精神和其所倡导人文精神，从而在潜移默化中，使自身的体育意识得到提高与完善。这是懂行、懂礼的文明观众所应有的素质。因此，我们应在《全民健身计划指导纲要》的指导下，采用像“全民健身日”等多种方式，在全国范围内，举办丰富多彩的体育活动，增加对全民健身、青少年体育、社区体育等投入，新建体育场馆，全面开放已有场馆，让更多人参与全民健身计划，参加体育锻炼，使群众体育与竞技体育协调发展。

6. 媒体应正确引导，提高观众体育赛事观赏素养

媒体作为现代重要的传播手段在体育事业中占有非常重要的作用，媒体要充分发挥其导向作用，利用现代技术向社会宣传正确的体育价值观。首先，媒体应该做好宣传，搜集大量的体育信息并对比赛进行预测，向全社会宣传正确的体育竞赛基本常识和观赛礼仪，引导观众文明观赛，宣传赛场的纪律规定，让观众能够遵纪守法，创造和谐的赛场环境；其次，媒体要特别注意使用字词，尽量使用中性的词语，不能使用一些暴力或者过激的词语，现场报道中要把焦点放在运动员技术、战术的运用上，对于观众的文明行为、高尚的球员及裁判

要高度赞扬，而对于那些不文明的行为不要做大肆的报道，淡化比赛的紧张气氛和双方球员的对立情绪；在特殊情况下，如果发生暴力事件或者不文明行为，要立即终止报道和转播，防止过激球迷发泄不满情绪。

7. 支持球迷协会建设，重视发挥其功能

球迷协会作为体育爱好者的社团在推动全民健身运动的深入开展，倡导健康、科学、文明、时尚的生活理念；创建文明赛场，为各类体育赛事培养文明的观众队伍，营造良好的赛场环境；以人为本，服务于广大球迷，促进观众队伍整体素质的提升等方面起着重要的作用。

因此，要加强球迷协会的建设与引导，实施教育性的公共文化工程，包括表彰最好的球迷俱乐部和球迷组织，鼓励球迷自我管理与强化。同时体育主管部门、媒介、球类俱乐部应加强同球迷协会的联系，平时应注意球迷协会的意见，倾听他们的心声。同时要把球迷组织纳入赛区组委会，这样可以更好地加强对球迷的控制和对越轨行为的防范，充分发挥球迷协会的积极作用，以降低发生观众暴力的可能性。

（三）赛场观众不文明行为控制策略

1. 观众应树立正确的观赏心态

首先，观众应该养成正确的胜负观。胜败乃兵家常事，不管什么比赛都会有胜负之分，作为观众，应该首先做一个文明的欣赏者，不在赛场上做出一些不文明的甚至是暴力的行为，也不应该说出不文明的话语；其次，观众要懂得欣赏，把自己的注意力集中在观看比赛时所带来的美的享受，而不是比赛的输赢，赢了固然高兴，输了也不能气馁或者不满，过程才是最重要的；同时，观众也要充分理解裁判，人非圣贤孰能无过，裁判有时也会犯错，观众要给予理解与宽容，不能抓住把柄就不放手，这是幼稚的表现。还有对于运动员的表现也要理性评判，不能因为运动员的一时表现不佳就横加指责，每个运动员都希望表现自己最好的一面，但是人也是感情动物，也有低潮的时候，所以观众应该体谅、理解、宽容。

2. 加强赛场的组织、管理与服务

观众欣赏体育比赛的素养一方面取决于对体育项目规则、精神和内涵的了解，另一方面取决于赛事主办方高效率的组织工作。

（1）树立“以人为本”的服务理念

无论是管理者还是赛场服务人员，都应该树立“以人为本”的服务理念，提高服务意识和服务质量。平时注重自身素质的提高，管理者应掌握扎实的管理理论和技能，服务者应善于和观众沟通、交流，对观众要热情，语言要人性化，区别对待，满足观众多方面的合理需求，极力营造适合观众心态平和的观看环境。

（2）严把检查关，做好观众退场的疏导工作

一方面，把观众不文明行为的源头掐断，进场检查是防止观众不文明的第一步，也是最为关键的环节，所以检查人员一定要严格把关，尽量把容易引起观众不文明行为的隐患排除在体育赛场外。

另一方面，比赛结束后，观众退场的疏导工作也是极其重要的一个环节。赛事组织方要提前做好球迷退场的准备工作，有条件的可利用高科技的手段（如电视监控）加强退场时的安全防范。届时要将赛场所有的出口都打开，使观众能够以最快的速度、走最短的距离离开赛场；同时，在赛场中央安排一些表演，使不能马上离开赛场的观众可以暂时观看表演，分散观众不能马上离开赛场的注意力。再者，要组织好交通，迅速分流，减少人群的集中，避免出现一些暴力活动。

（3）重视赛前的宣传工作，形成良好的社会舆论

体育赛会组织赛前可以通过媒体宣传，让观众了解运动项目的特点。赛事组织机构可以在赛前一个月或者花更长的时间对某项赛事进行宣传造势，通过多方面、多形式的赛事宣传，把人们吸引到这项赛事中来，这样能够比较容易地让观众了解并参与这项赛事，做好观看精彩比赛的准备。

（4）注重体育赛场互动效应，引导观众合理参与

体育赛场的互动方式可以围绕整场比赛的全过程穿插进行，分为赛前互动、赛中互动、赛后互动三个部分。在不影响比赛的前提下，

可以利用多种手段调动观众的情绪，活跃赛场气氛，鼓舞运动员比赛激情，从而达到场上运动员和观众的良性互动。

①成立赛场啦啦队

近年来，“啦啦队”文化在世界体育赛事中得到了普遍发展，但就我国目前以看台“啦啦队”和场地“啦啦队”为核心的赛场文化来看，无论队伍素质、特色风格，还是创意设计、规模气势都与一些发达国家存在着一定差距。这可能与我们多年来在赛场上习惯于重视运动员而忽略观众，重视结果而忽略过程；习惯于把竞技取胜的全部压力放在竞技队伍身上，忽视了对观众力量的有效组织调动，而放任观众个人情绪随意宣泄等原因有着直接或间接的关系。所以，赛事组织相关部门可以借鉴、学习国外优秀啦啦队的丰富经验，结合我国赛场的实际情况确定我国赛场啦啦队的风格；加大啦啦队的数量且壮大其队伍，对其成员进行系统专业的培训，不仅要提高他们自身的道德素质，更要注意他们赛场实战能力的培养。建议“啦啦队”成员以高校学生为主体，社会人员为补充，这样便于组织相关的训练和表演，“啦啦队”以观众最喜欢的、能够接受的、一学就会的文明助威的语言和方式，持续引导、带动场内观众加油助威，营造热烈、文明、有序的观赛气氛，为观众宣泄观赛情绪创造一个便捷的“绿色平台”，使之充分地融入到文明助威的环境当中，同时，抑制和削弱“京骂”等不文明行为的产生、波及面和影响力。

②加强赛场志愿者的培训

通过加强对赛场志愿者的培训，可以发挥志愿者在赛场中引导观众行为的作用。我们把志愿者分散到观众席的周围，不应该只是简单地提醒观众应该做什么，不应该做什么。考虑到我国观众比较含蓄的特点，应该努力培养志愿者，使其成为带动观众参与到赛场氛围的营造之中的星星之火。

③培养专业型观众

所谓专业型观众，是指那些能够欣赏高水平竞技比赛、懂得规则、适时鼓掌，同时，又能够遵守赛场各项要求的观众。培养的内容主要包括各类体育竞赛的基本常识、文明用语和观赛的礼节、安全知识、环保知识及赛场周围设施的标识知识等。

我们应该充分利用大众传媒的作用，加强体育竞赛基本常识的宣传，同时赛事组织者应与高校体育院系建立固定的、长期的互利合作关系——高校体育院系负责培养相关体育项目的专业型体育观众，赛事组织者为学生免费提供观看比赛和进行实践的机会，提高我国现场观众的赛事欣赏素养与水平。

④对于体育赛场的互动手段和方式，除了充分发挥“啦啦队”、志愿者、专业型观众的引导和表率作用外，赛事组织机构还应注意以下几个方面：a. 赛场多媒体系统的引导和调节作用。利用赛场内的广播提示和引导观众在观赛时的行为，利用柔和音乐和场上大屏幕等调节和缓解运动员及观众的不良情绪。b. 比赛间歇过程中互动活动的合理安排。在比赛间歇过程中（如中场休息、暂停、颁奖等）安排一些和场外观众互动的游戏活动，如抛送纪念品、组织场外观众唱会歌、幸运观众与冠军运动员合影等，充分调动观众参与热情。这些体育赛场上的互动方式不仅有利于调动观众的热情，促进场上运动员的比赛激情，形成良好的赛场文化氛围，而且有利于避免体育赛场中过激行为的发生和观众提前离场的尴尬局面。

（5）优化场馆内环境，营造良好氛围

通过赛场环境的设计和布置，加强现场观众的赛场文明意识，控制比赛的气氛，防止赛场不文明行为的出现，使观众融入到比赛当中，体会到体育的魅力，感受到奥林匹克精神。

作为赛事组织者来说，应充分利用电子屏幕、标语、标识牌等方式提醒观众注意文明礼貌、环境保护和赛场秩序；在竞赛场张贴海报——宣传在该场举行的竞赛项目的规则、文明礼貌须知等；同时竞赛场播音员在赛前和赛中，不失时机地播放在该场举行的竞赛项目的规则、观赛的礼仪等；精心设计比赛场馆内的装饰物，如悬挂精美大方的广告条幅或横幅，尽量为观众提供宽敞、舒适、明亮的看台环境，通过各种手段，从视觉、听觉去提高现场观众的赛事欣赏能力；针对可能出现的骚乱情绪，除了采用正面教育的方法外，还可以利用球迷崇拜的知名人士进行现场广播谈话，使多数球迷受到正向引导；

当发生意外时，广播媒体要及时作出适当的解释和通报，让观众及时了解场上发生的状况，避免产生误会。依据观众相容性管理，对场馆内不同的看台区域进行设计和布置，采用适当的隔离策略，避免引发冲突，优化观众观赛的环境。

可以在每个座位上放有精美的纸包（可作为垃圾袋使用，比赛结束后带走），里面装有加油用具（对要求赛场内保持安静的项目如体操、射击、射箭、击剑、马术运动项目除外），如国旗、会旗、喇叭、塑料棒，并特别附上观赛手册：介绍本场赛事项目的规则、比赛看点及其观赛注意事项等说明、赛场“啦啦队”的标语、口号、会歌歌词以及做“人浪”等集体造势动作的说明，当比赛暂停或休息时，观众在带领下配合着做各种集体造势动作，也可在比赛许可的时间用提供的工具为运动员加油。这样做的目的，一方面可以及时地宣泄观众激动的情绪，防止骚乱、暴力事件的发生；另一方面可以创造良好的赛场氛围，通过电视转播展示特有的赛场文化。

3. 提高竞赛参与人员的素质，减少观众不文明行为的诱发因素

通过多种途径和手段，对运动员进行素质教育和职业道德教育；对教练员、裁判员进行培训，完善其队伍管理，加强对他们任用、选派等的监督，以切实提高职业道德和素养。此外，运动员要不断提高自身的价值观和职业素养；教练员要注重个人修养和职业道德的提升；裁判员要端正思想，加强学习，不断提高自身的业务水平和职业素养，在比赛中尽量减少误判、漏判等失误，杜绝黑哨、明显偏袒等违规行为。

4. 建立规范约束机制，规范赛场观众行为

规范约束机制是以设定约束和规范的形式来维护管理系统内秩序，保证最终管理目标的实现，同时也是为了保护被管理者。[①] 应当坚持“疏堵结合”的法制观念与行为手段。竞技体育比赛的现场是一个高容度聚集的场所，严格的观赛规定和行之有效的安保措施是保

---

① 张海枝：《我国公务员行政行为约束机制的体系研究》，硕士学位论文，苏州大学，2005 年。

证比赛顺利进行和确保观众人身安全的必要前提。

（1）加强和完善《体育法》，制定专门的《赛场治安管理条例》

在现代市场经济条件下，体育赛事的组织和实施变得越来越复杂，单单靠一部《体育法》来解决众多体育赛事组织和实施过程中出现的问题，是远远不够的。具体来说，《体育法》的可操作性不够强，事实也证明，它的作用只是基础性的和原则性的，而非操作性的，它对于一些具体赛事问题，如过度商业化、兴奋剂屡禁不止、运动员资格上的弄虚作假、打假球、裁判员执法不公、赛场暴力等问题，不能够给予具体的判定和解决。因此，我国《体育法》仍然需要进一步的完善，才能不断适应当前及未来体育赛事的现实需求。此外，研究赛场问题，制定《赛场治安管理条例》，规范赛场参与各主体行为，为创建和谐、健康的体育赛场环境提供保障。

（2）建立观众体育道德行为社会规范，制定明确的赛场观众行为规范

通过这些规范，约束人们把社会所倡导的体育道德行为规范转化为自己内在的道德需要，使人们在实践中的认识和行为逐渐统一，达到体育道德养成和体育道德内化的目标，从而实现内在控制体育观赏行为的目的。

针对不同的赛事制定相应的赛场观众行为规范。规范要非常明确地告诉观众什么行为允许和什么行为要受处罚。例如乒乓球超级联赛现场观众观赛礼仪，在现场观众入场时可免费发放，与此同时，通过大屏幕或场馆显著位置进行提示。在目前情况下严格实施由国务院颁布的《大型群众性活动安全管理条例》和《中华人民共和国治安管理处罚法》，对扰乱体育比赛秩序的人，予以相应的处罚。其次，电视、广播等宣传媒介应加大对《大型群众性活动安全管理条例》和《中华人民共和国治安管理处罚法》的宣传，加强人民群众对两个赛场管理法规的了解。

结语　观赏文明：走向文化自觉

观赏的历史大致同人类的历史一样悠长，世界上各种文明中都有对观赏者形貌活动的记录，具体表现为对各种各样表演的视角、反应和态度，这些表演既包括演剧也包括竞赛以及历史遗形物等不同形态的人类活动。因为观赏的核心在于被观赏者与观者的互动，所以人作为主体在观赏活动中的表现始终是第一位的。历史上，研究者都喜爱聚焦于被观赏者身上，对观赏者的研究则是无视或忽视的。直到现代文明的火种开始烛照世人，观赏者的规训和美育才开始提上议程，并成为一个经久不衰的课题。然而，对于观众素质培育提高的研究虽渊源有自，但一般都将这部分内容归入到文化与文明的考察之中，直到黑格尔在其所著《美学》第三卷中专门谈到了戏剧观众，并概括出戏剧观众的特性是："一个坐在目前的集体"①。其大意是说，戏剧就是为观赏者上演的，在一个规定的地点和时间，让一个观赏集体来享受一番生动的场面。观赏者作为一个集体聚会在此，正是为着进行裁判的，而这个集体的成员又非常复杂，在文化教养、兴趣、习惯和文艺趣味、嗜好等方面各不相同。因此，在观演的过程中就会出现一些干扰表演和其他不文明行为的观众，他们的不文明行为不仅影响到了其他观赏者的心情和兴趣，进而也破坏了表演现场观演关系的良好互动。

正因如此，如何提高观赏者的素养，让观演关系达成良好的互动，才成为一个需要解决的重要课题。这一达成良好互动课题的要素

---

① ［德］黑格尔：《美学》第三卷下册，朱光潜译，商务印书馆1995年版，第261页。

包括，既要有必需的礼仪，也要有良好秩序；既要懂得观赏对象所表达的意义，更要有较高的欣赏趣味和眼光，这便是观赏文明所包含的基本内容。因此我们可以得出这样的结论：观赏文明作为美育的一项重要内容，是以提升公民综合素质为核心，以营造整体和谐、互相促进的观演环境为目的，通过提倡、引导、濡化，甚至硬性规定等环节，最终使全社会达到一个高文明阶段的过程，这是一项需要全社会共同努力来完成的系统工程。完成这项工程需要做好四个环节：一是起始于教育，二是养成于环境，三是重在行政引导，四是贵在人格自觉；而观赏文明的终极目的，最终是要走向文化的自觉。

一 观赏文明与文化自觉

“文化自觉”这一概念是费孝通先生提出的。1998 年，时享八十八岁遐龄的费老在北大百年校庆时讲道：“中国面向世界，要世界充分认识中国人的真实面貌，我们首先要认识自己，才能谈得上让人家认识我们和我们认识人家。科学地相互认识是人们建立和平共处的起点。人文学科就是以认识文化传统及其演变为目的，也就是文化自觉。”① 费老为中国文化定位，提出了“文化自觉”的观点。其具体内涵是指，生活在一定文化中的人对其文化要有自知之明，明白它的来历和形成过程，以及所具有的特色和发展的趋向。自知之明是为了加强对文化转型的自主能力，取得决定适应新环境、新时代、新文化选择的自主地位。在全球化背景下，文化自觉既是中华民族与世界上其他民族之间的共处之道，也是中国社会内部多民族、多阶层、多文化以及人与人之间共生、共存、共促之道。用费老的总结就是：“各美其美、美人之美、美美与共、天下大同。”这十六字真言很好地概括了文化自觉的要义。

自费孝通先生大力倡导，其他学者多方探讨和阐述以来，“文化自觉”已不再是一个单一内涵的概念，而是形成一种文化观，一种具有深刻意涵的文化理论。目前学界对“文化自觉”的解读主要有以

---

① 费孝通：《关于文化自觉的一些自白》，《学术研究》2003 年第 7 期。

下三种典型观点：1. “觉解”论。把“文化自觉”当作自我反思或自我觉解。2. “认知”论。把“文化自觉”当作一种认知活动、识记活动、机械学习活动。3. “基因”论。把“文化自觉”当作一个认识、传播文化“种子”“基因”的过程。① 对文化自觉的多种解读，我们既不阐述也不给出肯定、否定和自己的观点的评价。我们将“文化自觉”这一概念引入“观赏文明”研究当中，赞同的是第一种“觉解”的观点，即文化自觉是一种自我反思、自我觉悟和自我解决的过程。即要让社会群体觉醒，先要觉醒自己，要觉醒自己，需得从文化自觉开始。因此，文化自觉既是观赏文明所要达到的目的，也是使观赏文明达到较高层次的途径和保障。

“文化自觉”这一概念的引入，对于观赏文明的研究开拓了全新的视域。而“文化自觉”含义的引申有助于深化和提升人的自我认识。从文化与人的关系来看，文化研究的主要目的在于探讨人类活动的本质特征和理解人类活动的多种现象。因为文化自觉即是人的自觉，文化的人本规定性使人与动物区别开来，使人不再像动物那样完全凭借本能而自在地生存，而是获得了一个自由和创造性的空间。人的存在是一种文化的存在，文化作为人的生存方式，其本质在于人的活动所特有的超越性、创造性和自由、自觉的特征。文化自觉主张从文化，即人自身的活动，而不是某种外在的实体来理解人的本质规定性，进一步深化了人的自我认识。

因此，所谓文化自觉就是指人们从其习惯和想当然的生存状态中走出来，形成一种自知、自主、自决和主动的精神状态并不断强化，包括对这种状态的持续体验和反省，以及在此基础上形成的决断和毅然决然的行动。这就在一个更高的层级上指导我们对于观赏者的理解和因应，从而走出了教育管理者惯常采用的教训和惩罚等针对人类动物性培育的误区，使得观赏文明成为一种自知、自主和自觉的行为。

---

① 乐黛云：《和谐社会与文化自觉》，广东社会科学出版社2006年版，第48—52页。

二　文化人和行政者首先要实现人格自觉

文化人是文明的创造者和引领者，在观赏文明的培育上处于核心位置，是文化自觉的最先实现者。现实生活中，人们通常把文化艺术方面的从业者以及受过高等教育，有知识、有思想的各界人士统称为“文化人”，它和“知识分子”是近义词，但比知识分子的概念更加宽广。“知识分子”的最早出处是19世纪法国的德雷福斯事件。德雷福斯因是犹太人，所以受到了不公正的对待，被诬陷为犯罪。他的冤案引起了一批具有社会正义感的人士来为他辩护。当时著名的作家雨果、左拉等在报刊上联名发表了一篇名为《知识分子宣言》的文章。后来人们就把这些为社会正义而辩护的人称为“知识分子”。因此，知识分子并不能简单地理解为有文化知识的人，它必须具有三个基本特征：一是独立独行的思想，二是社会正义感，三是对现实的批判精神。而后一条是核心，它涵盖了前两条内容。

知识分子是文化人的核心群体。文化人不需要达到有独立思想、正义感和批判的精神，他们只需将文化和文明融入自己的身体和灵魂即可。文化人的“文”最早是“纹”的意思，也就是有“纹”的“人”。当今的“文”特指“文化”“文明”。能够把“文化”“文明”融入到“人”当中的人，就是真正的“文化人”。文化人是走在时代前列的先行者，他们的垂范作用对观赏文明的养成影响巨大。

文化人对模仿者心理成长的影响，在心理学上来讲主要是从众心理。目前我们社会还没有形成关注个体心理成长过程的良好机制，但社会展示给我们的却总是个体成长后惨不忍睹的不文明结果，因此几乎所有中国人都缺乏一个成长的标准。在这种情况下，文化人的引领和榜样标准对于模仿者强化人格修养具有重大现实意义。一般来说文化人被尊敬有如下几条优势：一是懂得比别人多；二是高于大众的人格特质；三是思考的洞见；四是助人的精神；五是对未来方向的指引。

钱穆在其著作《中国知识分子》中强调过：“此乃中国历史一条有力的动脉，中国知识分子并非自古迄今，一成不变。但有一共同特点，厥为其始终以人文精神为指导之核心。因此一面不陷入宗教，一面也并不向自然科学深入。其知识对象集中在现实人生政治、社会、教育、文艺诸方面。其长处在精光凝聚，短处则若无横溢四射之趣。”① 这所谓的“精光凝聚”便是文化对人的作用，其表现为一种精神力量，文化人对社会的辐射和影响同样体现为一种精神力量，现在有个时髦词叫“正能量”就是说明文化作为精神给予人的能量作用。

文化对人的影响体现在成长的全过程中，主要表现为特定的文化环境和各种形式的文化活动对人的影响，是通过个人的自觉学习、主动感悟而产生作用的。而个人的自觉学习往往是通过师长、好友、名流和身边有正能量、具备向上引领作用的文化人来实现的。我们都有这样的人生经验，看一个人字写得漂亮，不由自主地会去模仿和习练；见一个人说话漂亮、应对得体，当自己遇到类似的场合的时候也会有样学样，这就是文化对人的濡染作用。中国古人将此类对文化人的向往和学习总结为：“见贤思齐，见不贤内自省也。”当身边有文化的人多了，小环境就会得到改善；对文化人的模仿习得多了，社会就会多一个文化人，文明的种子一旦播撒下去，收获的必将是漫山遍野的鲜花果实。这便是社会文化及文化人对个体心理成长潜移默化的影响作用。

将一个自然人濡化成为文化人最重要的手段便是学习，学习内容包括中西方优秀的文化遗产，这是先辈留下的宝贵财富和经验，习得这些优秀的文化成果，可以使我们在人生中少走一些不必要的弯路，少一些曲折。人格修养是人生存发展的一个重要因素，我们都喜欢和修养好的人相处，他们懂得尊重别人，会使交往变得愉快，长期下去也可以避免产生其他问题，诸如民事纠纷等。优秀的中西方文化遗产包括绘画、雕塑、文学、建筑、历史等各个方面，我们观赏和感受这些宝贵财富的同时，会获得精神上的愉悦享受，获得深沉的思考，对

---

① 钱穆：《国史新论·中国知识分子》，生活·读书·新知三联书店2012年版，第123页。

人生会有自己的领悟，并因此获得理解和宽容。比如我们欣赏一部优秀的话剧和电影作品，当引起共鸣时就能感受到爱自己、爱他人、爱社会等爱心洋溢的情感；再比如我们探访一些古刹和博物馆，在叹服于古人精湛技艺的同时，还会产生一种单纯、肃穆、崇高、伟大的情感升华。刘再复说过，文学最重要的三个要素，第一个是心灵，第二个是想象力，第三个是审美形式，所以文学的事业是心灵的事业。罗曼罗·兰也曾说过，评价一部作品好坏的标准有三个：一是娱乐，二是知识，三是能量。可见文学化为精神力量对人的巨大影响作用。先辈留下的诸多遗产在当今仍为人们所借鉴，也使人们可以更多了解人类自身的发展历史。浸染其间既可以提高自身的文明修养，也可以在此场域内与他人互相影响、互相传染，进而兴起一种想要共同去维护那个留存的文明现场的使命感和责任感。良好的修养和优雅的环境，对每个个体自身也是一种好的影响因素，他们会使社会更和谐，人与人关系更融洽、生活更美好。

文化人负责在社会发展中创造文化和传播文化，并用自己所掌握的文化来推动社会的发展与进步。英国唯美主义大师王尔德认为，艺术不是来源于生活，反而生活是对艺术的模仿。恩格斯也说过，文化上的每一进步，都是迈向自由的一步。文化人既是社会的良心，也是社会的楷模，文化人的一举一动都会带来正面或负面的影响。因此，文化人率先垂范的文化自觉意义更加重大。文化人要做到文化自觉，首先便需懂得文化的要义。冯友兰先生认为：文化是历史、艺术、哲学……之综合体。因此，要做一个合格的文化人，就要自动自觉地努力掌握这个综合体的更多内容。所谓“一事不知，儒家之耻”和“腹有诗书气自华”都是对文化人走向文化自觉的自然要求。只有多读书、多欣赏艺术作品、多了解真实的历史，文化人才会有文化的自觉，并能够将自身的文化外化，影响周围的人群和环境。这就是场域聚气的效应，大学之所以号称“象牙塔”，无外乎一群文化人徜徉其间，使整个场域洋溢着文化的气氛，进而使身处其间的大学生能够获得较高的文明修养。

在中国目前的社会状况下，文化人在社会生活中的影响远远不如行政者，因此政府及其管理者的文化自觉更显重要。行政者最好是文化人，内行领导向来都是各项事业取得成功的关键。若要培育一个高文明的社会，就需要提高文化人的社会地位。只有人人向往、争相去实现自己的文化人梦想时，才谈得上文化自觉。相较于20世纪80年代文学青年崇高的社会地位，如今大学生争欲做公务员的本质不是真文化人从政，而是羡慕那些没文化官员的地位、待遇和资源的占有，乃至一言兴城、一语灭村的权威，甚或腐化堕落的生活方式，在这一现状下奢谈和谐与文明不异于缘木求鱼。所谓“城中好高髻，四方高一尺。城中好广眉，四方且半额。城中好大袖，四方全匹帛”，就是说自古以来中国官本位的社会本质属性。行政者在儒家文化熏染上千年的中国，对社会文明的影响是十分巨大的。因此，在现实中实现文化自觉的关键在于政府的执行层面上。这个层面上的问题不解决，观赏文明和文化自觉都属空谈。

再加上，长期以来我国政府一直都是重经济轻文化，文化与政绩难以挂钩，致使文化在经济社会中处于弱势。文化的缺失不会显现在任何一级政府当年的统计报表中，但日久天长便峥嵘于各种社会弊端上，并积重难返。因此，政府的执行层面的文化自觉成了关键。若要使这一层面具有文化自觉必须要有切实办法。一方面需要文化人的呼吁，另一方面也需要社会各方面切实行动起来，这里权力精英的文化自觉就是转变的关键。权力精英在中国古代被称作圣人，在西方则被尊为先知。精英自古以来就是人类文明的卫士和睿智而谦卑的纤夫，是精英执着艰难地拉着人类文明的航船一步步走向光明。精英是智者更是苦力，他们有着普罗米修斯一样的牺牲精神，忍受着挫折中众多愚昧乘客的埋怨、亵渎甚至鞭笞，但精英从来不会对芸芸百姓心存怨恨。所以，权力精英的文化自觉对于社会的文明发展尤为重要。

此外还要积极吸收西方先进文化，一个民族的文化是否先进，取决于这个民族和其他民族文化有否经常性碰撞和融合，一个孤独的民族是没有前途和生命力的。中国的文化自觉不能故步自封，要有包容吸纳的胸怀。而文化的封闭性，必然导致文化的落后性。所以，中国的文明发展，应当积极借鉴国外一切先进文化的成果，为我所用。在文化观上，一味地盲目自大或一味地自我贬损都是不可取的，应当是各种文化互相交流，取长补短，共促共进，共同繁荣；正如费孝通先生所说，应当是“各美其美，美人之美，美美与共，天下大同”。唯有如此才能实现文化自强的目的。中国要实现长期健康发展，要实现全社会的和谐融洽，文化自觉是一个关键变量。若要实现文化自觉，文化人和行政者首先要自我实现文化的自觉。特别是文化人中的核心群体知识分子和行政者中的精英，要积极做社会发展的启蒙者，只有一大群社会的启蒙者和引导者不怕摆脱短期个人利益的约束，才能为全社会赢得整体的长远利益。

三　文化自觉的关键和目的是要形成自觉的人格

让整个社会群体走向文化自觉，是一个综合性的美育过程，实现的渠道有内外两种，所谓内在的自觉需要先天的基因和后天的养成，而外在的自觉则是环境、规制、场域、引领的功劳。同理，要使观赏文明成为一种自知、自主和自觉的行为，则首先需要一种内在的化育，而内在化育的关键是要形成一个自觉的人格。

所谓人格，也称个性。源于希腊语 Persona，原来主要是指演员在舞台上戴的面具，类似于中国京剧中的脸谱，后来心理学借用这个术语用来说明：在人生的大舞台上，人也会根据社会角色的不同来换面具，这些面具就是人格的外在表现。面具后面还有一个实实在在的真我，即真实的人格，它可能和外在的面具截然不同。[①] 由人格的原始意义也可见出，外在约束机制和环境场域都对文化自觉和观赏文明具有重要的作用。但做到文化自觉最关键的还是面具后面那个实实在在的真我，只有这个真我才是恒久的、稳定不变的人格，也只有真我的人格提升到自主自觉的文明程度，才会不仅对自我的约束严格要求，还会以自己的意志和行为来影响他人，以达到美美与共的高文明程度。由此可见，自觉人格的养成也是个内外兼修的过程。

关于人的性格，心理学界已经基本上达成共识，它是在遗传基础

---

① 罗国杰：《伦理学名词解释》，伦理出版社 1984 年版，第 111 页。

上，在童年期由生存的人际环境塑造出来的，这个人格塑造和形成的过程，从出生开始，至5岁左右人格塑造已经基本上完成了80%，或者说到了5岁，一个人的人格已经基本定型，其余部分要在以后的生活经历中，进一步补充和塑造。人的性格一旦确定，就会恒定不变，自动发挥作用。人们就会本能地对其加以保护和肯定。因为再不完善的性格，也会被视为自己的一部分。所以，人们会围绕着从小形成的性格，建立与自己的性格相适应的人生哲学体系，并且，像保护生命一样，坚定不移地保护自己的人格。由此可见，早期教育对于自觉人格的形成具有决定性的作用。

正因为人格具有自我意识和自我控制能力，具有感觉、情感、意志等自觉自为的机能。所以一个人的人格是否符合观赏文明的标准和要求，就必须在遗传、环境、教育等诸多因素的交互作用上下功夫。这就要求我们的美育从基础做起，既要抓优生优育，又要积极改善环境。随着我国经济建设取得了巨大的成就，优育和环境都有了极大的进步。在这种情况下，观赏文明不进反退，即便是相较新中国成立之初都有下降的趋势，诊疾问脉这只能说明是我们的教育出了问题。

关于文明教育，早在四五千年前，中华大地就已经播撒下了文明教育的种子，至周代规范为礼、乐、射、御、书、数，经孔子完善后传播为儒家思想。自公元前1世纪起直至现今，儒家思想一直占据着主导地位，它所强调的是“仁、义、礼、忠、孝、节”，以及明人化、敦教化，乃至修、齐、治、平等，都是对个人修养文明的教育。但是，这种教育不是把人作为一个国家的主人，即公民的教育。而是要把各具不同禀赋的个体规化为顺从于统治的臣民，其教育的道德泛化到了全部知识领域和社会生活的方方面面。与此相对应的是在教育制度上创立科举制，应试教育的教条和形式主义使学校教育空疏无用；使得科举的流弊与学校教育的衰败互为因果、恶性循环。学生从入学即“万般皆下品，唯有读书高”，读成之后又有“学成文武艺，货与帝王家”。总之，其人格是依附，其目的是追逐名利，其结果便是成为奴隶性的、畸形的“政治人”，因而也使儒家道统对人的教育日趋腐败。宋代的朱熹就批评过当时的教育有违国家立学教人之本意，把学校变成声利之物；王守仁也批判了当时流行的和摧残身心发展的教育模式，使儿童得不到德、智、体、美各方面的和谐发展。直到如今这一流毒仍在，甚至在某些大力提倡国学者的倡导下仍有变本加厉的趋势，如今中小学生严重的作业压力和残酷无比的高考制度，使我国的国民素质教育始终很难落到实处。

尽管各个时代都有明智的教育家、思想家主张在教育过程中解放人的个性、全面发展人的素质，但是在渗透着封建专制主义精神，以科举制和高考制为核心的教育体制中所强调的道德教育，只能是造成人与人之间的不平等，这是与现代民主、平等的核心价值观不相符的。这种僵化的等级和科举教育制度近几年大有死灰复燃之势，这大概便是现阶段观赏文明趋于下滑的主因。

对于文明的教化和自觉人格的养成，首在公民教育。而公民的要义在于民主和平等，这也是与观赏文明的本质相一致的。众所周知，观赏活动无论是场所还是观众，其内在的本质要求便是民主和公平。一个好的剧场建筑，首位要求便是必须让每个观众都能听得清楚、看得明白。而观赏文明的基准要求也是沉浸其中、不扰他人。由此可见，中国传统的文明教化是与现代观赏文明所要求的精神不相一致的，中国传统文明教育的特权思想和长幼有序的价值观念都是与观赏文明格格不入不相兼容的，需要进行大力改造。

中国近代公民素质教育的实施始于民国初年。民国时期教育部颁布的法令中，把德、智、体、美全面发展的教育宗旨具体化为基础教育的办学方针，从总体上对未来公民各方面素质的培养提高进行了全面的规划。但是，民国初年的教育并没有实现其“养成健全人格，发展共和精神的目标”，也没有真正完成从人才教育向公民教育的转化。其主要原因是：教育目标和具体实施之间存在着误差，比如受科举遗毒影响，教育只重理论和形式，不注实践和内容；再如教学内容偏重伦理道德教育，忽视自由、平等、民主等新思想、新道德的训练，忽视公民意识和公民权利观念，等等。随着新文化运动的兴起和不断深入，同时受欧美实用主义教育思潮的影响，提倡民主和科学、尊重个性发展，强调人本主义等思想，占据了教育观念的中心位置，在新制定的学制系统中以公民课代替修身课。扩大了公民道德的范围，使学生更多地了解国家的意义，公民的权利和义务。逐渐养成了互助合作、服务社会的公德。尽管这些规定有一些不符合当时国情的缺点，但总体而言，是力图与国际教育和现代化趋势接轨的比较成功的探索，也是中国公民素质教育真正的起点。1949 年之后，中国的教育先后走过了阶级教育和混乱的“文化大革命”十年。特别是“文化大革命”，对传统文化有很大破坏作用，使很多人没有信仰、缺乏道德、公然质疑高尚。当文化英雄们蓦然回首时，看见的并不是一个浴火重生后朝气蓬勃的先进文明，恰恰相反，失去传统以后的国人不仅丑陋如故，甚至比从前还有过之而无不及。

1976 年至今，经过短暂的 20 世纪 80 年代的学习西方和精神启蒙，公民及素质教育略有起色。20 世纪 80 年代，是一个与“五四”遥遥相望的启蒙年代。中国知识分子再次扮演了社会良心的文化角色。一时间，读书和写作，成为一种时尚。学子们一面拼命阅读西方经典，一面迫不及待地竞相标榜自己的学问和思想。天下仿佛又回到了梁启超们或者陈独秀们辈出的时代。事后发现，这一代的知识分子，已经没有了 20 世纪初那些先人们的理想主义和献身精神。他们不仅浮躁，而且世故；他们野心勃勃，却又怯懦平庸。有利可图，大家蜂拥而上；发现危险，争相逃之夭夭。世故的中国知识分子陷入了空前的犬儒状态。他们不为自己的世故和自私感到羞耻，反而暗暗庆幸自己逃过一劫。因此，随着新纪元的开始，中国文化人的中坚力量便迅速滑向了实用主义和拜金主义的深渊，至今已不可自拔。养成人格自觉最关键的环节——教育现状如此，社会的文明程度如何能够提升，文化自觉更加不必提起。

反观西方的公民教育做得就比我们要成功，因而西方观赏文明的整体水平要高于我们。西方在古代奴隶社会就已经有了对公民的教育，以古希腊社会中斯巴达和雅典两个城邦最为典型，其公民教育的目的是把统治阶级的子弟训练成为体强身壮的军人和武士，把他们培养成为有多种才能的政治家和商人，以保护奴隶主阶级利益为目的；这种公民教育既重视体育，又重视德育、智育和美育，即重视人的全面和谐发展。亚里士多德是最早从理论上论证和谐发展教育的可能性和必要性的思想家，他主张通过体、美、德、智的全面和谐发展教育来达到培养良好公民的目的。后来，随着英国工业革命的成功，精神贵族化教育大行其道。这种精神贵族的培养，核心是独立自主，不做精神的附庸。敢冒风险，静听内心的声音，并随着它的引导走自己的路；而精神附庸则需要别人引导，要别人为他定下学习计划。独立自主者有勇气正视失败，精神附庸者则要求在他努力之后就有成功的保证。西方对于公民独立自主的教育重点在于个体的修养，核心是宽容、怜悯、同情和平等，这对于自觉人格的养成最有效果。“美人之美”的目的也是要学人之美。我们通过考察中西方教育的历史，目的便是从根本上改变我们的个体以及群体的文明养成机制。了解观赏文明在社会发展历程中有过自在性、自发性和不自觉性，以及其在整个人类文化发展历程中由自在、自发到自由、自觉的过程，唯有了解才能改变，唯有改变才能收获。

公民素质教育是形成自觉的人格的根本。对公民的素质教育是从出生持续到死亡的，是终身性的。公民素质教育是以公民道德教育为核心，其他诸育同时并举的教育，文化素质教育是重中之重。文化素质是由知识、能力、情感、态度、价值观等多种因素整合而成的相对稳定的内在品质的一般体现，其实质是促进人内在身心的发展与人类文化向个性心理品质的“内化”，形成较为稳定的情感、态度、思维方式和价值取向，并外化在一个人的日常行为中，它是公民素质当中内在的机理性起着决定作用的因素。文化也是有层次的。最外围的，是物质文化；居于中间的，是制度文化；处在中心的，是精神文化；而精神文化的核心，就是人格。另外，在文化的建构和演变过程中，人是具有主观能动性的。所以，人格既是文化的核心，也是文化的灵魂。

因此，文化自觉最重要的是人格的自觉，人格的自觉是文化自觉的终极。所以我们认为，文化自觉应包括两方面的内容：一方面，文化自觉就是对自身文化要有自知之明，也就是费孝通先生所讲的文化自觉的主要含义；另一方面，文化自觉关键是要形成自觉人格。这里对自身文化有自知之明是文化自觉的前提，而形成自觉人格是文化自觉的最终目的。因为文化自觉最终需要文化灵魂的自觉，而人格是文化的灵魂。所以，人格自觉体现了文化自觉的最终自觉。

四　美美与共：观赏文明走上文化自觉之路

费老概括“文化自觉”要义的四句话“各美其美，美人之美，美美与共，天下大同”。不仅是对“文化自觉历程的概括”，也反映了实现“文化自觉”由低级到高级的发展过程和层次的步步提升。其原意在从“各美其美”肯定自己的民族文化开始，进而发展到肯定和学习他民族文化的“美人之美”，再上升到不同文化之间取得文化价值标准的共识，做到“美美与共”，从而走向“天下大同”，实现世界人类的美好愿望。“天下大同”既是对人类美好愿望的反映，也是“文化自觉”所追求的最终目标。将文化自觉的内涵引申到观赏文明中，就是个体要有自身修养的文明自觉，要能做到遵循观赏文明的要求和准则，在此基础上借鉴比自己优秀的人的优点，学习他人的长处，不断提高自身的修养，这叫“美人之美”；经过否定之否定的文化价值标准的不断提高，最终形成“美美与共、天下大同”的高度文明和谐社会。

在文明共享、地球村化的当今，经过几百年的科学技术发展，世界已经具有了绰绰有余的为全人类提供丰衣足食物质条件的能力。现在所缺乏的就是和这些物质条件相适应的精神条件。包括普遍接受的道义观，共同遵守的价值标准，平等相待、和平共处的道德理想，等等。因此，党的十八大报告指出，要继续“深入开展社会主义核心价值体系学习教育，用社会主义核心价值体系引领社会思潮、凝聚社会共识”。同时，还创新性地提出了 24 字社会主义核心价值观，即富强、民主、文明、和谐、自由、平等、公正、法治、爱国、敬业、诚信、友善。虽然只有 24 个字，但是内涵丰富，意义深远。从国家富强、民主、文明、和谐；社会自由、平等、公正、法治；个人爱国、敬业、诚信、友善三个层面对我国的价值观做出了规范。社会主义核心价值观的提出弥补了我国关于核心价值观理论的空白，丰富了中国特色社会主义理论体系，为全社会的文明和美育增加了新的内容。

斯宾格勒在其著作《西方的没落》中提到，所有文化都要经历三大阶段——前文化阶段、文化阶段和文明阶段，周而复始，重新回到原始的状态。在我们以农业文明为基础和前提的儒家文明行将结束其历史使命，新的城市文明即将迎来新文化阶段的今天，我们这一代肩负历史使命的文化人从自身做起，从基础做起，从教育做起，从环境做起；扎扎实实打好基础，处处注意垂范和表率作用，为社会的整体文明水平的大幅提升尽自己应尽的责任。正如旅美历史学家唐德刚所言，中华民族的伟大复兴要走过一段很长的路程，大约要 150 年才能够实现现代文明，这现代文明很重要的一个部分便是文化上文明。如今，历史进程已过百年，任重道远，时不我待。但目前的中国，从上到下对此已经有了清醒的认识。穷则思变，变则通，通则久。我们有理由相信，将来的数字社会，观赏文明必将大行其道，社会和谐、观演文明会蔚然成风。

由是，观赏文明将走上文化的自觉，美美与共、天下大同的文化理想必将实现。

后　记

自从承接北京市美育与文明基地的重大课题——《北京市民观赏文明研究》项目以来，到在键盘上敲下最后一个字符，转瞬已度过四个年头。在这紧张而团结协作的日子里，课题组成员在张晶教授、杨杰教授的率领下走访了北京市八大城区、近十个院团、数十个民间文艺团体和数十位艺术家、艺术评论家、学者专家，访问了近千户居民和数百位现场观众。他们对我们工作的指导、支持和配合，让我们非常感动，给我们提供了珍贵的一手资料和最宝贵的意见，也给我们的课题研究提供了最有力的材料和理论支撑。课题组先后针对不同领域、不同社会群体发放四万余份调查问卷，获取大量宝贵的数据资料。今天，这份研究成果包含众人辛勤汗水的结项报告，不仅仅是文字，而是凝聚着许多人殷切的期望、深情的嘱托和鲜活的生活。我们课题组也深感项目意义重大、责任重大，从破题论证、社会调研、学术分析到各自分工写作，期间虽然杂项事物众多（基地签约、挂牌、筹建等）我们始终紧紧团结、相互帮扶、相互鼓励、不断商讨、勤恳工作，即使完稿后，也不断研讨、三易其稿，丝毫不敢有所懈怠，期望能交上一份圆满的答卷，希望不辜负千万市民的深情寄托。

最后，我们要特别感谢国家社科基金办公室的立项支持，感谢首都精神文明办滕盛萍主任、卜秀均副主任，北京市文化局局长陈冬，首都文明办巡视员尹学龙，中国传媒大学校长苏志武教授、副校长廖祥忠教授、副校长袁军教授，以及文科处处长段鹏教授，他们的大力支持使北京市美育与文明研究基地落地生根，并顺利开展、圆满完成项目研究工作；同时要特别感谢著名文艺批评家、中国传媒大学艺术研究院院长（原中国文联副主席）仲呈祥教授和著名音乐家中央音乐学院副院长叶小纲教授，是他们高屋建瓴的指导使我们的课题研究明确了方向、路径，使我们的课题研究顺利开展；也要特别感谢首都文明办调研处李建国处长等的直接帮助，使我们的社会调研工作能迅速打开局面；同时也要感谢国家大剧院、中央芭蕾舞剧团、中国歌舞团、北京演艺集团、木偶剧院等文艺院团；朝阳区精神文明办、朝阳区教委、朝阳区安贞街道办事处等地方政府机关，北京市东城区少年宫、北京市中关村中学等单位，是他们的大力支持、精心安排才使我们的课题调研任务顺利完成。

同时，首都师范大学附中刘明老师、北京市通州区潞河中学郑铉老师参与课题调研工作；中国传媒大学博士后夏秀副教授、张婧、张瑶，博士、硕士研究生丁旭东、陈灿、杨婕、武晓蕾、李鹏翔、王竹君、吴中兰、黄芷薇、刘楠、张莉等同学在课题调研、问卷分析方面做了大量的工作；刘雷、吴文召、杨婕、张俊莉、李立力、王成功、张富鼎、闫一阳、王雅明、杨楚涵、张阳、张晨、徐晓、杨晨等同学参与了调研与文稿后期编辑、校对等工作，在此一并表示衷心感谢。

本书撰写的具体分工如下：

序：张晶（中国传媒大学）；第一章：杨杰（中国传媒大学）；第二章：施旭升（中国传媒大学）、刘洁（河北大学）等；第三章第一、四节：杨杰（中国传媒大学）；第三章第二节：刘悦笛（中国社会科学院）；第三章第三节：王鹏（中国传媒大学）；第四章第一、二节：高扬（中国传媒大学）；第四章第三节：潘浩（中国传媒大学）；第五章第一节：张浣纱（中国传媒大学）、潘浩（中国传媒大学）；第五章第二节：杨帆（中国传媒大学）；第五章第三、四节：张远（中国传媒大学）；第六章第一节：舒凌云（中国传媒大学）、王鹏（中国传媒大学）；第六章第二节：丁明拥（中国传媒大学）；第六章第三节：冯亚（中国传媒大学）；第六章第四节：高秀清（国家博物馆）；第六章第五节：钟宇静（中国传媒大学）；结语：丁明拥（中国传媒大学）；后记：张晶（中国传媒大学）。

全部文稿由张晶、杨杰统筹，第五章由潘浩统稿，第七章由潘浩、冯亚、丁旭东统稿。

2016 年 10 月